増補改訂版ついて

本書は、平成二十九年八月十五日発行の冊子「上尾の戦中・戦後のすがた」の内容に次記の追補等を行いました。

・口絵写真の追加
・市民からの新たに得た回想記及び小中学校記念誌等からの転載回想記などの追加
・資料編に新たな資料・知見の追加
・ページレイアウト・書式の統一
・誤字・脱字等の修正

令和元年七月三十一日

「上尾の戦中・戦後を知り記録する会」
代表　河原塚　勇

JN154073

わがまち　上尾を知ろう

上尾の戦中・戦後のすがた

増補改訂版

［編集］
上尾の戦中・戦後を知り記録する会

三恵社

はじめに

先の大戦から七十余年が過ぎた上尾市のいまは、面積の約五十五％が市街化区域となり、首都圏有数の都市としての「すがた」を呈していますが、昭和十四年から昭和二十年の第二次世界大戦中・戦後の昭和三十年ごろまでのいわゆる戦中・戦後の時代はどんな「すがた」だったのでしょうか？

上尾市史など多くの資料に記されてはいますが、この時代の「すがた」をダイジェストし、コンパクトに表す図書を目指して冊子を編集しました。

冊子は、二部構成とし第一部は、当時の市民の体験・回想記編、第二部は資料編とし既存の各種資料からの抜粋・要約、新たに知り得た事項などをもとに構成し、当時の上尾市域の「すがた」を、概覧できるよう留意しました。

上尾地域の戦中・戦後の時代を知るひとつの手掛かりにとなり、あわせて末永く伝承されることを願っております。

平成二十九年八月一五日

「上尾の戦中・戦後を知り記録する会」

代表　河原塚　勇

昭和十二年上尾宮本町少年音楽隊と出征兵士見送り（上尾駅）岡野勝治氏蔵

昭和二十年十連寺に集団疎開した
東京淑徳高女の生徒

昭和二十年馬蹄寺に集団疎開した
東京板橋区の国民学校の児童

昭和二十三年三月　太平実修女学校
卒業記念　（大宮市松本まさ子家文書）

昭和二十年大石国民学校児童の服装
（大石小記念誌　校史）

麦播き　(昭和34年弁財耕地)

さつまいも(甘藷) 畑

麦 畑　(昭和32年)上平

カゲ干し(昭和35年)

稲刈り

大石地区の摘田

ヤマカキ

むろ(穴蔵)

昭和30年上尾の町場

原市の町場

上尾駅東口

昭和30年代の上尾仲町大和商事((株)前
(尾花正明氏提供)

昭和産業（株）上尾工場　昭和24年

東邦レース（株）上尾工場

昭和33年市制施行祝賀パレード（中山道）

昭和31年高崎線電化開通記念（上尾駅前広場）

食糧増産　（校庭も畑に）

昭和17年鐘の供出(密厳院)

大石小学校にあった奉安殿

協働作業　（道普請）

県立農事試験場上尾本場の正門(昭和21年)

二ツ宮氷川神社に残る二宮尊徳像殿

東洋時計争議　上寺事件

雛祭り

こいのぼり

⇦ 団子刺し

⇦ 恵比寿講のお供え

⇦ 七夕竹飾り

トウカンヤ(十日夜)

精進講

餅つき

大山灯櫓の組み立

愛宕　山車

愛宕　囃子連

神楽　（平塚　氷川神社）

地頭方・氷川神社での神楽上演

平方　どろいんきょ

昭和30年代の藤波獅子舞

昭和30年代の畔吉獅子舞

藤波の餅つき踊り

平方領領家の万作踊り（昭和10年）

足踊り（藤波地区）

お日待ちでの祭り囃子奉納

銭輪踊り

桑くれ（大石地区養蚕共同飼育）

後輩に見送られて満州開拓団へ

庭弔い（農家の庭で昭和40年代まで行われていた）

口絵写真　出典

・上尾市史第5巻資料編5

・上尾市史第7巻通史　下

・上尾市史第10巻別編3民族

・上尾百年史

・大石小学校　校史

皆川　富夫	平方小110年記念誌	私の小学校時代	87
高井　晶	平方小110年記念誌	入学時をふりかえって	88
伊藤さち子	平方小110年記念誌	小学校5年の想い出	88
野口啓治	大石小百年記念誌	木造平屋校舎のこども	89
丸山久蔵	大石小百年記念誌	点描反省期	90
上松　秀雄	大石小百年記念誌	戦時下の教育	90
新藤慶四郎	大石小百年記念誌	祝日の想い出	90
天　茂子	大石小百年記念誌	思い出すまま	91
新井　陸子	大石小百年記念誌	六年生の思い出	91
野口　高明	大石小百年記念誌	大石小思い出つれづれ	91
藤波　正	大石小百年記念誌	筆箱	92
三澤　久子	大石小百年記念誌	渡り廊下での授業	92
岸井　幸弘	大石小百年記念誌	ハダシ通学	93
高橋　昇	大石小百年記念誌	おもいで	93
日吉　孝	大石小百年記念誌	私の小学校時代	93
萩原　和枝	大石小百年記念誌	金ものくせいよ、はくれんよ	94
小山　富栄	大石小百年記念誌	百葉箱のある風景	94
大沢　晨	原市小百年史	思い出	94
大川　敬三	原市小百年史	在職中の思い出	96
田鍋　和吉	原市小百年史	思い出	97
黒須　大介	原市小百年史	追憶	97
伊藤八恵子	原市小百年史	終戦前後	98
原市小学校百年史から		戦時下における教育	99
峯尾金之助	上平小100年のあゆみ	在職当時の想い出	99
田中辰之助	上平小100年のあゆみ	太平洋戦争勃発のころ	100
須田　一之	上平小100年のあゆみ	懐古断片	101
前島　学	上平小100年のあゆみ	戦時中の小学生	103
湯本己可子	上平小100年のあゆみ	思い出のままに	104
小川　完一	上平小100年のあゆみ	思い出すままに	105
奥山　ハマ	上平小100年のあゆみ	戦後の上平小学校を想起して	105
小林　静子	上尾中五十年記念誌	回想	106
村田　宏明	上尾中五十年記念誌	永遠の青春わが母校	107
山口　弘江	上尾中五十年記念誌	夢にまで出てきたテスト	107
日吉　充	上尾中五十年記念誌	上中との三度の縁	108
吉川　公夫	上尾中五十年記念誌	思い起こせば懐かしいことばかり	108
遠山　正博	上尾中五十年記念誌	牧歌的だった学校周辺	108
矢島　通夫	上尾中五十年記念誌	夢と希望に溢れた時代	109
清水　一男	上尾中五十年記念誌	現代の後輩の望むこと	109
笠原　利一	上尾中五十年記念誌	あの頃の仲間と作る「二八会」	110
栗原　重敬	大石中五十年記念誌	大石中の想い出	110
三澤　重雄	大石中五十年記念誌	大石中創立当時	110
高橋　晴美	大石中五十年記念誌	追憶	111
小山　久子	大石中五十年記念誌	思いだすままに	112
萩原　藤七	大石中五十年記念誌	松籟のＢＧＭ	112
友光　道教	大石中五十年記念誌	思い出	113
河原塚重明	大石中五十年記念誌	思い出	113
田中　進	大石中五十年記念誌	追憶	113
串橋　重子	大石中五十年記念誌	想い出	114
成田　近光	大石中五十年記念誌	昔と現在	114
藤波　求	大石中五十年記念誌	この時代は人間形成の大部分	115
篠田　光司	大石中五十年記念誌	追憶	115
田中　喜一	大石中五十年記念誌	思い出	116
栗原　重敬	大石中五十年記念誌	想い出	116
高橋　宏子	大石中五十年記念誌	思い出	117
吉野　千代	大石中五十年記念誌	思い出	115
河原塚貞治	自叙伝	昭和前期を回想して	118

ふるさと上尾とわたしの人生に乾杯
（御園書房発行から抜粋転載）

友光　恒	臨時召集、そして終戦	120

第一章　回想記

一　市民からの回想記（平成二十八〜三十年）寄稿

戦時中　昭和十九年上尾での想い出

井田　正一（上平地区在住）

　昭和十九年夏、大東亜戦争の戦時体制真盛りのなか米英撃滅、ぜいたくは敵だなどの声一色で食糧の配給は底をつき一日一人二合三勺の時代でした。食糧自給の止む無き手段として農家への買出しが一般化し、小生も当時の国鉄高崎線（蒸気機関車の引く客車）に乗り上尾で下車した。

　当時十三歳で中学校二年生学徒動員の休日を利用して、一人で、食糧買出しの一人旅で宛てもなく中仙道（今の旧中山道１６４号線を北上した。今の様な舗装道路でなく凹凸の多い砂利道で軍トラックと民間の荷馬車や大八車が主な交通手段であった。

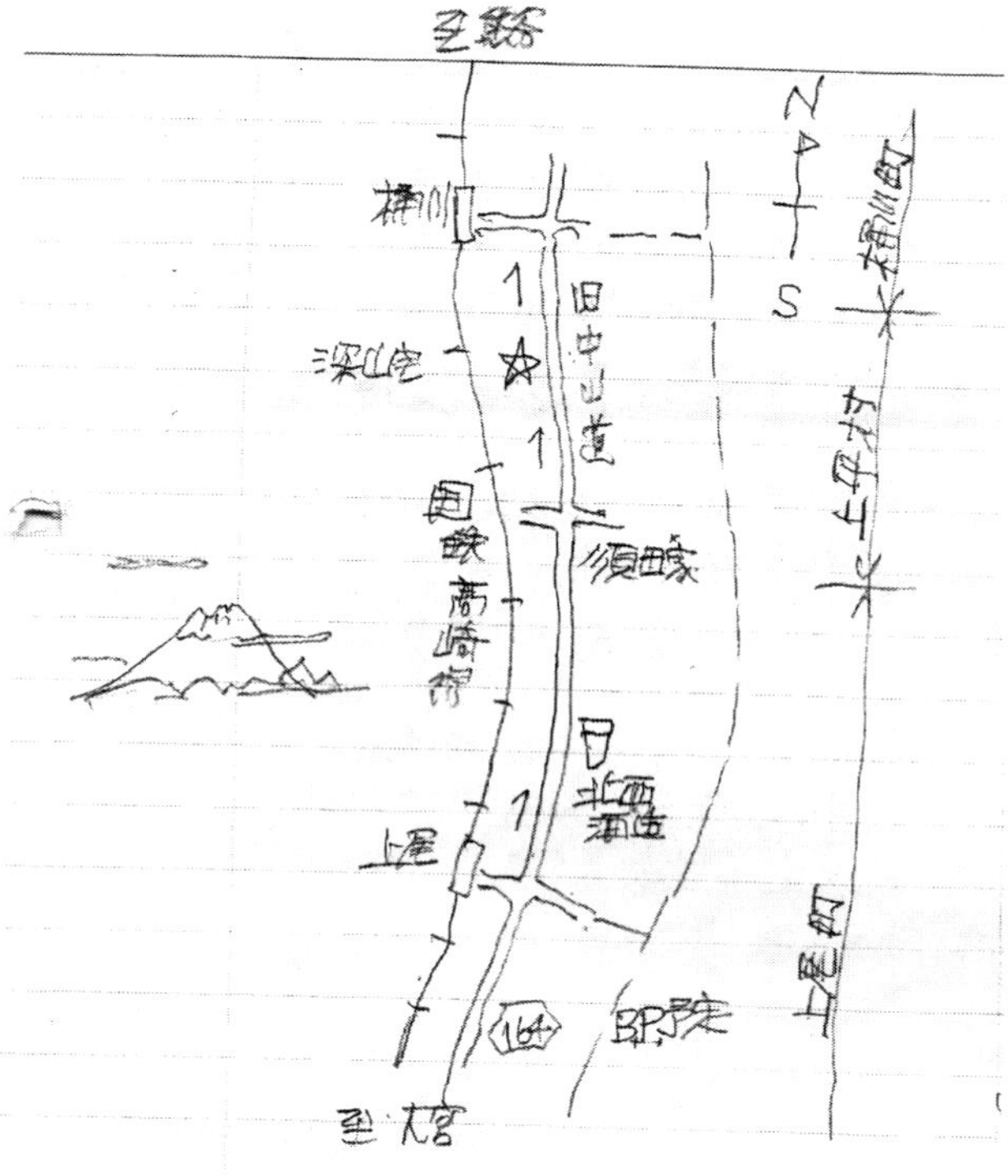

　上尾の町はづれで上平村に入り遠く西の方に富士山が望まれ一面の畑の緑が疲れた足を癒やしてくれた。

　夏の乾いたノドは畑にある井戸水で潤し本日は食糧入手は不可能かと思ったとき、上町谷の沿道で畑仕事の作業中の夫婦にあいさつ、渋茶を一杯ご馳走になり農作業の手を休めてお話を伺った。

　夏のイモ畑を案内され、イモムロにもぐり、小生持参のリックに一杯サツマイモを詰めて戴いた。当時の農家はワラ吹き屋根、ヌレ縁、堀井戸、手押しポンプ、流し、囲炉裏端などが見られ、畑には糞尿の溜池がある状況だった。

　リックに詰めて戴いたサツマモは、地獄に仏の感謝で肩にくい込む重さも気にせず、辞して桶川駅から帰ることにした。

　のちほど、このご親切な農夫婦の所在を調べたら、上60深山さまで、現在野口岩男氏の奥様のご両親で、すでに他界なされていられた。ご冥福を祈りたい。

　桶川駅の上り列車は超満員で通常の乗車は出来ずリックは車の窓から投げ込み、体はやっとデッキのすし詰めの状態で赤羽経由、目白に帰宅した。その夜の食事は家族一同久しぶりの満腹感と上尾で受けた親切に心満たされる夜となった。

　東京淀橋の自宅も米軍の空襲で焼失、戦後浦和から上尾の供給公社の分譲住宅を入手したが、この偶然とは、小生かくあるものかと、世話になった深山宅の隣りでイモ畑の前が現在の小生拙宅となった。おそらく戦時中に受けた感謝の気持ちが縁となった結果であろう。

母屋のお姉さんと天神講

鯵坂　陽（大石地区在住）

私の記憶には「よっちゃん」という母屋のお姉さんの事が思いだされる。顔の輪郭も浮かんでこないが、楽しかった一時期がおおまかに呼び戻ってくる。昭和19年何月だったか、私が5歳のとき、母に連れられ、この地大石村畔吉に疎開し、この家の一軒家にお世話になることになった。翌年春と思うが、この地の風習にて「天神講」という子供達にとってとても楽しい行事があった。着飾ったお姉ちゃんやその弟、妹、そして近所の子供達を招き、美味しい食べ物、面白い遊びに興じたことを思い出す。母屋の長い廊下を走り回ったり、広い庭をはしゃぎ回ったりしては、お姉ちゃんが心配げに見守ってくれたようにも思う。その後この庭先のわが家の目と鼻の先の畑に爆弾2発を落として帰った馬鹿がいた。お陰で雨戸、障子はすっ飛んだ母も私も命に別状はなかった。その残した大きな穴2つから「和銅開宝」なる昔の貨幣がざくざくと出てきたことにびっくりした。あれやこれや、遊びの材料に事欠かない幼い私に、母はさぞかし戸惑ったに違いない。

翌年、終戦後、父も顕微鏡一つを抱え無事帰還、兄弟4人も無事この屋に集合できたように思う。長女の姉は私と一緒にいたのだろうか、長男の兄、次女姉は両親の故郷鹿児島から帰って来た。その後まもなく近くの家に移り住むことになり、大きな蚕小屋の半分に当たる2区切りを借り、部屋を改造し再び疎開生活が始まった。

2区切りの半分が外来に、他半分が住いとして、父の奮戦が始まった。私は幼いが故にこんな生活が面白いと感じていたが、皆にとっては苦渋の日々であったという。狭い暗い土間の台所、井戸までの長い距離、直ぐに一杯になる汚水溜、借りる便所までの遠い事等々お世話になった方には、そのご恩には感謝し、そのご親切を忘れることはないが、とても不便であった。風呂一つをとっても、遠いところを桶を両手に、何往復もし、やっと風呂桶を満たし、留め置いた薪を炊き。湯かげん良きに入る風呂にたしなめられつつも無駄などあり得なかった。この地に来て医療薬にもこと欠く中、父の献身的な働きにより我が家の生活はまず安泰だったと思う。私は、近い所はオートバイで遠い所は汽車で、お美味しい母の作ってくれたお弁当を持ち、父の鮎釣りに楽しいお供をした。

個々の思い出には尽きることはないが、自然の中で思う存分遊んだし、昔の遊び方、メンコ、ビーダマ、ベーゴマ、竹馬の乗り等々に関してはまづ引けはとるまい。しかし小学校6年まで我が家の生活は父のがむしゃらな働きと、母の人知れぬ苦労との連続で、さして進展はなかったように思う。終戦後世の中もやや安定して、近所の人々と日帰り旅行が計画され、暗いうちから集まり、胸たかならせるあの気持ち、明け白らける駅に汽車を待っあの気持(潮干狩だったかな)。

また、私事では、小学何年生からだったか、夏には伊東温泉の伊奈(薬)なる温泉旅館に、海水浴に毎年連れて行ってくれた。鶴吉丸なる海の家をいつも借りたこと、そこの叔父さん、叔母さんの懐かしいこと、海で、海辺で遊んだこと、漁港でめずらしいものを見たこと等々、どんなにか楽しかったか。その後、紆余曲析して現在に至るも、亡き母には我今あることに感謝し、恩うけし人々には極力報いるべく努力し、父には苦労未だ掛けしとうしろめたく、子供達には私の受けた感激を少し伝えておきたいと思う。

耕地整理

荒井　安一（上尾地区在住）

耕地整理は昭和15年に着工し戦後昭和28年に完成した。耕地整理の内容は用水の供給・芝川の排水、山林の整備と田、畑の区画と道路の拡張であった。

用水の供給と芝川の排水

戦中、戦後は物不足で、食料は特に深刻であった。この難問を解決するには、増産するしかなく、その対策を町の大先覚者・富永吉一翁が昭和15年に自らの土地に、深井戸を掘って芝川の両岸40町歩の水田に水を供給したのが始まりとされている。その供給水の排水が必要となり、翌年、農家の方を総動員して、上平から大宮堺まで蛇行していた狭い芝川を、シャベルで手掘、ほぼ３Km、直線にして出来たのが現在の芝川である。二つ宮氷川神社の境内に富永吉一翁の胸像と記念碑を篤志家が昭和37年に建立した。

耕地整理の期間と面積

昭和20年（終戦）に上尾緑ヶ丘の土地、約30町歩の山林を５００坪に区切って整理し、市民の希望者に分譲したのが始まりで、上町から栄町まで中仙道東側の土地の整理、約３６０町歩と西宮下の土地30町歩も施行した。３個所耕地整理の面積は４２０町歩。昭和15年～28年まで14年間かけて完成したのである。

地権者は田、畑の減歩１割、労力、費用は自己負担で関係した地権者７５０名であった。（１町＝10反１反＝３００坪１坪＝３・３㎡）

地権者である私の家も農家で、中学生の頃、土をリヤカーに乗せ畦を埋め、低い場所に土盛りをして道を作った事が有る。

耕地整理以前の栄町の道路は１間程（１・８ｍ）の曲がりくねった道であったが、耕地整理で東西南北に碁盤の目のように作られ、種まきや農産物の収穫、運搬も楽になった。耕地整理よって経営も合理化され食糧増産に大いに役立ったのである。

当時上尾の人口はおよそ８０００人、上尾に昭和８年に農事試験場が移転して来た。戦中戦後、風水害の少ない上尾の農家では、麦、陸稲、甘藷、野菜などが沢山生産された。その頃のほとんどの家庭燃料は、藁や落ち葉、枯れ枝、薪、炭などであった。水は、井戸からつるべ式や手動式ポンプで水をくみ上げていた。その後、昭和25～30年頃、テレビや洗濯機、炊飯器など電気製品が出回り給水ポンプも普及した。この頃から首都東京35㎞圏内の上尾に疎開してくる人や工場の誘致（働き場所の増加）などで徐々に人口が増え、宅地化も進み始めた。

現在は土地改良区と言い、主として生活環境の整備を目的として行われ、地権者一部負担以外は莫大な公費を投入している。

大石村に移り住んで

池田　弘（大石地区在住）

私の父は満州の奥地のチチハル、ハイアルの警備の勤務兵事係のため、私の出生は満州国吉林省農安県の官舎が本籍地です。

小学校に入学する前の昭和17年12月に突然に父が脳卒中で倒れ帰らぬ人となり、母と私と弟では生活も出来ないので、母の実家である大石村に帰ることになりました。祖母が迎えに来て新京を出て朝鮮半島の平城、京城、釜山経由、船で下関へ。そこから東京へと遺骨を抱えての道中は戦中の厳しい中、心細かったことを想い出します。

母の実家に身を寄せ、春には大石国民学校に入学できた時は戦争の最中となり、校内に入る時は上級生と歩調をとり、朝礼の時は奉安殿から校長先生がうやうやしく取り出した勅語を聞き「勝つまでは欲しがりません」と教えられました。母は実家のそばに家を建て生活が始まりました。家の近所は農家で小麦、甘藷、茶畑、桑畑、そして雑木林と続き、鴨川のある田んぼとなる農村地帯でした。

そのうちに空襲警報が鳴るようになると、東京にいる従兄弟３人が疎開してきて食べ物などの喧嘩がつきませんでした。そのころ、クラスにも疎開の生徒も４～５人と多くなると、３月10日の夜は南の空が赤く染まり東京大空襲でした。従兄弟が両親を心配して泣いていたのを想い出します。

そのころ、あちこちの松林にはテントが張られて大量の軍隊の物資が運ばれて今までと違う風景となりました。林の中は遊び場所で、縦横の農道があり、わらびやぜんまいなど採れたのに鉄条網で囲んだ被服場となり大石村は小敷谷原とか中妻の松林はほとんど置き場所となりました。敗戦とともに進駐軍のジープの巡回警備が怖く、林の方には行くことができませんでした。

生活も新円の切り替え、農地解放などで父方の土地は没収となり生活は苦しくなって行きました。学校も３年生で９歳となり、新しく６・３制となり、中学校ができて一部は二部制授業でした。教科書も手書き、裸足で学校へ行き井戸水のポンプで足洗い場に水を張り、足を洗って教室へ入り学びました。全校生徒に頭からＤＤＴをかけ虱の消毒をしていました。衛生が悪かったのでした。

家に帰ると樫の実を拾って、それを学校へ持っていき粉にして「すいとん」にしたり、隣の家で蚕に桑の葉をくれた後、木の皮を剥いて服地の代用品としたりして生活を支えました。栄養失調が心配でミルク代わりの脱脂粉乳の給食が始まりおいしく、給食が待ちどうしかったです。食料品は配給でキップがないと何も買えなく、米は土橋米屋に行くが米はなく、甘藷やうどん、短麵の配給でした。母は育ち盛りの私たちに農家でヤミ米を無心していただいていました。

母も生活のため働くことになり、明治製菓出資の澱粉工場ができたのでそこで働き、そのうちに農協に経営が移り昭和30年まで働きました。

裸足から下駄が履けるようになると、前庭に疎開していた桐下駄を作る職人さんのところへよく遊びに行きました。父親の墓は沖の上の薬王寺にあるので、彼岸やお盆には墓参りに田んぼと鴨川を歩いて行くのが遠く、道草をしては怒られました。月遅れの正月は外で遊びました。近所の道路でこま回しや、凧揚げ、べったなど楽しく時間を忘れて遊びました。その当時は道路が遊び場でした。砂利道で人通りがなく県道で桶川中野林線と聞いていました。春秋の指扇の秋葉神社の祭礼には人々が歩いて行くのを見かけました。

小学校高学年は、収穫期は農家が忙しいので、授業は半日で終わり生活を支えていました。学問より生活が大切だった時代でした。小学校を卒業する昭和24年ごろでした。

平方の探照灯

遠藤　正夫（上尾地区在住）

昭和20年平方尋常高等小学校を３月に卒業、４月に軍属として上尾小敷谷の被服廠本部に就職する。空襲で被服が焼けない様、（現）小敷谷上尾第一団地、（現）北上尾の須田さんの東、（現）日産ディーゼルの松林の中に５～60㎝高くした床の上に被服や軍足などシートで覆いかぶし保管していた。それを住民の一人が盗みに入りピストルで撃たれ死んだと言う。

探照灯は自動車に乗せた発電機からレンズを通して投光。さいたま市櫛引と（現）上尾、平方北小学校の松林の中にあり、双方より上空で照準合わせ（結合）をして敵機を探し、高射砲で撃つも届かず、飛行機は飛び去った。（終戦間際には届く大砲が出来たが戦争に間に合わなかった。）現在の大宮自衛隊基地は戦時中（造兵廠）兵器を製造していて高射砲が設置されていた。（戦後アメリカ兵が高射砲の筒を切断しているのを遠藤氏は見たと言う。）

（現）さいたま市北区役所の所に中島飛行機工場があり、飛行機のエンジンを製作、群馬県太田で飛行機に乗せ、その名は呑竜号と名付けられた。

昭和20年6月頃、アメリカ軍Ｂ29は上尾の探照灯めがけて照明弾を投下、50キログラム爆弾を（現）丸山公園と畔吉の西村宅2ヶ所に落としたが、西村宅には被害はなかった。また日本軍、隼戦闘機が空中戦に負け撃墜され、桶川駅西口当たりに落ち、パイロットは落下傘で飛び出し（現）大宮ゴルフ場の松の木に落下傘を引っかけ、命は助かったと言う。

更に神山（さいたま市北区吉野町）に撃墜されたゼロ戦のパイロットが原市畑地に墜落し、即死したとも言われた。

上尾愛宕町に鶴、亀の松の木が上尾陸橋交差点近くに有った。その亀松の木から松根油を取ってエンジンオイル等に使用したとも言われた。鶴松の梢が上尾小学校に保存されている。

上尾駅の香り

大川戸　清（上尾地区在住）

「ポッ ポー」遠くで上りの蒸気機関車の汽笛が聞こえる。上尾駅の北側柏座の踏切。踏切小屋があって、番人（職員）が遮断機を降ろして白い旗を振っている。通過オーライの標しだ。左を見ると400ｍくらい先に小さく汽車が黒い煙を吐いて近づいてくる。昭和19年（１９４４年）２月の午前6時17分である。

当時の上尾駅舎は東口のみで、西口には昭和産業の大工場があって、精麦やブドウ糖の製造を行っており、それら荷物を運搬する貨車の引込線が何本もあった。「あの6時20分発の汽車に乗れないと学校に遅れる」気は急いでも遮断機があって何ともしようがない。当時は一時間に一本くらいしか列車が通らなかったからだ。

私15歳、川口中学の3年生。汽車で大宮まで行き、省線（京浜東北線）に乗り込んで蕨駅で降り、預けてある自転車に乗って砂利道を全力疾走、鳩ケ谷の学校に行くのだ。乗り遅れたくない。

ゴーッと目の前を、客車12両を牽いた列車が通り過ぎ、ゆっくりとホームに入って行く。踏切番のおじさんが遮断機を上げる。上がり始まるや否や何人かが急いで下をくぐって番小屋の前を通り、線路の上を走ってホームの端に向かう。番小屋のおじさんはこの違反を見て見ぬ振りをしてくれている。

当時のホームは木製で低かったので、足場から駆け上がる。もちろん、改札口は通らず最後尾の混んでいる客車の一番後ろのデッキの取っ手にとりつく。ホットする間もなく発車！！！

宮原駅がまだ無いころなので、列車は15分間大宮駅まで走り続ける。宮原あたりはカーブがひどく客車も傾くので、混んでいるため外側の取っ手にぶら下がっている人に中からの重量がかかり、耐え切れなくなって振り落とされる方もあったということも聞いた。

午後の授業が終わり、夕方上尾駅に到着する。“プン”と鼻を衝く異臭。上尾駅に着いたのだなと感じる匂いだ。駅西側にある昭和産業上尾工場で精麦中の糖の香ばしい匂いに混ざって、ゲッとする香りだ。

推測だが工場地内にある大きい沼からあがる澱粉の腐った匂いなのだろうか。よい匂いのときはホッとしたが、夏場がちょっと参った。

水といえば当時の町は上水道がなく、各家庭の飲料水は自家の井戸より手押しの木製ポンプで汲み上げて使用し、下水は道路の側溝に流し込み地中に吸い込ませるか、芝川等付近の河川に直接流す方法によっていたのだ。

水質はよいので酒造りに適しており、町内に北西酒造(文楽)、笹川酒造(栄鯛)、鈴木酒造(いの一)、小林酒造(東寿)、原市には八木酒造(東一力)があって十一月頃に滋賀・新潟等から酒造の杜氏が来て酒を造っていた。

駅前の中山道は商店街で漬物屋(三保の漬)当があり、木炭バスも走って賑やかな通りであった。

銭湯「関の湯」

金子　信造（上尾地区在住）

上尾の銭湯は戦前からの「関の湯」「松の湯」と昭和三十年代開業の「くげの湯」と三軒有った。

我家に内風呂が出来たのは、私が高校生になってからだった。それまではお風呂には近くの銭湯「関の湯」を利用していた。内湯が出来た後も、良く温まるし、気持ちも良いので時たま利用は続けていた。関の湯には黒くて高い煙突が有り、煙を吐いているとやっているなと分かった。

昔の風呂屋の浴場は、高い天井、薄暗く、正面の壁面に風呂屋さん特有の富士山の絵。湯船は二坪位。洗い場は十坪位で、片隅に一㍍四方で深さ七・八十㌢位のお湯(上がり湯)と水のコンクリート製の2つの水槽があったと記憶している。お湯がぬるいと、「熱くしてくれ」と頼むと、奥から「おおっ」と声があり追い焚きしてくれた。当時は夜遅く行くと、湯船には垢が浮いていた。

その後、何回もの改築、改装が有り、近年浴場は総タイル張り、富士の絵もタイル画。明るく快適、湯船のお湯は何時もきれいで澄んでいた。ジェットバスも設置されていた。小学校に上がるまでは、母と女湯へ入っていたことを薄っすらと覚えている。その後は父親と、また一人でも行っていた。

風呂屋は社交場、友達も出来た。世間話、噂話が良く耳に入る情報の場所でも有った。

大晦日は夜中の零時過ぎまで賑わっていたのも記憶にある。新品の下着一式を母から渡され、今年の垢を洗い流し、新年を迎えるためである。

年が明けると、正月二日三日は初湯。戦前は初湯の時は、今年もお世話になりますと、「手拭」を持参しお風呂屋さんに差し上げたのだと父には聞いた。

近年は反対に、初湯の際、鎌倉の銭洗い弁天縁起の五円玉を頂いた。初湯は早朝から午前中の営業、明るい日ざしの中での昼湯、のんびりゆったり正月気分に浸る良いものだった。

昼湯といえば、田植が終わった後とか、秋の収穫の後、特別に幾日か昼湯を営業していた。近隣の農家のおばさん、お婆ちゃん連が、食べ 物を持参で連れ立ってきて、湯浴みをし、二階の座敷で一日骨休みし楽しんでいた。私の祖母も四㌔ほど離れた田舎から仲間とやってきていて、そんな時私ものこのこ出かけお茶菓子などせしめた。

五月の節句には束ねた菖蒲を湯船に菖蒲湯。十二月冬至には柚子を入れた大きな袋を浮かべた柚子湯．季節の行事だった。

夏祭りで子供神輿を担ぎ町内を練り歩いた後に、銭湯の無料券が配られ仲間の子供達と連れ立ち、大はしゃぎしながらお風呂でふざけあったことも想い出される。次に、こんなこと書いて良いのかとも思いつつも、書いてしまった。

中学生思春期真っ盛りの頃、銭湯に通うクラスの男子の間で〝どこなめのみこと〟という言葉が話題になった。それは町内の大工の叔父さんが、洗い場の椅子に腰掛け身体を洗っていると、大きなおチンチンの先が洗い場の床に届いているので、大人たちがその叔父さんのことを〝床なめの尊〟と陰口しているのを聞き、観察に及び話題になったのである。失礼致しました。

ついでのことで続ける。ある時、一人で銭湯に行ったとき、洗い場に七、八人の人がいたのだが、誰一人湯船に入っていない。おかしいなと思いつつ入ろうとしたら、洗い場の一人が〝今日の風呂は良く温まり良く育つよ〟と言ったのだ。エッと踏みとどまった。良く聞くと少し前、立派なウンチがぷかぷか浮いていて、風呂屋のお上さんが掬い上げた後だったのを知った。もちろんその日は、湯船に入らず身体を温めず帰ってきたのは言うまでもない。

残念なことに、〝関の湯〟は三年前廃業した。他の二軒もずっと以前に廃業。上尾に銭湯はなくなった。

思い出すままに

金子　能正（上尾地区在住）

学校のこと

私は昭和十八年四月、上尾町立上尾国民学校に入学しました。松竹梅の三クラスで梅組でした。一年生から卒業まで、クラス替えはなく、同じお友達と一緒。担任の先生も二年生から五年生までは同じ先生でした。旧上尾地区全体で一校でした。

二つ目の上尾中央小学校が出来たのは昭和二十九年十二月と聞いています。授業時間の始まり、終わり、休み時間の合図は、太鼓でドンドン、後に鐘を振って、カランカランと変わりました。校舎への出入り口に「足洗い場」が有り、校庭ではほとんどの生徒が裸足でした。小学校二年生のクラス全員の集合写真では前列の男子は裸足で写っています。戦中には、運動会の最後の方で、上級生が、張りぼて戦車や大砲もどきを使って、戦争ゴッコ？子供心でワクワクしながら見物しました。

また、授業中「警戒警報」のサイレンが鳴ると、下校し、「警戒警報解除」の報で再登校、家が学校に近かったため早く学校にもどった記憶があります。防空壕も造りました。入った記憶はございません。ものの貯蔵に使っていました。

戦後は物資がなく、教科書は製本されておらず、内容に問題がある点を、先生の指示で墨でぬりつぶし使いました。ノートの代わりに、軍隊で使っていた、「入院患者名簿」が支給され裏面をノートとして使いました。その他「通信箋」？なるものも使いました。

お弁当を月に何回か、代用食を持参せよとのお達しがあり、さつま芋を持っていきました。

ズック靴の配給がクラスに何足か有り、代金だけでなく、古い靴底を提出しないと新しい靴は受け取れませんでした。

六年生の修学旅行は箱根一泊、各自がお米を持参して行きました。校庭に砂を敷くため、全校生徒がリックを背負い、瓦葺の掛樋まで砂取りに行った覚えがあります。

学芸会、芝居や、合唱、年に一度、学校近くの「上尾会館」で開催、父兄も参観に見え、賑やかでした。

夏の夜、小学校の校庭で野外映画会がありました。白い大きな布に映し出される映画、裏側からも透けて見られました。

年に何度か、「お話おじさん」が巡回してきて、上寺の本堂へ先生が引率して行き、童話や昔話を楽しく聞きました。

当時、近隣の十一ヶ町村の学校別、対抗運動会が開かれ、盛り上がり夢中で応援しました。

遊びのこと

昭和二十年代、上尾文化会館の前を流れる芝川には当時、鯉、鮒、鯰、ハヤ、泥鰌、ザリガニがいて。伸べ竿で釣りも楽しめました。時には赤腹イモリがかかることもありました。

近隣の林では春にはワラビ、ゼンマイ。秋には茸、シメジやダイコクネズミ茸等も採れ食べました。

原市沼には戦後、大きいのは、5・60㌢位の雷魚がたくさん泳いでいるのが、岸から見ることが出来ました。沼の近くでは夏には蛍も飛び交い採って遊んだ記憶もあります。

毎月十日は谷津の観音様の縁日で、屋台が何軒も出ました。その日だけお小遣いを貰えました。

土地の値段のお噂

金山　能正（上尾地区在住）

我家は祖父が事業に失敗し、住んでいる土地を手放す羽目になり、買主からその土地を賃借し商売を営んでおりました。

亡き父によると、昭和十三年に国歌総動員法が公布され、それに基づき、その後、企業整備とやらが実施され、商売を廃業すれば保証金が千五百円、国から支給されたそうです。そのお金で元の土地を買い戻せたと聞きました。

また戦後、農地解放の余波で家の近くのお大尽が、現在の埼玉水上公園近くの雑木林を一反（三百坪）、隣家と二軒で買ってはくれないかと話があり。値段は三千円とのこと。当時、お煎餅が一枚十円で、土地一坪が同じというのは、どう考えても、安い買い物と、百五十坪分けてもらいました。

その後、林を開墾して麦や馬鈴薯を作り、我家の食料の一部を補いました。

昭和二十六年ごろ、現在の商業施設「ＰＡＰＡ」周辺は「かみぱっぱら」といわれる雑木林で坪五百円と聞いていたのを覚えています。

上尾駅の西口の谷津観音堂の西側、今は商店や事務所が立て込んでいますが、昭和三十年頃は畑で、屋根は葺かれたのですが、買い手がなく、そこに建売住宅が三軒？一軒五十万円と聞きましたが、そこで取り壊されました。その理由は、駅西口にあった工場の廃水が原因で、井戸を掘っても水がくさく使用できないためと聞きました。当時、水道はありませんでした。

小泉地区の夏祭り

河原塚　勇（大石地区在住）

七月十四日は小泉地区八合神社の祭り、天王様で祇園祭ともいう。農作業が一段落するこの時期、地区の楽しみの一大行事で祭りの準備は、各家庭から人を出し七月七日から始まる。

この日、神社の近くの収蔵庫から屋台・神輿を出して、組立てる。その屋台の上で囃子連の人達が祭ばやしの練習を行う。この日のことを天王様初めともいう。囃子連の人達の練習がこれから一週間ほど続く。

また、屋台はムラの主な道路を巡行するので、樹木の張り出しなどで巡行の障害となるものが有るかどうか、巡行予定道路を廻り調査、必要により道路上の枝の剪定伐採などの作業を行う。

一四日の朝には、ムラの各家庭から人が出て八合神社の前に幟立てを行った後、屋台・神輿・オシシサマの巡行を開始する。

屋台は屋根一杯に花を飾り、祭ばやしの囃子連の人達がのり、神輿には神主が拝んで神様を移してもらう。神輿は十人から十五人位で担ぎ、始めのうちは、神輿係りが担いでいるが、夕方になると若い衆が出て来て担ぐ。神輿係りは回りで加勢する。

巡行の列は、オシシサマ、天狗（弊を持ち天狗の面を被った者）、男獅子、女獅子、インキョ様の順で回って歩く。このほか、オシシサマの一行には、八合神社のお札を配る者も付いて歩く。これらの獅子は全部のムラ持ちで、男獅子は一人で被って持って歩き、女獅子は櫃の中に入っていて二人で担いで列に加わる。

インキョ様は、昔使った獅子の木の部分に穴を開け、ひもを十本位つけて、引っ張てで行列に加わる

午後学校から早引きした子供達が帰ってくると引っ張り手は交代し子供達となり、インキョ様は巡行の先頭に駆け足で加わる。

こうして、朝九時ごろ、神社を出発し年中行事の指揮で屋台・神輿・オシシサマはムラの中の主な道を回る。

屋台・神輿とオシシサマは同じ経路でムラを回るが、オシシサマは、総ての家庭の中まで入って回るので時間がかかり速さが違うので、途中、ムラの旧家、役員 の家に何か所か設けられる休憩所で屋台、神輿は止まり、オシシサマを待ち、合流しながら回っていく。

オシシサマは、家の中まで入るのでどうしても遅れがちになってしまう。休憩所では酒と肴を用意してもてなしをする。

オシシサマは各家庭に着くと、天狗と男獅子が玄関から入って土足のまま座敷に上がり縁側に抜ける。このとき、天狗は持っている弊でその家を御祓いし、八合神社のお札を渡す。このため、各家庭では通る畳の上に、ムシロ、ござなどを敷き、縁側の廊下には一升瓶などに神榊を挿し、小麦饅頭、季節の野菜などを置き、オシシサマのためにどの家でもお金を少し入れた半紙のオヒネリを用意して置く。このオヒネリは巡行が終わると、隠居さまを引いた子供たちで分けた。

神輿の巡行は、ムラ境(北で隣接する桶川町日出谷、南の大谷村今泉の神輿とかち合って、互いに、勢力を誇示して、トラブルにならない様に年行事は時間の調整をするなど、気配りした。

また、神輿は休憩所でもみ合いをするが、もみ合いが激しく年行事の収めの誘導にもなかなか収まらない事がある、これは住民の一種の物言いの表現ともいわれている。

ギオンの祭りの運営するのは年行事である。年行事は、上、台、東、西の各地区から一人ずつ計四人で、この四人が屋台・神輿と獅子に分かれて付いて指揮する。

巡行が終 わり八合神社に戻るのは夜十時ごろとなる。祭りには、年行事の他、トウロウ番二人、酒番四人を区長が指名する。トウロウ番は八合神社の境内につける灯籠の管理をする者、酒番は神社社務所での宴の酒や肴を用意するものであるが、これは年当番を経験した人を指名することになっている。

翌十五日は八合神社に屋台・神輿・オシシサマなど飾り置きする。十六日に、各戸から人が集い屋台の解体、神輿などを収蔵庫に収め、打ち上げの宴で祭りを終える。

この小泉地区の夏まつりギオンは、天狗、男獅子、女獅子(駕籠の中に入っていて二人で担ぐ)、神輿、屋台(囃子)、インキョ獅子の巡行と多彩で、近隣地域唯一ではないでしょうか。

(参考文献　上尾市史文化財調査報告書第三十五集)

戦中・戦後を追想する

河原塚　勇（大石地区在住）

小学校初見参

私は、昭和九年六月旧大石村に生まれ、以後その地大石地区に住んでいます。まさに「上尾市域のすがた」の一面を自然にみてきました。少年時代の戦中・戦後の上尾のすがたを思い出すままに、ランダムに記してみたいと思います。

私が村の大石小学校に初めて行ったのは、五歳のときでした。その日は私たち三人兄弟の七・五・三のお祝いの日で、当時、家の行事七・五・三など祝いごとの日には、親戚、近所隣組の人たちを招待し盛大に祝宴を行いました。そのため朝から準備に忙しく子供は、足手まとい、となるので私と三歳の弟は叔母に連れられて小学校に行き鉄棒・砂場などで遊んだことを覚えています。

これが小学校との付き合いの最初でした。

小学入学前年の昭和十五年、小学校秋の運動会には翌年の入学予定者のプログラム三十メートル？徒競走があり緊張して参加したことが思い出されます。昭和十六年四月に小学校が国民学校となりその第一期生として入学しました。

国民学校の想い出

入学したその年の12月米国などとの戦争が開戦となり世のなかは大きく変わったのでしょうか、低学年の児童には、まだことの重大さを知るすべもなかったように思います。

国民学校で思い出されるのは、奉安殿、奉安殿は校庭の東の一角にあり、御真影(天皇・皇后陛下)、教育勅語が収められ、前を通るときは、最敬礼を義務づけられていました。四大節祝日(1月1日四方拝、2月11日の紀元節、4月29日の天長節、11月3日の明治節)は、児童全員が登校して式が行われ、礼服の校長先生が奉安殿から教育勅語を恭しく捧げて式場に運んでくる。国歌とともに四大節の歌を歌い、教育勅語奉読、校長先生のお話を聴くのである。楽しみは、式後児童全員に当時なかなか手に入らなかったお菓子がもらえることでした。

また、毎月8日の大詔奉戴日には児童全員が近くの八合神社に参拝に行き、戦勝の祈願をしたこと。出征兵士の農家への勤労奉仕で、草取り、茶摘み、桑の葉とり、麦踏みなどを随時動員されました。また農繁期には農繁休暇があり農作業が優先させられました。

戦地の兵士への慰問作文の郵送。課外作業で赤羽の陸軍被服廠が大石地区・大谷地区等の山林に疎開した広大な敷地の垣根(地元の篠などで)作りに動員されたこと。どんぐり拾い・松脂取り、すすきの穂採り(何に使ったのかな?)イナゴ捕り、桑の木の皮むき作業なども思い出されます。また物の不足、を象徴する事例として「裸足での通学」学校の昇降口には特設の足洗場がありました。

昭和20年なると毎日のように空襲警報が発令され、通学途中での帰宅、防空 壕への避難、爆撃機B 29護衛の戦闘機による地上への機銃掃射に遭遇したことなど思い出されます。

4年生、5年生(昭和19年～20年)頃の肝心の学校での勉強に関する想い出は殆どありません。勤労奉仕などに動員され勉強の時間が少なかったためでしょうか。

2歳上の兄が旧制中学校受験に際して、志望校の選定は、空襲の激化などにより列車の定時運行が難しくなることが予想されるので、下宿が可能な身寄りなどのある所の学校を選ぶようにと言われたと、話していたことを覚えています。

それで叔母の家がある、熊谷中学校を同級生の二人と受験し合格。叔母の家に同級生二人と下宿しての通学でした。

自分たちの進学はどうなるのかと一寸心配でした。しかし8月15日の終戦で状況は一変します。新学校制度により新制中学校が各市町村に設けられ全員が入学となりました。

応召出征

昭和十九年ごろからか村の家の庭に日の丸、旭日旗、名前入りの幟旗を見かけることが多くなりました。軍の召集令状(赤紙)が来た家である。

私の父は役場勤務で兵事係をしていたので、「今日も赤紙(召集令状)を○○さんの家に届けた」と言う日が多くなり、四十歳近い父自身にも昭和二十年六月に赤紙がきました。

「とうとう俺のところにもきたよ」と呟(つぶや)いていました。子ども心にも、なにやら戦争も大変な局面にさしかかったのか？と感じたのを思いだされます。

赤紙が来て間もなく出征の日六月二十四日となり、前夜親戚の人たちと宴をともにして翌日朝、近所、村の役員などの人たちと日章旗を先頭に行列をつくり途中、鎮守様の八合神社に参拝して上尾駅に、列車に乗り込み窓から手を振る父を見送った。「これからどうなるのだろう？」と一抹の不安、寂しさを感じながらの帰途でした。

防空訓練

空襲に備える防空訓練の記憶ですが、先ず設備とし空襲警報発令されると待避する防空壕の構築、家のガラス窓などの張り紙、灯火管制用黒布、防火用水・バケツ、火消しはたき、防火頭巾、竹槍などがあります。

防空壕は、大規模な豪が学校の校庭に、各家庭にも家族用が構築されました。

灯火管制は空襲時、光が外に漏れないよう各家庭などの電灯器具を黒い布などで覆うことが強制されました。

防火用水は各家庭に桶、かめなどに常時貯水する。バケツを備えること、火叩きは、わら縄、布を縄状の太目の紐にしたものを、竹の棒に熊手のように取り付けたものです。

頭巾は、頭や首、肩をすっぽりと覆う形で、綿や木綿を使用してつくられた。落下物や破片の衝突から頭部を守ることを目的とし焼夷弾などによる火災の熱や火の粉から頭を保護することであった。

竹槍は、物干し竿ほどの太さの真竹を一間(約1.8m)ぐらいの長さに切り、先の部分を鋭く削る。竹槍は空襲機の兵員などがパラシューなどで地上に降下した場合などに備える武器とされた。

防空訓練は各地区隣組ごとに行われ、抜き打ち的に警防団員などが空襲機と称して地区を自転車で廻り、焼夷弾に仮定した赤い小旗を任意の家の屋根などに投げ、焼夷弾が投下されたとして、隣組の各戸から消火のため駆けつけ、バケツリレー、火叩きなどを使い消火訓練、敵機搭乗員の降下を想定し竹槍の使用訓練などをおこないました。灯火管制も警防団員などが各戸を巡回し灯りの漏れがないかを確認しました。

空　襲

昭和20年になると空襲警報発令のサイレンが毎日のように鳴るようになる。ラジオのスイッチを入れると来襲機の規模・動向(目標)を伝え警戒を呼び掛けている。東京方向の高空に悠々と飛行する爆撃機Ｂ29の編隊を目視することが多くなる。対空高射砲で迎撃するが、砲弾が目標機に届かず下方で炸裂している。夜間の空襲では、南の空(東京方面)が夕焼けのように見え、近くの沖の上(現在の浅間台)などの探照灯基地から、投光照査捕捉されながら進む機影、敵機に届かぬ高射砲弾が下方での爆発が目視できたが、なすすべのないもどかしさを感じました。

空襲による上尾市域の被害は、昭和20年4月4日大石村畔吉の西村さん宅の前に(丸山公園北の近く)20個の爆弾が投下され、円形20ｍほどの穴が20箇所できた他、納屋1棟に被害があった以外、直接的な被害はありませんでした。しかし、空襲激化は地上の非武装の人をも目標に機銃掃射を受けるなど深刻化してきました。

上尾市域の大石・大谷・上尾地区内の広大な雑木林に野積された膨大な軍需物資あり、上空から視認出来たと思われるが被害を免れたのは、アメリカ軍既定の空襲目標都市リストにのっていなかった為か？終戦後明らかにされたリストによると埼玉県は、大宮がた。82、浦和83、熊谷105、川越131、最後180番目は熱海となっていました。

空襲機を迎撃した日本の戦闘機が被弾し搭乗員が大石村井戸木地区の林に落下傘降下し、木にひっかかり負傷、近くの住民か救助したこと。原市町で戦闘機が撃墜され搭乗員（山本中尉）が戦死した。（近くの住民、三角家が山本中尉の戦死を悼み、庭先に忠魂碑建立。現在は第二産業道路側に移設されている）

終戦近くになると空襲機から勝ち目のない戦争の終結を促す諜報ビラ、電波妨害のアルミ箔テープなどが多量に落とされるようになりました。拾った人は警察に届けるように言われていました。

疎開

昭和19年ごろから都市への空襲が激しくなり、都市部から地方への疎開が行われるようになりました。上尾地域への疎開も多く、縁故疎開(親戚や知人を頼って個人の判断で疎開）のため、多くの農家の蚕室、納屋、離れ室などが疎開者を受入住居として提供されました。私の父の実家にも親戚など六家族が疎開していました

学童・生徒の集団疎開も大谷村の十連寺、平方町の馬諦寺が受入れました。

十連寺には、東京板橋区の淑徳高等女学校の生徒七十名・教師三名が二十年六月から集団疎開し、勤労奉仕、食糧増産の挺身隊として大谷村、大石村の十連寺檀家及び援農希望農家に一から二名づつ分宿し、農作業の手伝いをおこないました。

平方の馬蹄寺には日本橋区立坂本国民学校の生徒八十五名が校長など七名に引率され十九年八月から二十年六月まで疎開し、授業を行いました。

昭和十九年の上尾地域の人口は二四一九五人でしたが二十年には、三一五四三人と30％増となり多くの疎開者を受け入れたことがわかります。

特筆すべきは、東京都赤羽の陸軍被服廠の軍需物資が大石村、大谷村、上尾町の現在の大宮ゴルフコース、西上尾第一団地、中妻、緑が丘などの雑木林の山林に疎開し大量の軍需物質がシートに覆われた状態で野積されました。。

陸軍中隊の駐屯

昭和20年になると戦争は激化し首都防衛のため軍の配備が再編成され、上尾市域の各国民学校(大石、大谷、上平など)校舎に中隊規模の歩兵部隊が駐屯しました。このため学校の授業は、午前と午後の2部制となりました。

この学校への部隊の駐屯はトイレの泌尿処理などに苦慮したようです。隣接する山林に穴を掘り埋めていました。

なお、隊の将校など幹部は近くの民家、お寺などを宿舎としていました。

駐屯部隊で、思い出されるのは、歩兵中隊だったのか装備は歩兵銃以外見られなかったこと、これで戦え得るのだろうかと。

また、陸軍部隊の師団規模の秋の大演習時などには、各民家に参加兵員が分散民宿も行われました。当時この兵隊さんの民宿は、各家庭が歓迎し、ご馳走したので兵隊さんも、この民宿を楽しみにしていたとのことでした。

終戦

昭和20年8月15日の前日に、各家庭に「言い継」が回ってきて15日正午にラジオで重大放送があるので聴くようにとの知らせがありました。

戦争はいよいよ激化し本土決戦に備え、最後まで頑張ろうと言う天皇陛下の激励のお言葉であろうと大人達は話していました。

15日正午、ラジオのニュースは、雑音が多く聞き取りにくかったが、天皇陛下自らのお言葉が伝えられました。

意味はよくわからなかったが、夕方近所の人たちの話で「日本が負けた」と知りました。空襲はなくなるだろうが、今後どうなるのだろうかと一抹の不安もありました。

終戦、一週間もたたない時、出征していた近くの人が家に帰って来たと聞いたとき、変わり身の早さに驚くと同時に「ああ戦争は終わったのか」と実感しました。(この帰還は脱走だったようで呼び戻されたと後で聞きました)

9月15日、鳥取県の大山近くの部隊に配属されていた父親も帰還し、わが家の戦争も終りました。

陸軍被服廠物資と進駐軍

8月15日終戦後、間もなく、雑木林に疎開していた陸軍被服廠の野積された物資は、素早く放出されたのか、集積場所に通じる道路に数十台の消防自動車が連なる異様な光景を目にました。東京都内各区からの消防自動車での放出物資の受取りに来た車列でした。

物資の放出を知り、無管理(無警備)の状態となったのか物資の盗みが平然と行われていました。

間もなく初めて見る無蓋ジープに乗った兵隊を目撃。陸軍被服廠を警備する為の米兵の進駐でした。進駐軍は広い被服廠山林の境界垣根沿いを歩哨するなど、警備についたが、なにぶんにも極端な衣料物資不足のため、盗みに入る人が絶えず、警備兵に射殺される人も出たとの話も聞きました。

この被服廠の野積物資で、防毒マスクなどの軍装備品は進駐軍により近くの澱粉工場敷地に集められ、石油をかけ焼却されました。

この焼却に当たっている進駐軍の米兵には、様子を見に来た子供たちに、防毒マスクを入れる布ザックやチューインガムを呉れるなど、フレンドリーな兵隊さんもいました。

食糧事情　(買出し・増産と援農)

食糧は、昭和16年から米の配給制にはじまり、戦争の拡大に伴って需給は悪化の一途をたどり、遅配、欠配が出るように逼迫し、都市部の消費者は生きんがために農村地帯の親戚や知人などをたよって何とか手にいれようとしましたが、それも限度となると心当たりがなくても農家を訪れ、タンスから衣類などを持ち出して物々交換するなどして、確保しようと苦労しました。

上尾市域は東京から35㎞の畑作農村地帯でしたから、多くの人が買出しに訪れました。それなりに対応できたのではないかと思います。　食糧増産で思い出されるのは、農家のみならず、非農家の庭先、学校の校庭、田んぼの畔道なども耕作地化され野菜などの農作物が作付けされ空地などみられませんでした。

特に狭い土地でも手軽に栽培できる、カボチャ、スイカ、トウモロコシ、さつま芋、トマト、ナス、ジャガイモ、豆類など、いたるところに作付けされ収穫も結構ありました。

出征、軍需工場などに徴用され人手不足なった農家には、地元国民学校の児童などの他、東京の大学生なども援農に動員されていました。大石村小泉地区の農家に明治大学の学生などが泊まり込みで手伝いすると共に週末の夜間には、地元八合神社社務所で、素人演芸会を開くなどして住民人たちに喜ばれました。

農家の食糧事情は、供出制度の強化などあったが、農作物のほか、鶏、兎、などを飼育するなどして自給自足生活が可能だったので都市部の家庭に比べれば恵まれていたのではないかと思います。

市域の主な農産物は麦、小麦、甘藷でしたが、小麦を素材とした代表的な主食として「うどん」うどんは地域の様々な宴席の席の最後の締めくくりとして供されま した。

また、小麦粉を素材とした「小麦まんじゅう」も畑作麦作地帯の代表的食物として、民俗的行事などにつきものでした。当時、まんじゅうの中に入れる「餡」は小豆と砂糖でつくりますが、砂糖が配給制となり入手が困難となると、代用品して甘藷(太白)を使用したり、塩で餡を作る「塩餡」としたりすることなどもありました。

小麦粉を素材とした食べ物のとして「すいとん」があり当時の主食の一つでもありました。「うどん」「小麦まんじゅう」は地域の特産、伝統的食物として現在に引き継がれています。

新制中学校

昭和22年4月に発足した市域各町村に1校設置された新制中学校第3期生(1学年から学ぶ最初の生徒)として入学しました。市域の各町村の学校の数が何の母体もなく急遽2倍となったので、校舎は独立でなく小学校の一棟を使用、講堂などなく全校集会は廊下で行われました。

先生は国民学校からの転任、臨時教員(旧中等学校卒業者など)である。国民学校時代と変わって学習に専任できたと思いますが、新制度に適応される教科書は間に合わず、一部墨で黒塗りされた旧教科書を使用しまた。戦時中敵性語であった英語は、馴染みがなく先生も生徒も苦労したように思います。

当時多くの物の不足は続いており、バスが燃料ガソリンの代用として木炭ガスを使用していました。

一泊二日の箱根鎌倉方面への修学旅行のバスが、途中東京板橋区志村の坂道で馬力不足か登坂出来ず、せっかくの旅行が中止となった(バス引き返す)想い出もあります。

学制改革により新制中学校と同時に発足した新制高等学校(旧中等学校)には多くの生徒が進学しましたが上尾市域に高等学校はなく、大宮、浦和、川口、鴻巣、熊谷、川越などの市内の高等学校に進学しました。

上尾市域の高等学校は昭和33年創立の 上尾高等学校が最初です。

通学に多くの生徒が利用した高崎線は蒸気機関車の列車で、運行本数も少なく何時も満員で、デッキ(出入口)は前後2か所しか無かった為、乗車には大変苦労し窓から出入りすることもありました。

デッキに身体がはみだす様に乗車していて大宮駅手前のカーブで電柱に接触負傷する人も出たことがありました。

尚、文部省の調査によると昭和15年における旧制中等学校への進学率は約7%で、高等女学校等を含めても約25%にすぎなかった。

新制高等学校に対する進学需要は高く昭和25年には進学率が40%に達し、昭和29年に50%を超え、高度成長期には更に上昇して40年70%、49年90%を超え、平成11年には97%に達しています。

衛生・害虫・大掃除

今と比べて最も大変だった一つに、衛生環境の悪さからノミ、シラミ、ハエの大量発生でした。ノミは黒い粟粒位の小さな虫で刺されるととても痒く我慢できなかった。「ノミ」は跳躍力が抜群で捕らえるのが大変でした。シラミはノミより大きく灰色の虫だか繁殖がものすごく衣服の縫目、織目、頭の髪の毛などに卵を産み付け、ノミと同じように吸血し、かゆくて我慢できなかった。動作が鈍いので捕まえることは出来たが退治が追いつかず衣服ごと熱湯に入れ退治する必要がありました。

敗戦後はＧＨＱからの薬剤ＤＤＴの散布により退治されました。ハエの発生も多く汚れた物などに止まって病原菌などを人、食品などに付着させるのでハエ捕り紙、リボン、蝿帳は必需品でした。夏には蚊の発生も多く蚊取り線香を焚き接近を防ぎ、夜は蚊帳を吊って、蚊が入らない様素早 く中に入り寝ました。

衛生対策一つとして、春・秋の大掃除がありました。大掃除の日は決められ各家が一斉に大掃除をしました。大掃除は家具などを外に出し部屋内を掃除、畳を上げ外に出し棒で叩いてホコリを徐去し、床下には、ノミや害虫を退治するため、石灰をふりかけるなどをしました。

大掃除の終わる夕方には、役場の人、村の代表の人、駐在所の巡査が一軒一軒回り検査し合格すると『春(秋)大掃除済証』を入口の柱に貼って行きました。

子どもの遊び

物の不足時代であったが子どもたちの遊びは、道具の自作、自然環境を利用するなど工夫し結構多彩でした。竹馬、凧、竹鉄砲、パチンコ、竹トンボ、紙飛行機、模型飛行機作り(模型の材料を売る店があった)メジロ捕りの竹かごなどを作り遊び道具として楽しんでいました。

集団遊びとして、兵隊ごっこ、敵味方に分かれ陸軍の紙の階級章を付け野山を舞台に戦う、ルールはその時々で決めていました。芝居ごっこは、家の庭に舞台を作り飾り付けなどをし、楽しみました。

放課後は近所の子どもたちと、鬼ごっこ、隠れんぼ、三角ベースボール、ドッチボールなどが日常的な遊びでした。少人数での遊びには、めんこ、ビー玉、コマ回し(個人のコマを制作してくれる店もあった)、木登り、ターザンごっこ、相撲、なわ飛び、石けりなど。室内の遊びとして、双六、カルタ取り、鉛筆飛ばし、しりとりゲームなど。捕り(獲り)遊びでは、魚つり、かいぼりでの魚捕り、仕掛けでのスズメ、メジロ獲り(自作の仕掛けカゴを木の枝にセットする)。

桑の実、いなご捕り、山林での栗拾い(木の幹を足で蹴り揺るがす、雨あがりなど多く採れる)、キノコ(椎茸、千本シメジなど)採りなど遊びながら楽しみ収穫しました。年末から正月は凧揚げが遊びの主流でしでした。また、お手玉、あやとり、羽根つきなど女性特有の遊びもありました。

移動販売

村には酒店、雑貨、煙草店など何軒かありましたが、納豆、豆腐など移動販売がよく来ました、月に一度位、自転車引きのリヤカーに屋台を載せ、雑貨など満載した移動販売店が定期的に巡回してきました。冬には富山から大きな風呂敷包(柳行李)を背負った置き薬屋さんが一軒一軒回ってきました。家庭に配置されていた薬箱を調べ欠品(使用)した薬品を、補充して、清算しました。子供たちには紙風船などをサービスしてくれたので、子供も、楽しみにしていました。終戦直後の一時期の夏、鐘を鳴らしながら来る自転車でのアイスキャンデー売りを待ったのも懐かしい移動販売でした。

協働作業

村の社会生活では、道普請(村道などの維持保全作業)、井戸替え(定期的に井戸の水を全部汲み上げ、清掃する)、屋根の葺き替え、家の建築時の基礎固め、道の樹木の枝の選定、冬場の火の用心(二、三人が組になって見回りをする)など共同で行う作業がいろいろいとありました。

また農作業などで人手が足りない時には互いに手伝い合うことも行われていました。冠婚葬祭なども隣近所で互いに手伝いをして行われました。共同作業は地域のコミュニケーションの醸成の場でもあったのです。

娯楽、楽しみ

戦争、空襲の激化、敗戦の昭和20年を中心とした一時期は娯楽、楽しかった思いでは無いが、この時代の娯楽はラジオ、映画、地区の祭りなど行事でした。

ラジオでは双葉山、羽黒山全盛時代の相撲をよく聴きました。また、紙芝居も子供達の楽しみの一つでした。街頭で、鐘を鳴らし合図、子供達を集め、自転車の荷台にセットした紙芝居を演じました。観覧料を兼ねて駄菓子も販売していました。

戦後、映画は町の映画館でも見たが夜間、学校の校庭にスクリーン仮設して映写する映画会、GHQより配備されたナトコ映写器による映画会。地区の集会所などで公演される旅周りのプロ劇団による芝居も時々ありました。

大きな楽しみは地区の祭りで、夏のギオン祭り、秋の収穫後の鎮守様の祭りは童謡「ムラ祭り」を想起させる境内に仮設舞台、桟敷を設けて開かれる神楽、素人の演芸会も盛んでした。秋の学校の運動会も一家全員の楽しみでした。また、町場で開かれる市、三月のひな市での買い物、お正月、お盆など各家庭での、いろいろな年中行事も楽しみの一つでした。

スイカ畑の番小屋

上尾地域は畑作が中心であり夏の作物は、甘藷、スイカ、トマト、キユリ、ナス、カボチャなどでしたが、中でもスイカ畑は、あちこちにあり収穫の時期になると、盗み防止のための番小屋、掘立小屋が各所に仮設され、終日番人が監視していました。夏の風物詩でもありました。

四季を告げる動物たち

三月になるとウグイスが庭木などに飛来し「ホーホケッキョ」と春の到来をつげる鳴き声を耳にします。4月から初 夏にかけては毎年ツバメが家の軒下などに巣作りする様子をよく見かけました。7月麦秋頃、ひばりの囀り、蛍が舞い、そして梅雨があけて夏が近づくと最初のセミ、ニイーニイーゼミの鳴き声「チージーチージー」、「キヤキヤ」「ケケケ」「カナカナ」と日暮れごろになく、ヒグラシセミ、そして真夏に「ジジジ」「ジリジリジリ」となくアブラゼミ、「ミンミンミン」と鳴くミンミンセミ、夏の終わりを告げる「ツクツクボウシ　ツクツクボウシ」と鳴く、つくづくボウシセミとセミの季節を謳歌します。

お盆が過ぎるころになると、いろいろな虫たち、コオロギ、スズムシ、クツワ虫、スイッチョなどの鳴き声が、秋の季節を伝える競演です。また、赤トンボの飛来も秋を感じさせる風景の一つでした。「キィーキィーキチキチ」と甲高いモズの鳴き声は秋の深まり初冬を告げます。

落葉かき（堆肥・燃料）

初冬、農家は麦まきなど畑の作業が一段落すると、平地林雑木林の手入れ落葉かきの作業に入ります。先ず落ちている枯れ枝などを拾い草刈りした後、熊手で落ち葉を掻き集め、竹製の大きな背負い籠に入れ庭先の堆肥置き場などに運び入れる。

当時落葉は、堆肥、甘藷苗床の原料、燃料として貴重でありました。落葉での堆肥は畑の土壌の改善にも有効であり欠かせないものでした。

落葉かきが済んだあと、薪が主な燃料だったこの時代、伐採業者が一定年数経て成長した雑木林の樹木を定期的に農家から買い取り、伐採し適当な長さに切り束ね、薪とし販売しました。

落葉かきは、農家の貴重な肥料、燃料などの自給自足の原資になると同時に山林の自然循環再生に重要な役目を果たしていました。

当時農家の正月が一か月遅れの二月であったのも、十二月は落葉かき作業などが未だあり、準備や、休みができなかったのも一因とも言われています。

戦前・戦後の想い出

斉藤　博　（平方地区在住）

子どもの頃の想い出

この辺はほとんど畑地だった。田んぼは入江に少しあった。子どもの頃の遊びは、竹とんぼ作り、竹馬作り、藁草履作り、藁鉄砲作りなど自分で作って遊んだ。お金を出して買ってもらったものはなかった。また、兵隊に憧れていたので、山の中で兵隊ごっこをして遊んでいた。また、格好いいから山の中で兵隊ごっこをやって遊んでいたが、戦争の意味はよくわからなかった。

開平橋は当時、舟をロープで繋いだ橋だった。舟を何台か連ねた橋だった。川の流れに沿って開いた。その後、木の橋になった。洪水で何回も流された。子どものころは木の橋だった。渡船代はいくらだったか覚えていない。ある日、父親より「大宮方面から、戦車3台が開平橋を渡って川越方面に向かって走っていたが、最後の1台が荒川に落ちた」という話を聞き、後日、家族の目を盗んで、荒川岸に落ちた戦車を見に行ったことがある。後にも先にも、その時初めて戦車を見た。

小学校の宿直室へ、東京世田谷の上馬町から先生が来ていた。「東京を知らない」と先生に言ったら、空襲中、先生の実家へ電車で連れて行ってもらったことがある。サツマイモをリュックにいっぱい詰めて友達と3人で初めて東京へ行った。子どもだったので甘めに見てくれたようだ。何事もなく東京往復ができた。

戦争の想い出

戦争で困ったことはほとんどなかった。農家だったので食糧もあった。小学生の時、東京から学童疎開が来た。校舎には兵隊さんが駐屯していた。当時校舎はコの字型で、北、西、東にそれぞれ１棟あった。兵隊は東の１棟を使っていた。平方小学校は歴史が古く、馬蹄寺の前にあった。

小学校高学年のころ、校庭や、現在のゴルフ場の（事務所の反対側）近くに日の丸農場があり、そこで児童が耕作した。農家の子どもは日の丸農場へ動員された。

私は親が牛車を持っていたので、牛車を持って行って、収穫物を学校へ運んだ。その時、空襲警報が発令されて、アメリカの戦闘機が来て機関銃で荒川の土手の方へ、５～６発発射された。威嚇射撃だった。農場にいた人になにも被害はなかった。当時の米軍の飛行コースは、大月ー東京ー茨城県ルートであった筈だ。また、県内のアメリカ軍爆撃目標地は１０５番の熊谷が標的にされたが、上尾は入っていなかった。、どうして上尾が攻撃対象になったのか未だに不明だ。たまたま、爆弾が余ったので・・・、近くに桶川飛行場があったから・・・、さまざまな憶測は流れた。

いつも防空頭巾を持ち歩いていた。学校では椅子にかけていた。防空壕も掘った。穴を掘って、裏山の丸太を並べて、土を被せてむしろを置いた。直撃されたら効果はなかったと思うが、爆風とか火災には効果的だった。集会場の庭にも掘った。

大宮の駐屯地からの高射砲がＢ29に届かず、この辺にも破片がサラサラと飛んできた。そのための防空頭巾でもあった。親たちはちゃんと空襲とか爆弾とか、戦争を分かっていたが、子どもたちは、何のために戦争しているのか、分からなかった。親や先生の言うことをそのまま信じていたように思う。

この辺に住んでいたのでは、戦争というのは分かっていなかった。ただ、勝つための戦争という認識はあった。農村地帯だったし、食糧もある程度あったので、辛い思いをしたことはそんなになかった。

中学生のころ、隣村の畔吉に爆弾が落ちたというので、見に行ったことがあった。20発位落ちた。畑に穴がいくつも開いていた。また、あの辺に被服廠が疎開してテント被せていた。

当時は、戦争がよいかわるいとか分からなかった。ただ、指導者に従うしかなかった。一億の国民は、思想的に特高警察の監視下にあった。

戦中・戦後の庶民の生活

戦争中の方がちゃんとしたお祭り（春祭り、夏祭り）をしていた。神教だからお祓いに一家から何人出てもよかった。神社の大きな木に生えたキノコを先勝キノコとして拝んだ。お祭りは、戦前も戦中も途絶えることなく続いていた。ただ、どろいんきょは戦中は一時休んでいた。

平方地区は大きな被害もなく、食糧も自給自足でほぼ間に合っていた。平方の市場は昭和30年ごろまで続いた。４月の市、５月の市、小遣いをもらって、市に行ってだんごを食べるのが楽しみだった。当時の必需品は平方の街でほぼ間に合った。街には呉服屋さん、鍛冶屋さん、うどん屋さんなど多くの店があった。また、平方は小麦の産地だったから、うどん、みそ、醤油などは豊富だった。

当時、川島とか小敷谷とか畔吉地区からも平方の市に来た。上野村は昔、寛永７年時には畑29町歩、田んぼ12町歩、人口161人であった。当時１反米５表位の生産高で足りなかった。それで、脱穀、モロコシを食べた。米のごはんであればおかずはいらなかった、味噌と醤油で食べた。おじいちゃんはモロコシ、きび団子、粟、などを愚痴も言わず平気で食べていた。みそ、醤油、ひもの（たら、いか、カツオ）、みそづけ、などはみんな自家製だった。

戦後の想い出

終戦後、桶川飛行場が解放されたというので、憧れていた赤とんぼを河川敷の方の飛行場へ友達と見に行った記憶がある。赤とんぼの練習機に乗ったりした。河川敷に塹壕を掘ってその中に練習機が入っていた。見に行って、触ったり、乗ったりして遊んだ。

本来、川田谷飛行場は練習場だったが、終戦の年には特攻隊が飛びたった。同村の知人の１人も特攻隊で出撃したが無人島へ不時着、その後帰還して50代で亡くなった。彼が特攻隊に入隊する前に、なぜ行くのかとの問いに、彼はどうせ日本にいるなら一度は兵隊に行かなくてはならないのだから、それなら早く行って偉くなった方が得だと言っていた。

戦争が終わってから、どうなるのかなあと思っていた矢先に、東洋時計事件があった。労働争議で死傷者が出た。

素人演芸とかはやって来た。また、青年の主張、青年団(大和魂)なども活発になって来た。食糧増産を目指した４Ｈクラブと称する農業青年クラブも生まれた。

いま振り返ってみると

子どもころは、なんであんな戦争をしたのか、どうして空襲であんなに苦労をしたのかわからなかった。あとでマンガ（はだしのゲンヤなど）とか本をみて、身にしみてその時の苦労・悲惨さが分かった。戦争を逃れて今日まで生きてくることができ、本当に幸せな人生だったと改めて思う。

前は親に君臨されていた。兵隊さんなんかを見ていて、毎日がピリピリした生活だった。戦後はそれが無くなって、自由が大きく叫ばれ、まるで社会が変わった。例えば、素人演芸、劇団のように飛んだり跳ねたりして、ちょっと自由を履き違えていたようにも思う。これはあとになって気がついたことだ。

戦前・戦後の想い出

坂上　とり（平方地区在住）

子どもの頃の想い出

小学校の時のお弁当は、お米ごはんの人はお弁当を持って行った。わたしは麦ごはんでしたから、家まで食べに帰っていた。

開閉橋は、水が出ると取り外した。小学生のころ、川岸屋近くの船着き場に舟が一杯いたのを覚えている。東京からは下肥を、平方からは農産物を東京へ運んでいた。

お正月三が日だけはお米のごはんが食べられた。あとは毎日麦ごはんだった。暮れには親戚が集まって餅つきをやった。みんなでそれを分け合った。29日はクンチモチ（苦しいの意味）の謂れがあり、毎年28日に餅つきをやった。当時、お正月は旧暦の２月だった。

お盆のごちそうは、ぼたもち、田舎饅頭だった。当時塩あんこがあった。あずきの代わりに空豆を使っていた。お祭り・お彼岸には、うどん、そばも作った。また、1月14日15日には団子を作って、木の枝に刺した。

戦中の思いで

尋常小学校高等科1年で終わり、東洋時計に務めた軍事工場で鉄砲の弾を生産した。普段は自転車で通勤たったが、雪の日は歩いて通った、長靴がなかったので兄の編上げの長くつ借りて履いて着物で通った。毎日残業・残業で大変だった。休みは1ケ月2日間あった。

当時、映画を見るのが一番の楽しみだった。愛染かつらとかを大宮まで見に行った。お祭りは盆踊りがあった。当時は、家に遊び道具は何もなかった。

昭和18年の春結婚した。数えで20歳だった。結婚式は配給のお酒でまねごとのようなものだった。もちろん新婚旅行も何もなかった。結婚式を終えて両手に荷 物を持って、東京・音羽に行き、そこで主人との新婚生活が始まった。

暫くしたら空襲警報が出て、昭和18年の暮れに、生まれ育った平方へ引っ越した。平方の南にやっと住む家を探した。そこは養蚕場の長屋で、十畳位の部屋に何組かの疎開者が一緒に住んだ。莚の上での生活、暖房は湯たんぽくらいしかなかった。姉の家がすぐ近くにあったので、よく助けてもらった。新しい所帯では家財道具は何もなかった。例えば、雑巾の切れにする1尺くらいの布もなかった。

当時はなんでも配給だった。マッチの棒も1本ずつ数えていた。まきも・・・。荒川の土手のカヤを刈ってきて燃料にした、コヌカも・・・。食糧難だった。荒川の河川敷（いまのゴルフ場の近く）を開拓して（耕して）さつまいもなどを作った。

昭和19年2月長女が生まれた。主人はその年の3月召集され、朝鮮へ出兵した。半年くらいで帰って来たが今度は新潟に召集された。昭和20年6月、軍の方から面会に来なさいとの通知を受けて、初めて電車に乗って新潟へ行った。

旅館で面会時に、隣の食堂で将校たちが、日本は負けると話していた。私は、神風が吹いて日本は必ず勝つと信じていたのに、とてもびっくりした。できたら訴えてやろうと思った。本当に悔しかった。

主人の実家は五泉市馬場町にあった。その後、主人の実家へ2-3泊した。その時、面会会場の旅館でのことは、だれにも言わなかった。もし、日本は負けるなどと言ったら、憲兵に連れていかれると思った。それからもずうっと話さなかった。

（息子さんの富男氏もこの話は初めて聞いたと言っていた）

終戦直後の想い出

終戦の8月15日「今日は天皇陛下のお言葉がある」というので、実家の隣の家（おせんべ屋さん）へ行ってみんな でラジオを聴いた。終戦になってよかったと思ったが、戦争に負けたということはとても悲しかった。気持ちとしては聞きたくなかった。あの頃は、お米もお酒も配給だった。饅頭でもお腹いっぱい食べて、死ぬなら死のうと真剣に考えたこともあった。

主人は軍人に召集される前は、電気工事技師だった主人は終戦の年の10月に帰ってきた。新田の実家の兄が職業軍人で、ルソン島で戦死した。もう一人の兄は海軍で無事帰ってきた。両親は、長男が可愛いくて可愛いくて、お前が代わりになればとこぼしていた。長男はとても親孝行ものだったので・・・。

戦中・戦後の庶民の生活

昔、除夜の鐘は進学する人だけ、初詣にはみんなが行た。母は、八枝神社へ毎月1日、15日にはお参りに行った。戦時中も行った。

子どもの頃、どろいんきょを見に行った。でも、戦時中(昭和19年～20年)はなかった。

大みそかからお正月3日まで、どこの家も旦那さまが。すべて仕切っていた。朝晩、神棚に供えものしていた。大みそかのごちそうは鶏、節分はイワシだった。

戦後の想い出

昭和21年に富男が生まれた。乳が出なくて、米を冷かして磨って飲ませた。子どもは4人生まれた。実家に行って農業のお手伝いをしたり、土地を少し借りて、野菜、麦などを作ったりして生計を立てた。

息子は子どもの頃、下肥も担ついだり、茶摘みをやったりして、よく農業のお手伝いをしてくれた。長女は、当時、茶摘みをよくやってくれた。平方・にも茶畑・茶屋が多くあった。矢島園はそのうちの1軒だ。

昔は、隣同志で食べ物を貸したり、借りたりして助け合った。お金も・・・。とにかく一生懸命に働いた。今の時代は贅沢過ぎると思う。

昭和38年から給食調理員として平方小学校に勤めた。22年間頑張った。早朝、お茶摘みをしてから勤めに行った。そうして子どもを育てた。

夫は自営業だからなかなかまとまったお金が入らなかった。私は農家のうまれだから何でもできた。農家からも手が足りないから来て欲しいと頼まれた。あの時体力もあったからよく日雇取りで稼いだ。そして、息子が学校の先生になりたい（大学に行きたい）という夢を叶えてやることができた。

わたしのいま

カラオケ、フラダンス、アッピーダンス、リハビリ、畑（キューリ、ホウレンソウ）等を忙しく楽しんでいる。フラダンスは、ちょっと耳が遠いので音楽が聞き取れないが、仲間の動作を見て覚える努力をしている。

「自分のできることは自分でやる、できないことはやってもらう」をモットーに頑張っている。家族も含めて、みんなが私を大事にしてくれるので大変ありがたい。毎日が楽しい。

家族の誕生日をすべて覚えている。いま、孫、曾孫を含めて全部で15～16人いるが、いつも誕生日には電話してお祝いしてあげている。いま、家族円満でとても幸せだ。

次世代に伝えたいことは、①人と人との付き合いを大事にすること、②思いやりと感謝の気持ち、③人に迷惑をかけないこと、④年をとったら、結局みなさんのお世話になるということを忘れないで・・・だ。この4つのことをいつも心に留めて、これからも元気に楽しい人生を過ごしていきたい。

戦争体験記

佐藤　良子（大石地区在住）

昭和20年4月4日未明ドーンとものすごい轟音で静かな農村、埼玉県北足立郡大石村畔吉も戦争の渦の中に飲み込まれて・・・・

父が“布団をかぶれ”の怒鳴り声、なんのことか・・・部屋の障子は全部倒れ、私達は素足で障子の上をかけぬけ裏の防空壕へ、防空壕とは名ばかりの小さな穴のようなものでした。祖父は寝ていたかい巻きを頭からかぶって裏に出ました。庭は真赤で外に出られない。姉の大きな声が響きました。

私は小学5年生、妹は2年生、姉は高等科2年、兄は出征、祖父、父母の家族です。我が家の離れには東京でお医者さんをしていた鯵坂さんの御家族が疎開で住んでいました。鯵坂さんの御主人はその前日東京の空襲で家を焼かれ、看護婦さんと共に引き上げて来ました。

さて、数分前まで空襲警報で家族全員起きていました。前の畑が一段高くなっていて、そこに登ると遠い空が紅色に・・・私たちは今日も東京は焼けていると思っていました。空襲警報解除になり、布団に潜り込んだ直後にすさましい音は響き渡ったのです。

明るくなって外に出てみると、納屋（養蚕場、物置）がつぶれ、畑に大きな、大きなすり鉢のような穴が無数に出来ていました。母屋の横の畑からずっといくつもいくつもすり鉢は続けたようにあり、35ケとか爆弾が落ちたのです。それは現丸山公園の下まで、畑、田んぼ、ところかまわず落とされたのです。

静かな農村に突然の出来事でした。その日から連日見物人がすり鉢を恐る恐るのぞき込んで・・・近郷近在の人たちが黒山のようでした。

空襲解除になってから、なんで、といろいろな話が飛んできました。被服廠があまり遠くないところ（小敷谷。小泉など）にあったのでそのためかも知れません。とにかくその日から私たちの生活は戦争色が強くなり、かばんとはき物、衣類の三点セットで枕元に用意して床につくのが日課になりました。そのすり鉢状の穴や、つぶれた納屋の片づけ等は近所の人たちや農兵隊（15、16歳）人たちに大変お世話になりました。

そのすり鉢状にふき上げた畑から古銭が沢山出て、古銭ながら相当の数で麻ひもに通して大きな輪にしました。それはとてもものすごい数でした。それを農兵隊の人たちに記念に差し上げたのです。その農兵隊として、姉の御主人・別所の須賀一夫さんが我が家に手伝いに来られたとか・・・その時赤い糸？何か因縁のようなものを感じます。

その後数10年過ぎて畑にブルが入り、その時また古銭があったとか、なんと沢山のお金が「カメ」にでも入れて埋めてあったのでしょうか。

八月終戦の玉音放送を聞くため、盆棚の前に集まってラジオの前に正座して、でもラジオ放送は余りよく聞き取れませんでした。また意味も全くわかりませんでした。大人たちは茫然としていました。その時隣家のお客様が暑い夏の日に黒の紋付の羽織を着てラジオを聞いていたのが、いまでも鮮明に覚えています。

私たち子どもは意味が何もわかりませんでしたが戦争に負けたらしい。

とにかくいろいろなことがありました。神社の裏山や外の家の裏山にどんぐりを拾いに行ったり、イチゴを取りに行ったり、子供たちも一生懸命働きました。どんぐりを干 して農協へ持って行きました。これも食料になったようです。とにかく、大風の寒かったこと今でも忘れません。

都会の人たちに比べたらそんな事くらいと笑われるでしょうが、とにかく大変でした。家々の柱には“ほしがりません ほしがりません勝つまでは”と書かれた短冊のような紙が貼ってあり、これが当たり前の時代でした。お菓子も美味しい食べ物も全くありませんでした。

農家でも配給制になったり、都会の人たちは着物を売ったり、畑に来てサツマイモと物々交換したり、日本中が大変だったのです。今日の繁栄はまるで夢のようです。

今日の生活があるのは先人たちの苦しみや、悲しみや、頑張りがあったからです。戦後60年も過ぎ私たちも70歳を過ぎ、この物語を知っているのは姉、私、妹、の3人のみ、兄も84歳・兵隊に行っていた兄は、また尚更いろいろな想いがあると思います。兵隊時代の話は、ほとんど聞いてことがありません。想い出したくもないのでしょう。まだ、頑張ってブドウ園をやっていますが、もう少しゆっくり身体を休めて静かに過ごしたらと勝手に思っていますが、大きなお世話でしょうか・・・。

西村家もどんどん若い息吹が活動して、尚一層の発展があることでしょう。みんなで仲良く楽しく生活できるようにお祈りしています。

少し書いてみようかなと思ったら、止めどなく次から次へといろいろなことが浮かんで筆が止まりません。下手な文章ながら、誰かに読んでいただけたら、そんな気持ちで書きました。鯵坂の陽子ちゃん先生（当時4～5歳の色の黒い子）が西村時代のこと、子どもの頃の想い出を書かれて、その本を私に送ってくださり、これもまた、戦争の想い出の1つです。私は昭和40年代の鯵坂さんの東京のお宅に母を連れて奥様をお訪ねしました。母も奥様も非常に喜んでくださりとても嬉しかったです。

（編集注・平成15年著作文）

疎開生活の想い出

佐藤　成男（平方地区在住）

私は現在上尾市に住んでいますが、もともと東京生まれで東京育ちでした。11歳のころから始まった疎開生活について記します。

空　襲

私は昭和14年4月新宿区淀橋第四小学校に入学しました。小学校4年生のころ（昭和18年ごろ）自宅の2階から探照灯がきれいに見えました。当時、日本軍の高射砲はB29まで届かなかったようです。空襲時には米軍機の飛行士の顔が見えました。100mほどの高度で飛行していたように思います。小型飛行船(阻塞気球)も飛んでいました。これはグラマンの低空飛行対応だったようです。

新大久保には陸軍・海軍の施設（技術研究所）がありました。空襲では、爆弾は軍施設に投下、焼夷弾は無差別に投下していました。

学童疎開

昭和19年8月、私たちの小学校（淀橋第四小）3年生～6年生で疎開先のない人は全員、群馬県・草津温泉へ学童疎開する事になりました。私は、当時5年生でした。　電車に乗って、新大久保～池袋～軽井沢～草津へと向かいました。

昼食はサツマイモ2ケ、またはトウモロコシ。でも、地元の農家の子は大きなおにぎり持参していました。

草津には4カ月間滞在しましたが石鹸は一度も使ったことはありませんでした。泊まった宿舎はこじんまりとした旅館で1クラス50人が泊まっていました。約半数が都会育ちでした。先生1人、寮母さん1人と一緒に生活しました。

昭和20年2月ごろとても寒い日が続きました。私は体調を崩してしまい、草津から4kmほど離れたところにある病院へ、寮母さんに連れられて行きました。そこは、らい病院で、私は初めて、耳なし、鼻無しの人を見てとても驚きました。その病院で、私は痔と診断され急遽、帰京する事になってしまいました。

縁故疎開

草津から帰京後、東京は日増しに空襲が激しくなり、新宿一帯は焼け野原になってしまい、多くの住民が東中野の日本閣へ一時避難しました。そんな中、昭和20年4月（12歳）中央線沿線の住民は地方へ疎開する事になりました。

当時、父が茨城県南山内村にある加賀田鉱山(タングステン鉱山)に勤務していた関係で、私たち家族は南山内村(現笠間市)へ縁故疎開することになりました。加賀田鉱山には親族20人(主に本所深川、東中野、淀橋で焼け出された人たち)が一緒に住んでいました。ここで、昭和24年3月まで過ごしました。疎開先では食べ物で大変苦労しました。口にはいるものは何でも食べました。時々下痢をしていました。山には、わらび、ゼンマイ、あけびなどが豊富でした。また、熊、山鳥、むじな、マムシ、カエルなどもいました。近くの涸沼川には、ハゼ、蟹、沢ガニもいていずれも食用にしていました。遊びといえば、台とび、馬乗りなど。娯楽は、祭り、映画（小学校校庭で上映）などでした。

終戦の年は、小学校6年でした。ススキの穂を集めさせられたことを覚えています。これは飛行服の中に入れ、浮力の役割を果たしていたようです。ススキの穂を探すのは大変でした。松の根から油採取しました。これは飛行機の燃料に使われていたようです。当時、軍に貢献したことと言えばこの二つかと思います。

戦後、昭和24年4月長兄が通産省勤務となり、家族全員で東京・三軒茶屋へ引っ越しました。私は昭和28年当時の国鉄に入社しました。以来、私は、勤務地は変りましたが、定年まで旧国鉄に勤務しました。上尾には昭和50年から住んでおります。

学徒動員の思い出

下館恒子（上尾地区在住）

終焉を迎えようとする年齢になり、古い入れ物の整理を始めた時、一本の手拭が出てきた。「神風」と書かれた若い時の手拭だった。

この手拭によって過去70年、戦時中の事が思い出された。昭和20年当時、私は熊谷女子高４年生だった。19年秋頃から出征した家庭を訪問、庭の除草、掃除などの勤労奉仕授業があった。毎月８日には市内の高城神社に神風の手拭鉢巻をして参拝、必勝祈願したものだった。特に12月８日は大詔奉載日として気持ちを一層新たにして祈願行事をした。

翌年４月からは学校の近くにあった中島飛行機工場へ女子挺身隊として４年生は勤労奉仕させられた。内容は飛行機部品で一日中機械に向かって鉄片を加工していた。神風の鉢巻はいつも一緒だった。その間空襲警報が鳴ると、工場の防空壕に入り身の安全を確保した。同じ工場に岩手県の盛岡高専の男子学生も動員されていた。

その学生の噂話などで戦時下とはいえ心がうきうきした。昭和20年８月14日（終戦前日）熊谷市は空襲爆撃され工場や学校、市内が焼けて沢山の死者が出た。翌15日が終戦となり玉音放送で敗戦を知った。２学期から仮校舎で授業が始まったが、今までの教科書は使えず、軍国的な文字は全部墨で消すよう教師から指示された。その時は級友全員で泣きながら消した。授業内容も180度反対になり、今まで崇拝していた事柄はすべて禁止され、日本語に言われていた言葉が元にもどった。

（**外語**）（物入れ・・ポケット　帳面・・ノート　排球・・バレーボール　籠球・・バスケットボール　小刀・・ナイフ　打者・・バッターと言う様に）

モンペ姿から元の制服になったが、高崎線桶川駅からの列車通学は大変で、列車の本数も少なく常に満員の状態だった。デッキからの乗降は数人位で、学生は窓を開けてもらっての乗降だった。列車が来ると窓ガラスをたたき、開けてもらって中に入り、席に座っている人の間に立たせて頂いた。若かったせいかこれらも暗く考えず、明るい話題にしたものだった。色々と70年前を思い出させてくれたこの手拭、「神風」が出てきてくれた事に感謝する。

女子挺身隊

戦争の悪化や徴兵で働き手が減った状況に対応する為、14歳～25歳の女性を勤労奉仕という形で動員、軍需工場などでの作業に従事させる為に１９４５年に改組された。

モンペは女性向けの労働用ズボン、袴の一種。ゆったりした胴周りと足首の部分で絞った裾が特徴で活動に適している。

昭和19年８月23日学徒動員令によって北海道で関根義二氏が学徒動員で、農家の家族と一緒に生活をし、２人ずつ、手伝いに行った時の写真。

友人のお兄さんの戦死

高野　春枝（大石地区在住）

桶川市神明にお住いの宮内美治(89)さんは７歳違いの兄さんを昭和19年に亡くされた。血気盛んな時、自ら志願兵としての参戦はいかに戦時色の影響が純な青年心理をかきたてたのか理解に苦しむと共に、銃後に残るという不名誉を恥じるということを非国民とした時代の怖さを覚えと宮内さんはおっしゃる。

昭和19年サイパン島で戦死され、いわゆる名誉の戦死を遂げたということで町葬(桶川)とされたそうです。一族も誇りに思っていたのではないかと複雑な思いをしみじみと語って下さった。

農村の周辺(私の終戦記)

高野　春枝（大石地区在住）

静かだった農道が俄かに騒がしくなった日、それは昭和19年の春のこと。高台に建ったわが家の二階から、五百メートルほど下がったところの道、通称シタミチと呼ばれていた村道だ。国民学校四年生の私は、小さい時から何にでも興味を示し、しつっこく質問をして大人を困らせたという。

19年に出征した父の留守宅には、私たち8人の兄弟と祖父母がいた。その他に東京から疎開してきた叔父の家族5人が、納屋に床板を張って住んでいた。「山火」694号8月の句に書いたように、軍需工場拡張により強制移転したばかりの時のこと。新築の大きな二階建の家は材料の調達が難しい時代で、しばらく二階は荒壁のままだし、窓のレールは竹製であった。

現在の上尾市の一画、北足立郡大石村。畑作農業が主で、地域により水田地帯もある。村全体でも、七、八百戸の集落で、人口は四千人に足らないくらいだ。どの家も農業を生業としていた。生産作物は大麦、甘藷など。

特に戦時下の食糧不足には、質より単位収穫量の多い甘藷で沖縄0号、茨城0号などという品種が作付けされた。その頃の大人たちの会話に上った忘れられないことがある。「旨くはないけど、何しろ畝俵だから・・・これは1畝（99平方メートル）当たり1俵（60キロ）収穫ということ。そのあらかたを供出して保有量は少ししきり残せないご時世が選ばせた生産者の知恵だったかも知れない。少しでも余らせて買い出しの人たちに分ければ喜ばれたり、農家自身も潤うということ。高崎線桶川駅から程近いこの地区は、連日買い出しの人が訪れて、軒先や畑でのやりとりがあった。

その周辺に、多くのトラックが入りこんできたのだから、村人はみんな目を瞠ったった。トラックは日本帝国陸軍のもの。大石村大字小泉、藤波、中分（大宮ゴルフコース）、中妻、沖ノ上（浅間台上尾高校周辺）から、小敷谷（西上尾第一団地）の雑木林一帯にトラックが荷を解いたのだ。国防色の分厚いテントの山が次から次へと設営され荷物が覆われた。中身は何だったのか。周りはすっかり有刺鉄線で囲われ、要所、要所には銃を構えた守衛が立った。

学校の帰りに自由に入りこんで季節の花々、虫などを捕ったり、ランドセルを木の実で満たした楽しみは塞がれた。林の中の通学路の思い出も閉ざされた時期であった。

そのうちにあのテントの中味が何であるか、噂が噂を呼んで農民の動きが始まったのだ。衣類（軍服）をはじめ毛布、軍足、短靴、長靴、ざつのう、水筒など兵隊が生活に必要な品すべてが空襲を避けて疎開してきたということだ。

日本の軍隊の被服廠と呼ばれていた。いつの間にか夜ともなると、盗みに入る人たちが動き、不穏な空気が漂う。わが家は中妻地区に隣接していてその「宝の山」？がわずかの距離で木々の間から見えたものだ。

学校帰りの田んぼで奇妙な拾い物をした。材質はベークライト、色は国防色で形はまるで髑髏、その先端に子供の腕くらいの太さの蛇腹のゴム管が二,三十センチついている。そんなおかしな得体の知れない物だけど、新品だし、物珍しさも手伝って一個を家に持ち帰った。それを見た四歳違いの兄は、「あっ、これは防毒マスクだ。見つかるとまずいからすぐあった所に置いてこい」と。

そんなこんなで短靴が片方落ちていたり、右ばかりの靴三つ、四つあったり、太い麻糸の巻いたのなどあちこちに落ちていた。夜に盗み入った人が慌てて逃げる途中に落としたのかも・・・と噂がとび交ったものだ。何しろ、物という物が極度に逼迫した時代の突然に出現した「宝の山」は農村の空気と人びとの心を一気に掻き乱した。

当時、その雑木林の持主には、初冬に堆肥を作るための落葉掻きのための出入りは許可されていた。ただし、その際の監視は厳しく、山籠に踏みこんだ落葉に、鋭く先のとがった竹の棒で、ぐさっ、ぐさっと刺して中に盗品を隠していないかを確かめられた。反り返った守衛の姿は、私たち学童にもそれは恐ろしいものに映った。

ところがこの大石村に爆弾が落ちたのだ。五年生になったばかりの昭和二十年四月四日の未明のこと、畔吉の同級生西村良子さん（現在、東京目白にお住いの佐藤さん）宅に。西村さんは布団を被ったり掻巻を被ったりして防空壕にいたという。庭は真っ赤だった。夜が明けて恐る恐る庭の方を見ると、東側に建っていたはずの大きな納屋（蚕室兼物置）がない。土煙もおさまり近づくと、すっぽりと擂鉢状の大穴にその建物は埋まっていたという。南前方、今の丸山公園の方から西村さん宅に至るまでの田や畑には壮大な擂鉢状の穴が無数にあいていて、納屋までも一呑みにして夜は明けた。

なぜ、ここに爆弾が落とされたのかと村人の間でいろいろ言われていたが、先の被服廠が近くの小敷谷にあったからではないかということになった。この時、西村さんの離れには東京からお医者さん一家が疎開していたが無事だった。今、日をいっぱい受けて葡萄畑が広がり、あの擂鉢状の大穴など思いもよらぬ平和な光景は、たまに帰省する良子さんの心の休憩所となっているようだ。

それともう一つ、二十年二月のことは忘れることはできない。雪の日のこと、わが家から近い井戸木前の雑木林の上空で空中戦がくり広げられ、パラシュートが大きな松の木に引っかかった。村の人たちは、「そら、アメリカ人だ、刺し殺せ」と、手に手に竹槍を持って近寄った。ぽたぽたと血が滴って雪を赤く染めている。

「おーい　アメ公、おりて来い」「降参かぁ」口々に、その負傷して松の木に引っかかっている兵隊に向かって叫んだ。

ところが振り絞るような声でその兵隊は、「同じ日本人だ、助ける気がないのかあ」と。たちまち、村の人たちは竹槍を放り出し、近くの高松孝寿さん宅へ走った。梯子や、筵、もっこ（担架）を持って救出作業に入る。私は寒さに震えながら必死にその光景を見守った。そう、その人は日本兵だった。顔が油煙に噴かれたのか、紫色に光っていたのをはっきりと見た。高松さんの縁側に運ばれて、村の人たちに手厚く手当てを受けていた。

一命をとりとめた兵隊さんと高松さんは、その後もしばらく文通が続いていたと聞いた。ちなみに、私の家と高松さん宅は後ろ前の位置である。「子供はどけ、どけ」という声が耳について離れなかったそうして八月十五日、それは暑い日だった。昼食後、ラジオの前に家族がみな集まった。寝ころんでいた私は「天皇様の声をお聞きするのだから、身を正すように」と、母から注意された。でも、ざあざあと雑音がまじり意味が判らなかった。

兄が一言「おやじが死なずに帰ってくるぞぉ」と叫んだ。私は、北支という所がどこなのか、何日かかれば帰って来るのかと、「北支派遣甲第一四部隊佐藤武隊」と父へのはがきの宛先を唱え続けていた。兄や姉にこれからの日本はどうなるのかとか、学校はどうなるのかと執拗に聞いたものだ。

十七年生まれの末の弟は、どんな表情で父と対面するだろうかなど、八月十五日は、子供のはずの私の頭の中は忙しく回転を始めた。

その八月十五日の昼下がり、桶川駅近くにある親戚へぼた餅を届けるように言われた。重箱の包みを持って駅近くにさしかかった時、異様な人だかりとざわめきに遭遇した。黒山の人だかりの動く目標は、駅構内に積まれていた軍隊の物資の山これから例の被服廠へ運ぶものだったか。

それが正午をもって軍隊が解かれ、やがて埼玉県警の管理となるまでの無警察状態の数時間、砂糖に蟻のごとき人の群れとなったのだ。ちょうどその時、今、届け物をする家の人に会った。

「春枝ちゃん、早く行ってごらん、あそこにある物みんな、誰でも持って行っていいんだってよ。早く、早く」と、急き立てられ重箱をその人に渡して駅に向かって走った。何が何だか判らないまま、男の人が、「ほらよ、持ってきな」と放り投げてくれた。それは細長い飴色をした重たい物体二本。プゥーンと石鹸の匂いがした。棒石鹸だった。片仮名で「アデカ」と刻印のあったあの手触りは、今でも忘れられない。

ところが後方で「こらーっ」という怒声を聞いて驚き、その石鹸を道端に放り、早鐘が打つような胸を押さえて帰宅した。

もし持ち帰っていたら母は喜んだろうか、それとも、すぐに返してこいと言っただろうかと、子供心にいつまでも消え去らない終戦の日の強烈な光景だ。

村でたった一軒、爆弾が投下された家の西村良子さんは、あれから七十年以上過ぎたけど、他人の話や書物からではない、二十年四月のなまなましい光景を西村家の歴史の一頁として書き留めなければと筆を執ったという。

時間が経過すると記憶も薄れ、史実としての信憑性も揺らぐのを恐れ「遅くなったけれど一生懸命かきました」と、便箋五枚もの記録を見せてくれた。

父は二十年十二月八日に復員して来た。大石村に生まれ育って、今も同じ地に住んでいる私は、その他にその頃十六、七歳だった人たち、現在八十歳前後になっている方々を訪ねた。当時の記憶やらメモ、日記帳を繰っていただき、この文を書くことができた。

この地域でなければ遭遇しなかったであろう事柄を思い起こさせる貴重な時間だった。

強かった母

高野　春枝　（大石地区在住）

昭和20年12月8日、父が復員した日。19年9月に出征し1年2カ月を北支に派遣された。17歳から1歳2カ月の私たち子ども8人と母、祖父、祖母の11人の家族を置いての出征だった。

その日、見送りの人たちに「名誉の出征ですが、何せ年寄り子どもを残してのこと、何とぞ村の皆さん留守をよろしくお願い致します」と語尾が涙声になる挨拶をしたのを4年生だった私は覚えている。その姿は若くて凛々しいのを誇らしく思ったものだ。

そして20年8月終戦、20年12月8日「サセボツク」との電報。家中で飛び上がらんばかりに「生きて帰ってくる」と口々に叫んだものだった。「只今帰りました」直立不動の敬礼の軍服姿の人を見て、あの時のお父さんではない・・・・。兄が私たちに小声で「ちょっと変だよ」と。それから我が家の戦争は始まったのだ。働き者の父、何事もはっきり物事を運んだ父がすっかり敗戦によって自信と生きる力を失ったのだ。まるで夢遊病者のようになってしまった。

そんな中、母は今まで以上に毅然として、農業に子育てに励んだ。次々と成長していく子どもたちへの物入りに悲観している暇もなくガムシャラに前向きに生きる母の姿を目の当たりにして、「女の強さ」を感じた。母の口癖は、「私が居る限り何も恐れるな、心配しなくてもいいから、勉強しなね」そして、きっと「元の父さんになるから・・・」だった。

そんな中で大人になった私たちは親を誇りとし、兄弟仲良くを第一という考えが身についた。両親は働けることに喜び、常に笑顔の人だった。元の父になるまで10年はかかっただろうか。

戦中戦後の大石(井戸木地区)

高松　克和（大石地区在住）

戦中戦後ばかりでなく、井戸木地区では農業が盛んで麦や薩摩芋の栽培が多く茶畑も沢山あった。農家の多くは雑木林からかき集めた落ち葉で堆肥を作り作物に与えた。

北風が吹くと土埃を舞い上げ日中でも薄暗く成る事があった。農家の北側には冬の季節風除けにカシの木、杉、竹などの屋敷森(防風林)があった。その屋敷森の南側の陽のあたる樹木と樹木の間に竹竿など括りつけ稲わらを並べ「藁垣」を作った。そこにムシロを敷くと、素晴らしい「日向ぼっこ」する場所ができた。編み物や、着物の繕いをしたり。切干大根を作ったしていた。子供達はメンコやアヤ取りをして遊んでいた。

古くから建てられていた家は草ぶき屋根であった。夏は涼しく、冬は寒かったように記憶している。母屋以外にも木小屋と呼ばれる物置があった。・・・木小屋は燃料の藁やマキの保管場所だったのかもしれない。物置は収穫した作物の保管の他に農具や味噌ダル、醤油ダル菜っ葉や大根などの漬物ダルなどがあったように記憶している。物置のことを木小屋とも呼んでいた。

どこんちの庭もとっても広かった。大麦、小麦、豆類などを干すための大切な場所だった。　その庭で三角野球をやった。ゴムマリや手製のボールで適当な木(マルタ)をバットがわりにして遊ぶ場所でもあった。これは、終戦後の遊びのひとつだったのかもしれない。また、この庭にはニラ虫がいて、地面すれすれに顔を出して餌となる虫を待っている。人間が通ると地面の奥に引っ込む、そうすると地面に小さな穴がいっぱい見えた。この穴に、ニラを入れると虫が押し上げてくる、押し上げてきたニラを引き上げると虫がついてくる。それでニラ虫いうが、この虫の名称は「ハンミョウ」というとか。懐かしい思い出となっている。

戦中・戦後の頃は通学路も泥道(土と砂利)だった。母親が作ってくれたズボンと足袋があの頃の通学スタイルだった。母親 たちは油紙で切り取った型紙をもとにズボンやシャッツや標準服、もんぺ、カンタン服などを夜なべして縫い上げていたのだと思う。

あの頃、小学校に上がった(入学した)日は「仲間入り」と言って、母親たちは一緒に通う全ての上級生に鉛筆とか帳面を渡しなからお願いをした。上級生は嬉しくもあり、責任を感じた。低学年の頃は3㎞もある道のりはこたえた。しかし、秋には道端に咲くおみなえし、ススキ、われもこう(カンカンボウ)など、とってもきれいだった。

男の子は学校帰りの途中栗を拾ったり、山葡萄を食べたり、トドメ(桑の実)を食べたり、ハチの巣を取ったりして、友達と楽しく帰った。たまたま一人で帰る時はとっても怖かった。あの頃の井戸木の子供たちは中分ヤマ(今のゴルフ場の中の道)を超え屋根と鴨川流域のわずかな田圃が見渡せほっとした。「ああ～井戸木にたどりついたか～」記憶は定かでないが大石小学校に終戦直前まで兵隊さんが校舎の一部で寝泊まりしていたとか、また、終戦直後かははっきりしないが、学校の帰りに下駄箱のところで、先生から「肝油」をもらったこともあったような気がする。

脱脂粉乳の給食もあった。これは飲めなかった。これらはアメリカからの援助物資だったのかもしれない。

いつごろか定かでないが、シラミが大発生して、シラミの為に女の子は髪の毛に、DDTを振りかけられ、先生も生徒（児童？）もアンダーシャッツ（下着）やパンツ（サルマタ）の中まで吹き入れられた衛生面では秋の衛生週間みたいものがあり、地区の委員さんが一軒残らずDDTみたいな粉末を吹きかけて回っていた。

学校では検便があった。また伝染病予防の腸チフス・パラチフス、日本脳炎などの予防注射があった。

結核予防のツベルクリン反応検査やBCG接種などもあった。今はこのような予防接種は？

小学高学年になると、一人前の働き手として野良仕事をさせられた。初夏は麦刈り、茶摘み、そして、藤波地区のほんの少しだけあった田圃の草取り（田の草とり）稲の葉っぱが首や顔にあたって、痛痒かった。しかも汗はあふれ出るし腰は痛いし・・・。秋は薩摩芋堀り、藤波の稲刈り、田圃から高台まで稲あげ。リヤカーで30分以上かかって着く、7人兄弟の上から3番目の次男、家族労働の担い手として止むを得なかった。

10人家族。戦中・戦後は特に貧しい食糧事情であったのかも知れない。野菜には恵まれていたが米のご飯はまれだった。普段の食事は「押麦」だった。押麦と薩摩芋を一緒に炊き込んだ「夕食」だった。食べられるだけ幸せだったのかなあーと思う。

小麦の収穫後は「浅間様」の祭りの7月1日は小麦饅頭、お盆には「手打ちうどん」。小麦粉は用途が広かったようで、すいとん、夏の茶うけにうどん粉を水でこねて、平たく伸ばし、沸騰した湯の中に入れ、取り出したら醤油をぶっかける、あのころは美味しかった。余った麦飯にうどん粉を入れかきまわし、油を入れたフライパンで焼く、味は別とし食べた。薩摩芋は品種によるのか美味しくなかった。乾燥芋は食べられた。

戦後の配給品の中に干したニシンや数の子が叺に入っていた。鯨油で作った石鹸も配給になった。鯨の臭いのしみ込んだ石鹸だった。汚れが落ちた記憶はない。

一月を新の正月と言い、二月を月遅れの正月と言った。あの頃農村地帯の一月はまだまだ忙しい時期であったので、月遅れの正月を用いていた。どんなに貧しかろうと15日辺りまでは雑煮を食べた。

学校の弁当は焼き餅だった。さめると固くなり（生に戻る）美味いとは思わなかったがみんな同じだったので幸せだった。

正月以外の弁当は麦飯に漬物や梅干し。昆布の佃煮などだった。タクアンの臭いが教科書にしっかりしみこんでいやだった。

女の子は誰もが、弁当のふたを前に立てて弁当を隠しながら食べていた。噂によると、気の利いた家では金属でできたざるの中にだけコメを入れ、米だけの弁当を持ってきた人もいたとか・・・子供ながらなぜか淋しい話だった。

あの頃は藤波（上尾市藤波）の荒沢（江川が流れている）までイナゴ取りにいったりして、イナゴの佃煮を作ってもらったり、タニシを取ったり、ザリガニを茹でてもらったり、足長蜂の幼虫を食べたり・・幸せだったのかなあー。

疎開生活の想い出

野澤　孝二郎（平方地区在住）

私は現在上尾市に住んでいますが、もともと東京生まれで東京育ちでした。５歳の頃から始まった疎開生活について記します。

疎開生活のはじまり

私は昭和14年生まれで、昭和19年（５歳）まで東京・巣鴨に両親・兄弟とともに住んでいました。空襲の記憶ありますが、防空壕の経験はありませんでした。戦争がだんだん激化してきて、昭和19年９月ごろ縁故疎開の話が出てきて、父方の田舎へ行くか母方の田舎へ行くか相談がありました。我が家では相談の結果、母方の実家・茨城県安静村神山（現在の茨城県結城郡八千代町）へ行くことになりました。

父は仕事の関係で東京に残り、昭和19年10月に私たち母子８人は４トントラックに必要な荷物をいっぱい積んで母の田舎へ向かいました。

ここで私たち母子家族の疎開生活が始まり昭和24年10月まで５年間続きました。父は東京で働いていましたので、時々疎開先に帰ってきていました。私は５歳から10歳まで疎開先の茨城県安静村神山で過ごしました。

疎開先について

当時、安静村神山の世帯数は当時50～60軒、その内疎開者は８軒でした。　私たち家族は、母の実家の離れに８人で住んでいました。それは茶もみ工場で15～16坪ほどの掘立小屋を改造して家らしくなりました。

村では若い人はほとんど見かけませんでした。近くに無線所があり、英軍機より爆撃を受けた記憶があります。

安静村神山には田んぼがなく、ほとんどが畑でした。畑では多くの野菜（白菜）を作っていました。でも、疎開者には白菜を譲ってくれませんでした。疎開者は何かにつけて意地悪をされていました。

食べ物と言えば、サツマイモ（茨城1号、農林1号）、かぼちゃ、トウモロコシ、ふな、エビ蟹等などでした。秋頃はイナゴなども食べました。肉類（豚、鶏等）、豆腐、うどん等は冠婚葬祭の時にしか食べられなかった。サツマイモの茨城1号は（まずかった）はアルコール採取用で、松脂は飛行機の燃料用に採取していました。

村では、春祭り（田植え時）と秋祭りが盛大に行われていました。当時の一番の娯楽はお祭りでした。

小学校時代の想い出

昭和21年4月（6歳）、戦後教育制度の第1期生で疎開先の小学校に入学しました。1～2年生までは戦前のような雰囲気でした。先生は、言うことを聞かないとよくビンタをくれていました。また、よく立たされました。

ある日、米兵3人がジープで村役場へ来ました。私は疎開先で初めてアメリカ人を見ました。腰にピストル下げていてとても怖かったことを覚えています。

学校の先生に聞いた話では、目的は教育制度のチェックで、その後もなんどか村役場へ来たようです。その時のジープの排気ガスの臭い（ガソリンの排気ガスの臭い）は、何とも言えない「いい臭い」でした。

お弁当は、毎日サツマイモかトウモロコシでした。お弁当のない子どもは家に帰って食べていました。また、アメリカの援助の脱脂ミルクを小学校で飲んだ覚えがあります。

子どものころは、学校から帰るとみんなが家の手伝いをしました。白菜・タバコの収穫、養蚕作業などの手伝いです。当時、茨城では風呂は別棟にありました。私は実家の風呂当番でした。付近は雑木林が多くありましたので木さらい（落ち葉拾い）して冬の燃料にしていました。また、大八車、リヤカーでいろいろな物を運びました。疎開先で主な交通機関は自転車でした。当時、春日部、越谷あたりまで自転車で商売していた人がいました。

遊びは、コマ、メンコ、チャンバラごっこ、キノコ採り、クリ拾いなどでした。秋の三大イベントはお祭り、運動会、遠足でした。運動会のおやつの栗、騎馬戦などが懐かしく想い出されます。また、秋の遠足も楽しかったです。朝早く学校の校庭に集まって、約10km歩きました。

ノミ、シラミ退治にはＤＤＴが使われました。男子（1～3年生）はまる裸にされて、DDTが散布されました。また、定期的に回虫駆除薬を飲まされていました。石鹸がなかったので、衛生管理はよくありませんでした。

帰京

昭和24年（10歳、小4）、疎開先から東京へ帰ることになり、トラックで移動しました。帰路、国道4号線で利根川の橋の手前で大変混雑したのを覚えています。それは、ヤミ流通米の検査のためだったようです。それから帰京してからの生活は疎開時の生活とは大変な変わりようで、先ず、帰京時に一番驚いたことは、パンを食べたときでした。こんな美味しいものがあるんだと思いました。

荒沢沼の風物詩

萩原　藤七（大石地区在住）

さいたま市浦和区を南の起点とする大宮台地は、西方に荒川を平行し北方へと延びている。途中、上尾桶川地区には荒川の低地に向かい多くの舌状地が作られている。舌状地と舌状地の間には自然の湧水を水源とする小川が流れ細長い水田地帯形成されている。

荒沢沼の位置はその中の一つで、上尾市大石地区の領家、中分、藤波地区と西方の桶川市川田谷地区の薬師堂、樋の詰地区の間にあり、西方は領家土手と呼ばれる荒川の堤防で遮断されている。北方の北本市石戸地区を水源とする江川と呼ばれる小川がその真ん中を割り荒川に流れ込んでいる。

沼と呼ばれている形のある水溜りでは無く、葦と柳の大木が茂る沼沢地である。　夏はヨシキリと食用蛙の鳴声で一日中賑わい、冬は、雁、鴨の越冬地として又、近隣の子供達の魚取り天国であった。古地図を見ると大きな沼の形があるが近代の干拓による農地への変換で縮小の運命になったのであろう。

南方の舌状地と舌状地の先端を結ぶ堤防は明治時代に作られたものであるが、上流から流れる江川はその真下に造られた「宮下樋管」を通じ荒川に放流される。この樋管の構造は堤防の南側つまり荒川側に門扉があり荒川の水位が上がると自然に閉る様に作られている。台風などにより大雨が降ると水門は閉ざされ江川の水は堤防の内側に溜えられ荒沢沼はもちろん、水田、畑も水に呑まれ広大な沼の姿になる。この姿は荒 川の水位が下がるまで続くのだ。この様な状況は５年に一度位あったらしい。

行々子とうふ買う子の舟でくる。　（行々子＝ヨシキリの異称）

この句は私の生家の南方の高台に住んでいる村長さんもされた事があるＳさんの作句であるが、大水が出ると道路は寸断され、履き物自転車も使えず小舟だけが唯一の交通手段となった時の事だろうと思われる。

川エビ漁

「お盆が近くなったから川エビでも採ってくるか」父親の声を聞いて直ぐに準備にかかる。裏山の竹の枝を切り落とし10本位を束にまとめ縄で縛り竹の棒につり下げる。他に大きめのバケツと網目の細かい梳くぃ網を用意する。

一日目は縄で縛った竹笹を江川の川岸に沈め竹棒を川岸に打ち込む。二日目竹笹をそっと引き揚げバケツの中にトントン叩くと、竹笹の中に入っている川エビがストンストンとバケツの中に落ちてくる。川エビは夜間竹笹を自分の住み家としたのだ。10～15の仕掛けで2～3時間の手間である。力もいらず危険もほとんど無いため、自然と子供の仕事になっていた。

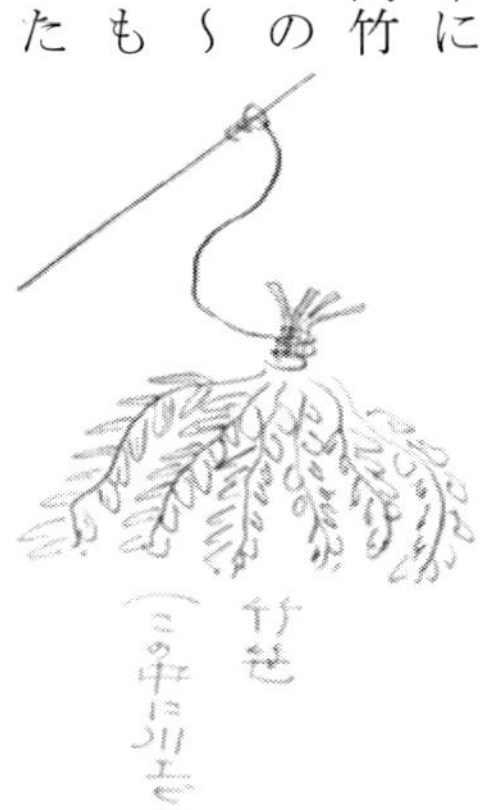

捕った川エビは母親が莚に広げ天日に一日干し上げれば、お盆のご馳走の準備は出来上がりである。

置針漁

これも夏休みの子ども達の最大の楽しみの１つであった。用意するものは大きい針と細い麻縄、太い釣り糸と餌の「ウタウタミミズ」と呼ばれている15㎝位の大きなミミズ、それに２㎝の竹笹が必要である。竹笹の先端に紐を縛りつけ、針をつければ出来上がりである。これを30本位作り、ごみ捨場を掻き回しウタウタミミズを空缶に詰め、荒沢沼に出発である。漁場は沼地の真ん中を流れる川巾５ｍ位の江川の両岸である。

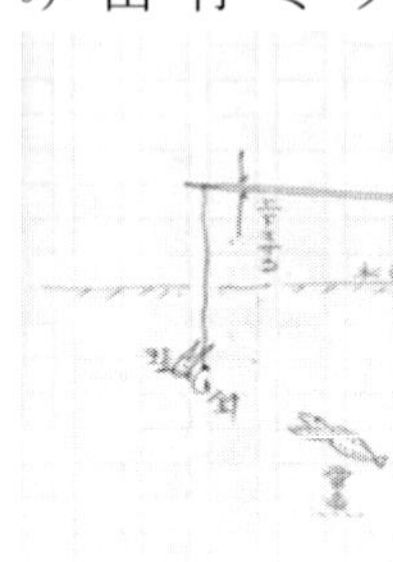

近所の友達５人位で川の上流から針にミミズをつけ、岸の固い場所に竹笹を差し込んで固定する。柔らかい土に差し込んだ場合、獲物が暴れて針を口に咥えたまま竹笹ごと逃げられる事があるからだ。獲物は鮒、雷魚、鰻の大型の魚である。５ｍ間隔位で２㎞程度取付ければ今日の仕事は終わりである。

次の日の朝早く4時か５時頃バケツをさげて出発する。途中胡爪畑、トマト畑が多く並んで居り、１～２個朝食代わりに頂く事にする。昨日の場所に到着、さっそく自分の目印のある竹笹を引き揚げにかかる。

鰻は自分の身体をクニヤクニヤと丸め、ほとんどが死体となっている。鮒はおとなしく引き上げられるが、雷魚はバタバタと大暴れで後ろの藪に放り投げられる。30本位仕掛けて５～６匹の収穫である。

江川の上流部に水田が広がっているが、そこでは魚類はゼロであり、この沼沢部分の自然いっぱいの場所が魚にも快適の様である。

ボシャン釣り

私の生家の隣りに釣りの名人と言われたRさんの住居がある。ごく小さな農家なので畑仕事に追われる事もなくマイペースで自分の趣味に浸っていた。この人の得意なのがボシャン釣りと言って竿一本で雷魚を釣り上げる技である。

釣り道具は全部手作り、５ｍ位の真竹を火で炙り真直ぐになる様にして、「シナリ」を強くする。先端に凧糸を３ｍ位つけその先に釘を叩いて作った手製の針をつければそれで出来上がり。

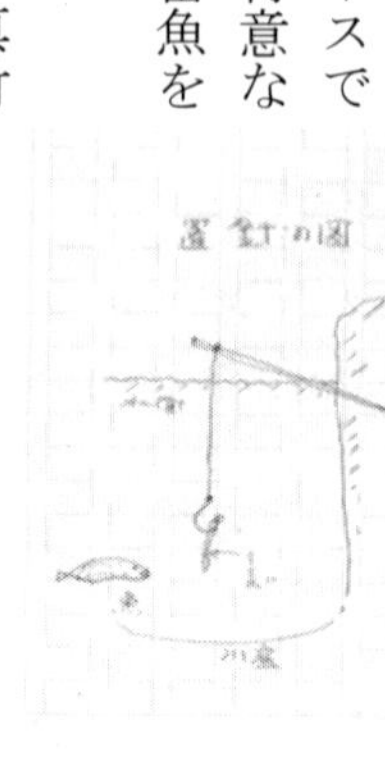

針の所に蛙を捕まえて足を糸で縛りつけ、荒沢沼の中に沢山ある池の中へ、遠くからそっと落としゆっくりと蛙の餌付針を上下させる。しばらくその動作を繰り返していると水中の雷魚がガブッと蛙を飲み込む、その手応えの瞬間竿を大きく振り上げると雷魚は遠くへ投げ出されると云う事です。

沼の中を蛇行する江川には、掻い堀り用の小さな池が沢山掘られているのだ。川の方は細く、入口とし３ｍ位奥から丸形または四角に深く掘り下げて、魚の住家としてあり、柳の枝類を池の水面に投げ入れて釣り人に釣られない様にしてある。そして冬期に入り農作業が一段落すると一家総出で掻い堀をして魚捕りを楽しむのだ。

鰻の釣上げ捕り

これも前項のRさんの得意の漁法で、季節が冬になると水量が少なくなり透明になるからである。道具は竹棒と手製の釣り針である。釣針は釘を叩いて曲げて内側に魚を引っかける突起を作ればよい。竹棒の根元の太い方にこの釣り針を取付ける、長さは５ｍ位か、冬の川は水量が浅く、水が透き通り川底までよく見える。鰻の住処はこの川底にあり３㎝位の穴が二つ１m位の間隔を置いて並んでいる。

　この真下に横に長くなっているのを竹竿の釣針の付いていない方でジャブジャブと上からつくと鰻は慌てて片方の穴から水中へ出てくる。それをくるりと竹竿廻して釣針のついている方で胴の真中を狙って岸の方へ掻き上げるのだ。空中へ投げ上げられた鰻は岸近くの草藁の中へドサッと落ちる。川の両岸を片道３㎞位、往復して10匹位の収穫だ、静かな漁である。

雷魚の大群に遭遇した事

夏の午後の事である。いつもの様に釣りに泳ぎにと疲れた後の一休み、川の上に張り出した柳の大木の枝にまたがり、朝方失敬してきたキュウリ、トマトを噛っていた時である。川の上流を見ていた仲間が「アレ！ナンダ！アレハ」と大声をあげた。そちらへ目を向けて一瞬息を飲んだ。５m位の川巾一杯に濃い緑色のキラキラと光りながら波状に押し寄せてくる物があった。

　一番川の近くにいた友が「アッ、雷魚だ！雷魚の子供だ！」と叫んだ。それっと木からすべり降りたが、それは生まれて初めて目にする光景だった。めだか位の大きさの幼魚が口をパクパクと動かし、大きな固まりになり、海岸の波の様に川上から動いて来るその数は何万、いや何10万と云う数だろう。

　ワアッと叫んでその真ん中へ飛び込んだが何も出来るものではない。ただワアワアと言いながら夢中で暴れているだけだ。２分位たった時だろうか、その状態はピタリと止まり、下流の方へ黒い影のように移っていった。あの魚群は荒川まで行って、海まで行くのかな！とかすかに脳味噌が感じているだけだった。

　この川筋の上流に生み付けられた雷魚の卵が一定の時期に一斉に孵化したのだろう海亀の様に。私達の分かる事はそこら辺までだった。バケツを用意してくれれば良かった。シャツを脱げば、帽子を使えば、長靴をもってくれれば、芋の葉っぱでも、と帰り道の会話はいつ果てるとも無く大声で延々と続いた。その体験はその後一度も無く、吾、生涯唯一の宝物にしている。荒沢沼の僥倖と今でも感謝している。

終戦前後の想い出

萩原　守隆（大石地区在住）

私は75歳を過ぎたのだが遥か遠き日の想い出を僅かな記憶を辿りながら記してみた。

東京大空襲

４～５歳のころの記憶である。私の家族は父母、妹と私の４人暮らしで、東京江戸川区平井町に住んでいた。空襲が日増しに激しくなって来た為、私だけ「藤波」の伯父の家に預けられた。その伯父も満州へ出征中であった。

　それはある晩のことであった。おばさんをはじめ従妹たちが真っ暗な縁側で何やら大きな声を出しているので、私も縁側に出て見た。何と天神様の遥か遠くの東の空一面が真っ赤に染まり、それが紅蓮の炎が狂う如くに揺らめいて見えたのだった。後日知ったのだが、昭和20年３月10日の東京大空襲だったのだ。あの夜の異様な赤い空の色はいまでも忘れられない。

川田谷飛行場の陸軍練習機

これも、４～５歳ころの記憶である。ある日のこと、おばさんが「やばたけ」へ連れて行ってくれた。現在の桶川市川田谷で、そこに流れる荒川河川敷の開墾畑だった。位置的には、名刹「泉福寺」前方に広がる畑だった様である。私たちが着いた途端、頭上を超低空で轟音を響かせて飛行機が飛び去って行った。吃驚仰天、思わず首を竦めた。

ここは「陸軍飛行訓練学校熊谷分校」だった。あの飛行機が赤とんぼと愛称された二枚翼の練習機だったのだろうか。

あとで知ったが、この飛行場から11名の特攻隊員が帰らぬ旅へと出撃していったのだそうだ。悲運の若き隊員さんの事を想うとやりきれない悲しみで胸の痛みを覚えるのである。戦争は絶対にしてはならないと切に思う。

天神講の想い出

昭和20年代半ばころ、小学校３年生ころの想い出である。天神講と称し、宿となってくれている家へ子供たちがそれぞれお米を３合ぐらいずつ持参して、１日中共同で過ごす行事があった。宿では昼食、夕食、おやつ等を用意して歓待してくれたのである。

ちなみに食事の例をあげると、五目飯、海苔巻き、稲荷寿司等、そしてけんちん汁が出された。疎開家庭で生活していた私にはどれもが美味しいものばかりであった。

一方、田んぼ、小川へも足をのばした。そして、夕食後は恒例となっていた布団隠し遊び（布団の中に隠れている人物を当てる遊び）を楽しみ、それで帰宅するのである。確か八時は回っていた。

また、ある宿の時には夕食後に紙芝居屋さんを呼んで楽しませてくれた。

この天神講は３月ごろ行われることが多く、この時季、隣町（現在の桶川市）では「お雛市」が開かれる。それをみんなでテクテク歩いて見に行ったこともある。私も期待感に胸躍らせながらついて行ったものである。

楽しみの少なかったあのころ、天神講はよその家で過ごすというある種の緊張感も加わり、いろいろな発見、体験が得られた等で楽しい行事であった。戦後のあの時期だからこそできたのだろう。懐かしい 思い出となっている。

お餅搗きの思い出

戦後の昭和20年代は農家にとっては、お正月前、12月暮れの「餅つ搗き」は一年の中でも大きな行事の一つだったと思う。

私が小学校一、二年生頃だと記憶しているが、ある朝のこと、確か五時前だったと思う。父が枕元で「餅つきを見に行くぞー起きなさい」と大きな声をかけてくれた。実はこの餅つきを見に行く先は父の生家で、前々からそして昨晩も確認しあっていたのだ。

私は急いで準備を整えた。

表を見るとまだ暗かった。父の生家までは30分位の道のりだろう。二人は寒い夜明けの畑道を紙霜柱を踏みながら歩いた。霜柱をザクザクと踏む感触は新鮮でとても心地よかった。この畑道の片側には市低い茶垣が続いていた。やがて広い通学路に通じ、二人は学校へ行く方向とは逆の方向へ右折する。直ぐに下り坂となり、その両側には小さな雑木林がこの坂道を包む様に繋っている。坂道を下り終わると雑木林も終わり、風景は一気に開けて、田んぼが左右遥か彼方まで広がっている。道路はその真ん中を貫いている。

約３００ｍ位歩くと田んぼも終わり、上り坂となる。下り坂と上り坂の中間あたりに小川が流れてていて、春には温かそうな澄んだ水面にメダカが群れをなして泳ぐのである。

上り坂の左手には小さな森があり、その奥には、村の鎮守である天神様(天神社)がある。ここでは毎年秋になると三百五十年以上も続く伝統の「ささら獅子舞」が奉納される。

この天神様は子供達のの恰好の遊び場で、隣り村に住んでいる私も地元の上級生のあとにくっついて「かくれんぼ」「鬼ごっこ」等で駆け回り、遊び回り遊んだもので、楽しい思いでの場所であった。

上り坂をのぼりきると十時路となり、そこで左折して進むと天神様の大理石の大鳥居の前に出る。そこで一礼して、約20から30m進むと父の生家の繋道である。子供の私にはこの繋道が長く感じられた。

期待と興奮で高ぶる気持ちを抑えなから繋道を進む。その奥に麦藁屋根の母屋があり、玄関のガラス戸からぼんやりと薄明かりが点っているのが見えた。ちなみに父の生家は天神様の前にあるので村内では「天神前んち」と呼ばれている。

玄関を入るとすでに餅つきは始まっていた。土間の天井から吊り下げられた裸電球の真下に筵が敷かれ、その上に大きな臼が置かれていた。今今、まさに太編のセーターを着たこの家の長男が杵を頭上高く振り上げ、臼の中の餅を目掛けて力いっぱい振りおろししている最中であった。その搗き音の表現は難かしいので省略するがとにかく迫力のある搗き音が土間いっぱいに広がっていた。本などでよく表現されている搗き音は「ペッタン、ペッタン、ペッタンコ」だがこんな程度の軽い音ではない。

私が魅了されたのは「手あせ」という作業で　おばさんが桶に汲まれた水に手を浸し、杵が上がった瞬間に絶妙のタイミングで餅をこね返しながら臼の真ん中へ掻き餅を集める作業であうる。少しでもそのタイミングが狂えば、おばさんの手の平は砕かれてしまうだろう。私はヒヤヒヤしながら見入っていた。

搗きあがった餅は「打ち粉」が敷かれた平板の上に運ばれて、平板状にのされるのであるが、先ずはその前に搗きたての餅を、大根おろしに青のりをまぜたものが入っている器や小豆あんこが入っている器に、食べやすい大きさにちぎられて放り込まれる。

これが「からみ餅」「あくころ餅」である。それを従兄弟たちと一緒に土間の板の間に座ってご馳走になるのだが本当に美味しかった。

餅は「粟餅」「かき餅」等いろいろ搗かれる。父も交代で杵を振り上げ餅を搗いていたが、その勇姿にあらためて、頼母しさと威厳を感じたものである。

餅つきは午前4時か5時頃から始まって11時ごろまで続くのである。まさに農家の一大イベントだったと思う。

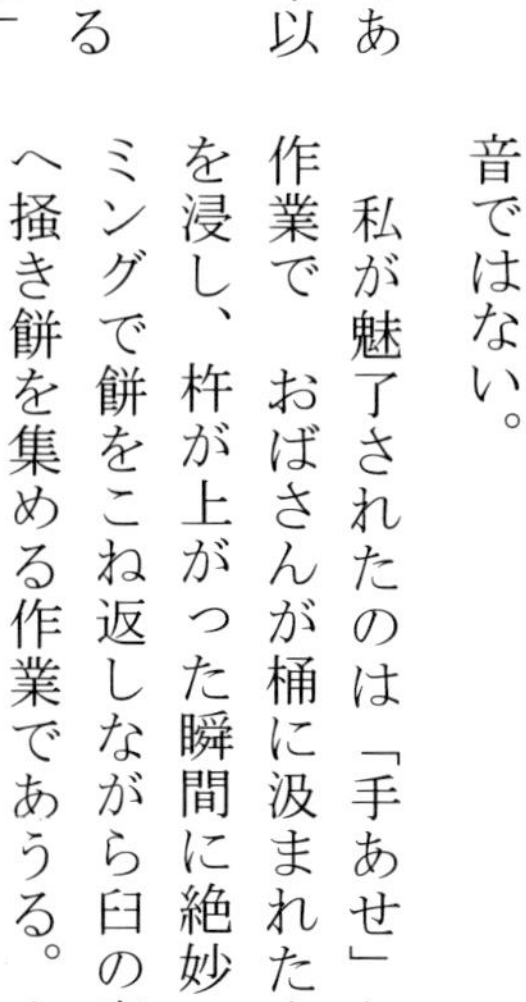

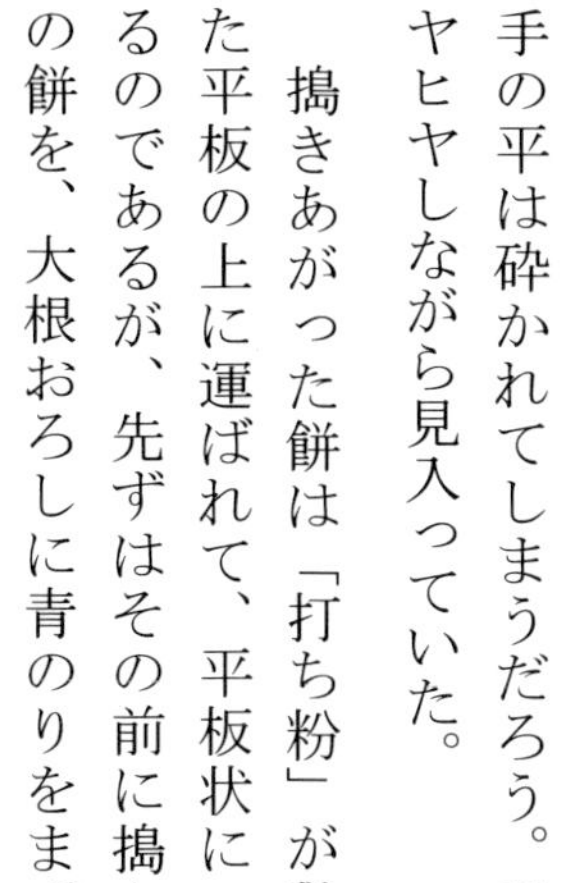

お餅搗きは、年が明けて一月の末の寒中にも行った。月遅れの正月（２月）に備えると同時に、この時期に搗いた餅は、カビの発生も少なく保存に適しているされた。また切り餅を、瓶（水の入った器）に入れ、水餅として、割れ、カビの発生を抑制する保存法も行われていた。

中妻の戦中・戦後のくらし

細野　隆司（大石地区在住）

産業の状況

畑作農業が主流、さつま芋の名産地でした。この時代、中妻には、三十六軒の家があり、主な産業は農業であった。

しかしながら、林が多かった中妻の土地は、米産よりも畑作向きであり、農業のみで家業を行っていたのは、約一割であった。その他の家は、副業として、養蚕、煎餅、はっか、豆腐、染物などの製造販売を行っていた。その後、陸稲の生産を行う農家も出てきた。

大東亜戦争の開始で食糧難の時代となり、昭和十七年の食糧管理法の施行に伴い、申告制に基づく米、さつま芋の供出が行なわれた。

中妻でも昭和二十二年から行われた農地解放で、小作から自作農化が進んだ。一反三百円の価格もあった。お米は一升百五十円していた。

戦前は、大農家には、小作人からの奉公人がいた。我が家にも三人の奉公人が来て農業を手伝っていた。奉公人制度は、その親に一年間の給与を前払いし、奉公人は雇われ先に住込み、農作業、家事などで働いた。休みは一月六日と八月十六日の二日のみであった。この奉公人も地域の発展でいなくなった。

その後、昭和三十年代にかけて、中妻の農家が纏まり、築地、茨城、豊島、神田等の各市場へさつま芋の共同出荷を行うようになる。

市場で中妻産のさつま芋が好評を得た結果であった。また、桶川の前島商店によって、東北の青森県などに広く、中妻産のさつま芋の苗やさつま芋などが出荷、販売されたのである。

地域の自治組織について

中妻では、自治のため、六軒が一組になる組織を作っていた。総軒数で三十六軒の家があり、中妻全体で六組となっていた。各組には、組長が選ばれ担当の組を纏めていた。組の人達は、冠婚葬祭の時などには、各戸が役割分担をした。

例えば葬儀の際は、当事者を除く五軒の人達が、寺への折衝、親戚知人等への連絡をし、女性は、料理作り、桶川の店への買物などを親身になり担当した。

中妻のお祭は、終戦後毎年七月十五日、岩城から買ってきたお神輿を担いで地域内を廻り、住民たちが祝った。

ブリジストンの招聘は、上尾市の要請を受け、細野順作区長が中心となり、区民の意向を纏めた結果実現した。

また、私は、上尾桶川青年団連合会に参加して活動をした。上尾に六分会、桶川に五分会の十一の分会の連合組織であった。

尋常小学校の学童疎開者と進学率

中妻の児童は、大石尋常小学校に通っていた。登校の集合場所は、現在のブリジストン通り、四丁目交差点の東角にあった中妻集会所前であった。小学校と高等科(二年制)児童たち三、四十人が集まり、六米幅の砂利道を、鴨川を渡り、畑や林の中の道を大石小学校に集団登校した。その中で縁故疎開者は、十人位であった。

私は、昭和十五年四月に大石尋常小学校に入学した。各学年は一学年約百人で、二組であった。食糧難の時代であり、弁当は、日の丸弁当と呼ばれ、毎朝ご飯に梅干を自分で詰めて持参した。

昭和十六年四月尋常小学校から名称が変わった大石国民学校初等科を、私は、昭和二十一年三月に卒業した。卒業生は、男子七十名、女子七十三名、合計百四十三名であった。

当時、小学校高等科への進学率は、百人中十人程度であったが、私は、埼玉県立熊谷農業高等学校の三年制へ進学し、上尾駅から約一時間かけて通学したのであった。

日中戦争、大東亜戦争の影響

昭和十三年に日中戦争で、私の父は大石村で最初の戦死者となり、大石小学校で葬儀が行なわれ、学校内に忠魂碑が建てられた。終戦後、大石公民館北側に移設された。

昭和二十年の夏、大石小の下校時に中妻の私達児童は、米軍戦闘機による機銃掃射を受けた。恐ろしかったが、幸い死傷者はなく、機銃掃射は、その時の一度だけであった。

大石小学校の東側の林の中に防空壕が作られていた。浅間台に、陸軍桶川飛行学校の関連施設として、陸軍探照灯基地があった。そこに勤務する軍人たちは、付近の民家に宿泊していた。我が家にも、准尉の将校が終戦まで、約半年間、宿泊していた。

戦後の体験記

松岡　敏子（大石地区在住）

東京の下町生まれの私は、小学校(その頃は国民学校)の低学年で太平洋戦争の影響で学童疎開という、子供だけを預かって生活させる制度が出来ましたが、子供だけが助かったのでは、かえって可愛そうなのではと、親が食糧を買出しに行った、大石村小敷谷に古い家を見つけて移り住みました。

母の和服を食糧に変え何とか何とか生き延びた。その時に食糧難を気付かって、お芋やトウモロコシをくださった方々の優しさを今でも忘れられません。水道もガスもなく、井戸から水を汲み上げ、近くの林から薪(枯れた枝)を拾って燃料にし、本も教科書のみでしたが、命を守る事に懸命だった事が、健康を保てたのだと思っております。

八十歳を越えてのどかに暮らしながら日々の安らぎに感謝すると共に、この平和がどうか、いつまでも、続くようにと祈らずにはいられません。

旧大石村役場で初めて女性採用

話題提供者　松永　良枝（大石地区在住）

執筆者　高野　春枝（大石地区在住）

松永さんは昭和17年国民学校高等科2年卒業して、4月1日大石村役場に奉職しました。当時、女性職員採用は役場として初めてのことでした。松永良枝(旧姓 三日尻)さんと天沼てる(旧性 笹本)村役場に奉職しました。

松永良枝さんと天沼てるさんの2名の採用で、松永さんは税務課、天沼さんは戸籍課に配属されました。ちなみに初任給は25円だったそうです。

桶川市鴨川に在住の松永良枝(旧性 三日尻)さんかの聞き取り)

終戦は1年生

柳川 恭平(大石地区在住)

私は昭和13年生まれですが、戦争中は空襲警報発令のサイレンで急いで蚊帳の中で電灯を消して、恐怖でじっと静まるのを待ちました。5歳ころでしたか前の民家にカラカラと銀紙の落ちるのを覚えています。当時はなんであるか知らず不思議な光景でした。時々B29の爆撃機が飛来するのを見ました。

1年生の時、終戦の玉音放送は知らず、近所の人が戦争が終わったよと、子どもながらに安堵した記憶があります。1年生の教科書は兵隊さんの文書が黒く塗られ、私の教科書も黒塗り 教科書となって勉強した記憶があります。学校にどんぐりの実や、桑の皮を持って行った想い出があります。

私の学校でも疎開で大勢の人たちが引っ越して来て、教室が不足して2部制で勉強した記憶があります。

当時、通学路は今の大宮ゴルフ場でした。進駐軍に銃を向けられ、急いで帰ったこともありました。ゴルフ場のところの被服所で、だんだん落ち着くと、私の親が山の地主なので、落葉かきに行って大きな籠の中に、防毒マスクや飛行マスクや飛行メガネや皮靴など籠に詰めて来た想い出があります。また、シートを切ってきて、ボールやグローブやバンドを作って遊んだ想い出があります。

学校も昭和24年ごろでしたか、給食が始まり、脱脂粉乳のシチューやコッペパンは一番楽しい給食時間でした。また、農家の手伝いをする農繁期という休校もあり、田畑の手伝いをした思い出があります。

今思うと上尾市は他の被災地に比べると平静な土地で、家族、兄弟を失った人たちに比べると感謝すべきだと私は思います。

あれから70年、世界各地で紛争が起きていることを思うと、1日も早く平和な世界を取り戻すことを願わずにはいられません。

戦中・戦後の想い出

矢部 基久(原市地区在住)

一、原市町の歴史

1. 明治時代、東北線開設計画の段階で当初、大宮~原市町~菖蒲町ルートで検討されたが、原市町住民の強い反対(蒸気機関車の煙火による火災、振動により稲穂の朝露が落ちて収穫が減る等)で、結局、大宮~蓮田ルートになり、原市町には鉄道が通らないことになってしまいました。

2. 鉄道の見放された原市町は、それ以来昭和30年ごろまでは人口三、五００人位の昔からの商店もある、便利で長閑な農村地帯でした。町の役場の内勤職員は10人位。まさに田山花袋の紀行文に記されている「眠ったような」世界でした。

二、子どもの頃の我が家のまわり

1. 私が10歳のころ、祖父は時折原市沼まで釣りに連れてゆき、小鮒がたくさん釣れたことを記憶しています。

2. 私の家の周囲約30～40ｍには、料理屋さんをはじめ、床屋さん、植木屋兼センベイ屋さん、雛屋さん。道の向こうにも漬物屋さん、用品兼自転車屋さん、魚屋さん。それに薬屋さん、菓子屋さん、荒物屋さん、呉服屋さんは各2軒ずつ、みんな家族も住んでいて、品物揃いもよく、活気ある賑やかな商店街でした。そして、医院・郵便局・警官派出所まで揃い、まことに便利でした。それが程度の差はあれ、南北2kmにも亘った町並みは全く驚きです。

3. どの家も、裏は細長い大きい深い屋敷林、その先は広い田畑で、遠く東に筑波山、西に秩父の山波が見え夕日に映えて見える、ただそれだけの町です。

面白いことに戦中でのこと。空から見ると町は森に覆われていて、空襲の時発見され難いとのことで、各所に軍の疎開物資がありました。我が家にも薬品とか、衛生資材の鼠色の脱脂綿や松根油等がありました。時には誤って砂糖ビンを割ってしまい、失礼して天の恵みに感謝して頂いたこともありました。戦争が終わり、必要なものはすべて厚生省が接収しましたが、いまでも鼠色の代用脱脂綿の一部は肩身をすぼめて残っています。

三、戦中の想い出

1. 戦中の物資統制で、地代・小作料だけでは生活ができなくなり、父は東京の銀行に勤務することになり、家族ともども一時浦和で過ごすことになりました。

2. そのころ、現在の鷹の台高校の周辺一帯は、国策会社・満州電業の社員のための食糧需給地としての畑・田んぼがありました。最近まで、その辺りを「マンデン」と呼ぶのはその名残りです。

3. 軍事施設として、原市4区の松林(現在の白樺団地)には、防空探照灯(アーク灯を光源として反射鏡で遠距離を照射する対空兵器)の陣地がありました。10人位の兵力だったと思いますが、陣地の構築に大穴を掘り、松の大木をどんどん伐採していても、陣地ですから覗くわけにもゆかず・・・・。終戦の時には、兵隊はだいぶ興奮していましたが、いつのまにかいなくなり、戦い終わった後は、伐採木と松根油の採取で傷ついた松の残骸ばかりでした。これでは、松毛虫・松喰い虫発生の要因になるとかで、まもなく冬には整地をして大勢で松の苗木を移植したことがありました。

4. 終戦時は、私は17歳。勤労動員先も、また父の勤務先も焼失し、無為に浦和にいましたが、空襲の予告ビラから、どうせ死ぬなら墳墓の地でと、大八車に荷を積み終戦の数日前に原市へ帰って来てしまいました。それからの原市での夜は、ぐっすり眠れましたが、8月14日深夜の熊谷空襲は、遠くの北の空が赤々と染まっていたのをいまでも悲しくはっきり憶えています。翌15日の夜は、黒幕で遮光する灯火管制も解けました。カバーを外した30ワットの電灯の灯は本当にまばゆいばかり。そして、本当に疲れました。

四、庶民の生活

1．江戸時代から、原市の町（上町、中町、下町）では、3・8のつく日、毎月6回市が開催され、それが原市の名になったといわれています。戦争が激しくなり物資がすべて統制経済に組み込まれた時は、市は立たなかったと思います。しかし、一部の達磨市とか、夏祭りに伴う屋台など娯楽面は比較的早く復興しました。戦争が終わって、昭和22～23年ごろですが、相頓寺の本堂には早くも浪曲師が来たりして、余興をやっていました。

2．夏祭りも戦後いち早く復活しました。元気な若者も帰って来ました。いまでは夏祭りは7月の日曜日ですが、当時はすべて農業時計。毎年7月15日が夏まつり。それまでに、春からの農作業をすべて終え、お祭りに入るわけです。担ぎ棒は2本、今の4本とは違い、不安定で全力をあげないと、きわめて危険。担ぐ者も5町内に各々山車があり、5台揃ったとき、それは壮観で彫られている彫刻も深く繊細で、昔の原市町の実力の大きさが偲ばれます。

3．戦地から帰ってくる若者も多くなると、一時原市もだいぶ活況を呈し、町はにぎわって来ました。夜の大通りでは多くの店が縁台を出して夕涼みとなり、近所の大人も子供も将棋や花火に。またお茶をご馳走になりながら噂話にも花が咲く。そこを歩く人も立ち寄り、ますます賑やかに楽しく夜は更けてゆきました。しかしそれもつかの間、昭和35年頃からテレビの普及とともに、縁台も、歩く人もめっきり減ってしまいました。

4．原市は昔から教育水準も比較的高く、多くの人が大学や専門学校に行っていました。その何人かは戦争で帰らぬ人となりましたが、戦後も先輩の意思を継ぎ、しばらくは会を継承して何とか親交を深めたものです。

五、戦後の想い出

1．終戦時、私は17歳でした。戦後の農地解放をはじめ、制度の改革はすざましく、父はついてゆくのが大儀だったようですが、私は若かったせいか、返ってこの混乱期が面白かったくらいです。

2．学生でしたが、適当に商売も経験し、原市に適する商いで競争相手がいないものはなにか。気が付いたら乳牛が20頭になっていました。毎朝早く搾乳し、従業員が配達する。時には私自身も配り、セールスすることは勉強になりました。このような市内牧場は、上尾に1～2軒。桶川にも昔から1軒ありましたが、町の発展に伴い社会環境に合わなくなり、昭和35年頃には順次止めざるを得なくなりました。私も昭和40年頃には次の事業を計画し、現在に至っています。

3．学生ですから当然学校(東京)にも行きます。上尾駅より蒸気機関車で行くわけですが、いまの17号線、愛宕町の交差点辺りは農家が3軒。他は広い大きな雑木林で、深夜上尾駅から帰るときは安全のため、女性を含め集団で帰ったものでした。途中、芝川が氾濫して道路が川のようになり、女の子達は大切なスカートが濡れないように脱いで頭に載せて帰りました。とにかく、当時は陸のチベットと言われたくらいです。

昭和21年ごろの原市沼（筆者自作の絵）

4．昭和30年代、原市町が上尾市と合併し、日本の高度成長に合わせるように、大きな住宅団地が造成され、昭和40年代初めには、原市団地、白樺団地、ガス団地など次々と完成し人口も大きく増加してゆきました。その後、東北新幹線の開業とともにニューシャトルが開通し、原市地区に原市駅と沼南駅の二つの駅ができますます発展し便利になりました。これからも、明るく、住みやすい、みんなの町になるといいですね。

小学生の見た昭和20年前後の原市

吉沢　英明（原市在住）

拙宅は昔流に申すと武州原市町、その内の下新町の外れのはずれ、大宮、鳩ケ谷行きの分岐点の東側にありました。昔は酒造業で当時は食堂を兼ねて小さな雑貨屋、騎子屋と号し、すぐ前にバス停があり、窓から外がよく見えました。

小学校に昭和18年に入学、戦時統制で店は閉めていました。

当時の小学校は国民学校と称して軍事教育、すぐ「ビンタ」の暴力教師、女センセイは竹棒（あまり血を出さぬよう先を割ってある）で頭をゴツン。よく投下されるビラ（降伏勧告、日本のマンガ・フクちゃんも描かれていた！）を拾っては学校に駐在する兵隊に届けました。

その頃の話、東武の定期バスが原市発で吉野原、今羽、土呂を経て大宮駅へと通じていました。後年、本田氏（不動産業で故人）から次の様なことを聞きました。原市の北端、芝川に面した吉野原の西側、今の「むさしのグランドホテル」や「霊園墓地」から砂（東大宮）方面にかけて深い森や崖があり歩くのは困難だった。

そこで、当時日本の支配下であった多くの朝鮮人を強制連行して崖下に道を造らせたのだそうです。現在、草道であっても自転車で、原市（6区）から砂方面（さいたま市）と行くことが可能です。

そんな時、ふとバス停（向かいの玉田家と遠山自転車店の中間にあった）を眺めると、純白の朝鮮服を着た中年の朝鮮婦人が淋しく待っていました。子供であっても、日本人でないことは服装からはっきり分かりました。小学生の見た淋しげな朝鮮婦人は、恐らく夫か父に会いに来たのでしょう。悲しい想い出です。

今度は別の日、ふと大宮行きのバスを眺めると、車中に和服を着た日本婦人の涙の顔が気になりました。その数日前、原市上空で日本機が米機と空中戦、米機B29に体当たりした日本の戦闘機の日本兵は落下傘が開かずそのまま落下して「戦死」しました。その時の兵士が山本義弘少尉（山口県出身、のちに天皇 の命で二階級特進）、この零戦は行方不明、別の友軍機は原市の沼地に突っ込んで未だ不明とのことでした。

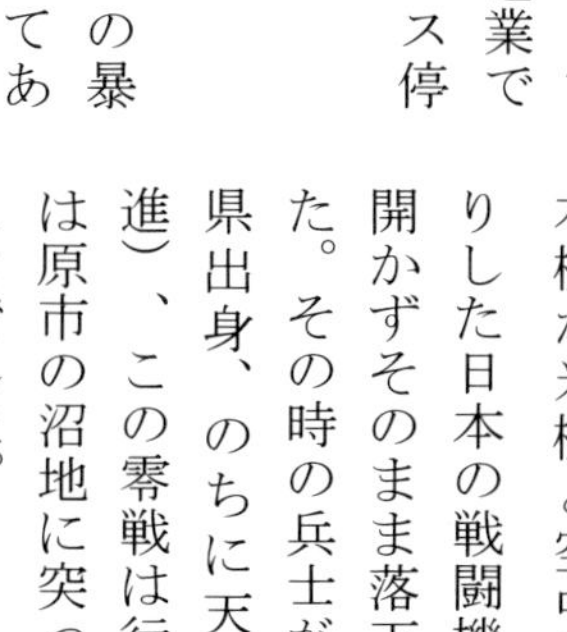

当時は原市の大事件で小学生も知っていましたので、私はすぐ、あの兵士の夫人が山口から葬儀に参列した帰りだったのだろうと咄嗟に思いました。

後年、上尾中学校に通学、陣屋内の畑中にこの兵士の墓（太い木柱に墨書）があり、毎日眺めて通いました。原市小の上級生、某氏は「必ずこの敵はオレがとる！」と連日のように参拝していました。この事件と木柱は地元にとっては有名な話です。しかし、70年以上経過した今、住宅地と化し、知る人は少ないでしょう。また、下新町は新幹線工事のため崩壊、某氏も県外に移住されていますのでその後の消息は知りません。

次は戦後の想い出です。当時は芝川で小魚を釣ったり、田のエビガニやどじょうを採ったりして遊んでいました。今、吉野原（当時は草深い地）一帯は工場地帯ですが、原市の北端からあの辺は戦後も時代劇（映画）のロケーションになる程の静かな地域でした。今は大きな道路が、工場↓原市団地↓栗橋方面と通じており想像できません。そんな戦後、例によって芝川辺（今は吉岡医院、林の東側）で遊んでいると、パンパンを連れた米兵のジープが田に近い軟らか道で動かない、エンジンをかけても道の端がグニャグニャで、空回りするばかり、そこで小学生の我々５、６人が車の後からヨイショヨイショで押上げました。米兵は大喜びサンキューと言い、小学生にチューインガムの配給？！してくれました。当時、パンパンは大宮市内にも相当おり、小生の知っているのは親子（母と娘）でした。本当の話であります。

最後は買出し部隊について書いてみます。敗戦後の日本は食糧不足、ヤミ屋の横行・・・。都会の人は食糧を求めて田野を彷徨、原市にも殺到しました。当時バスは原市（拙宅近く）↓陣屋↓（原医院近くの）上尾↓中山道（宮原・赤芝）を通って大宮駅に向かいました。バスを待っている時間が長い，長い・・・。乗客は拙宅近くで立ちション、ウンコ・・（量がものすごかった、する人が多いから）、今では想像もできません、と言っても信用しないでしょう。

当時の道路は車の往来は少なく、小学生の我々は道路上で、堂々と野球、手製のボールとバットで騒いでいるだけでしたが。そのうち、買出し部隊の若手を仲間に入れて・・・、一緒に楽しんだことも再々でした。まだまだありますが、苦の中にも楽あり・・・。総てが暗黒の時代ではなかったように思います。

戦中戦後の思いで（大谷地区）

野篠　照子　（大谷地区在住）

戦中の昭和十七年に大谷村で生まれ結婚するまで大谷地区に住んでいました。大谷村は昭和三十年に合併して上尾町になるまでは北足立郡大谷村で合併時、六町村の中でも人口は最も少なく三千六百人程度で小さな農村だった。全体的に水田は少なく畑作が多かったようです。米・麦・甘藷・野菜・お茶等が作られ養蚕は戦後少なくなったようです。私の生家でも母屋の茅葺きの屋根に小さな屋根をつけたしが二つもあった。お蚕様を飼った名残であろう。用具もたくさん残っていたが私の記憶に養蚕はない、おそらく戦中戦後と供出が増え桑畑から藷畑に変わっていったのだろう。父は馬に荷台をつけて運送の仕事もしていたが四十歳で病死した。その頃は大谷に医者はまだいなかったが、平方の鯵坂医院まで行ったり上尾町の深野医院などで診てもらったがわからず、痛みをこらえて列車で東大病院まで行ったがその日には駄目で結局、家に帰ってきた。現在であれば何とかなったのではと思います。戦後、農地委員に選出され農地改革の仕事、農協設立にも活躍したと母から聞きました。

戦後、めまぐるしく変わっていく時代を駆ぬけ日本の経済復興がみえてきた昭和二十六年の春だった。働き手を失った母は、強く逞しく五人の子供を育てながら農家を切りまわした。姉は中学校を卒業すると洋裁学校に通いながら農業を手伝い、向山地区の野菜の共同出荷にも当番もこなした。この頃、夏は胡瓜が出荷の中心で、他に生姜、等を木製の箱に詰め、東京の市場に運んだ。冬は主にほうれん草で、年末は牛蒡や柚子等も出荷した。

夏は朝食前から胡爪をとり、冬は夜なべをしてほうれん草を束ねた。農家の仕事はまだ機械がなかった時代は重労働であった。昭和三十年代にはマメトラと呼ばれた小型耕耘機が普及し、姉が操作し、リヤカーをつけて楽に物を運べるようになった。家が農家だったお陰か戦中戦後の食糧難をひもじい思いを知らず育った。麦飯に漬物、野菜の煮付け、塩辛い魚、時々、鶏卵や鶏肉があった。肉屋さんも魚屋さんも村内にはなく、上尾の町まで買いに行くか、時々行商が廻ってくるのを利用した。母は鰹節、ワカメ、海苔等の乾物、川魚や塩魚、干物を買った。戦後すぐには米や小豆等との交換もあったのか？

学校生活のこと

三歳違いの姉が昭和二十年に大谷国民学校入学した時は空襲が激しい最中であった。必ず正門から入り校庭の西側にあった奉安殿に礼をして校舎に入った。授業中に空襲のサイレンが鳴りひびくと防空頭巾をつけランドセルに道具をつめて上級生と一緒に林の中を駆けて帰るのだが、良く転んで、背中のカバンノート等が外に落ちる。これを泣きながら走ったと姉が話してくれた。

八月の終戦と共に教科書は黒く塗り潰され、新制の大谷小学校となった。当時、体操と衛生教育に熱心だった。

生徒は競って糠袋で床や腰板を磨き上げた。二十八年には当時、近隣で一番速く講堂が出来た。翌年の三月、ここで私達の卒業式が行われた。あの講堂も今はない。

中学校は平方町、大谷村学校組合立大平中学校に入学、平方小からの新しい友達と顔お合わせ緊張した。大平中は広大な敷地に畑、水田もあり職業実習に使われていた。

田植えも学校で経験した。家の水田は摘田であった。中学校卒業は上尾町立大平中学校となった。

ゆるぎ橋通りの町並み

鴨川にかかる県道上尾―川越線から西へそして南へカーブした旧県道の一角がゆるぎ橋通りの商店街だ。

たばこ屋、かじ屋、菓子屋、米屋、自転車屋、戦前には棒屋、材木屋、綿屋等が並んだ。米屋さんの前をに曲がると一五〇米位行ったところには、関東一の大鍛冶屋、吉田農具製作所があった。

江戸時代からの鍛冶屋で海外と取引をしていたこと、国外切手がたくさんあると聞いたことがある。

上尾市教育委員会主催
平成21年度 あげおふるさと学園資料より

揺木(ゆるぎ)橋通りの町並み

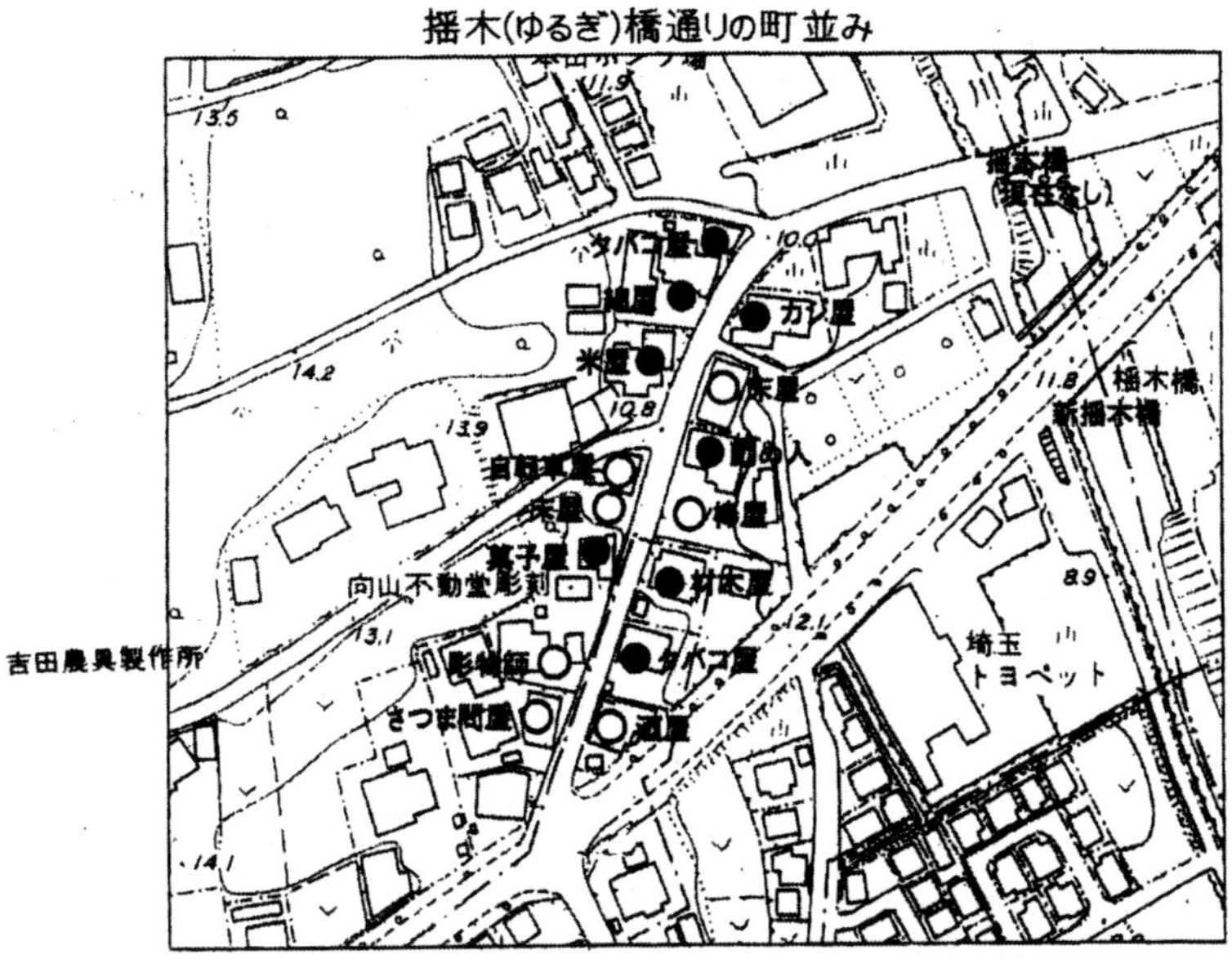

図11　大正年間の揺木橋通りの町並み（●は家が現存）

私の生家は米屋さんと吉田鍛冶屋さんの間にある。小さい頃は吉田さんの子供と広い屋敷や帳場等で遊んだ。今は老人施設が建っている。

ゆるぎ橋通りの菓子屋さんには、お盆、祇園祭、お正月等にお小遣いを握りしめた子供達で賑わった。かき氷やところ天はいくらだったろうか？　昭和二十年代の頃である

昭和二十年代の原市

吉沢　英明　（原市在住）

原市駅（埼玉新都市交通）の北側に、江戸時代から続く地蔵堂があった。が、明治初年に廃寺となってこの堂は近くの相頓寺に移築され現存している。その中の一体が地獄の主・エンマ様。今でも怖い、怖い・・・。堂は消えてもその崖下西方はいつまでも『堂の下』と呼ばれ、茶畑、麦畑等が続き、田に沿ってくねくね曲がった芝川があった。向こう側は陣屋（現在は上尾下）、吉野原（現在さいたま市）で、田畑また田畑で、雑木林が遠くに見えた。『堂の下』に家はなく、道はあっても歩くのがやっと。もとより車の往来はできない。

その頃は我ら子供達も下駄ばき、足袋が普通、堂々とはだし（素足）で歩くのも珍しくなかった。長雨や霜が降りると道はクチャクチャ、足は泥だらけになるというあんばいである。然し楽しみがあった。曲がりくねった芝川（後年一直線へと改造）には生き物が棲み易い。また、農薬もあまり使われない時代。当然、フナ、ドジョウ、ハヤ、メダカ、エビガニ・・がうようよいた。それを捕まえて貧しい食生活の足しにするのである。

今は栗橋バイパス、大正製薬等の一大工場地帯の建設で雑木林の姿は消えたが、当時はいたる所に山また山・・・（我等は高くなくても林や森の類を山と呼んでいた）。秋になると彼方此方で虫の鳴き声。ガシャガシャ、スイチョスイチョ・・・、そして楽しい栗拾いが始まる。戦後の混乱時で学習塾、子供会等一切無縁で、専らこのように「田野を彷徨する」。

さて、「市民の森」（信濃路の後方に位置する）の崖下に続くが広大な湿地．それを徐々に開拓して立派な田圃にしたのだ。広大な地であるからイナゴが一杯いた。竹筒を着けた袋を持って畦道を行ったり、来たり・・・。いくらでも採れた。早朝が一番良かった。稲穂が夜露に濡れてイナゴ君もシミっているから、逃げにくいのである。これを佃煮にして弁当のおかず、最高の栄養食だ！　それから、ン十年、田地を整理し、県立上尾沼南高校ができた。若干の土盛りをしたとは申せ、元々が田野。少しでも雨が続くと運動場はグニャグニャ・・・。

筆者はここの教師を務めていたが、体育祭、マラソン大会では泣いたり、笑ったり・・・大変で難渋の連続だった。（あの頃の生徒は皆オジさんやオバさんになっている。お元気ですか！）

さて、今でも、原市小学校と並んで立派な愛宕神社がある。江戸時代にはこの社（やしろ）と並んで観音寺があり、牛馬を守る馬頭観音の信仰が盛んだった。東北の民謡に♪シャンシャン馬っこ・・、美しく着飾った馬また馬の大行列。

昔の原市は市（六際の斎の市、毎月三・六の日に計六回の市が立ち、街頭に大道商人が並ぶ。あっちにトラさん、こっちにもトラさんだァ！）ばかりではなく、馬列でも賑わったのである。が、明治初年、神仏分離令により、この寺も廃され、馬頭観音は向こう側の崖下にある宝蔵寺に移された。現在、新幹線、道路の新設や拡張、区画整理等によりあの辺の様子は大変貌、昔の面影は完全に消えている。白寿観音は最近の建立だし、天然記念物の老木（らかんまき）も元の場所からかなり離れている。彼の懐かしい参道もはっきりしない。

然し昭和二十年代の縁日 は栄に栄えた。ほとんどが農耕馬であろうが次々に現れ、露店も並んでいた。筆者は棒アメ（出来立ての水アメを棒にぐるりと巻いて売るのだ！）をなめなめ境内を嬉しそうに歩くのが常。有難う、馬頭観音である。この縁日は消えたが、今でも『観音坂』『観音山』の地名は残されており、如何に庶民に愛されていたか理解できる。

次は見たり聴いたりの楽しみである。ものの本によると「デンスケ劇場」（歌と踊りと軽演技＝大衆劇団のパターン、あの首振りデンスケが座長・大宮敏充）の初出演が戦前の旧上尾町、トラさん映画で知られる渥美清の初舞台が戦後の旧大宮市の由。然し、小学生（昭和二十四年三月卒業）の我等には高根の花、気軽に行けるものではない。それよりも地元での楽しみが大事だ。当時は青年団，婦人会等等の催しも盛んで、小学校の運動場等に仮設舞台を設営し盛んに演芸会、演劇会を開いていた。

なかでも忘れられないのがお二人いる。下町の○巻さん。失礼ながら昼間は汗だくになって働いている若い衆。その夜はまるで東海林太郎か霧島昇だ！マイクの前では直立不動の背広姿、ネクタイも目立つ・・・。堂々と流行歌（当時は歌謡曲とか言わない）、万雷の拍子にも微動だせずに終えると静かに消えた。

もうお一人は上町○川家の令嬢○○さん。気品ある上品な舞踊、満場をうならせた。恥じながら私にとっては正に“初恋の人”、今でも眼に焼き付いている。最近、年上のご婦人に聞いたが、戦争中、原市小にも軍隊が駐屯。幹部（少尉、中尉、・・）がこの原市の女性に惚れ、嫁として故郷に連れ帰っている。子供も五、六人もいるとか・・・。嬉しい話だが今は判然としない・原市の美女、何処におわすや！

映画会は婦人会等も開いたが、印象に残っているのは川田谷村（現在桶川市）の倉持興行部が出張して催した有料の映画会だ。休耕地や空地を借りて簡単に会場を設置。映写機やフィルムも持参してキップを売る。片岡千恵蔵の「鞍馬天狗」・・・。封切とはいかぬが、安くて面白い。勿論テレビはなく、ポルノ映画など知らぬ我等小学生にとっては、とにかく有難かった。声を大にして、倉持さん有難う！

「観音坂」と申せば、新幹線の手前に小さくなった稲荷神社がいまでも立派に鎮座している。昔は広大な境内に、よく田舎廻り専門の劇団が来た。旅役者とは中せ、いい男もいて、田舎娘を連れ出しては消えるーこんなことも珍しくなかった。「かおる劇団」、「花園劇団」・・・。毎年数回とか、季節ごとに来て、数日間興行する。歌と踊りとチャンバラ劇・・・共通のパターンだった。役者がチンドン屋になって町廻り。我等小学生は後から続いて口上（本日やる芝居の宣伝などをする）を聞く、そして割引券の付いた撒きビラを拾って戻った。然し、大人本位の芝居にはあまり興味なく、行くことはあっても感動した記憶はない

昭和産業株式会社上尾工場と私

昭和　三郎（上尾地区在住）

昭和二七年三月、新制上尾中学校を卒業式し、四月一日昭和産業株式会社上尾工場に入社しました。

中学卒業生の新採用は、その年、男子十名。応募者は五十名で倍率は五倍でした。合格者の出身校は上尾中四名、平方中二名、上平中・桶川中・宮原中・伊奈中は各一名、計十名。

工場では葡萄糖、水飴、精麦を製造していました。配属は、葡萄糖・水飴部門へ五名、精麦係、ボイラー係、倉庫係、研究室、事務所の五部門へ各一名宛でした。

現場は交代制、週四十八時間勤務（休憩一日一時間含む）、給料は月給日給百六十四円でした。

事務所と研究室かで、週六日勤務、午前八時から午後四時で休憩一時間、給与は現場と同額でした。

私は事務所配属で夜勤手当も残業もないので初任給は一か月四千円、それから税金、社会保険料等が引かれ手取りは三千六百円程度と記憶しています。

私は事務所の庶務係に配属されました。私の主な仕事はメッセンジャーボーイ。この仕事は本社が東京神田鎌倉町にあり、毎日、工場から本社へ、本社から工場への書類等を運ぶ役目で、人は人間伝書鳩などと陰口を言っているのを耳にしました。

現在と違って、当時は電話も東京に、おいそれと繋がらず、午前と午後、時間を決めて予約電話。それも十分十五分と通話時間も決まっていたと記憶しています。ネットもファクスも無い時代でしたからそのような仕事もあったのでした。

その他に、事務用品の入出庫管理、郵便局・商店へのお使い、雑用等でした。この仕事のお陰で、浦和商業高校定時制に入学、四年間通学でき、無事に卒業できました。

本社への往復は国鉄、列車はまだ蒸気機関車でした。往復二時間弱は自由時間、勉強の予習復習ができ有難かったです。

その頃、コッペパン一個十円、蕎麦(盛り、掛け)一人前二十五円、東京には十円の寿司もありました。

上司から本社近くのレストランで、昼食に誘われ初めてハンバーグなる料理にお眼にかかりました。

会社では、春秋年二回、練成会と称し個人の積立金も遣い一泊旅行を職場ごとに実施していました。伊豆大島への旅では、海が荒れ連絡船が出航できず、二泊する羽目となり。翌朝の一番船で大急ぎで帰社したことも思い出です。

年一回の運動会、工場の敷地内の広場で家族も招待し、職場対抗で大いに盛り上がりました。その時の仮装行列も大人気で、ごつい親父さんが女装し花嫁になったり、動物に扮したり、物語の主人公になったり、皆さんに喜ばれました。

また、演芸かくし芸大会も、芝居や舞踊、のど自慢、楽器の演奏、ギター、尺八」、ハーモニカと多士済々にぎやかに盛会でした。

ただ、昭和三十年代に入ると世の中もだいぶ落ち着き、手がすいている人が大勢集まり、工場長がその前で退職者への労いの言葉を述べ、退職金五十何万何千円と読み上げ光景を今でも思い浮かべます。

昭和三十一年、定時制高校を卒業して満二十歳、大人の仕事に就けと倉庫係へ配置転換になりました。倉庫係の仕事は、原料、資材の受け入れ、出庫の管理、製品の発送等です。

当時、工場には国鉄の貨物列車の引き込み線があり、貨車への製品・葡萄糖・水飴、押し麦等の積み込みや原料の甘藷澱粉(乾燥、生)、馬鈴薯澱粉、大麦の受け入れは全て、駅前の熊谷通運の仲仕(人足)が人海戦術で行いました。忙しい時は、私たちも一緒に手伝わなければならず、二十五キロの袋を担いだり、十八キロの水飴缶を天秤棒の両方に引掛けて、三十cm幅の歩み板を渡って貨車への積み込み作業は、最初はできずとても苦労しました。でも、徐々に体が鍛えられ、力も付き、有難い経験になりました。

「倉庫係」として暫してから、原料の澱粉の受け入れ係を任命され、品質検査、在庫管理を任されました。

澱粉は乾燥し、二十五キロ紙袋詰めと麻袋に入った乾燥前の生澱粉の二種類ありました。生澱粉は運動場として使っていた場所に、コンクリート製のプール状のピット(十二メートル×五十メートル×一・二メートル)が三か所あり、そこに貯蔵していました。春先暖かくなると澱粉が発酵し、辺りに異臭を振りまいていました。

ある年、葡萄糖の増産で原料の澱粉を確保する為、水戸工場にピットを増設し、そちらでの受け入れ係として四十日ほど出張いたしました。受け入れが完了した際、納入業者から水戸の一流レストランに招かれ、洋食のフルコースを初めて味わいました。上尾に戻り、工場長からご苦労さんと、大宮公園近くの中華料亭に誘われ、卓料理を初めて経験し感激したものです。

昭和産業の水飴、葡萄糖は現在では考えられませんが、酒造会社に多く出荷されていました。三倍増造酒の原料としてでした。

※三倍増造酒（ネット・ウィキペディアより）

第二次世界大戦後のコメ不足の際、導入された清酒に類似した日本酒の一種。米と米麹で作ったもろみに清酒と同濃度に水で希釈した醸造アルコールをいれ、これに糖類（葡萄糖、水飴）、酸味料（乳酸、こはく酸等）グルタミン酸ソーダ等を添加し味を調えてきたのが増醸酒と呼ばれた

小生、昭和三十七年家庭の事情で、十年四か月お世話になった昭和産業を退職いたしました。その時の給与は日給六百八十四円、月額一万七千円でした。

その後、仕事ががらりと変わりましたが、この時の経験、体験が私の人生にいかに役にたったか計り知れません。

余談になりますが、新制中学卒業で入社した十人の仲間の一人、M君はその後、常務取締役まで登り詰め六十五歳で円満退職いたしました。芽の出る人はどんな境遇でも成功するのだと教えられました。

二　学校記念誌などからの抜粋転載

上尾小学校開校百年史　昭和48年5月28日発行

上尾市立大谷小学校開校百年誌　昭和63年11月6日発行

上尾市立平方小学校創立110周年記念誌　昭和58年1月10日発行

大石小学校開校百周年記念誌　校史　昭和61年10月25日発行

原市小学校百年史

上平小100年のあゆみ　昭和48年5月17日発行

上尾中創立五十年記念誌　平成8年10月18日発行

大石中学創立五十周年記念誌　大石　平成8年4月26日発行

河原塚貞治「自叙伝」　昭和56年

ふるさと上尾と　わたしの人生に乾杯　平成2年11月1日　御園書房　発行

わたしの戦争体験（総集編）　昭和60年12月25日　上尾市企画財政部自治振興課　発行

上尾小学校勤務六ヶ年を顧る

元校長　島村　若一郎

私は昭和28年4月6上尾小学校に就任しました。当時上尾町の教育長は関根宗次氏であった。校長の着任の仕方について関根教育長はこう言った。「上尾小は天下の名門校だ。校長は助役と同格以上の筈だ。だから校長は着任をおろそかにしてはならない。自転車などでいつ来たのかわからぬような着任ではいけない。あなたの着任には、PTA代表と教頭に駅まで出迎えさせ、玄関に全職員とPTA役員を集めて置くから着任したら直ぐ着任のあいさつをしなさい。タクシーはないので北西教育委員長の車をまわしておくので、それを利用しなさい」若冠四一歳、校長経験六年の私は驚いたり感激したりした。

PTAの協力

初年度の28年は、教員問題と、PTAの調整にあけ暮れた。教頭は事故で7月転出し補充がないまま越年した。PTAは今井博夫氏が会長となった。今井会長は資質英遇、そして果断の人であった。着任当時私には、PTAも同僚も皆批判者に見えた。少なくとも見方ではないという印象だった。こうした中で、教委、PTAは関根教育長、今井会長を中心に私を激励し支持してくれた。私は思うまま計画の遂行と実践に専念することが出来、校内もPTAも次第に姿勢を変え、2年目には空気は一転した。以降PTAの協力は絶大で、大きな改革と教育実践を達成させてくれた。以降水野重吉氏、北西卯三郎氏、野川信勝氏と名会長がそれぞれの立場から協力をいただき、至らぬ私も六年間上尾小学校長の職を勤めあげることが出来た。

学力向上に専念

教師の教育力の向上強化と児童の学力の向上を念願し、校内研究授業(毎月一回)と児童の一斉学力テスト(学期一回)を実施した。これには県指導主事の黒沢勝治先生が激励して下され、細かい指導をいただいたことは今も忘れない。

一斉テストの実施を決める職員会は午後一時頃から夜一〇時に至って、はげしい論議のすえ決定した事を忘れない。こうしたことが、どれだけ教育効果をあげたかわからないが、校内に緊張感をみなぎらせ、研究と努力の風を興したことは事実である。その後文部省も、全国学力調査を始めたが、当時としてはかなりの抵抗があった。

お月見　それまで毎年実施されて来た学芸会を廃止した。そのかわりに九月会、お月見会を創始した。「一部の児童に片寄り、親の見栄が先走り、年々派手になって行き、担任教師の負担は加重していく学芸会の代わりに、全員参加で音楽的、体育的な種目で全員で楽しもうというので大好評だった。しかしPTA文化部は無断廃止はけしからんいうので、校長排斥まで口にしたが職員会の決定であり、「学校の事は学校で」という校長の方針どうり実施され、結果がよかったので、以降学校行事に対するPTAの干渉的傾向はなくなったように思う。

しかしお月見会も夜間、子供達の出あるきは問題もあるので二年で中止した。

遠足臨海学校のカリキュラム化　従来学年の教師とPTA役員で独自に計画し実施されたこれらの行事を六ヶ年の経過の中で、計画的に行先、教育内容、目的等を定めてカリキュラム化した。当時県教委が、修学旅行等の規制を打出したのと歩調を合わせたものであった。

環境の整備

戦後の材料不足等で出来なかった環境整備も、市教委、PTA等の、理解と協力で次のような事が実現した。

① 正面玄関前のロータリーの建設と校庭の植樹。予算は七万円位だったと思う。校門から玄関までのプラタナスの並木と運動場まわりへ松の木を植え込んだロータリーは玄関前にあった。佐渡の大赤石を中心に直径五米の円型のロータリーは当時としては立派なものであった。

運動場の鉄柵の造成　小室無線の鉄塔を解体したアングルの寄附とPTA費や市費で実現した。

当時としては数少ない施設だけに画期的なものであった。

学校給食の実現

当時浦和、川口等県南を中心に学校給食は行われていた。ミルク給食とか週三日制とか完全給食とか種々あった。父兄の要望を背景に校長の施策の一つとして企画されたが、学校給食の実現は大変だった。何しろ上尾、桶川地区には全々実施校はなかった。それに給食に対する一般の理解も不足で度々行きなやんだ。まず資金であるが当時上尾市は合併直後で上尾小だけに特別な設備することか出来ないという理由で市費を支出してもらうことは不可能であった。仕方なく、ＰＴＡが信用金庫より借金し、市に指定寄附をして予算化し施設を作った。第二は給食実施上の問題であるか、幸い教委の理解で単独に栄養士も置けたし、炊事婦も雇えたが費用は一切児童負担であった。第三は給食運営の問題である。調理された食物をどう取扱い子供にどう食べさせるか、偏食の問題、衛生管理の問題等をどうするか、等々難問は多数あった。これらの解決は学校自らの問題である。学校というより、教師と児童の直接解決すべき問題であった。そこで学校給食運営の研究が始まった。ます実施まで(昭和三二年一〇月二〇日頃実施開始?)の実務的研究をした。引続いて、県の給食研究指定を受けて、学校給食の本質や、給食のあり方について、基本的な研究をした。研究発表は翌昭和三三年二月行われだ。短期間の割に効果的で効率的な研究を完成し好評だったように思う。

分校の建設と独立

私が着任した当時１８００名の児童数は二年で２３００名にも増加し、この勢は止まるところを知らないようであった。

下里町長は、教育尊重の立場から請願などによらず、独自の企画により第二小学校を建設してくれた。当時多くの町村長は財政難で、住民の要請等で動くことが多い中での異色の町長だったと思う。これは私の着任した翌年で二年間分校として経営され昭和三一年四月上尾第二小学校として独立した上尾小学校の教頭小林良男氏が校長となった。これは現在中央小学校である。分校であった期間は６年生全員と近く二年生若干名が使用した。また夜間は浦和高校の定時制の校舎として使用されていた。

結　び

上尾小の六年間はたまたま戦後の混乱がまだ収まらない時代であった。それが徐々に平静を取戻し、新しい発展と繁栄に向って動き始めた時代でもあった。私も四一歳から四七歳までの間、校長として一番充実した活動の機会を与えられた上尾小の時代であったように思う。その間関根教育長さん、今井会長さん、下里町長さん、北西教育委員長さん、北西信用金庫支店長さんなど多くの人々の庇護と支持を得たことは身に余るしあわせであったと思う。それに５０名近い教員諸君が若い校長をよくもり立ててくれたからこそこの六年間が充実したものになったのだと思う。誠に感謝に耐えない。

今回創立百年を迎える上尾小の発展を祝い、関係各位の御繁栄を祈念するものである。

開校百年を祝して

元校長　関山　錦一

上尾小学校の、創立百年を迎えますことを心からお喜び申し上げます。私は、大正二年当時の小学校に併設された上尾農業補習学校に学んだ事がありました。当時の上尾町は静かな宿場町でしたので小学校も平屋建で玄関から正門まで、大きな桜の木が二列に植えられ、入学当時は、花の隧道を造って見事だったことを記憶しております。其後町も年と共に大きくなり、終戦後急速に発展して、今は県下でも有数の市となりました。それに伴い学校も教育目標の着実な実現を図り、今日のように外観、内容共に充実し、名実共に県下優秀校として運営を進めておられますことは誠に慶祝にたえません。私が、昭和二一年三月末日付けをもって上尾国民学校長に任命され久しぶりに校門を入って在学当時の校舎が、其の儘残っておるのを見て懐旧の念、禁じ得ませんでした。当時は、大東亜戦争終末の翌年でしたから、国民は敗戦にどん底に突き落とされて、希望を失い、不安と焦燥の毎日でした。　その上「欲しがりません勝つ迄は」と八年間の自制と統制生活でしたから衣食に事欠く有様でしたので、教育上特別苦労のあった時でした。

特に当時隣接の大石、桶川方面の雑木林は、軍の物資貯蔵所であった関係から、渇して水を求むる如く、当時の人々は鵜の目、鷹の目でその物資に目おつけ、色々忌まわしい噂なども多い時でもありました。

当時の人心としてはうなずけることではありました。教育上は注意を必要とする大事なことでありました。

此際、教育の任に当たる者として、第一に取り組まなければならない事は、児童の心を、明るく、すなおに引き立て育むことであると考え、ありふれた事ではあるが、父兄と共に積極的な愛情をもって、児童を抱き挙げることの必要性を感じ当時予想以上の集会となり、埼玉師範女子部長野木村規矩二先生熱心な御指導もあって有意義に発足した。町長さんと図って父兄会を作り、早速発会式を挙げました。

更に部落懇談会もひんぱんに行ってその目的達成に全職員が努力する一方、野球、排球、ダンス等運動競技の奨励に総力を傾注したわけであります。更に児童の体位向上を図る為に、給食施設を立案したが、僅か一年の在職でその目的を達成することが出来なかった点は残念でしたが、其後全国の小学校で実施される様になったことは誠に結構なことと思います。

さて、話が横道にそれて恐れ入りますが、去る二月九日から一〇日の予定でフイリッピン、香港と旅行しました。主な目的は、パキオ市に、フイリッピンで戦死された四七万余の日本将兵の「慰霊追悼碑」が立つことになり、二月一一日にその除幕式があってそれに参加することになったのですが、序に激戦の跡を廻り英霊を弔ってまいりました。誠に悲惨で涙なしではおられませんでした。それはさておきまして、両国の教育現状について申上げますと、フリピンの学制は六(小)三(中)四(大)でその中で義務教育は。小学校六年だけです。就学率は四〇パーセントで、言葉を加えて申しますと十人の内六人は無学ということになります。その理由の主なものは、貧富の差が大き過ぎることと、一家の子供の平均数が七人という子沢山によることでしょう。例えば、人口四百万の国際都市マニラ市の六割の土地を持つ大地主があります。自分の土地の中の大通は私道で、その両側に大きなビルを建てて高い家賃を取り、また通路代を取って益々太り貧乏人は益々細るという現実です、農村に行くと農民は地主に絞られ住宅など想像もつかない程みすぼらしいものです。建坪が六畳、八畳位で椰子の葉で葺き竹を並べて壁や床を造った簡易な住居です。その間にモルタル造りブロック屏の家が時々目にはいります。これが地主の家で広大な土地を高い小作で農民に作らせているわけです。勿論地主以外の農家には、テレビ、ラジオ、電気などありません。洗濯などは川で洗って川原に広げて干すという有様です。これでは教育を考えても出来ない生活状態ではないでしょうか。次に香港は英領ですが、学校は全部私立です。従って義務教育はありません、自由ですから、行けるものは続いて進学するが行けない者は行かない、働いて金ができたら行く、といった具合で学年の年齢はまちまちです、難民の多いことでは両国とも同じです。旅行者を見ると子供が群かって金品を貰いに来ます。香港では毎年難民の為に十万の住宅を建てても間に合わないそうです。以上日本の教育とを比較してどうお感じでしょう。今日の日本は高校進学は中学卒業者の九〇パーセント、これを義務教育に引延ばそうとの声もある位の充実振りです。私はこの二国を見た狭い視野から感じた事は両国共紙屑や煙草の吸殻など落ちていないことです、日本は如何でしょう、

今後の日本教育は知育も勿論ゆるがせに出来ませんが、日常生活に欠くことの出来ない社会性を持った人間形成即ち徳育に相当の力を入れる必要かあると痛感させられます。最後に一世紀に渡って名実共に優れた足跡を残された上尾小学校将来の発展を心から祈念してお祝いの言葉といたします、

第二次大戦時学徒動員

（上尾小開校百年誌 座談会から）

1．開戦当時は大東亜戦争　聖戦と言って、国や軍に協力し戦時動員態勢の確立と学徒動員

2．昭和16年2月　実践教育重視による国軍への協力、報国農場の開拓、満豪開拓義勇軍の勧誘、出征軍人留守家庭の勤労奉仕要請。

3．昭和16年12月8日　開戦と共に戦時教育に突入、教員も背広から詰衿、色も国防色と言うカーキ色に統制され、男子はゲートルに戦闘帽、女子はモンペ、児童も下駄からズック又は裸足となる。

4. 昭和18年6月　戦時動員態勢の確立を閣議決定、学校報国隊の組織、有事即応教育、軍事能力増強、国土防衛、戦技訓練、特技訓練、防空訓練、女子の戦時救護等戦時教育となる。校庭の垣根沿いに防空壕が30以上掘られ、その周囲には南瓜やヒマ箒草等を植え、建国体操、剣道、銃剣道、薙刀等錬成教材や、出征軍人の送迎、留守家族の慰問や勤労奉仕(高等科生徒農繁期約2週間20家庭位)報国農場耕作による米、甘藷、じゃがいも等の増産、軍事産業の特需から平和産業の圧迫、学用品の欠乏と配給制に移行。

5. 昭和19年1月　緊急勤労動員による勤労促教育の指示により5月より柏座の東洋時計工場(軍需工場)に高等科全員連日動員され各職場に於いて増産に協力す(参加校、浦和高、鴻巣高、大谷小)空爆も激化し、市街地の学童は疎開し、学校は照空隊、高射砲等の兵舎に代用される等、異常な事態となる。この様な中にあっても上尾小6年以下の児童は落ち着いて真剣に学習した。

戦　後（終戦直後の混乱期）

1. 昭和20年8月15日敗戦と言わず終戦と言いながら国政は連合軍最高司令部(総司令部)占領下として、敗戦の混乱は避けられなかった。平和への道は厳しく、教育改革が断行された。

2. 昭和20年8月16日占領下とは言いながら従前の行政機関による学徒動員の解除と終戦処理、学校は夏期休暇の為職員で整理。

3. 昭和20年9月1日2年ぶりに高等科生徒を含めた授業開始。

4. 昭和20年9月15日文部省は自主判断で新日本建設の教育方針を打ち出した。平和国家建設、軍事教育全廃、教員の再教育、科学教育の振興、学力の補充を骨子としたものである。

5. 昭和20年9月26日　疎開学童の復帰。

6. 第2学期後半より社会秩序の混乱が学校教育に大きな影響を及ぼした。児童生徒の服装も軍の放出物資、学用品その他も多種多様となる。

7. 昭和20年10月22日　総司令部による日本教育制度の管理。国家主義思想の禁止、国際平和人権の尊重、軍国主義の追放、教育制度の再建。

8. 昭和20年12月15日　神道、宗教教育の廃止。

9. 昭和20年12月31日　修身、国史、地理教育の停止と、教科書指導書の回収と焼却。

10 昭和21年4月　第一次米国教育使節団報告。ジョージ・D・ストツダート団長外26名、民主教育、再教育、教育制度の改訂、日本の復興等について勧告する。

11 昭和24年軍政官による指導(フォックス博士・ビーヤ教授)

12 平和な日本を目ざして

13 中学校との同居　新制中学校が独立しても校舎がなく昭和22年4月から約1年間同居生活が続いた。

昭和30年頃の学校

1. 中央小学校の分離　昭和31年4月、中央小学校が分離独立した。約80年の歴史を持つ学区の変更は、児童、職員、地域にとって容易ならぬ事であった。

2. 学校給食　児童体位の向上と地域の食生活改善を意図して、設けた給食室もPTAの力で建設し、児童食費の中に燃料費、人件費、返済金まで含めて毎月の給食費を算定した。それにもかかわらず、各家庭作成の弁当より格安に給食できた。給食開始が昭和31年9月21日であったがそれ以降、児童の体位が急に向上した。

3. 校内の研究授業　毎年全員一回以上研究授業をして相互に研究を深めた。特長ある教師、自信を持った児童が多かった。特に体育、図書館経営、理科の電気教材、植物の栽培等、特に充実していた。

4. 学級名　松組から始まって、竹梅菊桜桃藤桐等、植物名を採用した。

上尾国民学校時代

昭和16年3月　教育審議会の答申に基づいて「小学校令」を改正して「国民学校令」が公布された。従来の体操は体練課と改められ、武道が体操と並んで正課になつた。

4月1日小学校令改正に伴い、上尾尋常高等小学校は上尾国民学校と改称、高等科はそのままの名称とし、尋常課は初等科と改められた。

また、満豪開拓義勇軍の募集が強く推進され、続いて少年兵の募集となり、学校教育に戦時色が導入された。18年には、初等科5年以上に通信訓練(手旗信号とモールス信号)が課せられた。

昭和16年12月太平洋戦争が始まると学校教育は一層戦時色を深めていった学校において団体訓練などが行われ必勝の信念がたたきこまれた。

また、食料増産のため勤労奉仕や工場への勤労動員が行われた。本校でも朝の宮城遙拝につぐ合同訓練(体操、建国体操、大日本青年体操、手旗信号、剣道—男、銃剣術—男、薙刀—女)や歩行演習(行進・かけ足)が行われた。

また、16年頃に食料増産のため本町一丁目鈴木竜三の田約二反を借りて神饌田とし、高等科の児童に米を作らせたり、昭和19年には東町一丁目の荒れ畑を開墾し田五畝と畑二反歩程の実習地を作り、高等科の児童にさつまいも・小麦・じゃがいも等を作らせたりした。昭和16年4月内倉健三郎が校長に就任した。

昭和18年3月、木造二階建て六教室一棟が増築され、忠霊塔が奉安殿の南側に建立された。

同年9月、学校に併置され兼務教員で経営されていた上尾青年学校は、青年学校教育の重要性に鑑み上尾原市町二ヶ村学校組合において独立青年学校を設置するため廃止された。

昭和16年から使用された1・2年用の教科書は多色刷りであった。4年用教科書として新しく「郷土の観察」が出され、高等科用には工業教科書が発行された。19年からは資材不足のため色刷りは廃止され、各教科書の表紙は黒一色となり紙質の低下、減ページが行われた。

昭和19年3月「決戦非常処置要項に基く学徒動員実施要項」が閣議決定され、8月に「学徒動員令」が出されると、高等科1・2年の生徒全員が市内の東洋時計工場で勤労するようになり、高等科生徒に対する学校での授業は殆ど行われなかった。

昭和20年3月「決戦教育措置要綱」が閣議決定され、国民学校初等科以外の授業は4月より停止され、学徒動員は強化され、前線に対して日本国内は銃後と呼称された。

戦況が本土決戦の様相を呈すると共に、前線は青壮年男子で支え、本土はすべて主婦と学徒で守備(防空、防火等連合軍の攻撃から守る)と生活(食糧増産、防火、警備、兵士送迎等)を一手に引き受けざるを得なかった。

今の校庭も度重なる敵機(B29機または艦載機等)の爆撃と焼夷弾投下による避難場所として、防空壕が校庭の周囲に築かれた。その数約30(深さ約2メートル、巾2メートル、長さ5メートル位で約一学級分)、防空壕の周囲には食料増産の為、南瓜、甘藷、ひま・芋麻等が栽培された。

上尾小学校時代

昭和20年8月15日　終戦になると一切の軍国主義的、極端な国家主義思想および教育が排除された。すなわち、教科書から軍国主義的部分、銃器、木銃、薙刀、剣道具が削除され、修身・日本歴史および地理の授業が停止された

また、神社参拝、神道関係の祭式儀式の挙行が禁止され、御真影奉安殿、忠霊塔等が除去された。

また教職員全員についてその的確性が審査され不適格者は教壇から追放された。

昭和21年3月に来日した米国教育使節団は、民主的な教育の理念、教育方法、教育制度を明らかにし、新しい学校制度として6・3・3制を勧告した。

昭和22年の教育基本法第一条教育の目的および第二条教育の方針は、同使節団報告書に示されている新しい教育の基本的考え方をのべたものである。22年3月の学校教育法によって、同年4月6・3制の新学制が発足した。

そして、国民学校は小学校となり従来の高等科は廃止されて、3年課程の新制中学校が発足し、ここに9か年の義務教育制度が確立したのである。

小学校の教科は、国語・社会・算数・理科・音楽・図画工作・家庭・体育・および自由研究と定めた。

昭和22年４月　上尾国民学校は上尾小学校となった。同年７月生徒数増加のため校舎１棟７教室が増築された。この校舎は施行上の都合で造作に似ず屋根は銅瓦であったが耐用年数は短かかった。

昭和26年９月２階建て校舎東に６教室が増築された。その後、児童数の増加は著しく30年には２１００人をこえた。

そこで、同年１月第二小学校を作り児童を分校に配置した。

翌年、第二小学校は独立し中央小学校となった。翌年９月給食室が完成し21日より第一回給食が実施された。給食費は一回１３、５円で月額２７０円であった。

昭和33年７月市制施行となり、校名も上尾市立上尾小学校となった。36年７月プールが竣工した。

昭和38年４月富士見小学校が本校の校舎の一部９教室を仮校舎として設立された。

また、学区の一部が変更され、上町、本町は中央小、柏座、谷津、富士見ヶ丘、西宮下の一部は富士見小の学区となった。

昭和39年６月、複式学級(特殊学級)二学級が開設された。

昭和41年４月、加藤定明校長が就任した。

昭和44年３月、明治36年と昭和22年に建設された木造平屋建校舎二棟をとりこわし、鉄筋３階建校舎14教室を改築した。それを記念して学校放送用テレビ26台が購入され、視聴覚教育設備が充実した。同年４月、東小学校の設立とともに原市八番耕地の児童が同校に移った。

昭和45年４月、小林弘校長が就任した。５月に昭和７年に建てかえた木造２階建管理棟がとりこわされ、プレハブ(現在の職員室、校長室、図書室)が設置された。

翌年２月プレハブ７教室を設置し、同年３月、大正15年建設の木造平屋建校舎のうち４教室をとりこわした。

５月には体育館が完成し、それまで旧館３階の打ちぬき教室を使って行われていた卒業式は体育館で出来るようになった。10月には鉄筋３階建て９教室が完成し、プレハブ７教室がとりはらわれた。

青年学校生徒の集団欠席

清水　徹（元校長）

当時は各小学校に青年学校が併設されていた。戦争が激しくなって若い元軍人が村内に居なくなった昭和17年（1942）のこと、担任教師である私に、大谷青年学校の軍事教練を指導するよう校長から命じられた。この軍事教練は小学校の校庭を使用するので、朝早くから始めて、児童が登校する前に終わさねばならないことになっていた。

ある朝のことである。私が学校へ行ってみると、青年学校の生徒が１人も来ていない。確かに教練のある日なのである。不思議に思って調べたところ、次のようなことが分かった。

都合で私が学校を休んだときのことである。私のかわりに校長が教練の指導に出た。校長はその年の４月に着任したばかりで青年学校の様子は何も知らなかったが、私よりは１階級上の退役軍曹で、また自負の強い人であった。教師としても私の上司である。その気安さから、生徒たちに気合いを入れた。

「お前たちの軍事教練は、なっておらん」と。

ところが当時の大谷青年学校は、北足立郡の中でも、鳩ヶ谷青年学校とⅠ位２位を競う優秀な成績といわれていた。この憤怒が集団欠席となったのである。

事情を知った私が、言葉を尽してなだめたが、生徒たちは納まらなかった。

これは、軍事教練が重視されていた当時のことだけに、由々しき大問題であった。その筋に知られようものなら、告諭程度で済むはずはない。しかもその処分は。生徒たちだけで止まるものではなく、当然に校長の生徒管理についても責任を問われるものであった。結局は校長が生徒に謝罪して、内々で落着した。

顧みて

町田　千代子

昭和10年から昭和20年８月15日まで　大谷小学校に奉職した昭和10年には、満州国が作られていた。戦いは広がり昭和12年には支那事変となった。上海、南京……次々と都市が陥落する度に児童と旗行列を行なったのも遠い日の夢。

日の丸の旗を振り振り出征兵士を送ったのもいく度か。戦時体制が強化され国防婦人会、女子青年団の銃後の教育の一端を担う事になり、資源愛護、料理の講習、教練の査閲までうけ国策に協力した。昭和16年国民学校となり、すべて皇国中心の教育となり、一年生を担任した時、兵隊讃美の文や歌を幼い魂にうえつけた。あの子らは今どうしている事やら。武道の教科が課せられ、六年と高等科の女子に薙刀を教えた私。あの気合い、若かったエネルギーが遠くから響いてくる。職員室に神棚が祭られ、素足の児童が二拝二拍手の礼を行ない、陣太鼓のような太鼓の合図で戦時下の授業が始まった。

太平洋戦争になると工場に農家に勤労奉仕、都会育ちの疎開児童の痛々しさが遠くから見えてくる。8月15日大太鼓の側で職員は敗戦の涙を流した。悲しみと不安。

昭和20年から昭和25年まで終戦。戦犯で追放された人。講習をうけて適格審査に合格した人。新しい国が作られて行くのだ。奉安殿がかたづけられ木刀や薙刀も折られた。倉林校長を中心に新教育を求めて毅然と立ちあがった。教育が占領下にあった時環境衛生の模範校となり進駐軍が見えたり、体操の研究を全県下に発表したり、倉林、清水の両先生の熱意と指導力には今さら驚いている。

雑木林・原山

大室　直久

庭先の桜、柘榴、柿の新緑に五月の日差しが柔らかい。午後3時、娘のいれたお茶がうまい。自分はふと原山の自然と自分の人生を回想する。

原山も伐採されて今は日産自動車の工場となった。銀白の楢の若芽、楸紅な楓の梢、淡緑の楪の若芽、その精気に打たれて子供の自分は、原山でひとり鋸っていた。日に輝き無数の小さな手を動かす若芽の森の囁きは、純澄な色彩の音楽だった。原山の赤松の林は一層自分を引きつけた。松の花は健康の匂てきた。

B29の飛来しない静寂な日々も赤松の林の中で、幽かな空中の楽の音は終日止んだことはなかった。

大谷小学校高等科を出て、馬力運送、タクシー会社を経て建材業に転じた。商売は順調だったが生きる充実感が欲しかった。

不惑の年で小林寺拳法武道専門学校へ入った。武は戈を止むること。殺法と活法（整体術）を修めた。カイロプラグテック、オステオパシイと学んで姿勢保健均整専門学校を卒業した。

手当、手技療法は、ヒポクラテスの昔から医療の原点だった。医学の進歩した今でも医療の中心と自分は思っている。苦痛から解放された患者さんの感謝の言葉は、医療の醍醐味である。自分の存在と人生の意義を、自分はそれで確認している。

百周年の記念に際して

諏訪　くに

緑の風にかこまれた武蔵野の大地に位置する大谷小学校が、早や百年を迎えようとすることは、わが母校の誕生から幾星霜を経て多くの諸先輩や、幾多の卒業生の心の糧として成長しながら今日に至ったことを本当に喜びとし、誇りに思う一人でございます。

昭和63年4月現在、8，000人余の卒業生を輩出し、今なお地域開発と共に増員の一途を辿る当校の発展ぶりは、目を見張るばかりか驚きであり、卒業生の一人として何のお役にたてるかをしばし立ち止まって考える今日でございます。

私事、昭和21年3月の卒業でありますが、当時日本がかつて経験したことのない敗戦という時代に小学校6年に在学中であり、下校中、B29型機による襲来の機銃掃射を避け、防空頭布をかぶって空から見えぬ様、林の中をかけめぐった思い出もございます。

歴史の教科書は、行のところどころ墨で塗りつぶされ、それまでに教えられた歴史とチグハグな教えとなり、今もって日本の歴史の記憶に自信がもてない箇所が何ケ所かございます。

小学校5、6年生の記憶は、一生を支配するものであるかのように、当時一点一画きびしく教え込まれた旧制漢字等は、今だに当用漢字になじめない不便さを感じます。

当時の緊張と努力の引き締まった感覚は、今も骨身に泌みて遠い思い出を飾ってくれています。

当時は、体力づくりが特に重要視され、はだしで校庭をかけめぐり、12月8日霜柱の立つ校庭に1時間余の朝礼の講話に立ちつくし、両足しもやけで痛みかゆみの忘れられない日々もありました。教室に入って、太鼓の音で授業が始まると（低学年時はチャリンチャリンという手で振る鐘の音の始業の合図）授業中はシーンとして物音しない空気の中で咳一つせず教えを受けたものでした。時折、窓から入る涼風にホット緊張を和らげ、窓から見える校門の松や桜並木に外見をして叱られた記憶もございます。

然し、今なお脳裡にあたたかく残り、はだしの足に快く感触として残るのは、やはり自然の緑と窓からの風、校庭に出て見る地面の広さと、それを囲むように生い茂った木々の緑であったと思います。

どんなに科学が発達し、やがて世界の中で日本人がトップを走る時代が来ても、やはり自然の中で培かわれた豊かな感性と温情は何ものにも増して優位に立つものと信じます

大谷小学校教師から見た戦争中の学校教育

（座談会から）

一、食料増産と体力増強が2大目標であった。

・まず教師が児童たちに範を示そうと、刈り草に糞尿をかけて堆肥作りをした。

・教師は出勤前に学校の水田に寄って水くれをするなど、率先増産の範を示した。

・小学1年生でも、担任が引率して村内の麦踏みに参加させた。

・戦争末期の昭和19年、20年（1944～1945）ともなると、働き手である多くの男が兵隊や徴用工で出て行ったために、どの農家でも人手に困っていた。そこで学校では児童を農家の手伝いとして働かせたのである。

・また学校では、いなごとり、どんぐり拾い、乾燥芋作りなどを奨励した。食料不足の時代であった。が、どんぐりが食料になったのかどうかは不明。

・しつけが厳しく、小学1年生でも「気を付け」の号令で、毛筋一本動かさなかった。

・運動が重視され、学校の鉄棒はよく使用されて、いつでも光っていた。

・小学生にも、スプリングボードを用いて空中転回を指導した。

・戦争末期には軍隊が大谷小学校にも駐留するようになって、このために教室が足らなくなり、児童の勉強は二部授業になった。それでも、時の校長倉林嘉四郎先生は、毅然とした態度で地道な教育を教師に続けさせていた。

・高等科の生徒は、当時の上尾町にあった軍需工場「東洋時計」と「昭和産業」へ動員されて兵器の生産に従事した。昭和19年（1944）8月から敗戦まで、1年間である。

・空襲警報のサイレンが鳴ると、夜中でも教師は学校へ集まった。そして、翌日の授業は平常に行われた。戦争とは、そういうものであった。

・遠足は全部「歩き」だった。指扇の秋葉神社や川越の喜多院へ行った。

・昭和22年度（1947）の卒業だが、6年生最後の修学旅行には行かなかった。戦後間もなくは交通事情が極度に悪かった上に、保護者の経済力もまだ一般的には好転していなかったので、学校でも修学旅行までは計画できなかったものと思われる。

・1947年、6年生の夏である。農協のトラックで海水浴に行った。トラックはガソリン車ではなく、戦争末期に燃料不足から考案された木炭車だった。

それも公然とトラックに乗れないというので、シートを被せられて行った記憶があるこの時、まだそのころの子どもは、だれも海水着を持っていなかったので、学校で家庭科の時間に先生の指導でシュミーズを拵えて、それで海へ入ったものだった。今、改めて親や先生の気持ちが身に沁みる。

・小学校の卒業式に親は出席しなかった。親が卒業式に出たり、謝辞を述べたりするようになったのは、昭和20年代（1945～1954）も後半になってからである。

・学校で豚汁のご馳走になったことがある。極度の食料難だったので、学校が児童の栄養を考えて実施したものと思われる。当時すでに学校給食の必要は言われていたが、まだ熟していなかった。もちろん当時の学校給食の発想は、児童の栄養補給が第一であった。

・鴨川の土手で馬糧の草刈りをさせられた。

・冬季は1年生でも裸足になって、農家の麦踏みをした。校門を出て、そこにある畑を次から次へと、どこまでも踏んでいった。これは、戦争で人手不足になったので、学校の児童が農家の仕事の手伝いをしたのである。

・高学年の児童は農家の水田へ草取りの手伝いに行った。が、まだイネとヒエを見分けられない小学校の子どもなので、ヒエを残してイネを抜く子も少なくなかった。

・戦争中の米の収穫は、肥料不足と、人手不足による手入れ不足のために、10アールあたり3俵程度だったと聞いている。当時としても、平年の半分に近い減収であった。

・戦争末期（1944－1945）の教科書は、藁半紙のような粗末な紙が使用されていた。

・ズック靴が無くなったので、児童の登下校は裸足だった。

・足袋も無くなったので、家で縫ったものをはいた。

・戦争末期（1944～1945）から、女子は教師も児童もモンペをはくようになった。

・戦争遂行のために、金物類の供出が強制されるようになった。例えば、蚊張（かや）吊り手、金の火鉢、金のたらい、貴金属類、寺の鐘など。

・また、大きな木も供出させられた。例えば、裏山の杉など。

・児童たちは常に防空頭巾を携行し、また飲み水を入れた瓶を持って登下校していた。

・空襲の警戒警報が発令されると、児童たちは各部落ごとに集合して、担当教師が付添い、自宅方向へ走って逃げた。地頭方の児童は、原山（深い山林）まで懸命に走って逃げた。そのとき教師は、足の鈍い小さな子どもを背負って逃げた。

・校舎は木造平家の2棟で、さらに北側に2教室分くらいの畳の部屋があった。普通これを第3校舎と呼んでいた。この第3校舎で毎月の朗読会が行われていた。

・学校の裏、というよりは校地の北東隅に教員住宅があった。たいがい校長先生が住んでいた。

二、昭和20年代前半（千九四五～千九四九年）ごろの子どもの遊び

・この当時は、まだ子どもの「天神講」が行われていた。部落のなかのある家に、その部落の子どもが集まって、食べたり遊んだりする楽しい催しだった。

男の子の場合、昼間は少し遠くへ出かけたり、夜は度胸試しなどをして楽しんだ。敗戦後の食料不足で、さつま芋などが食事に出るようになったが、それでも天神講は行われていた。

この天神講が全く行われなくなったのは、昭和23年（1948）ごろからではなかったか。これの理由としては食料事情の極度な悪化もあるが、また日本占領軍総司令部（ＧＨＱ）による宗教教育禁止や、敗戦による国民の宗教離れも考えられる。

・子どもの学校での遊びは、およそ次のようなものであった。男は、ドッジボール、けっとばしボール、かくれんぼ、陣取り、鬼ごっこ等。女は、おはじき、お手玉、ゴム跳び、かくれんぼ、陣取り、鬼ごっこ等。

・下校後の子どもの遊びは、上記のほかに次のようなものがあった。男は、にっくい、竹とんぼ、こま回し、紙鉄砲、竹馬など。女は、下校後も学校も、さして変わりがなかった。

三、遊びと村の行事

夏は学校が終わると私たち女の子も、よく鴨川の焼橋まで遊びに出かけたものだった。当時の焼橋は大きな丸太を半割にして、それを2本並べて渡しただけのものだった。

その橋の下が水遊びの場所だった。今ほど川幅は広くなかったが、水は透き通っていて、たくさんのメダカの群れや、川底に生息するシジミなどの発見も容易であった。私たちや小さな子は、水の浅い所でメダカ取りやシジミ取りに興じ、男のこは、腰まで入る深みで泳いでいた。

川遊びに飽きると、田んぼを越えて奈良瀬戸の氷川様まで行き、その庭で縄飛びなどをして遊んだものだった。

春には獅子舞行事があった。悪魔除けの行事と言い伝えられている。獅子の長い尾に子どもたちが群がって村中を練り歩くのだが、それは楽しいものだった。長い時間練り歩いたあと、鎮守様に上げられたご馳走を頂くことが何より嬉しかった。指扇の秋葉神社の大祭は、大谷の小学校も午後から休校になって、私たち子どもも友だちと誘い合って、4キロメートルからの道のりを歩いて行った。その日の道は、すべて秋葉神社を往来する人たちで賑わっていたので、道を知らない子どもでも迷うことはなかった。屋台店がぎっしり並ぶ間を潜るように歩きながら、この時ばかりは小遣いを遠慮なく使ったりもした。

7月中旬には、祇園祭りがあった。汗まみれで、みこしを担ぐ姿は勇壮だった。1軒1軒回りながら練り歩いて、当時の大谷本郷75軒ほどを担ぎ終るころには夜が明けていた。この日の雰囲気を盛り上げたのは、みこしの外に山車（だし）があった。山車は造花で飾りつくされていた。その山車の上では囃子太鼓（はやしだいこ）が威勢よく鳴っていた。その山車を、まだ仕立下ろしたばかりの浴衣（ゆかた）を着た大勢の人たちが、ゆっくりと村中を曳き回すのである。まさに村中は、みこしを揉む掛け声と、囃子太鼓の渦になるのだった。

8月の七夕祭りには、鴨川からマクモを刈り取ってきて、雌雄2つの馬を作り、軒端の竿の上に飾り、子どもの着物を掛けたものだ。この日は、いつもよりは早く起きて里芋畑へ飛んで行き、里芋の大きな葉に溜っている夜露を集めて持ち帰り、その水をすずりですって「天の川」と短冊に書いて竹笹の枝に吊して、家の軒に飾った。またこの日は、必ず小麦粉の饅頭を食べたものだが、今でも忘れられない美味であった。

夏休みには「天神講」があった。子どもたちが宿になる家に米を持ち寄って、ご馳走になる習慣だった。昼ご飯を食べ終ると、西宮下の天神様へお参りに行くのがしきたりだった。鴨川の揺木橋（ゆるぎばし）を渡って田んぼを越えると、すぐ駄菓子屋があって、甘酒、おでん、鉄砲玉（飴玉）などを売っていた。私たちはそこに立ち寄って、親から貰ってきた3銭か5銭の小遣いを使うのが楽しみであった。

10月10日は十日夜（とうかんや）である。子どもたちは、稲藁のなかに里芋の茎を心として入れて、これを縄でびっちり巻いて、長さ1メートル半ほどの棒状にして、土の上を叩いた。これを藁鉄砲と言っていた。その音は寒い星空に響き渡った。「とうかんや、とうかんや、とうかんやの、ぼたもちは、なまでもいいから、もっといで」こんな大きな声で叫びながら、藁鉄砲を土に打ちつけた。これはちょうど大根の収穫時期に当たっているので、ネズミの害を防ぐためだと聞かされた。

四、教師から見た大谷村

・人情のこまやかな村であった。例えば、昭和20年1月、大谷小学校の教頭だった清水徹先生の家が全焼したとき、村議会や区長会が急遽召集され協議の結果、全村挙げてお見舞いすることになり、即刻届けられた。
・児童の家の経済状態は、貧富の差が少なかった。
・全村が穏やかで、よくまとまっていて、教師にとって勤めやすい村だった。
・教育への関心が高かった。例えば、当時、まだ他校になかった体育施設として、スプリングボードなど先進的なものが使用されていた。
・上級学校への進学率は他町村に比べて、やや低かったように思える。

五、教師から見た大谷村の子ども

・柔順で温和だった。
・勤勉で忍耐力があった。
・身長は他校に比して低かったが、懸垂力は優れていた。投げる力はやや劣っていた

思い出すままに

昭和14年高等科卒　秋山　公雄

私が母校平方小学校を巣立ったのは、昭和16年春、当時も卒業式は3月29日だった。中国大陸では戦火がますます拡大し、世はまさに軍需景気に湧いていた。したがって、私達高等科卒業生は、さしたる苦労もなく、そのほとんどが軍需工場に就職していった。

喜び勇んで。しかしながら。この喜びがやがて第二次大戦の苦しみに変っていこうとは、神ならぬ身の知るよしもなかった。昭和10年代も半ばを過ぎると、わが平方小学校にも戦雲のかげりが出はじめた。出征兵士留守宅の勤労奉仕、食糧増産のための堤外開墾、軍馬のための干草作り、それらはつらく苦しい作業であったが、私達は頑張った。　炭焼きなどは土曜日も日曜日もない、休み返上で煙の色窯の異常を見守った。あの時焼いた炭の材料は、校庭の南端に茂っていた桜の枝だっけ。東校舎裏の樫の枝も焼いたっけ。今なつかしの母校に立って往時をしのんでも、残念ながら昔を思い出させてくれるものは極めて乏しい。桜の老木も代がわりしたようだ。ましてや樫の老木なぞ見当りもしない。ただ幼稚園の園舎だけが昔をしのばせてくれる。年移り世変わりて30余年、わが母校かくも変わりしかと、感慨久しくするのも、私だけとは言えないであろう。

上尾桶川11ヶ町村運動会、同ドッチボール大会、いずれもわが平方小学校は優秀な成績を収めていた。したがって当時の私達にとって、この選手に選ばれるということは、このうえない名誉なことであった。ところが、生来運動神経の鈍い私は、なかなかこの選手に選ばれなかった。華々しく練習に励む同級の選手たちを、私は北校舎の壁にもたれて、せん望のまなこで眺めていた。そんな幼き日の思い出は、いまもなおあざやかによみがえってくる。対校競技。それは運動だけではなかった。展覧会、作文コンクールなど、文代的行事でも、はなやかであった。私なども、この行事は二三度お世話になった。しかしながらその主流は　何と言っても運動面で、はなやかな運動選手に比べると、私の実績などは甚だ見劣りするものであったに違いない。

校地のこと、校舎のこと、そして、恩師のこと、幼なじみのこと、回想は新しいものから古いものへとさかのぼる。思い出は車窓の遠出に似て、ゆっくりゆっくり、私の目の前をよぎって行く。いずれもいずれも、幼き日のなつかしい思い出である。そして、この思い出の一こま一こまは、わが母校平方小学校の創立１１０周年を迎えて、私の胸に、ことさら鮮明度を増すのである。

私は、最後に、このことばをおくって筆を置く。幼き日の思い出にひたりながら――。平方小学校創立１１０周年おめでとう。平方小学校万才。

（平方東小学校長）

薄れ行く記憶をたどって

昭和7年　永島　道二

この原稿の依頼を受けて、翌日頭に浮かんだことを書いてみようと思ったのですが、なにしろ46年前のことですので、断片的な記憶のまま・・・昭和11年4月、北足立郡平方尋常高等小学校に入学。2学級編成で1年2年の担任は、女教師の金子先生（下宿東谷）3年生の担任、岡田孝次郎先生（平方貝塚）4年生からは、現在も神主として、八枝神社、橘神社でご活躍しておられる福田正二郎先生であった。当時の平方小常校の校地、並びに生徒数は現在と違って、記憶は定かでないが、各学年2学級平行として、小学部が12学級ぐらいではないかと思う。6年生から、旧中学校へ進学した生徒は、1クラス2～3名ぐらいでした。又校舎も現在の鉄筋校舎と違って、全部木造校舎であって、現在の幼稚園で使用しているところに、2階建校舎があって高等科の生徒が使用。引き続き県道に添って平屋校舎が一棟、プールのところには東校舎があって、特に低学年が使用した。汚水浄化槽のところには下庭があり、炭焼き小屋等懐しい思い出が脳裏に写ります。校地の南側の境界線は、下庭は、別として、汚水浄化槽より現在の西側校門入口に添って、桜の木の土手が築かれており、北側校舎と桜の木の間が広い校庭として、東西にグランドがあった。運動会では、桜の木の下に参観する父兄が陣取り、在校生は西側と北側の本部テントの両側で、学年別に応援した。従って校地も現在の半分ぐらいかと思います。

小学校時代の印象で、強く残っているものの一つとして、服装と通学である。今も昔も変らないのが、近所の上級生と一緒に通学することです。服装は粗末なズボンにシヤツを着て、冬は寒いので上衣は筒袖着物を着る。足は足袋で下駄をはき、肩掛けカバンを持ち、近所の上級生の家に早く行くことです。遅い者は罰としてみんなのカバンを学校まで持たされる。又早く行く理由の一つとして、焚き火をしながら体を暖めることです。また焚火で焼いた石を匂みふところに入れて、体を暖めることです。当時は今とちがって教室にストーブ等一切ありませんので、これが楽しみで、どうしたら長く暖かさを持続させるか自慢したものです。

小学校の先生方の思い出は、朝のラジオ体操です。若い鼻筋のとおった好男子の石川光治先生（元平方小校長）が朝礼台に上り、柔かい体で見本を示し、朝礼台の両側にロングスカートの女教師、渡辺先生（現石川先生の奥さん）野原三和先生（大谷）浅見先生（川越）川目先生（川越）山口先生（平方）等が一列横隊に並んで、一生懸命体操した姿が今でも印象に残っております。又当時は軍事下のためか、食糧増産としての作業が高学年に多かったような気がしました。農業の先生として、永島章先生（下宿）に稲の草取り、西川幸之助先生（元太平中校長）に炭焼きを教わった記憶もあります。

思い出の中に勉強のことがないのは、テレビ放映で欽ちゃんどこまでやるので、良い子、悪い子、普通の子でいえば、悪い子だったんでしょう。悪戯や、友達との喧嘩等で叱られたことは今でも忘却しておりません。恩師はありがたいもの。人生の羅針盤として教訓を生かし生活しております。終りに平方小学校の益々のご発展をお祈りいたします。

戦時下の小学校生活

昭和18年卒　小川　和夫

平方小学校創立１１０周年記念誌の発刊誠におめでとうございます。記念誌の発刊に当りましては、ＰＴＡの役員さんを始め関係者の方々の御苦労は大変なことと御推察申し上げますより感謝と敬意を表します。はからずもＰＴＡの会長さんより記念誌の原稿の依頼がありましたので、私の小学校時代の学校生活を思いつくままに書いて見たいと思います。

私が平方小学校に入学したのは、昭和12年4月、戦雲急をつげ日本が大きな戦争に突入した年であります。それでも1年生2年生の頃はまだおだやかな学校生活ができたように記憶しています。当時は出征される兵隊さんを全校生徒が日の丸の小旗を打ち振ってお送り致しました。

3年生になった頃から、だんだん出征兵士を送る回数が多くなってきました。そして、食糧を始め衣類その他もろもろの物資が急激に不足してまいりました。4年生の頃から暖かくなると素足で学校に行きました。又農繁期になると人手不足の農家の手伝いに行ったり、当時平方小学校では荒川の河川敷を開墾して現在のみたけ下に報国農場、ゴルフハウスの向い側の少し北よりに日の丸農場を持っておりましたので、午後はほとんど農作業に従事しました。

農場の開墾の時は、満蒙開拓団の志願者のうち原訓練所の生徒が力強い応援をしてくれたのを、今でもはっきり覚えています。又当時春は桑の皮をむいて繊維の原料にしたり、秋になると樫の木の実をひろって集めたりみな小学校の仕事でした。6年生の頃現在の運動場の拡張が始まり、西側の高い土を東側の低い所へ運んだのですが、現在のようにブルドーザーのような機械などありませんので、私達はモッコでずい分運びました。

昭和16年5年生の時平方尋常高等小学校が平方国民学校に改名されまして、通信簿の成績表も甲乙丙丁から優良可と改訂されました。そして、教育内容も軍事色一色となり高学年の生徒には、軍事教練も正式に取入れ男子生徒は銃剣術、女生徒はなぎなたの稽古もいたしました。その頃から海軍予科練習生、陸軍少年飛行兵、少年戦車兵、航空局航空機乗員養成所等の少年志願兵の、大々的な募集が行われるようになり当時の少年の憧れの的でもありました。当然の事ながら平方小学校からも志願する生徒も出るようになり、何人かは厳しい試験に合格し出征して行き再び帰らぬ人もいます。

私も昭和19年4月航空機乗員養成所の試験に合格し親の反対を押し切って、20年8月15日の終戦の日迄約1年4ヶ月厳しい軍隊生活を体験してまいりました。そして平方で最年小の軍隊体験者となっていました。

今、静かに平方小学校１１０周年の歴史の中で、最も苛酷な小学校生活を送った者の1人として当時の状況は、とうてい筆舌に尽しがたいものがあります。そして教育の恐しさを痛切に感じる者であります。教育の内容によっては、わずか12才13才の子供でも死地に赴く志願もするようになるという事であります。

今は再び過誤を繰り返すことなく子々孫々にいたるまで、自由で正しい教育が行われますよう、心から祈ります。

おもいで

昭和18年卒　関口　雇夫

私が平方小学校に入学したのが、昭和12年4月である。間もなく、7月に蘆溝橋で日中両軍の衝突があり、やがて日中の全面戦争に、当時大東亜戦争、現在では太平洋戦争と云われる世界大戦への引き金となった。当時、洋服の子供は少なく、着物の子供が多かった。戦後しばらく姿を消し、最近上尾東部地区で集団発生したカゼカゼ、及び蚤と同居していた。その頃子供が多く現在と異って貧富の差が烈しく食えないと云う深刻なもので、働くに職なく貧乏人は杏さえ食えないような生活状態であった。現在、当時の建物で残っているのが平方幼稚園のみ、現在の主運動場も5、6年生頃、もっこで土運びをした記憶がある。

昭和16年12月米英等と全面戦争に入り、店から飴、菓子類および煎餅は間もなく姿を消してしまった。生活も衣・食を中心に除々であるが確実に苦しくなってきた。配給された中でも「いばらき」と云う幾ら焼いても煮てもごりごりのさつまいもと、さつまに塩を混ぜた味その味は忘れられない。祈詮代用食の時代である。農家が比較的よく生活程度は完全に貧富の差をなくしてしまった。「鬼畜米英」「撃ちてし止まん」「欲しがりません勝つまでは」等の標語が横行した時代である。魚は腐りかかった鯖が年に2、3回、米の配給も次第に少なくなり、遂に殆ど配給されなくなってしまった。しかし、当時の子供たちは、勉強はしなかったが運動だけはよくやったと思う。相撲、ペッタコマ回し、よつり魚掬、かいどり、木登り、栗取り、荒川の水浴、しじみ取り等。栗は自宅にあるにも拘らず他人の栗を盗み取りに行き、何メートル位の高さの栗の木から飛び下りて逃げたとか、どこそこの親父は恐いと聞くとわざわざ出掛けて行って追い掛けられたが、うまく逃げたのは、入学1、2年前だったと思います。親に絶対荒川に行っては駄目と厳命されているのだが、水の誘惑には抗し難く人に隠れて、こそこそとよく川に行きました。家に帰って知らん顔して居るのだが、必ず見付かり「川に行ったろう」と言われ「行かない」と頑張るのだが無駄な抵抗でした。後で母に聞いた所、先づ顔色で見当をつけ確定診断は踵から落ちる砂との事でした。当時は縦の繋がりがあり、上級生には河童も多く大勢群がって居る所では犠牲者は皆無でした。しかし1回や2回沈んで水を飲んだ位では誰も助けてくれませんでした。形の巧拙はとにかく、実用的水泳の上達は目覚ましかったと思います。

5年生から男女別に組換えとなり、この年からドイツの「ポルクス、シューレ」を直訳して国民学校と改称されたと記憶している。質実剛建の気風と衣類の不足と相俟って寒中も半ズボンで殆んど足袋なしで過しました。

校医に委嘱されたのが昭和38年4月、来年で20年になる。その間、長男、次男、長女とお世話になり今年で長女も小学校を卒業し、淋しくなってしまった。学校でいつも感ずる事だが校庭を全力で走る子供達を見ないことである。少数の例外を除き運動量は全般的にかなり減少しているのではないだろうか。食糧は豊富過ぎて却って偏食、昔と反対に親が子供に食べてもらう時代になったので好きなものばかり食べ過ぎ、当然の結果として素質ある子は肥満児になり栄養のアンバランスに落ち込む。当時の子供達は栄養失調で空腹、従って何でも食べた。栄養をとって運動しないよりも栄養不足でも充分な運動をした方が健康的であると思う時代である。

戦時下の学童時代

昭和22年卒　永島　稔夫

創立110周年を迎え、ここに平方小学校の記念誌を発刊するに至りましたことは、誠に意義深いものとお祝い申し上げます。その上、映えある記念誌のページに拙筆を掲載していただくことに、併せて御礼申し上げる次第であります。

一般に「かめの甲より年の功」と言われますが、まさに私共も半世紀近い年月だけは経てきたわけで、それに単に、木の葉のごとく、変革の激しかった浮世の波間に浮きつ沈みつ、現在に至っているというのが時間である。

さて、そうは申しても、何を書くのやら困惑の至りですが、往時の小学校時代を思いながら、書き進めてみたい。

顧みれば、私共が入学したのは戦時気分の旺溢した昭和16年で、その名称も児童の志気を意図してか、国民学校と呼んでおり、神国？の意気さかんな時代だったように思う。これらは既に皆さんもご存じのことですが、大戦に至るまでの過程では、関係国の間にさまざまの駆け引きがあったようで、それらの努力が遂に水泡となり、連合国を相手に真珠湾への攻撃が敢行され、同時に東南アジア方面への転進が開始されたのも、就学間もないこの年の暮れであった。

ところが、年少過ぎたせいか、開戦時におけるショックはさほど感じなかったし、より以上に大人たちから刻々と伝えられる戦果の報に子どもながら歓喜興奮したことをおぼろげながら記憶している。

しかし、戦捷のニュースもほんの初期のみで、補給線の延び切った戦捷は18年頃を転機に後退し、それに伴って、海外輸送も途絶えがちとなり、物資は日一日と窮乏していったようであります。中でも、食料は完全な統制がひかれ、自給を充たすために、増産施策が広く実行された。小学生なども例外にもれず、河川敷を開墾したり、校庭の一部を作付けにあてたり、町内農家への手助など、来る日も来る日も農作業の連続で、取り入れの時期が何ともうらめしかった。

一方、教科の方に目を向けても、使用する教科書は先輩諸兄のものを拝借したり、数人で共用したりで、とんと捗らなかったように思われる。さらに、校内施設も同様で、軍隊の駐屯も影響してか、教室は絶対数が不足し、スシ詰めで一緒に学習できるならまだしも、時には二部授業（午前と午後の二部制）、また、裸足など日常の風影であった。

小学校時代の想い出

昭和26年卒　三ツ木　孝夫

小学校の思い出となると今から30年前、記憶に残っていることとなると数少ないが、何といっても小学校へ入学した年が終戦の年であったこと。これは幸か不幸か私達が学校での戦争体験の最後である。

戦争と言っても戦時中のことはあまり記憶にないが、警戒警報で授業の途中で下校になったことが何度かあった。そのうちで、ただ一度だけ何人かで下校途中の馬蹄寺の参門のところで、戦闘機から打つ機関銃の音が聞こえ、防空頭布をかぶってしゃがみ込んだことまでは覚えているが、その後どうしたかは全く覚えていない。

また、馬草である芝を刈って乾燥して学校へ持っていったこと。東京大空襲で南の空が真赤だったこと。Ｂ29が赤とんぼより小さく空を飛び、その後を飛行雲が白く尾を引いていたことぐらいが、学校と言うより戦争の記憶として残っている。

その後のことについては、時期ははっきりしないが、戦後の3、4年間は、衣・食、その他全てが不自由な時代であった。教科書も、兄や姉のお古を使ったり、先輩のものを借りて使いそれを又下の人に貸与えるのがあたりまえだった。

また学校でいろいろなものが配給になったが、これも5人ぐらいづつ順番であり、私がやっともらった粗末なズック靴も右左の大きさが少し違っていたことは今も忘れない。学校への通学も、5年生ぐらいまで夏は裸足だった。冬は足袋をはき駒下駄だったが、雪の日などは下駄の歯に雪が積り、落しても、またつもって何度も転びそうになり、途中から素足になりかけ足で行ったこともあった。

私達が2年生の時まで小学6年生の上に高等1年、高等2年とあり8年制だった。今と同じように通学班があり2列に並んで行った。そして、今の正門を入った中庭のところに二宮金二郎の石像があり、一列横隊に並んで最敬礼してから教室に入ったことを覚えている。

また、茶の実やどんぐりを、拾ったり、ヒマの実をとって学校に持っていった。またはえ取り競争があり、何百匹もとって学校に持っていき多く持っていた人には賞品をくれた時代だった。

私の小学校時代

昭和28年卒　市川　友一

私の平方小学校時代の思い出としては、今とは大変環境の違っていた低学年時代の事が鮮明に残っている。それは昭和22年頃の入学であり戦後の物不足の時代であったからかもしれない。通学も夏は上半身裸に近く素足、冬は足袋を履き下駄で通ったものである。又クラスで何名かは、母親の手づくりの着物を着用していた生徒もいた。

勿論スリッパ等はなく教室や廊下が素足や足袋であり逐次早めに席順を交替していた。教科書・帳面も紙質が悪くすぐ破れ鉛筆も折れやすいものが殆どであった。物不足であり学校でシャツ・ズボン・ズック等の販売が時々であったが各クラスで2～3点であり希望者が多く、くじびきやジャンケンで購入者を決定したものである。

今の子供達には全く想像できない状況であった。戦後であり衛生面についても、現在とは比較できないほど悪く、女生徒は長髪の為、シラミ・ノミ等の発生防止としてＤＤＴなる薬品を頭から散布され、髪を白くし且つ薬品の匂いの充満した教室で勉強したことを憶えている。しかし楽しいこともたくさんあった。体育の時間に近所の田へ〝イナゴ〟獲りに行った事もある。竹の筒に袋をつけ先生が自宅に持帰り料理してくれ、翌日の弁当の時間に皆で分け合って食べたものだ。

学芸会もあった。1年は〝春を呼んで〟2年は〝かちかち山〟だったと思う。その後は思い出せない。

修学旅行は1年秋葉神社、2年大宮公園、3年川崎へ潮干狩り、4年上野動物園、5年高尾山、6年伊香保1泊旅行であった。4年の川崎へ行った時は確か持参できた小銭は、50円であったと思う。なぜ憶えているかと云うと全部使ってしまったので、祖父に叱られたことがあるからだ。

特に6年の1泊旅行は懐かしい。宿泊費用の他に各人が決められた量のお米を、袋に入れて持参したのだ。宿の番頭さんが汗を流しながら私達のお米を大きな箱に移していたのを、良く憶えている。そして伊香保の町から泰名山の麓までは、道路もできていなかったので、何時間か歩いて登ったと思う。その当時私の担任の先生方は1、2年水野（旧大谷村）3年松本（旧平方町）4、5年榎本（旧大石村）6年永島（旧平方町。現教頭）であり、その他憶えているのが、奥隅（旧上尾町）町田教頭（旧平方町）理科担当が新木先生（旧平方町、現校長）方がいらした。

つまり昔は先生方は近くの方が多く現在のように車やバスでなく自転車や歩きの方が多かった。勿論その当時自家用車に乗れる人は誰もいなかった。当時を思い出すといろいろあるが、小学校の校舎、校庭も昔とすっかり変わってきている。しかし一つ昔から変らず平方小学校を象徴しているものがある。それは春にきれいな花で満開となる桜の木である。これからも多くの卒業生がこの桜の木を見て母校を懐かしめるよういつまでも咲きつづけてもらいたいものである。

最後に平方小学校のご存栄を祈願すると共に、記念行事の成功をお祈り申し上げます。尚、今回平方小学校時代を懐かしく思い出させる機会を与えていただきました役員皆様方に深く感謝致します。

私の小学校時代

昭和24年卒　皆川　富夫

30幾年もすぎた小学時代の想い出を呼び戻そうと写真その他、何か資料をと眺めてみたが、戦後の貧困窮めた時代の事とてつぎはぎの多いズボンを身につけている写真などで、それすら満足なものがなく最近特に健忘いちじるしい我が頭では、遠い記憶すら薄らいでしまっている。

私が小学の2～3年の頃には、先ず想い出す事は男の先生に比べて女の先生が非常に多かった。又その女の先生が一番恐かった。長い竹の棒をいつも黒板の端にたてかけて置き、私達を威嚇していた。

私達の一番の喜びの筈のおべんとうにしても、米と麦の半々のごはんは、上等の方で、おかずとして梅干し一つに目刺の二匹も入っていると最高のもので、それ以上のものは先生に、注意されたものでした。

たしか5年生から給食制度が導入されたような記憶だが、それとて喰物でなくミルクをカツプに一杯づつだったか、おべんとうプラスミルクという育ち盛りの私達には、ミルクなど赤ん坊か病人きり口に入らなかった時代最高にうれしかったものでした。

又私達の時代は勉強をする事よりも食べる事、あそぶ事の連日であり先生も親も同じで勉強をあまり強要しなかった。男女を問わず桜の花咲く時期からは不足している運動靴を履かないで素足での登下校だった。雨の日の休み時間は女の子が主役になり、お手玉で（私はナッコ）と呼んだもので、オヒトオフタと仲間に入れてもらって仲良くあそんだものだった。

6年生になった或る自由時間の事だったが、今で云うクイズ番組と同じ内容の当時二十の扉というラジオ番組があり先生を交じえて男女に別れて問題を出し解答し合う時間があった。

井の内の蛙の蛙　痩蛙負けるなの痩蛙とか　蛇ににらまれた蛙　鐘の前の蝦蟇という様に結構内容のある出題もあり二十答え終る迄には、ピタリ賞あり流れありと楽しく遊んだものでしたが中には紙上で紹介出来ない様な　先生（女性）の○○○○という様な愚問を平気で出題する奴もいたが、そういう奴が世の中で出世しているのも面白い。

嬉しかった事、苦しかった事、想い出は山程ある筈ですがどうも簡単に想い出せません。今では娘も中学を迎えているし息子も小学高学年になってお世話になって居りますが、今後も平方小学校がますます発展して家族と一心同体の楽しい学校でありますように、どうか宜しくお願い申し上げます。

入学時をふりかえって

昭和27年卒　高井　晶

上尾市立平方小学校が、本年度で110周年を迎え記念誌を発刊することは、意義深く心より御祝申し上げます。今まで脈々と流れてきた平方小学校・ＰＴＡの伝統を歴代会長から引きつがれ本年110周年記念事業を挙行する永島会長を初めとし、役員、会員の方々、先生方、関係各位の方々には、大変に御苦労様です。私共姉妹校としても大変に、うれしく敬意を表する次第です。

平方は上尾市西方に位置し、荒川が流れ、丸山公園等が有り、環境がとても良い所です。昔、江戸時代には荒川の水路を利用し、江戸に行ききしたので、味噌・醤油屋の蔵屋敷が並ぶ、とても古い町です。又由緒有る神社・仏閣も有り、特に八枝神社の、おみこしの中でも、泥いんきょは、農家の庭先で、水と泥で、おみこしをもみ最後に荒川に入る勇壮な祭りです。

私が強制疎開により、古式、豊な平方に来たのは、昭和二十年終戦の年でした。地元の人達は、私達を、あたたかく迎え入れ、一緒になってお祭りや地区の活動に励んだものです。やがて、桜の花が満開の平方小学校に入学し、平方全体の人と知り合いになったのですが、私と同じ、疎開組も何人もいましたが、皆んな一緒になって勉強し遊びに夢中になったものです。あの頃は、松組と竹組の二組だけで一年から六年まで組替なしでしたので、今でも一人一人の顔が、なつかしく思い浮かべられます。そして卒業。木造の校舎の教室を三ッ位抜いて講堂とし、おごそかに、行なわれました。始めて歌った「仰げば尊し」は。まだ昨日のようです。六年間、色々とお世話になった先生方の、ご恩に深く感謝しています。「少年老易く学成・りがたし、一寸の光陰かろんずべからず・・・」と言われたのは中国の著名な故人です。私達も卒業して早三十年が過ぎましたが、いつも一寸の光陰を大切に、有意義に、過ごしたいと思います。最後に平方小学校の増々の御発展と、皆様方の御健勝を、お祈り申し上げます。

小学校5年の思い出

昭和29年卒　伊藤　さち子

私が平方小学校に入学したのは昭和23年、敗戦による荒廃からわずかに落ちつきを取り戻した頃でした。戦禍をのがれて都会から疎開してきた人も平方の人も、衣食住すべてに貧しくて、生きていくだけで精いっぱいという状態でした。しかし将来への希望は各人様々に大きく持ち合せておりました。このような世の中にあって、つつましやかな、たたずまいの校舎と、桜の巨木に囲まれた広い運動場が私の思い出す平方小学校です。

2、3年前に同窓会が催され、30年ぶりに当時の担任の先生に、お目にかかりました。学校を出て始めて教職に着かれたのが、平方小学校であったため特に印象は深く思い出は、つきませんでした種々な話の中で、昭和23年に学校教育法が施行され新学制の6・3制になったばかりなので立派な小学校にしようと、校長先生を中心に毎日遅くまで勉強会を開き、その情熱は授業にまで、向けられたとの事、あの時は本当に自分のための勉強とその実施の繰り返しだったといろいろお聞きし大変感激しました。初めてのクラス替が五年生に進級する時にありました。今の子供達のように一年おきに定期的に行われるのと違い私達には考えられなかった位ですからびっくりし又、大事件でもありました。いざ新しいクラスで着席し、担任の先生を迎えて五年松組がスタートして見ると少し前迄の不安と緊張は消えて極く自然にもとのままの様にまとまっていてとても嬉しかった事を、覚えております。この事が契機になったのか、偶然で成長のひとつの節だったのかわかりませんがそれまでになかった気概をもって学校生活を送ろうと思うようになりました。勉強と遊びの時間を意識して区別し生活にリズムを持ったのです。行動範囲は、大きく広がり仲良しの友達に限ぎられてはおりましたが、グループ活動も活発になり、友達意識も互いに芽ばえ育ったものもこの時からでした この年の冬休み日頃何かと同一行動をとっていたグループの８人が先生のお宅に遊びに行った時のことです。清河寺のバス停から５分程歩いた所に、古い大きな農家の家を借りて住んでおられました。やさしいお母様と先生は、ていねいな、あいさつを全員にされ私達をひとりの大人として扱ってくださったのです。心のこもったお食事と楽しいグームや、お話し等で一日の終りは近づき先生はバス停まで送って下さいました。時刻表の時間をはるかに過ぎてもバスは来ず、

寒さを忘れる為に足ぶみをしたり、手に息をかけて暖ためたり、そんな寒さなのに皆の心の中は暖たかく自然と顔と顔が合えば笑顔になってしまうのです。はしゃいでいる私達には先生がリヤカーを借りに行った事など全然、気がつきませんでした。自転車の後にリヤカーをくっけて、こちらに向かって来るのです。私達は歓声をあげながら走り寄ると「女の子は乗って、男の子は後おししながら走る」と、おっしゃり、女子は乗って座りました。加速がつくと夜風はほほをつきさすような感じでしたが、走っている二人と先生を気づかいながら小学校の前まで乗せてもらったのでした。先生の誠実なお人柄、冷めたくまでに澄んだ星座、そして始めて味わった友情、この日を生涯、忘れることは、ないでしょう。次の学年は、もち上りで進級、最終学年ということで、いろいろな面で期待しましたが、事々く裏切られてしまったのです。何があったのか、思い出すら失なってしまいましたが、不思議なことには、年月を終るにしたがって、５年と６年の違いの原因が、どの辺にあったのか、鮮やかにわかってくるのです。私も人生の折り返し点に達し今までのように、ひた走ることは、ないでしょう。小学校時代の思い出を心のオアシスに、時折ふり返り思っています。文章力の、なさを忘れてうっかり、お引受けしてしまい、ペンは進まず苦しみましたが、何んとか、終りました。平方小学校の益々のご活躍を心からお祈り致します。

木造平屋建校舎のことども

昭和十六年尋常科卒　野口　啓治

開校百周年の輝しい年を迎え、卒業生として心からお喜び申し上げます。

静かに振り返ると、あの時分の木造校舎の姿が彷彿と浮んで参ります。南側と西側に設けられた石柱の門に「大石尋常高等小学校」と掲げられた門札。平屋建ての長い四棟の校舎を結ぶ渡り廊下、歩くと、カタカタと音をたてたこと。その廊下に、始業終業を告げる鐘があって、それを鳴らす小使いさんがいたこと。長い年輪を重ねた大きな楠、校庭の南と北には太い赤松の老木。広い校庭が校舎の南側にあり、中庭が二ヶ所。いづれも砂が敷かれていた。それらの周囲を低い土手で囲って、生垣を植え境界をめぐらしていたこと。西門の前の、「新見世」といって文房具や駄菓子を売っていたお店等、様々な憧景が今も甦って参ります。

私は昭和十年の入学ですから、開校五十年代の生徒であります。六年間の数々の思い出は、生涯忘れることは出来ません。

明治五年八月二日学制を公布。「邑に不学の戸なく家に不学の人なからしめ」と、国民教育に本腰を入れ教育制度を確立した。維新後の明治の先人達の優れた力によって、築かれた母校の百年を顧みる時、何回かの戦中戦後の厳しい試錬を受け、激しい時代の流れを体験しながら、学校への並々ならぬご尽力とご支援の足跡が、文字通り一世紀にわたって今日の本校を育てて下さったと思います。装いも新たに鉄筋の立派な学校に変貌し、今や往時を偲ぶものはなくなりましたが、百周年を一つの節目として、二十一世紀に向けて大きく発展することを祈ります。

点描反省記

昭和十七年初等科卒　丸山　久蔵

五十年の歳月は、かすかな記憶の糸をたぐりつつも、淡い幻影に見えかくれして浮彫りの映像を見出す事の困難をまざまざと知らされます。それは詮方ない事でありましょう。

私達が大石尋常高等小学校の第一学年に入学致しましたのが昭和十一年四月でありましたから・・・。それから半世紀、自分ではほぼ正常な児童と疑う事のない学校生活であったと信じておりましたのに、同級会の度毎に繰り返し、友人達から念押しされまして、慢性記憶ボケを整理しますと、最近巷間を騒がせます「イジメ」っ子、且つ暴れん坊であったかと遅ればせながら反省させられ、悔悟の念にさいなまれます。小学一、二年時、机の上を飛び廻わり教卓からころげ落ちて手足の骨折、罰として女の子と並ばせられた恥かしさ、その照れ臭さに一層輪をかけての乱暴ぶり、将に悔恨の少年時代でありました。四年生の頃、木村先生のクラスの女の子のドッジボール遊びのボールを蹴り返した為に、木村先生にチクられ目からホタルの出る程尻をたたかれ、その上「ボール様」に数十回も平身低頭して詫びを入れさせられた事等々、勉学面での賞讃された思い出はチリ程もなく、迷惑を掛けた級友、悪友、担任の諸先生方に半世紀を経た今、心から更生の誓いを絶叫する次第であります。

喜怒哀楽の感覚は積年の内に芳醇化されます。百周年記念に参加された数多くの方々の想い出が、次の周年記念にむけて大きく開花される事を期待します。

戦時下の教育

昭和二年高等科卒　上松　秀雄

昭和二年高等科を卒えた私は二十年四月再び教師として母校に戻った時は太平洋戦争酣（たけなわ）の時であった。戦時下の国民学校は皇国民の錬成を目標に掲げて心身の鍛練と生産の増強を旗印として師弟一体となって目標に取り組んでいたのである。私達男教員はゲートルに地下足袋、女教師はモソペ姿に防空頭巾といういでたちで子供達もすべてこれにならった服装である。教科学習の他に留守家庭への勤労奉仕や学校農場或いは各地山林に疎開した軍の被服置場の垣根造りに高学年は動員され低学年もドングリ拾いや草刈りが日課とされていた。

戦時下とあって訓練のきびしさは格別で朝礼や合同訓練は裸で行い男子は剣道女子の薙刀も正課とされていた。又空襲に備えて避難訓練は続けられ、時にはB29の襲来で授業の中断も少なくなかった。京浜地方の戦災による疎開児童も次々に編入されてクラス人員も異常にふくれ上ったのである。物資の不足に耐えるための「ほしがりません勝つまでは」の合い言葉が今はなつかしい思い出となっている。

総力をあげた戦局も次第に緊迫し本土決戦を期して北海道から転属した拓部隊が農協寄りの校舎に駐在して警備に当たられたのは六月上旬頃と記憶している。勇ましい訓練姿が今も眼底にやきついている。この部隊も終戦後の九月上旬に引揚げたのである。

ひたすら勝利を信じて出征した学童達の父兄の玉砕した公報に心を痛めつつ全国民を結集した銃後の護りも空しく八月十五日陛下の詔勅により終戦を知らされたあの時の感極まった涙の思い出は生涯忘れ得ぬ人生の一齣であり日本の転機でもあった。

祝日の想い出

昭和十八年初等科卒　新藤　慶四郎

戦前の学校教育では、特に祝日に於ける行事が厳かに執り行なわれた。それは四方拝、紀元節、天長節、そして、明治節と呼称され現在では、名称が変わり祝日行事がそれぞれ行なわれている。私達の小学校時代の祝日行事は第二次大戦開始前における全く暗い時代であり、日中戦争は拡大し内地においては連日の様に激戦の結果が報じられていた。その時代に桜咲く昭和十二年四月大石小学校に入学し、今はその形もない中央校舎が一年生、二年生の教室で東組西組の二クラス編成でした。その校舎で年間の祝日行事や学校行 事が行にわれた。特に祝日行事では全生徒が整列致し奉安殿より天皇陛下の御真影と教育勅語が、式場に移され校長先生がその全文を奉読された。その意味は高学年になりやっと理解する事が出来た。そして祝日当日に備えて式の歌や最敬礼の姿勢等よく練習を重ねました。特に式の終了後全生徒に菓子袋が手渡され現在と違って食料の不足時代に育った私達は心から嬉しく学校の帰途よく食べてしまったものです。現在では祝日に国旗を掲揚する家庭が少なくなってしまいましたが、せめて祝日には国の象徴としての国旗を掲げ祝日の意味を考え又家族共々心から喜び合いたいものです。そして我国の国旗を尊重し国旗への誇りを、もちたいものだと思います。全家庭が挙って祝日には国旗を掲揚し平和な現代に感謝し心から祝福したいものです。

思い出すまま

昭和二十一年卒　天　茂子（旧姓　岡野）

堪へ難キヲ堪へ忍ヒ難キヲ忍ヒ・・・終戦の詔書を聞いた時は、小学校六年生の夏休みでした。雑音の入るラジオの前での父の真剣な姿は、今でも強く心に残っています。あれから四十年余が過ぎました。さて、この度創立百周年に当り心からの喜びを申し述べたいと思います。おめでとうございます。百年の歴史の中で、私達の小学校生活は戦争と共にあったと言っても過言ではありません。当時の思い出を二つ三つ挙げてみましょう。

①セーラー服の思い―「衣食足則知栄辱―」のことばがありますが、物のない時代の親達はみんな大変だったと思います。私も卒業式（校庭）にセーラー服が着たくて母を困らせました。母は、父の和服をほどいてくれました。私は着たい一心でなんとか自分で作りました。茶色の小格子の布でも二本の白線（洗いざらし）をつけた時の感激は今でも忘れられません。

②葉柄の佃煮―当時は尋常科の上に二年の高等科がありました。その人達は運動場の一部を耕して甘諸を作りました。その葉柄で佃煮風に味つけしたのを弁当の時間に先生が分けて下さいました。

③天神講―学問の神様菅原道真にちなんでの字の行事。沖の上地区の上級生とリヤカーでお米・野菜を集めて宿（当番）のお宅で作っていただき歌やお話をしました。（ささやかな娯楽）とにかくあの頃は、創意工夫節約を合言葉に防空頭巾持参の登下校でしたが、上級生、先生、両親、地域の人達から受けた暖かい心は、私達少女の心までも貧しくはしませんでした。ありがとう。

六年生の思い出

昭和二十一年卒　新井　陸子（旧姓　小山）

大石小学校開校百年おめでとうございます。私達は忘れる事の出来ないい敗戦の年二十年に、ちょうど六年生でした。防空ズキンを片手に一列に並んだ登校、時には警戒警報のサイレンが鳴り途中で家へ引き返した事も度々ありました。日増しに戦争が激しくなり、東京から田舎へと疎開する児童が多く何と六十名をこす学級となり、机も椅子も足りず一つの椅子に二人掛の時もありました。東京の子、田舎の子のハンディを乗り越えるのに多少の時間がかかりましたが、大石のカラーに染まり、狭いながらも楽しい学級となりました。

一学期半ばより担任の野口先生が病気にかかり、担任不在の学級となってしまいました。半分が自学自習時間、半分は他の先生方、国語算数は校長が教えてくれました。体育の時間は毎回「ドッチボール」で汗を流すのが唯一の楽しみでした。夏休みに終戦となりました。そしてある日、先生の病気見舞にM先生の引率で大宮日赤病院へ歩いて行きました。御見舞として何も持って行くものはありません。野辺の草花を摘んだのを先生の手に渡しました。「りっぱな六年生になって下さいね」。先生の一言でした。先生の顔を見るなり悲しさがこらえきれず涙がほほを伝わって仕方ありませんでした。その後、病気が悪化し、おなくなりになった事を知りました。ほんとうに悲しい出来事でした。「山路来て何やらゆかしすみれ草」の如く新しい春、平和な春がおとずれました三月小学校を私達は卒業したのです。貧しい環境の中で助け合い、明るく生活した思い出は今の人生行路に十分役立っています。

大石小思い出つれづれ

昭和二十三年卒　野口　高明

私の大石小入学は、多分昭和十七年春だと思う。第二次世界大戦、いわゆる大東亜戦争が開戦した翌年だ。その頃の衣、食、住、今考えると背筋が、ゾットする・・・がしかしその頃精一杯生活した、又献身的に生きた生きざまが現在を築き、その為に今があるのだと、つくづく考えさせられる昨今である．それに比べると、今日の世相、背世代感覚、衣食住、まさに隔世の感がする。リベラル思想、他力本願な生き方、余り有る食糧、捨てる程の衣料、完全空調の住居等、数えあげれば枚挙にいとまがない。　あえて書かしてもらうが、昨今教育に関する諸問題ぐらい極悪きわまる事件の多いのには、只あきれるばかりである。その一つ「イジメ」の問題一つ取り上げても、私の小学校時代、二、三年上のクラスに悪ガキがいて、学校の行き帰り又、使いに行くのにもいじめられた記憶がある。しかし上級生になれば、おのずとその逆の立場が出てくる訳で、兄弟げんかも一種の暴力行為で、兄弟の多かった家庭程教育が良く出来ている様だ。

友達と殴り合いをしたり、兄弟げんかをしている間に、やっていい事悪いことを学び社会人としての準備が出来る、子供は十歳位の間に、粗暴、勇気、忍耐が形成されますから一番大切なのは、両親の躾です。イギリスの貴族の家庭では、社会のリーダーになる為に、幼年時代から厳しく子供をしつけている。家庭の教育をしっかりと家庭の躾を、厳格にしていい子供達を・・大石小百周年につくづく思うので・・

筆箱

昭和二十四年卒　藤波　正

たしか小学二年の時だったと思う。筆箱を亡くしてしまったのである。そのことをどうしても親に言えなかった。叱かられるのがこわかったのではない。悲しいことに親のふところ具合がわかる子供だったのである。

そのころ学校では時々所持品の検査をやった。その検査は不要なものを持っているかではなく、必要な物を持っているかであった。主に筆箱の中がみられた。鉛筆や消しゴムが入っているかどうかみられたのである。

とぅとぅその検査の日が来た。私は鉛筆を一本裸で机の上において下を向いていた。先生の足音が近づいて来た。しかし先生の足音は私の側でとまらなかった。私は、「あっ職員室へ呼ばれる…」と思った。そして不安が増大した。しかし職員室にも呼ばれなかった。

その日の午後、私は家の庭で遊んでいた。「おい、お前の先生が来るぞ…」仲間の声にびっくりして立ち止まると、先生の姿はもうそこにあった。でも先生の顔はにこにこ笑っていた。そして手には真新しい筆箱があった。先生はそれを買って来てくれたのである。

私の記憶はここで止まってしまう。それからどぅしたのか思い出そうとしても、あの時の先生の笑顔が頭の中いっぱいになって考えることができない。そして、五十になろうとしている男の目に涙がにじむのである。

渡り廊下での授業

昭和二十五年卒　三澤　久子（旧姓　西村）

「チリーン、チリーン」、頭の上で休み時間を知らせる鐘の音。鐘を鳴らしたおばさんは「おー寒い・・・」と云いながら肩をすぼめて渡り廊下を小使室に駆けもどって行く。私達生徒はそそくさと教科書を片づけて校庭へ飛び出す。そして走り廻ったり、おしくらまんじゅうをしたりして少しでも冷えきった身体を暖めようとふざけ合う。

昭和十九年の春入学した私にはそんな映画の一シーンの様な一コマがはっきりと浮かんでくるのです。何年生の時だったかは覚えていません。でも戦争中兵隊さんに学校の一部を貸してしまい教室の足りなくなった私達は「早番」「遅番」と云って午後から登校する日もあるという二部式授業を受けた記憶があります。多分その頃の事だったのではないでしょうか。又私の家は学校迄ニキロメートルも離れていたので登下校の途中で「空襲警報」なんて事もあった。そんな時幼ない私達はあわてて防空頭巾をかぶり道ばたの茶の木の下にもぐり込みふるえながら空襲警報解除を待つという悲しい思い出もあるのです。

その他、裸足で通学した事、さつま芋ごはんを弁当に持って行った事等々・・・。そんな幼い日の自分がとてもいとおしく、胸がキュッとしめつけられる程懐かしい。

豊か過ぎる程の環境の中で教育を受けている現在の子供達には想像も出来ない様な事ばかり書き連ねてしまったが楽しい事も沢山あった事をつけ 加えると共にそんな状況下で授業をして下さった恩師の方々に今更ながら敬意を表します。

ハダシ通学

昭和二十七年卒　岸井　幸弘

八月二十六日、今日から二学期だ。雨の始業式である。

「母ちゃんゴム草履は?」「知らないよ、だからちゃんとしておけと云ったのに…」いくら見つけてもない、いいやハダシで行くから・・・行ってくるよ」・・・。「幸坊今日は「ハダシか」「うんこんなに降っていちゃあ同じだよ」、夏休み中に砂利を敷いてくれたので少し足が痛いけど水たまりが多いのでかえってハダシのほうが気楽だ。友達は頭のほうまで尻っぱねで汚れている。足洗場に入りぬれたまま廊下を歩くので教室まで足あとが点々とつづいている。

始業式は雨のため教室の仕切りを取りはずし、全校生徒が入って校長先生の話を聞いた。帰りは晴れてきたが道は湿っているので足の裏も熱くない。ハダシでよかった。家へ帰ったら宿題の残りをやらなくては・・・。上尾や桶川の学校はまだ五日も休みなのに。三十数年前の思い出である。

昭和二十一年入学の戦後教育一期生でまさに物のない小学時代であり、春秋の農繁休みがあったのでそれだけ夏休みが短かった。こうした事が身の周りの物を大切にし働く事の意義を身をもって覚えたのであろう。昭和二十六年完成の今はなき新校舎に六年生の最後数ヶ月をすごした事が復興のきざしであった。同級生一二〇余名はすぐ裏にあった中学に進み、九年間共にすごしたので連帯感があるのか卒業後も仲間十数名が毎月一度の集まりを二十数年間も続けており一生の友達としてつきあっている。学習面に片寄った現代教育に疑問を感じさせるような、なつかしき良き時代であった。

おもいで

昭和二十七年卒　高橋　昇

私が入学したのは終戦の翌年、昭和二十一年の春でした。当時の日本中は、敗戦の痛手を受けて物の非常に少ない時代であり、入学式の服装は誰れもが、今とは比べ物にならない粗末な物でした。ランドセルもなく、軍隊の使った国防色の、雑嚢や家で作った袋などを持っての入学式でした。

娯楽の少ない時代であり、学芸会には、ボール紙や色紙を工夫して作った、様々な道具や、借り物の衣装で一生懸命にやった劇や、楽しく歌った歌、見物の村人であふれたものでした。　運動会には、各字別対抗リレーがあり、選手には子供も大人も大声援を送り、手作りのいなりずし、のり巻き、家でとれた柿、栗、ざくろなどを家族と一緒に食べこれが村ぐるみの楽しい行事の一つでした。麦刈りの頃と秋の麦まき時、一年に二回の農繁休みがあった。

麦刈りの時衿首からとげが入り、体中がちくちくしてどうしようもなかった事や、十時と三時休みのお茶運びの手伝いが思い出される。ある時お茶の入ったやかんを、持ったまま自転車ごと低い畑の中に突っ込んで、お茶も飲めずさつまやたくわんだけで休んだこと、その時できた額の傷が今でも、かすかに残っている。この傷を見る度、小学生ながら一家の大事な働き手の一員であったことが思い出されてくる。　私の小学生時代は、物には恵まれなかったが、先生、友達同士の心のきずなは、非常に深いものがありました。　大石小で育くまれた心の豊さをいつまでも大切にしたい。

私の小学生時代

昭和二十八年卒　日吉　孝

私は、昭和二十二年四月に入学したしたが、当時は、戦後まもないこともあって、物資が大変不足している時代でした。　生徒の服装もまちまちで、履物一つを見ても運動靴が手に入りにくく、下駄が多く、ひもが切れて跣で行ったりしましたが、温くなると時には跣で砂利道を通ったことが、つい先日のように思い出されます。物質が不足していましたので、樫の実、ドングリ、お茶の実を拾って持ってくるようにとのこ とで、持って行くと、空教室に山になっていましたが、これらの実から油を取るということでした。いかに物が不足していたかが想像できます。又昭和二十二年は、新制中学校が始まった年で、小学校の北側に木造二階建の校舎を建設中だたのを思い出しますが、現在は取り壊され、小学校の体育館が建っています。

体育の時間は、全員が跣で行い、終ると足洗場に一斉に駆け込み、押し合ったり、足を良く拭かずに廊下に足跡をつけたりして、よく注意されました。通学路は、家から学校までの道の両側が山林と畑で、通称小敷谷原と呼ばれ、ここに米軍が進駐していて、学校帰りに鉄砲を向けられて、からかわれて大変こわかったこと、時にはガムを貰ってうれしかったことが思い出されますが、それが現在では一万人を越す大団地になっていて大変な変りようです。五年生になる時に新校舎ができて、六年生が入りうらやましく思いましたが、この校舎の西側に金木せいが植えられましたが、これが現在校庭の中央にある立派な金木せいです。いずれも三十数年前の懐かしい思い出です。

金もくせいよ、はくれんよ

昭和二十八年卒　萩原　和江（旧姓　三ヶ尻）

私が入学したのは、昭和二十二年の四月のことでした。ゴワゴワのズック地で仕立てられたランドセルにリフォームの洋服を着ていました。それでも、春風に送られながらの登校はとても楽しく、自宅から学校までの道中は二キロという道のりを意識する間もありませんでした。大した履物もなく、デコボコの砂利道や田んぼ道でしたが、自然に直にふれ合い、仲間との友情を育てての登下校でした。

私たちの年から国語の教科書をひらがな学習がとり入れられました。学制が敷かれて以来一年生最初はカタカナを習ってきていたそうです。小学一年生の時の担任は渡辺ハツ先生（松本）でした。幼稚園を知らなかった私たちにとってそれは不安な、社会性を試される第一歩でもあります。そんな時に出合った渡辺先生は、はっきりとした口調で、誰にも理解できるまで優しく、ある時は厳しく指導して下さいました。以後、尊敬とは、このような人に用いることばだと知りました。学問を習得する場である事は言うに及びませんが、先生とそして多くの友人たちと楽しく接しながら、家庭では培い得ない大切なものを身につけられる貴重な場でもあります。長い人生のスタート地点を大石小学校で過ごせた事を誇りに思い、これからも母校にお世話になります。近代的な校舎となりましたが、私たち卒業生にとってはあの、ハクレンと金モクセイの花が咲く限り年齢を忘れて小学時代を思い興こすことができるのです。母校の益々の発展を祈ります。

百葉箱のある風景

昭和三十四年卒　小山　富栄

現在、プールとなってしまったあの場所には、一年生用の庭として、すべり台、ブランコ、竹のぼり、遊動円木などがあった。さらに、庭の中心には、大きな松の木とともに白い百葉箱もあった。それらの風景は、約三十年の歳月を経た今も、なお、風化せずに鮮明このうえなく心に残っている。なかでも百葉箱には一番興味をそそられ、幼い心に初めて科学の存在を意識させるものがあり、白い独得の造形には、都会的でメルヘンな気分が漂よっていた。当時の心境を思い起こせば、家の近くだけの狭い社会で、自由にあばれまわっていた腕白の五歳児の胸に、一段とたくましく成長した自分を飾りたてる空間として、十分誇りうるものと感じられた。

戦後の日本社会は、復興から成長、安定、成熟へと激しく変化した四十年間であった。この間、大石小学校を含む大石地区のあらゆる状況は一変し、現在では、昭和二十八年頃の学校施設はいくつかの樹木を除いてほとんど見当らない。当然私の百葉箱も消えてしまった。

これからも時の流れの中に、学校の歴史は幾重にも刻まれていく訳であるが、その時代時代の子供達の胸に残る風景は千差万別に違いない。しかし、私の胸の中にある「百葉箱のある風景」は、この先いつまでも当時の姿のままでタイムスリップし続けるだろう。

思い出

大沢　晨

(1) 4校、11校競技会

昭和4年、相頓寺から今の高台の新校舎に移って間もなく、運動場に恵まれて俄然、体育に力を入れスポーツを盛んにした。その一つに4校の競技会があった。小室(伊奈)、上平、小針、原市の各校が輪番に競技会を開いた。毎年秋4年生以上全員が出かけ男女別々に走跳投の技を競って採点して総合優勝を争った。原市はよく勝った。勝つのを当然のように考えていた。夕闇迫る頃、遠い小針六道から元気よく全員徒歩で凱旋兵のように、意気揚々と応援歌を高唱しながら引き上げたものであった。その頃の選手も皆50歳前後から上である。

又11校のドッジボール大会が5月、陸上競技会が11月に行われた。ドッジボールは余り力を入れなかったのと、生徒数が大校の三分の一位の為に、午前の予選で大抵消えて、午后迄残って決勝に出るチームは稀であった。8チーム全部、午前の予選で負けた時は、折角持参した弁当も食べず、すごすご帰路につき林の中で食べて、ひっそりと声なく引き上げたこともあった。秋の競技会に何とか優勝したいと若い先生達が結束して、毎日激しい練習を続けた。薄暗くなるまで4年生以上全員残してやった。その甲斐あって昭和12年秋、始めて上尾、桶川の強豪を抑えて小学校が総合優勝をとげたのは実に嬉しかった。高等科は3位だった。体操の研究授業もよく行われた。高等科男子全員が鉄棒の蹴上がりをやってのけた。それ程鍛えられた。

生徒もやれば出来るのだという自信を持った事は、その後の人生にとって役だったと同窓会等でよく話していた。其の当時の若い独身だった張り切り先生も、定年を迎えている人が多い。黒須明、三井、小久保、田鍋、渡辺、高山、戸井田、有沢、市川、黒須、西田、秋山、増田、野川、島村、真木等々、今では好々翁となってしまった。

(2)校庭の砂引き

山林を開墾してつくった運動場のために、雨が降ればズブズブと足がもぐるし、冬になれば霜どけで水をまいたようにどろどろになって困った。見兼ねた父兄が毎年冬になると町ぐるみ総出で懸樋(カケドイ)から砂を校庭に運んでまいて下さった。そのように父兄の尊い奉仕が毎年続いて今のような校庭となったのである事も忘れられない。

(3)玄関わきのひいらぎ

旧校舎となってしまった玄関東にひいらぎの老木がある。それは瓦葺き分校が昭和8年廃校となった時、記念としてこれだけは残したいという地元の希望により、高二男生が労力奉仕を買って出て引き取りに行った。ところが、その時、車に乗せて運ぶ途中大変な事が起こってしまった。車に乗せて引いて来るとき突風にあふられ田圃の中にてんぷくして何人かの生徒は田圃に埋まってしまった。先生や友人の助けでやっと這い上がったが真黒などろ人形になってしまった。幸い5月頃で田が柔らかかったのでけがなくて幸いであった3区の秋山理髪店主なども その一人である。そのクラスの人々はこの老木を見るたびに当時の思い出にふけることであろう。

(4)昔の弁当と現在の給食について

昭和の初期から日華事変頃までは、今のインフレと反対のデフレ時代、いわゆる不景気の時代で、吾々先生の月給が半額宛支給されたり、翌月まで待たされたりした事もあった程の不凶の時代で、生徒の食事も粗末であった。梅干、紅しょうが、たくあん、味噌漬のどれかであった。卵焼きとか魚等は1割もなかった。ごはんの上に薄く切った、たくあんが4・5枚というのが多かった。そのせいかみんな、他の人に見られるのを嫌がって包み紙で顔を埋めるようにして、食べる者が多かった。女児は男子よりかくすことに夢中であった。教師も黒板の前の教卓で一緒に食べたが、机の間を見て歩くのを遠慮した。今は全員が栄養充分の昼食を楽しくひろげて食べているが、当時の生徒であった、父兄やお年寄りはどんな気持ちで給食風景を眺めて居ることか感無量であろう。

(5)学習状況について

昭和初期は近代的校舎に移ったという事から勉強にも熱が入っていた。放課後迄1時間も2時間も、どのクラスも課外勉強をしていた。 習字、珠算、図画、体育、音楽、手芸等、別に強制されたわけでもない。世の中が落ちついていたということだろう。校長が算数、国語の一斉学力テストをした。

他の先生が来てタイムを取り採点し結果は印刷配布された。お互いにクラスの平均点が負けるとくやしいので、平素も張り切った。

(6) 進学勉強

当時上級学校に進学する生徒のため、毎日6年生の進学希望者は、一般の課外勉強の終わった後夜の7~8時頃まで電灯をつけて教室で受験勉強をした。6年生を担任するとき、予め覚悟していた。浦中、柏中、熊農、浦一女、久喜女学校等に進学する者が多かった。1クラス40人中、10人位いると大変だった。合格者が少ないと当然批判を受けるし、同僚や校長から努力不足、手腕、力量、劣るとレッテルを張られはしなかと心配して、担任はがんばったものである。正月からは日曜も返上してやつたものであった。そのため希望者全員合格という事が多かった。

在職中の思い出

大川　敬三

私は昭和七年三月三十一日付で県の命によって御地に御世話になりました。その時は若年三十代の校長でした。通算十三年間御地に御世話になったので、私にとっては第二の故郷のようでなつかしさで一ぱいです。町の上から下に至るまで、新田本田上下瓦葺のどんな狭い道でも、放課後は自転車を走らせて家庭訪問をしたものです。したがって児童の家は一軒のこらず頭の中にえがかれていて、思い出はつきない。

私の在職中は、前古未曾有の大東亜戦争の真只中だったので、何にもほしがりません勝つまではという合言葉で、それがよく児童達の日常生活に浸透して頑張ったものだった。今から思うとほんとによい体験ではなかったかと思う。空襲の警報が鳴りひびくと隊列をつくってすばやく松林に避難したり、防空壕に身をひそめたりして時には、勉強もおちついて出来なかったと思う。

当時の先生は十二人(男女合せて)だと思うが、実力のある先生がよくそろったもので、他校の先生から羨望の的であった。それだけに中には埼師の附属小へ栄転した者もいた。

後年県立高校長に、小中学校長にそれぞれ栄転して、県下の教育界に名声を博した逸材が続出した。かように腕そろえの先生がいたので万事指導よろしく生徒の勉強もみっちりやった。

その頃、県立の中学校、女学校、実業学校の志願者は二十五・六人位であったが、みな合格して父兄職員ともども大いに喜こんだことは今だに強く記憶にのこっている。また、当時十一校の陸上選手権大会が例年十月に行なはれて優勝旗争奪戦が花々しく、原市校の選手も応援団も一体となってやってくれたので、一位か二位を獲得して他校の先生が驚意の眼でみているほど強かった。これもみな体育の先生がそろって協力一致指導してくれた賜物であったと感謝している。また、芸能教育もしかり、県展で図画書道入選率はいつもトップクラスであった。かように原市校の名声が県下に知れ渡って、授業参観者も日増しに多くなった。

特に特殊の教育に名のりを挙げたので他府県からも同じ悩みの先生がおいでになられた。たまたま融和教育の実践研究指定校に選ばれ、昭和十四年から三ヶ年計画で研究発表するよう通達をうけた。(文部省社会教育課)当時の先生方はこの道の研究にかけてはベテラン揃い鬼に金棒とばかり大いに気焔をあげて研究にとりくんだ。先進県の視察に中央から講師を招いて指導をうけたり、あるいは県からも多額の研究費を頂いて図書を購入したりして、まず研究の緒についた。教育の根本はすでに樹立していたので、研究会を開いて更に研究内容の具体化に精進した。研究もようやく頂点に達し、郷土に則した融和教育と題して千部印刷して、昭和十七年五月発表した。参観者は中央県官他府県及び県内の先生父兄二百余人、皆声を揃えてよくも研究してくれたと絶讃、この研究発表会に原市校の名声は、天下にひびきわたったといっても過言でもなく自慢でもない。この研究は私の三十四年間にわたる教員生活の中で最大の収獲で生涯忘れることの出来ないほど印象が強く残っている。このように過去を静かにふりかえってみると、思い出は山ほどあってつきない。

私も昭和二十年三月三十一日付で県の命により、住みなれた第二の故郷原市を後にして大石小学校に転任することになった。その瞬間、実に断腸の思いで失神するばかりであった。思えば楽しかった生き甲斐のあった、教育の場としての原市校十三年間、児童父兄先生方、文字通り三者一体となって。私の全生命をうちこんだ教育方針に対して絶大なる御協力をして下さいまして只々感謝あるのみでした。

皆さんから送られて大石校へ足は向ってはいたが、心は原市にのこり後ろ髪を強くひかれる思いでお別れしました。その原市校。実に環境は申分なく、高台で前には松林があって真夏には蝉の声も聞かれ、秋はくつわ虫の声にぎ にぎしく聞え、ほどよい場所に平屋の校舎二棟、児童数は五百六十、職貝十二人、毎日楽しい教育の場として名声の高かった校も、今はみるかげも少くなり、周囲には高層の建物団地が出来たり、東北縦貫道路も出来て、自動車の往来も頻繁となって、すっかり昔のおもかげは消え去った様子。これも時代の波に逆らうことは出来ないのでやむを得ない。原市校も人口増に伴い児童数は自然増加の一途をたどり、モダンな新校舎完成とか、心から原市校の発展を祝福したい。

思い出

田鍋　和吉

私は昭和9年4月1日付で、加納小学校から転任してきた。

その時は学校名が原市尋常高等小学校でした校長は大川敬三先生で、15名の職員と500名足らずの児童数だったと記憶して居ります。その頃は木造であり、新築して幾年も経っていない校舎なので「あ、よい校舎だなあ」と思って居りました。

昭和12年支那事変となりだんだん軍隊が戦地へ動員され、挙国一致で滅私奉公の精神にもえた時代でした。教育の中にもこの精神が取り入れられ、かなりの硬教育が行われていたのでした。当時児童だった皆さんには心から申訳ないと思って居ります。

昭和16年12月8日、大東亜戦争（第二次世界大戦）となり働き盛りの男は次々招集され、また学校職員も同様、中心となって指導に当たられて居た若い男の先生がだんだん応召出征されて心細い状況になりました。

昭和20年4月、私が原市小学校長となりましたが、その頃は戦争がいよいよ激しくなり、毎日のように空爆があり、児童の安全を期すため避難対策で大変苦労しました。

高等科1・2年は勤労動員され、2名の男の先生に引率されて毎日上尾の軍事工場へ出かけているので時々巡回しなければならず、それはそれは大変でした。私と教頭その他12名の女の先生で、やっと1年生から6年生まで教えていたのです。その間にも勤労奉仕作業といって応召家庭の畑の草取りも随分やりました。

5月頃から校舎の半分が兵器補給廠の物資と、兵隊の宿舎に充当され使用されるようになりました。残りの8教室だけで学校の体面を保っていたのです。この時が一番教育の低下した時だったと思います。8月15日終戦。それから平和が来た訳です。長い戦争期間だったので極度に物資がなくなり、荒れ果てた校舎の修理が出来なくて困りました。備品類もすべてごたごたとなってしまってほんとうに申訳ない気持ちで一杯です。

秋風の吹く9月下旬から戦地へ派遣されていた先生方も順次復員され着任したので、やっと男8名女8名の職員組織となったのです。

戦時中は「欲しがりません勝つまでは」の言葉を用いて耐乏生活しながら教育に当たって居りましたが、終戦で一度にその気持が変化してしまったのです。ただ苦しい生活のみが残ったことになりました。私は妻と育ち盛りの男児三人の五人暮らし、108円薄給。経済的に随分苦しかった事が頭の中に一番深く残っています。さつまいもの中に僅か入った麦の弁当、つぎはぎだらけの見苦しい洋服を着て毎日通勤していました。乞食同様の生活だったと思っていました。しかし当時は私だけでなく、どこの家庭でも大変だったと思います。それでも児童は貧弱な教科書で一生懸命勉強してくれたので、意外に明るい学校経営が出来ました。その皆さんが今良い設備の中で勉強できる今の児童はほんとうに幸福だと思って居ります。

追憶

黒須　大介

「温古面知新」卒業以来37年、先輩の皆様がのこした偉大な美徳を踏襲し、現代世相に順応した新たな地域社会の一員として、これからの人生を決めてゆかねばならぬ責任は申すにおよびません。

子供を先生に託す以上、子は先生のもの、悪いから、なまけるから、なぐられても、立たされても何の文句があろう。私達の両親は常に先生の愛情を信頼し、強く正しく朗らかに成長してゆく子供に喜びを感じながら、心の底に何時も先生のお陰で、と深謝していたものと考えられます。

教室正面に掲げられていた「校訓」を何時も襟を正して黙読、教えて頂くことが、覚えることが日課でした。基礎作り、体力作りの小学校時代です。苦しくともその日のうちにすませる。覚える。完成させる。従って宿題の必要はなかった筈です。代わるものとして予習、復習を自発的なものとされておりました。

四大節も想い出の中に大きく浮かんでまいります。「四方拝」現在の元旦、「紀元節」建国記念日、「天長節」天皇誕生日、「明治節」文化の日、私達の頃はこの日、私服に襟をつけて式に列し、菓子を頂戴して帰るのが大変なたのしみでした。

年間の行事も2月学芸会、展覧会、3月卒業式、5月遠足、8月夏休み、11月運動会(途中から10月になる。)学芸会は国史、おとぎ話的なもの、合唱等々、展覧会の作品は書方(書写)図画、手工(図工)等、卒業式は同時に各学年の終了式も兼ねて、精勤者、優等生に賞状と賞品(精勤者は書方手本、優等生は修身教科書)が贈られました。

遠足は最も待ち遠しい行事です。1，2年生は下瓦葺の藤の花見学、3，4年生になって蓮田荒川まで歩いて行きました。5，6年まちにまった汽車に乗って江ノ島、鎌倉見学です。

運動会に勢揃いした原市上町～下町までの児童構成による楽隊、(ブラスバンド)は太変活気を添えてくれました。

本校出身で立派な方々も多く、資料や聞くところによると全く知らない大先輩に偉人の名をき丶、今更百年の歴史をつくづく認識させられます。現職を去った元校長、町政、市政に活躍されました方々、靖国の宮、護国の社に眠る先輩諸兄、スポーツ、財界等各分野に広く野に在って後進の指導に今尚ご健在な方々も多く、誠に力強い限りと存じます。とにかく地域差を気にする傾向のある現在、私達も先輩も何等この点は意識なく、しかも今日全く当時の不足も感ずることすら忘れ、人後に落ちた事実皆無、地味ながら無難に正道を全うした範とするに足る人材をうんだ実績は高く評価されて然りと存じます。

私も卒業の年、市川先生に紙墨筆硯の技を授けられ、以後40年近く書と共に過ごして参りました。子供の頃既に奉東展(日展、毎日展以前)を経験しておりますので仲間でも古すぎて相手にしてくれません。稿を閉じてるに際し、卒業生御老体は勿論、現在活躍中の方々に多幸を祈念し、百年祭役員諸氏、教職員、P・T・A諸賢のご尽力に心から敬意を表し、末永く発展し続ける母校に思いをいたしつ丶、拙い追憶を終わること丶、致します。

終戦前後

伊藤　八恵子

昭和19年の初夏、戦況の悪化で、東京の国民学校初等科3年以上の学童は、すべて疎開することになった。当時3年生の私は、そのあわたゞしさのなかで、1学期を終えると、両親とともに原市に移ってきた。戦時中の鍛錬のためだったと思うが、転校した日、あすから、履物なしで登校するように先生に言われ、寒さがやってくるまで、はだしで通学した。私を含め、疎開児童はつぎつぎと増えた。学級は、男子と女子に別れていて、まもなく3年男子組の担任と、もう一人の先生が出征し、全校生が列をつくって見送りに行った。謝辞をのべる先生の激した声が、印象に残った。

冬の初め、授業はそこそこにして、めいめい家から持ってきたわらで、縄をなう作業をした。縄ないなど、生まれてはじめてのことでやり方もわからず困っている私に、みどりさんというやさしい同級生が親切に教えてくれたのが忘れられない。幾尋かのノルマは家で父にしてもらい、学校に出したのを思い出す。このほか、干草をつくったり、どんぐり拾いなど、それぞれ決められた量を一生懸命集めては学校へもっていった。

教育勅語の暗唱はもちろんのこと、３年生でもモールス信号や手旗を覚えることもした。昼食の前には「箸とらばあめつち御代のおん恵み君と親との御恩味わえ」という和歌を大きな声でとなえた。

よその教室から、オルガン等を借り出しに行くときは、その入り口に立って軍隊式に、いちいち大きな声で、名前や用事を言わなければならなかった。よく、教室の入り口で、男の子が、おまえがやれ、などと押し問答をしていた。

終戦の少し前、軍隊の補給部隊が学校の一部を使用し、教室や校庭に、軍事物資の山が出来るなど、雑然としたありさまであった。学校内の生活は、いろいろと軍事色を増していったが、家に帰ってからの遊びは山ほどあった。たにし、えびがに、いなごや栗、それを取りに行くのが楽しい遊びそのもので、いつもいっぱいの自然が身近にあった。

４年生で終戦を迎えたが、担任の先生は、それまでの軍国調といわれるものに、極度に神経を使い、学芸会の劇の題「さるかに合戦」を「さるかに物語」に、かえてしまったりした。

娯楽の少ない時だったので、いつも小学校の学芸会や運動会は、見物の人々であふれ、ことに運動会には青年団の参加が盛んで、子どももおとなも、町ぐるみの楽しい行事だった。

５年生の教科書は、製本されていない薄いものを少しずつ、分冊として渡され、学年が終わると、紐でどじた本が出来た。国語の中には、調べの美しい文語文で書かれた弟橘媛の一節があった。あるときの、若いＳ先生のお弁当の中身のことも覚えている。それは真黒な麦飯に、生みそが入っているだけだった。

また、先生は卒業を前にした受持ちの子供と共に、シャベルを揮い、学校のまわりの土手の崩れたところの修理をして、学校への記念品にかえる謝恩のしるしにした。家庭への負担を思い、習慣にとらわれず、実のあるかたちで、先生はそれを実行したのだった。これは、私が小学校を卒業した年のことである。

戦時下における教育

（原市小百年史から）

昭和17年4月16日米軍機による本土初空襲以来、戦局は急激に悪化して行き、昭和18年には、学徒勤労動員、学徒兵の出陣がはじまりました。翌19年には東京への空襲が始まりました。兵役徴集も強化され、国民学校は女の先生が主体となって授業進める事態になっていました。

都市よりの疎開もはじまり、東京防衛と戦争遂行のため埼玉県内各地に飛行場や兵器廠が作られていきました。学徒動員も始めの内は、入営、入隊で男子のなくなった農村地への手伝いのための動員が多かったのですが、後には軍需工場への動員が主となってしまいました。原市国民学校の高等科も勤労動員として動員されています。

昭和18年10月12日「教育に関する戦時非常措置方策」同19年2月の「国民学校令等戦時特例」によって、国民学校令によって定めた義務教育八カ年は実現しないまま終戦を迎えてしまいました。

決戦体制下では、国民学校初等科を除き、学校における授業は、昭和20年4月より21年3月31日まで原則として停止され、全生徒が食糧増産、軍需生産防空防衛、重要研究その他直接決戦に緊要なる業務に総動員されました。

昭和二十年五月には戦時教育が公布され、学徒の本分として「尽忠以て国運双肩に担い、戦時緊切なる要務に挺身し、平素鍛練せる教育の成果を遺憾なく、発揮すると共に知能の鍛錬に力むること」定められた。

在職当時の想い出

峯尾　金之助

払は昭和十二年度より二十年度までの九年間、上平小学校の校長として在職したので、その間の思い出の一部を綴って見た。

当時の上平村は純農の小村だったから、小学校もこじんまりしていた。校舎は現在の南校舎一棟の他、西校舎（三教室）北校舎（二教教室）及び小使室（一教室増築）等であった。児童数は約五百名、教師は十二、三名にすぎなかった。

昭和十二年七月七日満州事変が起り、日支事変に発展するや、応召軍人が次々に出征されたので、小学生はその度毎に、日の丸の小旗を持って神社に集まり、桶川駅や上尾駅まで見送った。

昭和十三年の頃より、敵機の来襲に備えて防空演習が度々行われる様になったので、小学校防護団が結成された。支那大陸に悪戦苦闘進撃を続けている出征兵に対し、慰問状や故郷の新聞等を送った。南京陥落や漢口占領の朗報が傳わるや。学校では国旗掲揚をして挙式、神社参拝、旗行列をして村民と共に祝福した。団体意識を昂揚して国防に備えるため、昭和十六年四月二十一日には、上平村青少年団が結成され、白地に二羽の鳳じるしのついた団旗ができ、学校生活の外に、団体活動の基盤をきづいた。

昭和十三年九月には、郷土出身、在京の深山金一郎氏のご厚意により。玄関側に二宮金次郎の銅像の建設を見、勤倹力行の思想の鼓吹に資せられたが、後日国のために回収されコンクリート像にかえられた。また昭和十五年は、紀元二千六百年であったので、十一月十日。宮城外苑で奉祝式が行われたのに呼応し、我が校においても、挙式の後神社参拝をし、奉祝歌を合唱しながら旗行列を行った。十月三十日は、教育勅語喚発五十周年の記念式を行い、教育の拠りどころを一層明確にした。

昭和十六年に入り国民学校となり、十二月八日、米英に対する宣戦の詔勅により大東亜戦争となるや、戦場が益々拡大され、応召兵は増加の一途をたどった。この頃から留守家庭への勤労奉仕日と定められ、国旗掲揚、挙式の後、神社参拝等を行った。

満州方面の開拓と防衛とをかねた青少年義勇軍の募集が始まるや、当校より、十七年二月に四名、十八年三月に一名。二十年三月に四名の児童が応募し、夫々茨城県内原訓練所にて、三ヵ月ほどの訓練をうけ渡満することになった。

戦争が長びくにつれて、人手や物資が益々不足することになったので、五年生以上の児童が、運動場の砂場へ芝山より砂ひきをしたり、青年団員の協力を得て、分団毎に毎朝新聞配達まで実行した。飼料や堆肥の増産のために草刈もした。また県の指示にもとづき、どんぐり集め（五十五俵余）桑技の皮むき。すすきの穂集めなどもやった。

時局に対する心身の鍛練には一段と力を入れ、全校児童の合同訓練を始めとし、建国体操や愛国行進遊戯、武道、薙刀、相撲、行軍、非常召集等を実施した。「欲しがりません、勝までは」の合言葉の下に、服装は至って質素、日の丸弁当で頑張った。男教員は戦闘帽にゲートル、女教員はモンペ姿、勤労奉仕には日曜日でも全員出動したこともあつた。

昭和二十年三月十日には東京、十二日には名古屋、五月二十五日夜は大宮、八月十四日夜は熊谷へと、夫々敵機の空襲をうけ大被害を蒙った。六月中旬には、燕東海一九一六〇部隊（通信隊）に校舎の一部を使用されて正規の授業も手につかず、校内まで戦場になってしまった。　全国民の献身的なる活躍にもかかわらず、船艦兵器をはじめ物資の不足から、太平洋戦争は転進に転進を余儀なくされ、また長崎と広島は相次いで原爆に見まわれ、遂に八月十五日終戦の大詔を拝することになった。戦は終ったが物資は益々不足となり、配給品の外は金があっても買うことができなくなった。

十月には甘藷の葉（百五十五貫余）や茎（三百八貫余）集めまでして供出した。学年末の修了証書を浸筆版で印刷して間に合わせたのも話の種である　国家のためとはいえ、全員一丸となり、よく困苦に堪えて奮闘したことは、一生涯忘れ得ぬ体験となった。

太平洋戦争勃発のころ

鴻巣市箕田　田中　辰之助

ぼくが上平小学校に勤めたのは、今から三十年余りも前のことである。ぼくがはじめて上平小学校を訪ねたのは、たぶん四月五日だと記憶している。ぼくは学校を目の前にしながらも、入り口がわからず困った。通りがかりの中年の婦人に尋ねると、そのご婦人いとも丁寧に、ぼくを学校の正門まで案内してくれた。その好意は忘れられない。ぼくが上平小学校に勤め、上平の人はみんな親切で情け深いとの印象を持つようになるまでに、その後そう長い月日を要しなかった。

ぼくは昭和十四年四月に馬室小学校から上平小学校へ転任した。昭和十四年といえば、五月に満蒙国境でノモンハン事件が起こり、また、九月には、ドイツが隣国ポーランドに侵入して、第二次世界大戦が勃発した年でもある。国民精神総動員とか、大政翼賛会とかいうことばが生まれた昭和十五年。太平洋戦争に日本が突入した昭和十六年。この年には長い間なじまれてきた上平尋常高等小学校の校名が上平国民学校と改められ、尋常科を初等科と呼ぶように変った。教頭制が設けられたのも国民学校になってからではなかったろうか。そして、ミッドウェーの海戦やガダルカナル島からの撤退が行なわれた昭和十七年、日本・ドイツと同盟を結んでいたイタリアが無条件降服した直後の昭和十八年十月、上平・桶川・加納・川田谷の四カ町村の青年学校が合併して組合立青年学校が桶川にできて、そこへ移るまでの四年半、上平小学校に在職した。

ぼくの上平小学校在職期間は、太平洋戦戦争勃発の前後であり、また国民学校への移行期に当たり、国際的にも国家的、社会的にも、教育界にあっても大へんな激動期であった。

その当時も上平小学校の象徴は松の木であった。格好のいい松の木は忘れられない。はじめは三本だったと思うが、戦争中、松根油を採取して一本は枯らしてしまった。今思い出してももったいないことをしたと思う。当時近在の学校で眺望がよいのは鳩ヶ谷小・白子小に馬室小といわれていた。ぼくには馬室小学校の眺めを太平洋になぞらえると、上平小学校の眺めは瀬戸内海のように思えた。校庭の松の木は夏には体操や写生などにとって、格好の木蔭を作ってくれていた。そのそばに小高く土を盛って作った土俵があり、時たま学級対抗の相撲も行なわれた。秋には四校競技会（小針・小室・原市・上平）という学校対抗の陸上競技会があり、当時上平が断然強く、待にK君がずば抜けて速く、K君が出ると応援の者も安心して見ていられたものだった。児童は四百名余りで学年一クラスか二クラスであった。校長は峰尾（金之助）校長であった。

峰尾校長はぼくと同郷の出身で恩師でもあったので、ぼくのことを田島（旧姓）と呼ばれ、ちょっとした抵抗を感じたものである。一年生専門だった大塚（数代）さん、堂々たる体躯を体操の指導に打ち込んだ高橋（義雄）さん、台湾に行かれた堀井（梢）さん、音楽の酒井（米子）さん、小野田（寛子）さんなど当時いっしょに動めた懐かしい先生方、現在どうしておられることだろう。

戦勝のちょうちん行列を行なったり、出征兵士を見送る「兵隊送り」に学校も参加したり、高学年の生徒は出征してる家へ「動労奉仕」といって野ら仕事の手伝いに行ったりもした。戦争が激しくなるにつれて子どもたちへのズックやゴム長靴の配給が漸次少なくなると、下駄やぞうりをはく者が多くなり、女子のスカートなども手製のものが多くなった。体操は、はだしで裸体操が流行した。男子教員は青年学校の指導の方も担当したので、寒い冬でも夜九時ごろ帰宅することが多かった。今、振り返ってみると、そのころのこと総てが懐しく思われるばかりか、ぼくの生涯でいちばん充実した時期であったような気がする。

（文責　加藤）

懐古断片

昭和十七年卒　西門前　須田　一之

光陰矢の如く、月日の過ぎ去ること夢の如し。私は昭和十一年四月、桜花爛漫として咲き匂う吉野桜の中を、憧れの上平小学校に入学した。新調した絣の着物に、まっ白の鞄を背負い、高等二年の先輩を始めとして七、八名の上級生に連れられて、学校の門をくぐったのでした。　入学当初は、石板石筆を使用し、早く帳面と鉛筆になれば良いと、それればかりを願っていたものでした。

私達が入学した翌年支那事変が勃発して、所謂戦時体制にはいった。従って教育のあり方も次第に厳しさを増し、教室の正面には「自己の本分を盡せ、忠孝、忠君愛国」等の額を掲げて、これを実践遂行すべく、生徒の志気を大いに鼓舞したものでした。私達は、朝学校の正門を通る時は、必ず最敬礼をしてから校庭にはいった。これは奉安殿「職員室の一部」に向かっての敬禮であった。中にはこれを怠たる者がいて、よく職員室に立たされた生徒がいたものである。

年に四回の四大節には、御真影をかざり、燕尾服姿の校長先生や、袴姿の女の先生方の居並ぶ前を通り、教育勅語を目よりも高く捧げて、校長先生にお渡しする教頭先生の真っ白な手袋が、今でも私の目にしみついております。

昭和十三年ごろと記憶していますが、正面玄関のある現在の前校舎に補強工事を行ない、校舎の前と後に大きな林木で、支えをしました。しかし、後になって如何にも倒れそうな校舎に、支え棒をしたように見えると言うので、下見板を張り付けて外見を良くしたのであった。今日でもその名残りがあり、学校に行く度ごとに当時が思い出されます。

また同年秋ごろ玄関横に、二宮尊徳先生の銅像の建設が行なわれ、寄贈者の当上平出身で東京において洋紙店の経営者、深山金一郎氏の御来駕を頂き、盛大な除幕式が行なわれ、名実共に二宮精神を踏襲、功成り名を遂げた深山先生の立志伝を拝聴し、私達子供心にその偉大さに大いに感銘した次第でありました。（後日、今のコンクリート作りになる）その頃の教室は現在と異り、電燈もなく、また冬の間でも暖房はなく、冬ともなれば薄暗い教室で寒さに震えながら、勉強したものであった。席替えで南側の窓寄りになると、大いに喜んだのであるが、夏になると暑さで閉口したものである。当時冬の間生徒の弁当を暖める暖房器が、今の玄関の所にあった。扉を開くと、中に学年の札が付いた金網の箱があり、その中に弁当箱を入れこれを炭火で温め、当番制で運搬を行なっていたが、皆同じようなアルミニウム製なので、よく間違うことなどがあった。

昭和十五年ごろともなると、支那事変もいよいよ峻烈さを増し、学校教育も軍事教育的傾向に走り、物資等の倹約を励行、教科書等も兄姉の使ったおふるを使用し、私は長男であったのに、近所の上級生のものを借りて、よごさないように新聞紙で表紙を包み、使わせてもらったものである。体操なども軍隊式の分列行進や、今日の空手のような建国体操が始められ、高橋義雄先生の指導で、毎朝の朝禮を上半身裸で行ない、いざ戦場で役に立つ立派な体力作りに、大いに鍛錬させられたのであった。

また戦争の拡大と共に応召、入営する人々が日毎に増加し、私達小学生も、こうした出征兵士を見送るべく、手作りの日の丸の小旗を打振って、村社氷川神社に武運長久を祈り、桶川駅駅頭から、寄せ書きの日の丸と、祝入営出征〇〇〇君と云う名入りの襷を十字にかけ、軍帽の顎紐も凛々しく車窓から双手をあげ、歓呼の声や、旗の波に送られて、雄々しく鹿島立ちして行った出兵士の、あの勇姿が幼なかった私の心に焼きつき、今もなお瞼に浮び忘れることができない。こうした出征軍人に私達は学校での綴方や図画等を慰問品として、よく戦地へ送ったものでした。その当時、小学校の飯田精先生が、台湾台中市あけぼの公学校に転任することになり、生徒員全上尾駅頭までお送りし、しばし別れを惜しんだことがありました（昭和十五年四月十八日）その後私達は先生と文通し、先生もまた学校へ、椰子の実や台湾の珍らしい産物を送ってくれたものでした。

昭和十六年十二月八日米英両国に宣戦布告、文字通り大東亜戦争突入となり、先生方も背廣に巻脚絆（ゲートル）戦闘帽に国民服。女子教員ももんぺ姿で出勤するようになった。国民精神の昂揚と身体の鍛錬に重点をおき、体操が体錬科となり武道を推奨し、男子は剣道、女子は薙刀を教課にとり入れ、私達も先輩が作った木刀で、連日剣道の練習に励んだのであった。

こうして学校も戦時体制下に統一され、ある者は満蒙開拓青少年義勇軍として大陸に赴き、またある時は学業を捨て勤労奉仕の農作業にと、まさに一億一心、国民一丸となって、難局に立ち向ったのであった。当時を偲び今にして思えば、時代の移り変わりの余りにも激しさに、驚くばかりです。しかし思い出は思い出として、こうした時代の変遷にもめげず、校庭の一隅にそびえ立つ、千年一色の松の緑のように我が母校の繁栄を心から祈念し、筆を置く次第です。

戦時中の小学生

昭和二十二年卒　新梨子　前島　学

小学校百年の冊子を発刊　するにつき、何か小学校の思い出をと依頼されたので、昔を振り返り我々が育った小学校時代の姿を、心に浮かぶままに綴ってみたいと思います。

私が国民学校に入学したのは、大東亜戦争勃発の年で、昭和十六年でした。それから二十年の終戦まで、戦争時代をずっと国民学校で過ごしたことになります。「光陰如矢」と云う言葉があるが、まったくその通りで、当時のことがまだ昨日のことのように、眼前に思い出されます。これから当時のことを時間を追って、書いて行きたいと思います。国民学校のころの思い出というと、一生懸命勉強したということはなく、友達と良く遊んだことばかりである。

遊びと云っても今の子供と大変違った、伝統的な遊びが殆んどであった。正月は凧上げ、カルタ取り、そして日常は兵隊ごっこ、ベーゴマ廻し、ブッケ（メンコ）ニックイ（林の木を杭にして遊ぶ）夏は今の農協裏の水田の真中を流れる、小川での水泳である。と云っても帰りにあがる時には、澄んだ水の所をみつけ静かに体のドロを、落さなければ衣服が着られないような、きたないところでの水遊びであった。今のプールとは大へん違うわけである。魚類もその頃はエビガニ、フナ、ドジョウなどいっぱいいた。魚とりもよくしたものである。三年生のころになると、私達土地っ子の仲間に、疎開児童が仲間入りしてきた。みな村の遠縁にあたる人々が、都会地から空襲時の爆撃から身の安全を守るために、避難してきたわけである。みなよそからきた仲間は勉強もよくできた。

そして四年になると本土もたびたび空襲を受けた。警戒警報、空襲警報、敵機襲来でよくサイレンが鳴り、避難することもたびたびであった。各家庭では防空ごうをつくり、子供たちも防空頭布をかぶり、よく壕にはいる訓練をしたものであった。五年になると、かっての大日本帝国も敗戦真近になり、もう食べる物も着る物もないというような、人間が生きていく最低条件の中で毎日を過ごした。学校に持って行く弁当はサツマイモだけの子もあり、また麦飯にサツマイモのおかずの子もいた。その頃は勉強という勉強はせず、教科書と言えるような本もなく、藁半紙を渡され、先生が黒板に書くことによって勉強していたようであった。

軍事一色で「敗けられません勝つまでは、ほしがりません勝つまでは」の合言葉の下に、よく学徒動員、奉仕活動にたずさわった。午後からは毎日のように勤労奉仕をした。樫の実を拾い、サツマイモの葉をとり、桑の皮をむいたり、林にはいってススキの穂を採ったり、松やにをとったり、食べられるものはすべて手を加えて食べ、利用した。松やには飛行機の燃料の一部になり、ススキの穂は航空隊員の衣服に使われるということであった。

現在往時の記録をとどめているものには、老朽の木造校舎と二本の大松がある（松にはやにをとったあとがある）私達の子供の頃は物資の貧しい時代の学童生活であったが、しかし思い出として残る、楽しいできごとばかりである。

戦後三十年、今の子供達は恵まれていると思う。G・N・P世界第二位の経済発展を遂げる日本は、物資も豊富になり、日々の生活も豊かになった。子供達の遊びも我々の小学時代とは、大変変ってきたようである反面、自然に親しみ、自然を利用し、遊ぶことが、少くなってきたのではないかと思う。

多くの子供達がテレビっ子である。この頃の子供の仲間、グループにはボスといわれるリーダーもいないそうであり、我々が育ってきた長く続いた上平村時代、農家戸数五百、土地面積五百町歩（500ヘクタール）小学児童数三百五十名の頃とは、大分変って、今や上平小学校も児童数では上尾市内一番の千六百名を越えんとするマンモス学校である。子供達が健やかに育つには環境としては、昔の方が良かったと思うのは、私ひとりではないと思う。

今後の教育、学校管理は非常にむずかしい時代に遭遇していると思うが、大切な人間形成の小学生時代の教育が、健全に発展されるよう祈りつつ、私の小学校当時の思い出を終わります。

思い出のままに

箕の木　湯本　己可子

「上平小学校百年の歩み」の発刊に当って私の在職した当時の思い出を、記してみたいと思います。

私が、母校である本校に奉職したのは、大東亜戦争が始って間もない昭和十七年四月のこと、戦時中に相応しく、その名も「上平国民学校」と言った。校庭に雄大な姿を見せる三本の松の木、校舎は古びた木造校舎が三棟（前校舎残存）他は小使室（一棟の周囲は林や畑をめぐらし閑静そのもので、現在では想像も難しい。通学して来る子供達は大部分が農家の子供で、ランドセル等は殆んどなく、ズック製の背負いカバンや風呂敷が唯一の道具入れであった。

当時は初等科六年と高等科二年とがあり、六十人を越えても一クラスだったため、机がぎっしりつまり、机間巡視も思うようにできなかった。またニクラスの場合は、男女に分け、男子組を「忠組」女子組を「孝組」とするのが一般の分け方であった。

職員組織は、私の尊敬する峰尾金之助校長を始め、教員十二、小使さん一という少数で構成され、冬になると大きな火鉢が職員室に運ばれ、飲むお湯をそこで沸かしても間に合う程の、小じんまりとした家庭的雰囲気が漲っていた。私が初めて担任したのは、初等科四年「孝組」だった。校長先生に導かれて教室に赴き教壇に立った私に、子供達の真剣そのものの瞳が一斉に注がれ、強く印象づけられた。そして若さだけが持つ熱意と勇気を振い起こさせたのは、この時であった 昭和十八年、戦争は日増しに激しさを加え品物不足が目立ち、「欲しがりません勝つまでは」の標語通り、子供達は当て布のズボンや、兄弟譲りの洋服を着て、弁当は麦入りの日の丸弁当や、いも御飯を詰めて来るものが多くなった。教師の服装も、男子は国民服に戦闘帽、足にはゲートルを巻き、女子は廃物利用のモンペ姿で教壇に立つ毎日であった。また高学年は、毎日のように出征兵士を上尾駅、桶川駅へと見送り、午後は出征家族宅の麦刈りや、草取りと勤労奉仕に追われ、教室での落ち着いた勉強等は考えられなかった。そして毎月八日は、大詔奉戴日と定められ、校長先生の時局に関する訓話で、全校生の心を引きしめたものだった。また村社である宮の下の氷川様に、全校をあげて必勝と出征兵士の武運長久を祈願し、健全な心身を鍛練するための合同訓練を行ったのもこの頃であった。

一方、綴方（作文）の時間には、出征軍人に対する慰問文を書き、体操（体育）では、中学年からは、白ハチマキもリリしく、男子は剣道、女子は薙刀の練習。音楽では、軍歌が主たる教材と、戦時色が豊かな授業であった。

昭和十九年、空襲が頻繁となり、少林寺の裏山に大きな防空濠が作られ、決まって四時間目に来る敵機に、子供達は授業を中断し防空頭布に身を固め、恐怖におののきながら無我夢中で避難した。防空頭布は、当時の学用品の一部に考えられた昭和二十年、益々非常事態に陥り、防空隊の陣地が小学校にも構築され、教室には兵隊さんが常駐した。学校が戦場に拡大された感じさえした。そして私達女教師は、男子教師が少なかったことで二人一組となって宿直もした。

同年八月敗戦のうき目に合い、教室で勉強はできるようになったものの、肝心な教科書すら、うすっぺらな紙に細かい活字で印刷されたた非常に読みにくいものであった。ノートもなく、軍隊からの払い下げの通信紙などを使わせた。敗戦の混乱で荒れ果てた世相の中でまた子供達の心もすさび、総ての人々は一刻も早く、平和な国土を築くことだけがその願いであった。 爾来幾星霜、今静かに往時を偲ぶ時、数々の思い出が走馬燈のようによみがえり、感慨深いものがあると共に、生活文化は向上し、我が上平地区の教育も地域社会のご協力により、名実共に立派な小学校となったことを心より祝福し、今後益々繁栄することを切に望むものである。

思い出すままに

本町　小川　完一

「へえ、こんなボロ教室に一年間入るのか、ガッカリ」これが本校での第一の感想だった。廊下の片方が下がって斜めになり、ふわふわして危険なため、児童の歩行を禁止した二教室だけの校舎、それは今の小鳥小屋の辺にあった。その一教室が教師になって初めて入った教室だった（昭和二十四年四月七日）。他に今の第一校舎、その西側に、今はない三教室あった校舎の三校舎が、校舎の総てであった教室数は十、学級数は一学年二学級の十二学級、児童数四百人弱、当然二教室不足、今ならプレハブ教室だが。その頃は第一校舎の東側の昇降口と、今の保健室を教室に改造して使っていたものだった。

石油ストーブを使って、暖かいのが今の教室だが、その頃は暖房がなくとても寒くて、朝掃除の後など泣きそうな顔をしてる児童もいたものだ。 雪の降る量も今より多かったようだ。児童は大喜びで雪合戦をやるが、その後は手が冷たくてよく動かせなかったものだ。

昼食が児童にとっては楽しみの一つだった。各児童が弁当を持ってくるので、用意する時間も少ないし、おかずも皆ちがうので、隣り同志交換して食べあったものだが、今は用意に時間もかかるし、食べるものも皆同じなので、そんな楽しみもないらしく、今日はたまに弁当を持ってくるときは大喜びである。

職員は校長、教頭、担任外、担任の十五人だった。校長は福々しい顔の太ったからだでいつもにこにこし、自転車で三十分乗ってくるとか。いつも汗を流して学校へ来ていた。校長、教頭以外は皆若くて、あの頃は、あんなに遊ぶ時間があったのに、今はなぜいっしょに遊ぶ時間がないのだろうと思う。だから全校児童の半数位は名前を知っていたものだった。今は同じ学年の児童でも知らない子がいる。何とも淋しいことだ。もっとも人数からいえば丁度同数位なのが・・・。 服装は、冬になると上平独特のものだったろうが、服の上に綿入だれの半纏を着ていた。生活の知恵というのか、便利なようにポケットを付けてあった。柄も男は絣、女は花模様が多かったようだ。わらべ人形か女のこけしのようで、とても可愛らしいものだった。教師とて変わりはなく、男はジャンパー、背広なんて着てるのは校長だけだった。

校庭はお寺の竹藪の南端までしかなかった。今のトラックの南側直線あたりだった。その狭い校庭で、六年男子が軟式野球をやっていた。打球がうまく外野に飛んだなと思ったとたんに、ガチャンとガラスの割れる音、思わず首をちぢめる児童、こんなことが毎度のことだった。これも四校（上平、小針、小室、原市小）球技会の練習のためだった。女子はドッヂボール、他に陸上競技もあり、皆夢中になって練習させ、したものだった。

戦後の上平小学校を想起して

縁ヶ丘　奥山　ハマ

私は、昭和二十六年四月、大石小学校より当校へ希望転任した。また、今は亡き夫も不意転で（当時は学校長の権限で、あっさりと他校へ出される事を言ったもの）偶然にも上平中学校へ着任したのが、そもそも上平との縁の始まりであった。

桶川の町はずれから徒歩で、たんぼ道をかよったものだが、半年程たって八百円で中古の自転車をやっと買い、しばらくは朝だけ荷台に乗せてもらった。（今よりは目方も大分へっていたので中古車でも、二、三年は乗れたと記憶している）（今は、他に比べ吾々の給料はよいとは云えないが、共働きで、中古自転車しか乗れない時代ではあるまい。 中古の文字は変わらねど今は「四つハマ」時代に変わったのである。

さて、私の身の上話しはこのくらいにして、当校の学校の様子を想い起してみよう。峰尾平作校長以下十三名の職員で、男女の比は七対七であり、若い男子の先生達は「四Hクラブ」といった村の青年団との交流がよくあったらしく、宿直室（今の職員室隅）や自育室（今の福沢さんの住居）は青年の夢を語る場所でもあり、また楽しい娯楽の場でもあったようだ。今日はどうだろう。小学校を卒業した半年位は学校へたずねて来る生徒はいても、青年の頃になって再び学校を訪れる者はまず皆無といえよう。高校、そして大学へと進むにつれだんだん遠くに去っていく。教師に魅力を失ったのか。それとも勉学の多忙に追われて訪れる暇がないのか、いや時代がそうさせたのか、なったのか？、どのように考えてみても、あの頃の人情がなつかしく想い起こされる・・・。その一つとして忘れられない事は、五年生を受け持ったのが転任して二年目であったが、昼食の時になったらF子が、教室の窓から半身を乗り出し、大声で、「オメエラアー、ヒルメシッコクエトヨオー」と、怒鳴ったものだった。（今時こんな会話は耳にはできないが）当時のなつかしい方言の一つである。

午後の授業になると、男子の殆んどが教室にもどらず、（校舎裏のアオイ団地はさつま畑であった・・）さつまのつるの下に、腹ばいになってもぐり、「頭かくして・・」の見本のようにお尻を出してかくれているのを、何度もむかえに走ったものだった。

また今とは違い、たまの宿題でも、やってくる児童は数人であり、男子ではいつもたったひとりであった。また家庭科の教科が小学校五年から設置され、男子も針を持だされたが、男子のHは「針仕事なんか、みっともない」と、言って一年間何も持参しなかった。

毎年秋に行なわれた四校の（小針・原市・小室・上平）球技大会に参加した選手の自転車の呼び鈴のふたを、三十数個もはずしてしまい、一軒一軒暗くなるまでさがしに行った事もあった。それ程に、ただピカピカ光る物だけであっても、遊ぶ道具として当時の子供達には「それ程にも魅力があったのだろう」おもちゃで遊んでいる、今の子供には全くおかしな、ばかげた話しと笑われることと思うが・・・。

あの年を境にそのような苦労は年々少なくなったが、昭和二十七年、今の第二校舎が建築されたが「ずいぶん立派なもんだなあ」と当時見上げたあの実感は、今も心に残っている。今、鉄筋の校舎から木造に入ると、「こんな古い校舎をよくもまあ・・・」と、湯本先生と話し合ったのも、つい先日のことである。

また甘い物のなかった頃なので、四十円ずつ出し合って、おしるこを、いっぱいの丼に分け合って食べたのも思い出の一つ、「あの時の小豆の買い出し役は、いつも俺だったぞ」と小川先生にもいわれたが「ほんと、ちいっとも知らなかった」とは云え大変だったろうと、今ごろになって想い出されてくる

当時の児童達は今、三十才前後の社会人としてそれぞれ活躍しているのを聞くが、今年も新入児童の父兄として、昔の教え子の顔も見当るが、「先生しばらく、昔と変わりませんねえ」と、おせじを言ってくれる教え子もいれば、「どっかで見た事があるおばさん」と、言った表情の教え子もいて「やれやれ私もいい年になったもの」と、苦笑している現在である。・・・がまだまだ当分は・・・の心意気で張切ると共に、当校の繁栄を祈って、この稿を終りたいと思います

回想

第5回卒　小林　静子

現在のプールの辺りは松林で、そこにどんな時に使うのか平屋の空上場がありました。どっかりと床に腰をおろし膝を抱え込んだ姿勢でプレーヤーを囲む、レコード鑑賞の時間がありました。今でもクラシックを耳にする時、この時の光景を松の小枝越しに差し込むやわらかい日差しや、草いきれといっしょに遠いところで懐かしく思い出します。そして「得意だった数学で高度な問題の特訓を受けた、そして衝立て風に筵が下げてあったね」と話が弾む。レコード鑑賞も数学も全く憶えがないという人もいたので現在の部活の様なものだったかと想像するより手がありません。校外でのできごとを楽しく語り合う友人を見て、時代とともに変貌著しいのは当然ですが、いつの中学生も当時を思い出す時には「楽しかった」となるのでしょう。

私たちの学年は還暦の節目の年に当たり、何人か集まると前述の様に、当時の事がたびたび話題になりますが、記録と違い、記憶は自分に都合良く塗り変えてしまう事があるので、平屋も衝立ても確認してみたい気持ちになりました。

私達の年令になると通学区内であれば親子二代は珍しくなく、或る時、息子達教人が玄関辺りの掃除をしていました。大きな生徒の中に箒を手にした校長先生の姿もありました。元気な生徒達が使うのだからザラザラは仕方ないと思い込んでいたのに、次に伺った時、玄関はなめたが如くきれいになっていて、歴史が書き替えられた瞬間に立ち会った様な、素敵な思い出も頂きました。これも、すでに二十年も前の事になりました

永遠の青春我が母校

第8回卒　村田　宏明

卒後四十二年、中学校周辺の環境は大きく変わり、当時はまだ少し残っていた武蔵野の面影はない。

昭和二十六年入学当時、中学校の北側には県立農業試験場があり、中山道から試験場の正門に向かって立派な銀杏並木があった。中学校は公道と土手で境され、木造二階建て校舎で、グラウンド南隅に立派なバックネットがあり、その裏手には数本の大きな松の木があり林になっていた。その隣にバレーコートがあり、東邦レースの塀と接していた。東側の土手を出ると、学校の家庭科自習用の畑があり、そこで収穫された小麦で作ったコッペパンが、秋の運動会の閉会式に皆に渡されたことが思い出される。

このように当時を思い出していると、教室での先生達の授業風景も声も、また級友達の顔もはっきりと目の前に浮かんでくる。教壇上のナベさんの声、冬の授業中のナベさんの体操、チャボさんの社会科、テントの理科授業等々どれもが今となっては遠い日の懐かしい思い出である。

クラブ活動として忘れられないのは、サッカー部の誕生である。村山先生の指導によりサッカー部が創立され、階段下の小部屋が部室として使用が許され、ドアの戸にＳＡＣＣＥＲ　ＣＬＵＢと看板を掛けたこと、夏の練習後、皆で自転車に乗り平方の荒川に泳ぎに行ったこと、北足立郡体育大会に出場し、大宮サッカー場で戸田中学校と試合をしたことなどが思い出される。我が母校上尾中学校は、自分にとって永遠の青春である。

夢にまで出てきたテスト

第十回卒　山口　弘江

上尾中学校を卒業して四十年になります。懐かしいというより、もうそんな年月になってしまったのかと思う方が先です。私は現在、上尾中のすぐそばに住んでおります。ですから、チャイムの音、マイクでの放送等いろいろな事が伝わってきます。また、家の前の道をマラソンしている中学生を見ると、やはり昔を思い出します。

どちらかというと勉強は駄目でしたので、運動場で野球・陸上・バレー等をしている中学生を見ると、私にもあんな時代があったのだなあと胸が熱くなります。

今の校舎の東側二階を入れて八教室は、私たちが三年生の三学期にできましたので、そこで学びました。教室での思い出は、この年令になっても夢を見るのです。先生に指されてわからなくていらいらしたり、試験の問題がむずかしくてあと五分という時に夢から覚めます。なぜ一生懸命勉強しなかったのかと、いまだ後悔しています。

三年くらい前に、中学の時に一番仲のよかった友達と、上尾中の校庭で語り合いました。夜の八時頃、星を見ながらです。Ｓ先生にあの場所で怒られた、Ｍ先生には井戸端でビタミン剤をもらったね、そして用務員さんの部屋で、Ｄ先生に二時間ぐらいお説教をされたね、とか、なにも悪いことをしていないのにＫ先生の勘違いのためにその友達とけんかをしたりして・・・

本当に思い出の場所が目に浮かびます。ちなみに初恋も上尾中の時です。ああ、懐かしい、懐かしい・・・　十月には、場所こそ違いますが同期会があります。本当に仲のよい十回卒業生です。

上中との三度の縁

第十一回卒　日吉　充

一人で三度も母校にお世話になったのも珍しいと思います。昭和三十年に入学し、昭和四十年に初任者教師として、また平成二年九月には新任教頭として着任したのです。この間、母校は大きく変化しました。変化とともにいたように私には思えます。

入学当時は現在の校舎や体育館等はなく、廊下によって南北にふり分けられた二階建ての古い木造校舎でした。廊下をはさんだ北側の教室は一日中陽が当たらず、冬の寒さは破れたガラス窓から入り込む北風とともに私達を震え上がらせました。手袋をしたまま授業を受けさせてくださった先生に感謝したものでした。今、中庭にある松が当時の玄関の脇にあった松ではないかと思います。校庭を東西に横断する雑木林があり、その中央に相撲の土俵がありました。雑木林の南側がテニスコートでした。また新校舎と呼ばれたクリーム色の鉤形に配置された木造校舎が理科室、美術室、保健室で、美術室は二教室をぶち抜くと講堂にもなりました。そこで演劇の発表会（杜子春）をやったことを鮮明に憶えています。今はその新校舎もなくなりました。私達が卒業する年に現在の南校舎の東側数教室分があの新校舎の前に建ちました。なんと鉄筋コンクリート二階建てです・・・誇らしく思いました。　昭和四十年、教師として着任した時、雑木林はすでになく、翌年わずかに残った松林の地に体育館が建ちました。同時に旧校舎の裏に鉄筋三階建ての現北校舎が落成し、思い出深き旧校舎がとりこわされたように記憶しています。感無量でありました。

思い起こせば懐かしいことばかり

第十二回卒　吉川　公夫

平成八年七月二十日、上尾東武サロンにおいて上尾中学校第十二回卒業生（昭和三十二年度卒）の第四回目の同窓会が八年ぶりに開催された。中学一年の時は、「神武景気」が始まり、それまで霜よけのためタンガラを敷きつめた校庭を裸足でサッカーに興じていた我々も、好景気の恩恵により運動靴を履くようになり、足の裏がタンガラを踏んだときの痛さから解放された話。　中学二年になると、人工衛星スプートニク号の打ち上げがあり、また、南極のオングル島においては昭和基地が設営され、我々の冒険心が掻き立てられた話。そして、中学三年になると好景気が一転して「なべ底景気」になり、経済に関心を示した話、等々尽きることなく、彼方でもこちらでも想い出話の華が咲いたものでした。

また、我々が入学した当時は、校庭が広々としており、東邦レースとの境に雑木林があり、武蔵野の面影が少しですが残っておりました。台風シーズンになると、農業試験場や片足団地の田圃が一面水浸しになり、怖かった記憶がいまだに鮮明にあります。

昼食は、学校入り口の松本文具店（同級生）でコッペパンにコロッケとかメンチを挟んだもの（今でいうハンバーガー）を買って立ち食いをしていたものでした。　当時の味わいは、いまだに忘れることができません。また、我々が卒業した直後の、昭和三十四年四月十日、皇太子殿下（今上天皇）と美智子さんの世紀の結婚式が挙行されたのも、楽しい想い出の一部です。

牧歌的だった学校周辺

第十四回卒　遠山　正博

祝五十周年。当時の上尾中学校の周りは、牧歌的な風情で、生徒に農繁期休業が認められていた時代であった。校舎東側は、埼玉県農事試験場があり、我々にとって楽しかった事は場内にあった池で小魚を釣ることで、よく釣れた。夏は水遊びの場と化した。当時上尾市内ではプールは埼玉学園にあっただけで他には無く、使用することは当時高嶺の花でした。北側は雑木林で秋になると山栗が良く採れ、用務員さんが茹でてくれて食べたことを記憶している。校内南側に赤松林があった。年一度の学校内除草作業では全生徒が鎌を持ち寄り、除草した草などをここで焼却した。

冬は校庭に霜柱が立ち解けたドロドロの土の上でサッカーやランニングをしたことは楽しい思い出の一つでもある。

校舎は木造二階建て。新校舎があったが、木造校舎は廊下をはさんで南北に教室があり、入学すると北側教室で当時暖房は無く、冬は大変寒く早く二年生になって、南側の教室に入りたかった。

上尾市内小・中学校の中で初めてビクター製ステレオ再生装置が購入された時、大変驚いた。それは私だけではなく、音楽担当教諭の神藤先生も同様で悪戦苦闘の末、三十センチＬＰ盤を使用し左右のスピーカーから「ペルシャの市場」が音となり流れ出た時はその臨場感に感動した。それがきっかけでオーディオの世界にのめりこみ現在も真空管を使用し設計・製作調整と原音再生に心がけ、アナログ再生で愛聴している。

五十周年に当たり心に残る事柄を記してみた。現在は、施設はもとより教育面等充実した環境下で勉学できることは大変喜ばしく、このような環境を作って下さった関係各位に敬意を表すとともに感謝をいたします。最後に皆々様方のご健勝ご多幸をお祈りいたします。

夢と希望に溢れた時代

第十四回卒　矢島　通夫

昭和三十三年四月から三十六年三月までの在学で、五クラスでした。一年の教室は、木造二階建ての旧校舎でした。西側の一部を開校したばかりの上尾高校が使っていました。廊下にベニヤの仕切りがあり、雑巾などを投げ合いました。一階中はどの教室が部室になっていました。体育系のいくつかの部が雑居していました。二・三年のときは、真新しい鉄筋コンクリートの新校舎でした。今の体育館辺りに松林があり、その南側は原っぱになっていました。校庭は、手前に二〇〇メートルトラック、南に野球場があり、陸上・野球・サッカー部などが共用していました。東にはバスケ・バレー・テニスのコートがありました。

学校の周囲は、南が東邦レース、西は住宅、北は山林、運動公園の所は県立の農事試験場があり、たくさんの農作物が栽培されていました。東は畑と山林でした。のどかな自然に囲まれた、ゆったりとした環境でした。部活は活発でした。当時は、上尾・桶川・伊奈の九校で大会を行ない、その後、郡・県体がありました。二年から、市・県体になりました。自分は陸上部で、九つの中学をめぐる駅伝は圧巻でした。ミッチーブームでテニス部に人気が集中しました。

夢と希望に溢れた時代でした。思い出を列挙すると、「有楽町で会いましょう」、東京タワーの完成、栃若時代、長嶋デビュー、「ララミー牧場」、「ローハイド」、榛名山、伊豆・箱根への旅行等々つきることがありません。バスの中でみんなと歌った「アラモ」が妙に懐かしく思い出されます。

現代の後輩に望むこと

第五回卒　清水　一男

当時、新生中学といわれた上尾中学校も今年で五十周年を迎えるとのこと。上尾市（当時、上尾町）に生まれ育ちました上尾中五回生（昭和二十六年度卒）の私も還暦を迎えることとなり、感慨もひとしおであります。

上尾がふるさとの私にとって、上尾中は上尾小とともに、少年時の最良の思い出の場所であります。

私たちが在校時の上尾中は、場所は現在の所と変わりませんが、校舎は木造二階建て（軍需工場の寮だったとのこと）、校庭には雑木林の名残の赤松の木などが点在していたり、学校の周りが土手で囲まれていたりしたことが思い出されます。同時に校庭で、できたての今の校歌を音楽の先生について、かなり厳しく練習したことなど、また、現在ではどうかと思われる「進学組」と「就職組」とにクラスが分かれて勉強したことなどが、思い出されます。（当時、他の町より上尾中に行こうと越境入学して来た生徒もありました。）今の上尾中について感想を記しますと、時代の反映でしょうか、生徒はまじめで礼儀正しく、おとなしいというのが私の感想ですが、へんてこりんなＯＢの私から望むことがあるとすれば、もう少し覇気を持って元気でにぎやかに三年間の在校を送ってもらい、より良き思い出を数多くつくって卒業していっていただきたいと思います。

あの頃の仲間と作る「二八会」

第七回卒　笠原　利一

まだ校庭に林が残っている頃の卒業でした。大きな赤松が数十本ありました。今のプールのある辺りです。校舎は真ん中が廊下の二階建て一棟。冬は北側教室は寒く、ダルマストーブが各教室に入っていました。一学級はA組からE組まで、北は緑が丘のはずれ、春日、谷津あたりからも通学しており、旧上尾町全域からの通学でした。遠い生徒には自転車通学が許可され、通学時の指導など行われました。まだ自動車もさほど多くなく、交通事故も少なかった頃です。

高校進学も今のように大変ではなく、のんびりのどかなものでした。学校東側に県の農事試験場があり、休み時間などよくいたずらに出かけ、先生に怒られた事を思い出します。同窓生二百数十名。今でも二八会という名で、気の合った同窓生が集まり、ゴルフ、小旅行等、年に数回行なって親睦を深めております。呼び名も昔のままどこどこの何々ちゃんという具合です。私事ですが子供三人も上尾中にお世話になり、孫もでき。子供達も中学時代の友人と今でもお付き合いをしている様です。

中学時代私は野球部に所属していました。それが長い人生のなか、今でも大変役に立っている様に思われます。修学旅行や対外試合等、四十数年たった今でも良い思い出となっております。最後に、創立五十周年、おめでとうございます。

大石中の想い出

栗原　重敬

私が大石中に勤めたのが昭和二十四年十二月から八年三ヵ月、当時の校舎は木造二階建で外側につっかえ桂があったので、他の中学生がつっかえ校舎といったものである。職員も教員養成所の卒業生が足りなく、いろいろな職業を持った人の中で資格のある人が教鞭をとっていた時であった。当時の思い出は沢山あるが豚を飼っていたこと、ひばり山にさつま芋を作っていて、「オリエント」の中古三輪車で運んだこと等が思い出される。

特に雪が降ると、今の大正製薬の用地付近小敷谷原を三輪車で引っ張ってスキーをしたことと、上り山付近の雪合戦は、今では想像出来ないことだと思う。尚当時は車の台数は少なく二輪車は貴重なもので、自転車旅行、マラソン、鎌北湖の夜営等にも利用されたものである。

当時の大石中の特色は何といっても、大石小と前後して建てられていたことで、市の中で唯一の小・中隣接の学校であった。もっとも当時は合併前で大石村立大石中学校であった。校庭も広く校舎前にテニスコートがあり、バレー、野球、陸上競技部も強かった。又体育祭の名物が仮装行列、一般参加の盆踊りで、特に仮装行列は名物の一つであった。当時の生徒の服装は、男子は黒の詰襟の学生服で、学生帽をかぶり、女子はセーラー服であった。又修学旅行は、箱根、修善寺が大半であり箱根の場合は強羅より湖尻まで大涌谷を通って歩いたものである。

大石中創立当時

三澤　重雄

戦後五十年、新制中学が発足して五十年大石中も場所を移して、今後も発展して行くことを期待して止みません

この度上尾市立大石中学校が創立五十周年を迎え、ＰＴＡ並びに実行委員会の方々のお骨折により記念誌が発刊されることはまことに意味深く心からおよろこび申し上げます。この五十周年を機会に創立当時を想起してみたいと思います。

戦後の教育制度改革により中学校が新設されることになりました。しかし敗戦による物資欠乏時代純農村の大石村で校舎を新築する余力があるわけではありません。幸か大石大谷平方での組合立青年学校が現在の太平中にありました。この広い校地と校舎での組合立中学校案と、単独中学校案があり村議会も紛糾していました。

当時青年文化会という団体があり、私も所属していました。この文化会が組合立か単独がよいのかの世論調査を行いましたところ圧倒的に単独であり、この結果を村当局に申し出単独設立が決定したのでした。村当局は財政事情の苦しい時代でしたが、市内で一番早く農協の土地を借りて大石小学校北側に、桶川にありました三井精機の二階建建物を購入改造して校舎を建てました。

やがて都市化の波にのり狭くなったのと老朽化したので現在地に移転したのでしたが、またも狭隘となり校舎も不足し不便をおかけしています。この間先生方ＰＴＡの方々のお骨折りにより幾多優秀な生徒を送り出していただき、まことに感謝に堪えません。

現在は学校教育を含めて教育全般が大きく変わろうとしています。それは一千一世紀に向けての改革なのです。どうぞ新しい時代を担う生徒育成のため先生方ＰＴＡの方々のご活躍をご祈念しお祝いのことばといたします。

追憶

昭和二十三年卒　高橋　晴美（旧姓・日吉）

十年一昔と言いますが、私達第一回の新制中学卒業生は早くも三十年の歳月を過ぎて参りました。大石中学校三十周年記念誌発刊にあたり当時をしのんでみたいと思います。終戦から二年目にして六・三制が施行されると同時に男女共学となりました。国民学校高等科二年を卒業して男子生徒七名、女子十五名による一学級が中学三年生として進級しましたが、小学校の校舎を借りての不自由な授業でした。先生も足りず、男子と別の授業は（体育、音楽、図工）二年生女子との合同授業で何かしら肩身のせまい様な窮屈さを感じた事でした。

そして戦時中の教育を受けて来た私達（四年生から男女別）に共学という事になじめず、一年間男生徒とは対話らしい対話もなく終ってしまいました。当時は進学する人も無くのんびりした勉強で、テストになると先生に試験問題を教えて戴き、それを暗記して試験に臨みそれでも百点が取れずに一喜一憂したものでした。

楽しく思い出に残るのはやはり修学旅行でしょうか？　初めて県外へ一泊した日光、それも行きは貨物列車に乗っての旅でした。それまでは乗物に乗った旅行は一度もなかったのです。

敗戦から立ち上がって復興は急ピッチで進んでいましたが、当時は資材もなく食料もなく勉学のかたわらもっぱら食料の増産に励んだのです。多くの友達は家業を手伝っているのに私達だけが学校に行っている事が恥ずかしい様な気持ちで、家では働くことが第一で自分の勉強は夜だけでした。

当時は全国一を誇る様な大麦と甘藷の生産県で春と秋の農繁期には学校も一斉休校となり、大人達と一緒に終日麦刈りに甘藷掘りにと精を出したのです。今の中学生には想像もつかないかも知れませんが、衣料も食料もすべて配給制で非農家の方は僅かな米と甘藷が主食だったのです。ラジオからは「農家の皆さん今晩は、一日お仕事ご苦労さん」と農家向け番組があって、これで英気を養い生産意欲をかき立てたのでした。童謡「ミカンの花咲く丘」が歌われたのもこの頃でした。巷には素人演芸が大流行して、今日はこち明日はあちらと見て回り、大人達への憧れを抱いた一時期でもありました。只一つ残念だったのは新校舎建設の地鎮祭に参列し、上棟式にも参加しながら、とうとう完成を見ずに卒業してしまったことです。

三十年の間に結婚そして育児に子供の教育に打ち込んで参りましたが、やがて社会人となる我が子に、私が身をもって体験して来た労働の尊さ、物の大切さ、生産の喜びと言うもの、そして礼儀、これだけは覚えてもらいたいとおりにふれ話すのですが、消費者は王様等と踊らされて、使い捨てを当然の事として育った今の子には容易に通用しそうもありません。

平和で豊かな現在の生活を送りながらも、当時を振り替えると、つつましく質素ながらも気持ちにゆとりがあり、人情も厚く隣人愛に助けられて暮した昔を懐かしく思いますが、急変する現代社会に遅れない様に頑張りたいと思います。

（大石中学校創立一二十周年記念誌より）

思いだすままに

昭和二十四年卒　小山　久子（旧姓　篠田）

大石中学校の創立五十周年を心からお祝い申し上げます。戦後の極端な物資不足とインフレという経済の混乱期の中、大石小学校の校舎の一部を借用して動き出した大石中学校は、五十年の歳月を経た今日、場所も変わり、りっぱな校舎を有する学校に発展しました。これ迄に培われた輝かしい伝統と校風はいよいよその光を加えてゆくことと存じます。当時の中学校は、校舎も校庭も、教科書も服装も、どれ一つを取り上げても貧しい時代を反映して実に粗末なものでした。木造のすき間風の入る板張りの校舎で、それぞれに個性ある恩師の面影も忘れ得ぬ懐かしい思い出であり、その教えを基に人となった今、感謝と敬意の念を新たに致します。

当時藤波からの通学路は砂利道で、今の大宮ゴルフコースは、戦争中、軍の物資が保管され、戦後進駐軍が駐屯しており、中分の方を迂回して通学した記憶があります。クラブ活動は私は卓球部で、放課後昇降口で練習し、他校との試合で、桶川中、上尾中等へ行き、県大会は浦和一女で、当時来日していたヘレンケラーの記念バッジをいただきました。その頃は部活が楽しくゲーム感覚だった様で、期末テスト中に練習し先生に注意を受けた事もありました。

私自身、中学三年の二学期肋膜炎を患い、栄養も取れず薬品もなく、ビタミン注射を保健のH先生にしていただいておりました。現在ではとても考えられない時代でした。最後に五十周年をお祝いし、大石中学校の今後の益々の発展をお祈りしております。

松籟のBGM

昭和二十五年卒　萩原　藤七

「アレッーナンダコリヤーツッカイ棒だらけの学校じゃねえの」「オレラが一番にヘエル学校」だけに、六年生の自然児達の関心はもっぱら新築中の校舎の仕上がりだ。

「中学校」と言う晴れがましくスマートな呼名には、校舎もスマートなのがいい。しかしだんだん仕上がってくる校舎は、そうでもないようだ。ヒョロリと背の高いのは文句はないが、等間隔で斜めに取っつけられた無数の筋交いはチョットしたイメージダウンだ。まるで百足の足か、ツッカイ棒の様に見えるのだった。「フーン」「マアイイカーオレラの学校だもの」。純朴な自然児達に、こだわりはあまりないのだ。

その校舎は、西の方、つまり正門の入口あたりから見るのが、一番格好が良かった。それも午後遅く、金色の夕日が燦々と大地を染める頃が、一段と立派に見えた。

校庭に隣接する屋敷林の亭々と繁る赤松の巨木群を背景に、長城の様に聳える校舎は、そのまゝ絵画の風格さえあった。しかしそれだけではなかった。

こゝには老松の巨木群の奏でる松籟が終日あったのだ。胸を熱くして力んで入学した新制中学校の三年間の月日は、子供達にはあまりにも短かった。楽し過ぎたから短かったのだろうか。

十五歳の春にはもう荒々しい大人の社会に押し出されていたのだ。そして「人間はただ黙って働くものだ」と覚えるのにはあまり長い時間は必要としなかったのだ。

通学路を並んで登下校する学童や自分の孫の姿にあの頃の自分をダブラせている時、金色に染まった校舎と松籟が鮮明に浮かんでくる事がある。私は幸せなのかもしれない。

思い出

昭和二十六年卒　友光　道教

大石中学校創立五十周年おめでとうございます。「昭和から平成へ」と時代が移り、母校が五十周年という節目を迎えたことは、卒業生のひとりとして大変感慨深いものがあります。「光陰矢の如し」とか申しますが、ほんとうに歳月の流れは早いものです。

今、手元の昭和五十三年三月発行の大石中学校創立三十周年記念誌を見ています。「三十年のあゆみ」には、同窓の人々が様々の分野で活躍されており、心強く感じます。あれから、二十年が過ぎ、平成八年三月には卒業生が一万名をこえるという。今更ながら、大石中学校の伝統と卒業生の層の厚さを改めて感じる次第であります。

さて、私は、新制大石中学校として開校した翌年、昭和二十三年四月に入学し、昭和二十六年三月、第四回生として卒業した。この時代は誰もが時代の波に翻弄されながらも一生懸命、勉強に励んだ頃でありました。大石中学校が開校した大石小学校の間借り校舎で粗末な机と椅子だけの授業、待望の新校舎に移転し、学校には、自由闊達な気風が生まれ、誰もが明るく伸びやかな良い時代であった。今、振り返ってみると大石中学校開校間もない中学生時代の三年間は、いろいろな面で私を支えた基礎づくりの時期であり、多くの幼友達と今日に続く友情を培うことができた大切な思い出多い時代であった。

思い出

昭和二十七年卒　河原塚　重明

昭和二十四年希望に胸踊らせ入学したのがついこの間の様な感じがする。現在旧大石中学校敷地には思い出に残る物がないのが残念です。しかし、ここで学んだ三年間は脳裏に焼きつき消えることはありません。特に文化祭、野球部の思い出は強く残っている。

文化祭では、一般作品展示物だけでなく人寄せの催し物をと先生生徒が一緒に考え「お化け屋敷」を作ることに決定、御面衣装等は御神楽師宅より拝借、入場券は生徒作品のバザー売上げ増を考慮、買上げ証書で行われた。お化けの生徒も入場者も一体となり楽しく文化祭を盛り上げ大成功を修めた。

又展示物は各部競い合い理科部、化学部等では準備のため学校に泊まり込み、学校のクラブ活動を父兄の皆様にアピールし多数の質問等されドギマギしたことを思い出します。

夏休みに各々寝具、食料等持ち寄って中学校校舎内で合宿が行われた。朝方のランニングから夕暮れまでの練習は体力の限界までの感があった。しかし、日中の休憩時の先生、先輩の社会の話、夜の就寝前の雑談の一時、いつしかゆうれいの話、特に先生の講談調の怪談は肝が上がったり下がったり、終ってから先生の夜中起床号令でお寺へ行って卒塔婆を持ち帰って証拠とする等、打ち合わせ後びくびくしながら昼の疲れで深い眠りにつき、何事もなく朝の起床時になった安堵感。

このような学校生活の中で、先生先輩後輩の関係、同級生の太い絆が生まれ智力、体力、肝力を養い得る一時期に楽しい思い出が多い。昭和二十年代と社会的背景が異なり学習偏重に疑問を感ずる昨今であるが楽しい良い時代であった。

追憶

昭和二十八年卒　田中　進

戦後間もない昭和二十二年大石中学校は、小学校の一部を利用し開校され、やがて開校五十周年を迎える。

当時は、世の中が戦後の混乱の中にあり戦前の教育が大きく転換し、民主主義の普及と共に、新たなる教育が取り入れられ、方向の定まらぬ混乱期であった。その後新しい校舎も出来少しずつ定着した。このような時期に入学した私達は方向の定まらぬ中での学校生活を送らざるをえず、おもうような教育を受けられず学力の低下はやむをえなかった。教材はもとより、教える立場にある先生方にも、とまどいがあったものとおもう。

したがって地域によって、あるいは学校間においても生徒の学力の差は大きく、私自身その後の学生生活に大変苦労した思いがある。特に外国語の遅れは大きく、今思い出しても当時勉強した記憶がほとんどない。後に高校、大学と進むにつれその影響は大きく、同級生に遅れないように無我夢中で勉強したことも今となっては懐かしい思い出である。

中学時代は、わずか三年間という短い期間であるが、その後の人間形成に大変重要な時期であると共に、将来に大きく影響する時でもある。それに引き換え現在は教育施設も整い、恵まれた環境の中で勉強できる子供達がうらやましいかぎりである。今後益々の発展を祈りたい。

想い出

昭和二十九年卒　串橋　重子（旧姓・吉沢）

季節の移り行く中で、過ぎし日の想い出は心に焼きついて離れる事はありません。先ずは五十周年の歳月に感謝して心からお祝い申し上げます。省みれば人生には数々の出来事が山積され、それを取り除く事の難しさを実感しています。そんな生活の中で一番懐かしく楽しかったのは中学校時代でした。

一年の時の部活で試合前日に選手が退部してしまい試合が出来ず、私がその参謀だと言われ廊下に立たされ、部活の先生に往復ビンタを二、三回もらい痛いのより恥ずかしいのが先でした。二年生ではバレー部に入り選手になる事が出来ました。一年生の時の分まで頑張り、先生にも認めてもらえて、かなりしごかれその度にファイトに変り好成績でした。暗くなるまで部活をし家に帰ると体もぐったりしとしていると、又母達に「そんなに腹ぺらしをするなら畑の手伝いをしろ」と言われ、むっとして食事の仕度をした事が何回となくありました。兄弟の多い中で多少の摩擦は励みになり、兄弟愛の中で育ち、今日みたいにいじめにも会う事もなく悩む事もなく過ごす事が出来た中学校時代は私にとって忘れる事の出来ない時でした。

放課後になると進学組と就職組と在村組に別れ、三年になると部活も止めてそれぞれの道に踏み出しました。進学組をねたんで中にはいたずらをした生徒もいましたが、特別な事もなくそれなりの事をどうにか通りぬけられ年を重ねた今は、あの時の事が懐かしく想い出はつきる事なく胸の中にあります。そんな楽しい生活を送る事が出来たのも先生始め育ててくれた父母達に今は感謝の念でいっぱいです。大石中学校五十周年を心からお祝い申し上げます。

昔と現在

昭和三十年卒　成田　近光

月日の流れは早いもので私が大石中を卒業して早や四十年、過ぎし日あの頃を思い出してみると、当時の母校である大石村立大石中学校は現在の大石小学校敷地に瓦屋根の木造二階建一棟の校舎でした。冬になって北風が吹くと足元が冷え込み、カバンの中から本を取り出してそのカバンの中に足を入れ勉強した事もありました。

あたりは見渡す限り雑木林や畑で、通学路は人通りも少なく、林の中ほど迄くると、心細くなり走って通り抜けたものでした。今は人家も増え、車の往来が激しくなって、事故にあわない様注意して帰宅するのが現状です。当時は課外授業では進学、就職、家業の手伝いと三つの進路に分かれており、私は進学コースを選びましたが、事情によりコースを変更して、卒業後は兄の経営する工場で働き現在に至っております。　昔は技術を必要とし手作業で仕事をしていましたが、現在は機械もコンピューター化し能率は上がったものの、操作は複雑でとても苦労しています。今思えば学生時代一生懸命学んでおけばよかったと後悔しています。

現在の中学生の皆さんは授業の外にクラブ活動、塾通いで毎日大変ですが、元気でガンバッて大石中時代の思い出をいっぱい心の中に詰めこんで社会に巣立っていってください。

最後に大石中創立五十周年おめでとうございます。

この時代は人間形成の大部分

昭和二十二年卒　藤波　求

先ず百年誌発刊大変おめでとう御座居ます。寄稿の機会を得て感激しつつ筆を取りました。

この時代は本当に純粋な時代であり、今の自分の姿には想象出来ない程純粋そのものであったはず。中学、高校と違って周囲の影響も受け難い時代でもあると思う。この機会にふり返って強く印象に残っている事は、自分の人間形成の何割かの部分を占めるものがある。

その一、二に割方人前で話したり、やったり、恥かしさを知らない部分、そして強靭な身体はその頃形成されたと信じている。

当時毎年開催された学芸会に参加し、踊ったり、話したり、跳ねたり、又騒ぎ過ぎて廊下に立たされたりが、良い意味で今の自分に作用していると思う。自分達のその頃は、先生は大変怖い存在であった。しかし、尊敬もしていた。

親も子供は先生に預け放し、勉強はそこそこで夢中で遊び運動した。だが今の小学生の姿には百パーセント感心出来ない。

この頃から塾だの家庭教師をつけるのでは伸び伸び育ち強靭な身体が形成されるだろうか。もっと遊ばしてよいではないか。

それにあの頃は他人に迷惑をかけたり、約束を破ったりすると大変な叱りを受け、時には体罰も受けた。それは愛のムチでもあった。それが今はどうだろう。親が子供の教育、しつけも出来ぬくせ、学校、先生の批判はする。愛のムチなど通用しない。その辺に問題ないだろうか。古い感覚かも。私達の時代と社会的構造、教育観念に違いがあるかも知れんが、それは別にしても、小学校時代はよく遊び、よく運動して、中学校に勝負をかけ、勉強に精魂だしてほしいですね。

追憶

昭和十七年高等科卒　篠田　光司

大石小学校開校百年というが、ここに百年を振り返ってみたとき、おそらく、三世代、又は四世代の人々が学んでいることなのです。明治、大正、昭和と、優れた伝統と校風に馴染み、卒業して立派な御活躍をされている人、又は、業績を残した人も大勢いることと思います。

教育制度は戦前戦時戦後というように、百年の移り変わりはあることですが、児童の成長は変わることなく、良く学び体力を鍛えて、確かな人生の基盤作りだと思います。

私達は平穏な昭和九年に小学校に入学しましたが、四年生の時の七月七日に支那事変が起り、学校生活は戦時体制に変わり出征兵士を見送りに何回となく駅まで日の丸の小旗を持って先生に引率されて行きました。

戦死された兵隊さんの遺骨迎えにも駅まで行きました。

又、学校の作文の時間には慰問の手紙を書いて戦地へ行っている兵隊さんへ差し出しました。

未だ小学六年生でしたが兵隊さんの武運長久と戦争の勝利祈願ということで開校以来始めて伊勢神宮、奈良、橿原神宮、京都と三泊の修学旅行で関西へ行きました。

偶々その年が紀元二千六百年で、日本中いろいろの行事が行われました。当時記念に植えたと思います。唯々走馬灯のように過ぎ去ってしまった四十五、六年前の忘れ懸けられた事を想い出して書いたので文章になっていませんが御容赦願います。

おわりに人生の基盤を培ってくれた我が母校大石小学校の益々の御発展を祈念してやみません。

思い出

昭和十四年高等科卒　田中　喜一

大石小学校の百周年おめでとうございます。約半分の五十数年前、石の校門をくぐり赤い屋根が一年生の校舎でした。下駄箱の上が銃枠であったため、軍事教練を終わった青年学校の生徒で混雑の中をくぐって教室に入ることが多かったものです。

毎月一日は全校生徒が八合神社に参拝に出かけました。「宮城遥拝」とラジオ体操は毎日の日課でした。中央ワタリ廊下につるした鐘の合図が今でも聞こえてくるように思われます。

土曜日の帰り道、すみれを摘み、わらびを取り麦笛を鳴らしたり遊んでいると、カバンを肩から尻のところまで下げた上級生に追い越されます。

十二時になると「ポーー」と大宮警察のサイレンが聞こえてきます。これに呼応してか農耕の朝鮮牛が「モーー」と畔の向うのあちこちから聞こえてきます。

昼に帰る牛車にわれ先とぶらさがり時々牛糞を踏んで大さわぎ。黄金の波、台風のあとの栗拾い、川と化した道路にズボンをまり上げてどじょうとり、澄んだ日には昌福寺の森のわきから川口の無線の鉄塔が見えました。

きれいな空気静かな農村二年生の時特別大演習があり仲仙道が舗装され他の道は霜どけで難儀しました。

秋の運動会、三学期の学芸会、十一ケ町村の競技会、グランドの、今はなき三本松が目に浮びます。日支事変突入後は、出征兵士の駅までへの見送り、上空には川田谷から飛んでくる練習機、戦死者の増加、戦争へと突入していく物資欠乏の時、体力作り、農業実習、忍耐力の養成など、規律正しい中にも思いやりをもつ心豊かな小学校生活が懐しく思い出されます。

想い出

昭和九年尋常科卒　栗原　重敬

昼近くなると、教室の片隅から沢庵の匂いがただよって来る。給食がないので冬は弁当箱を暖飯器に入れ暖めていた。特に二月正月の頃は餅の間に沢庵をはさんで暖めるので一段と強裂な匂いであった。低学年の時は上級生が、小使室でおこした炭火を運び、大きな木枠の火鉢を暖飯器に入れてくれたものである。

私たちの頃は、学校では「ドッチボール」家に帰ると鉄の輪入った「こま」廻しが盛んであった。特に「ドッチボール」は記憶している。

当時の先生はきびしく木村先生の「大砲」か「機関銃」かは、今だに強く印象に残っている。大砲とは皮のスリッパーで生徒を四つんばいにして、大きく叩くことで機関銃は文字通り小さく数多く叩くことである。私も一回この大砲に接したが、決して頭や顔をなぐったことはなかった

生徒と先生のつながりは、今より暖か味があった様に思う。先生の下宿や家を訪問したり、手紙のやりとりをしたり、まんじゅうや、餅を届けた記憶もある。

また居眠りをしている生徒を団扇で「あおって」くれた先生もいた。

当時は、進学する者も少なく、クラスで五〜六人であったと思う。受験の時でも家の人でなく、先生が引率してくれたこともある。

時移り砂利道がなくなり、林も少なくなり、田んぼもなくなって環境が大分変って来てしまった。然し大石小学校の中にまだ昔からの樹木が何本かある。私は、開校百周年記念を機に、この樹木を保護して行きたいと思う一人である。

思い出

昭和三十年卒　高橋　宏子（旧姓・山崎）

大石中学校を卒業して、はや四十数年が経過しました。当時の木造二階の校舎は、今ではその姿を見る事をできません。又ほとんどの家庭が農家でしたので、春と秋の収穫時には一週同位づつの農繁休みがあり、朝から晩まで裸足で真っ黒になって働きました。

そんな中でもクラブ活動は行われていて、私は卓球部に入っていました。そして、放課後には毎日教室の机と椅子を後に片付けては練習をしていました。また部会大会といって、桶川中学校の講堂で大会があり、私たち卓球部は優勝をしました。

その後、県大会が浦和第一高校で行われ、平沢先生に引率して頂きましたが、残念ながら結果は一回戦敗となってしまいました。三年生の二学期頃になりますと、現在は塾通いが幅をきかせておりますが、私たちの時代は、先生が課外授業といって、放課後に勉強を一生懸命に教えてくださいました

そして一時間ぐらいすると夜食の時間があります。農協から大きな牛乳缶に入った牛乳をもらいヤカンにあけて、ダルマストーブの上にのせて暖めたものを、コッペパンと一緒に食べるのです。それが格別の美味しさでした。

授業が終わる頃は外は真っ暗です。今ではゴルフ場になっておりますが、その頃は街灯もなく、狭い砂利道で、山の中には乞食が住んでいる恐い道を、家族の人に迎えに来てもらって帰りました。

つくづく時の流れを感じ、懐しく思い出されます。

思い出

元職員　吉野　千代

大石中学校五十周年おめでとうございます。創立五十周年記念誌作成のお知らせ頂き心よりお祝い申し上げます。思い出を書くようにとおさそい頂きましたが何から書いてよいかとまどってしまいました。

私は昭和十九年に主人に戦死され、二人の子供と共に中分の実家にお世話になっておりました。

昭和二十二年十二月八日でした。小学校の一校舎をかりて生徒は三学級で先生八人でした。初代校長大川校長、上松教頭先生、女の先生一人でした。

私は中分の家より歩いて通いました。二十三年に新校舎が出来上がり落成式はとてもにぎやかに素人演芸などいろいろもよおしものがありまして家中で見に行きました。

校舎は宿直室もなく夜十時頃校舎を一回りするのです。なれない内は自分の足音に驚くこともありました。又、時間ごとに鐘をふるので、とても気をつかいました。ベルになった時はとてもうれしかったです。

学芸会、運動会、品評会、PTAの旅行とても楽しみでした。又、大がまでお湯をわかし暖飯器でおべんとうを暖めてあげました。初月給三千円、テレビもなく夜は針仕事でゆかた一枚縫って百円でした。

でも毎日楽しく務めさせて頂きました。大石の皆々様、その節は色々とお世話様になりまして有難うございました。厚くお礼申し上げます。大石中学校の益々のご発展をお祈り申し上げます。

文化祭風景

昭和前期を回想して

河原塚　貞治　（大石地区在住）

現役兵として

私は昭和二年一月十日東京赤坂一ッ木町の近衛歩兵第三連隊に現役兵として入隊、中隊は機関銃隊で隊長は横光大尉、初年兵掛は酒井中尉と云う立派な人でした。今もこの人の教えが心の中にある。

一年半の兵営生活も帰休除隊となり昭和三年六月無事国民としての義務を果たして帰郷一社会人となる。

除隊に際し当時連隊長より「温故知新」という教え受けた事、今もって、処生の糧として心に刻んでいる。

昭和初期の不況

昭和の初期は我が国にとって不況の連続であった。当時大正末期から昭和五～六年頃は浜口内閣の金融引き締め政策で農村も深刻な不況に見舞われた。当時の農産物価格は、米四斗(六十kg)入り一俵五円、大麦五斗入り一俵一円八十銭、サツマ芋「四貫」一俵四十八銭であった。当時、外貨獲得の産業の主役は養蚕で、埼玉県でも養蚕が盛んであった。私の生家では、年間三百五～六十貫の繭を生産したのですが、アメリカで絹に代わるナイロンと云う化学製品が発明され、繭の価格の暴落で、養蚕農家は大変で有った。私もその関係で大宮の岡谷製糸会社に就職した。

その間生家の農家財政的に非常な苦境にたいし、私は我が家の為に、その時働いて預金した金五百円を攄出して、その苦境を助けた事を今以て誇りと思っている。

右の様な時代だったので、この会社の先途を見限りあしかけ四年位務めたあと退職して、昭和六年十一月世帯を持ち、秋山喜四郎（大谷小学校校長長女秋山喜美と結婚し、小泉へ住所を構え大石村役場へ昭和十一年四月一日書記として奉職した。

戦時下に突入

昭和十二年戦争が中国全般にわたり拡大し、農村はその影響で大変な時代になった。若い人の応召、人て不足、米、麦の供出、物質の配給、極端に物質の不足が甚しくなり(我が家にても、長男、次男、三男と三人の男の子を抱えての努力も大変な思えだったと思う。今にして考えれば昭和五十六年金婚の年を迎えるにあたり内助の功を盡してくれた妻の心情を思った時、感謝の気持ち一杯です)

当時上尾で中農以上の農家で、大麦二町歩、水稲五反、サツマイモ一町五反歩位を耕作して、年間の売り上げ代は、米が三十俵で百五十円、麦が百四十俵で二百二円、サツマイモ四百五十俵で百七十円総額五百八十二円であった。　これに使った肥料代が、一反歩で米で十二円、麦で十円、サツマイモで八円位であったので総額三百八十円を要したことになる。従って純所得は、わずかに、二百二円で納税をしたり、生活の全てをまかなったわけで、一ヶ月十六円八十銭程度で生活したのである。

辛い思いをした昭和六年を基本に計算仕て見ると、昭和四十五年時に於いて、米は千六百二十三倍、麦は千三百三十倍。肥料は二百四十倍で、農家の所得率は良くなっている。

戦後の状況

支那事変以来十年余続えた戦争も昭和二十年八月終戦を迎えたが、戦時中の出来事をすこし記すと、私も昭和二十年敗戦の色迫った六月二十四日召集令状が来て、妻と三人の男の子を残して三十九歳で応召し岡山県にて終戦を迎え無事復員することが出来た。

未曾有の日本の敗戦と共に、物資の欠乏、インフレ等で、役場の事務も繁忙を極め、次々に新しい仕事が増え、その時私も六つの事務を担当し、当時村の収入役欠員だったので、条例の規則に依り、収入役代理となり一般事務を行いながら一ケ年半もその仕事をやった。当時を思いおこすにつれ、よく自分でもやり遂げたと思う。

町村合併後の市役所勤務

昭和三十年法律に基づき上尾地域於いても、大石村、平方町、大谷村、上尾町、原市町、上平村の六ケ町村が合併した。従って旧町村は、支所となり、第二代大石支所長として奉職し職員も用務員を加えると七人で事務をとった。事務内容も一般主税事務の他戸籍、住民登録、印鑑証明、国保、米の配給事務を掌っていた。

中でも思い出されるのは、合併前の大石村最後の村議会で合併決議の会議録を議会書記として従事し、大石村役場最後の十二月三十一日の夜は宿直員として翌一月一日の朝、大石村役場の標札を外し、上尾町役場大石支所と書いた真新しい標札を掛け替えた時は、感無常の事であった。

大石支所在任中、合併前に成し遂げられなかった、終戦の結果マッカーサー占領軍最高指導者の命により、日露戦争記念碑、御国の為に散果した幾多英霊を祀った忠魂碑を地下深く埋められていたのを、掘り出し新たに、大東亜戦争、西南の役以来の大勢の国のため亡くなれた方々と今次の出征者の名、六百数十人の名前を刻み、靖国神社宮司の揮毫を受けた顕彰碑を今の小学校（編集注・現在の大石支所）の西北の地に建立した事は、私の一生の仕事として思いでの事業であった。

次に大石支所より平方支所へ転勤を命ぜられ後、昭和三十二年七月十五日、上尾町より上尾市と昇格、市役所初代の衛生課長として本庁入りし後に戸籍課長に就任し最後は上平支所長として転任し、昭和三十八年、二十八年間の役所生活を終わった。思えば大石村役場時代より退職迄の長い期間数々の出来事を思い出し感慨無常のものがある。

市役所退職後上尾市に交通安全協会が結成され、下里前市長が会長となり、乞われて会の職員として採用され大宮警察へ自動車運転免許関係（上尾市の人の分）を取扱うため、六年間交通課内へ務めた。その後昭和四十五年一月上尾警察署が新設され、それにより上尾署へ勤務し双方合わせて十年間の交通安全業務に従事し昭和四十九年三月三十一日まで勤務し永かった四十年間の勤務を終わった。

右の様、永かった務めを終えて現役として自分の時間を得られなかったその空間を今後第二の人生で有意義に亦充実した日々をおくる事を念頭にかつて若かりし頃、土に生きた農民の心を心として生がえを求めることにした。

幸い宅地続きに自分所有の土地が二反歩あまり有るので妻と嫁を相手に野菜作り亦自分の趣味の植木いじりを始めた。亦永い間大石役場時代の皆さんと苦楽を共にした思いでも数限りなくあるので、退職後直ちに昭和三十八年に国により制定された老人福祉法に関連して全国的に結成された老人クラブへ加入して会員となり、亦選ばれて小泉地区単位寿楽会会長、そして大石地区老人会クラブ連合会会長となり、会の運営に全力投球し微力ながら会員の皆さんと親睦を深めて居る。

臨時召集、そして終戦

元上尾市長　友光　恒

私は、次女が誕生した直後（編集注・昭和十九年）に、二度目の予備召集をうけた。今度は近衛五連隊ということで学校配属の将校となった。現在の東京都立九段高校、同じく上野高校、埼玉県立浦和商業高校などの教師を歴、兼任したのであった。

五月には動員召集され近衛十連隊に編入された。一本連隊（連隊長、一本義郎大佐）の三大隊の副官（佐官相当の大尉）を務めた。大隊長は尾崎武氏であった。

私は、再役志願で採用になり副官となった早川胞治氏（後に、松島漁業会専務）の後をうけて、大隊副官となったのである。その一本さんも亡くなられて、確か三年くらいになられる。

一九四五（昭和二〇）年の敗戦の年の六月に、私にとってはもちろんのこと、一本連隊にとっても大変な事件が起きたのである。

つまり、私が起こしたのである。私にとっては、日本が敗けるのは時間の問題であることは分かっていたし、それ以上に、この侵略戦争には、どうしても我慢ができなくなったのである。

大隊の副官を務めていたのだが、こうした自己矛盾に陥って、日々悩み続けてきたのであった。そこで、「召集解除願」を一本義郎連隊長に提出したのである。

さあ、それからというもの佐倉市にあった近衛十連隊は蜂の巣をつついたような大騒ぎとなったことは当然である。連隊長、大隊長ら上官の逆鱗に触れ、「・・・この国家非常の折に、時世をなんと心得ておる。こともあろうに副官ともあろうものが、召集解除とは何事だ。将官の風上にも置けぬ奴だ。・・・・」と大目玉をくらったのであった。

私は、ひたすら「郷里には齢老いた母を残してきているものですから・・・」という理由一点張りで通してきた。敗戦が間近であるとか、この戦争には初めから反対であったなどとは、口が裂けてもいえないのはもちろんである。　そのうちに陸軍司令部（東京・市ヶ谷）に呼び出されることとなった。つまり、この時期に、そんなことをいう奴の顔が見たいというのである。首実検である。連日、少佐、中佐クラスの参謀が交代で詰問してきた。

最初は、“反戦思想”ではないか、顔が見たいから、「この野郎！　出てこい」ということで勢い付いていた司令部も、日本大本営は、最後の砦としていた沖縄本島がアメリカに占領されたことにより、敗戦を覚悟し、その手順を進めていた時期でもあり、次第に力は無く、周章狼狽、手に余すという様子であった。

そのうえ、私にも覚悟ができていたのである。「やれるものなら、何でもやってみろ」とふんぞり返ったのである。やるからには、徹底的にやろうと考えていたのである。

これが一年も前であったら、そく軍法会議にかけられ、降等免官され、監獄（衛戍刑務所）にブチ込まれていただろう。そうして、二等兵まで免官ということになっていたであろう。

ある日。「今日はこれでよろしい！」ということになり、市ヶ谷からの帰りに上尾のわが家に立ち寄ったのであった。ちょうど、国鉄（旧）に勤めていた叔父も、列車の自動連結器の取り付け指導で関東、東北一円の職場を巡回出張ということで、帰途実家に寄っており偶然に全ったのだった。

久し振りということもあり、また、私のほうも、そういうことで積もる話もあって徹底的に盃を傾けることになったのだった。八月一五日のことである。

外は本当に暑かった。灼熱の太陽が白く見えたほどであった。そんな時の正午であった。ラジオから「・・・忍び難きを忍び、耐えがたきを耐え・・・」の天皇の「戦争終結の詔書」、玉音放送が流れたのであった。

とにかく、雑音の多い放送であっただけに聞き取りづらかったし、敗けたというお言葉もなかったのである。

しかし、私には、これで戦争は終わったのだ。日本は敗けたのだということが、はっきりと分かった。

しかし、叔父など私の周りにいた者たちは、放送を聞きながら、その場で泣き崩れるのであった。神国日本は決して敗けない。必ず神風が吹いて日本が勝つというふうに、一億国民は教え込まれていたし、また疑うことなく、そう信じていたものである。

それだけに敗戦の報は大きな衝撃をもって日本中を駆け廻ったのである。そのため、これを境に一億国民は総虚脱、総無気力状態に陥ったといっても過言ではなかった。

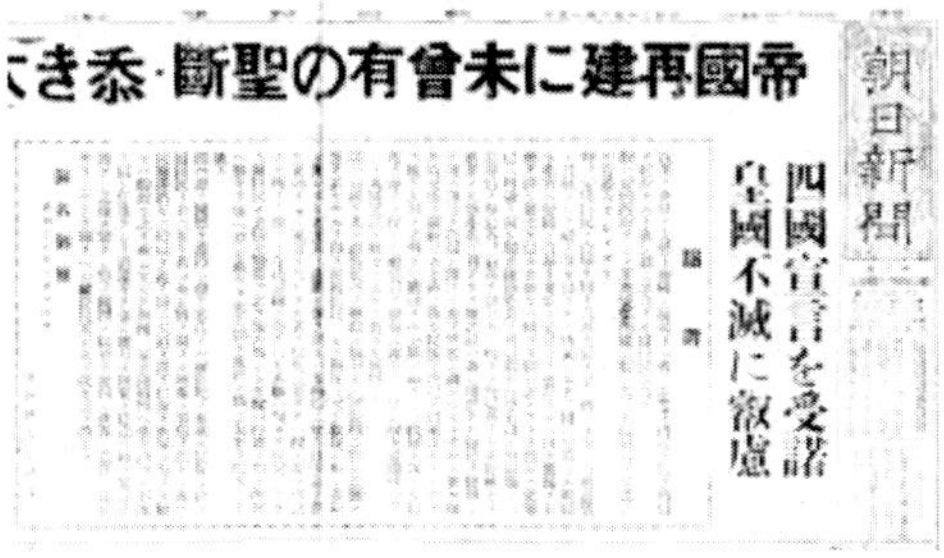
朝日新聞
帝國再建に未曾有の聖斷・忝き
四國宣言を受諾
皇國不滅に叡慮

私は、やれやれ、これで戦争が終わったのだと、本当に安堵の胸をなでおろしたのだった。その瞬間、なにか全身から力という力のすべてがスーっと抜け、自分が裳抜けの殻にでもなったような錯覚に陥ったものだった。

しかし、こうしてはいられない。すぐさま軍服に挙銃、双眼鏡、鉄兜などを着用し、身仕度をして、当番兵（従卒）を伴って佐倉の近衛十連隊に戻り、けじめをつけるべく準備をした。しかし、必ずしもみんなが原隊に帰って、けじめというか正式に解除をしたというわけでもなかったのである。

私の場合は、佐倉へ行く途中、汽車は赤羽でとまったきり、立往生であった。そのうえ、アメリカ軍の飛行機による低空掃射が続き、動けずに命からがら、東口のロータロータリーのあたりに身を伏せて夜を明かすこととなった。ようやく、翌朝になって上りの上野行きに乗り込みお昼頃に佐倉に着いた。途中、下りの汽車は、東京を脱出する人たちで混雑しており、鈴生りの状態は、まさにパニックの様相を呈していた。

この上野から佐倉までの数時間は、私にとっても忘れることのできない車中であった。戦時中は、まるで英雄でも見る眼差しで、私ども兵隊を見ていた周りの人たちであったが、今日は、まるで穢いものでも見るように冷たく突き刺すような視線を、軍服姿の私に向けてきたのであった。

これはいったいどうしたことだろう。軍服を初めて着用した時の、「ご苦労様！　頑張って！」などの歓呼の声に送られた時とは、まるで反対の光景が、いま軍服を返しに行く私に厳しく向けられているのである。

分からない。私のやってきたこと、やっていることが何なのか、全く分からなくなってしまった。台湾の現役訓練の時代から支那事変をへて、終戦を迎えた今日までの想いが、私の脳裏を走馬灯のようにドッと駆け廻り、私は、正直にいって辛かった。

そんな複雑な想いで佐倉に着いた。そこでは、十連隊の一本義郎大佐は、日本史に残るこの戦争について、将校を前に、淡々と月並みな挨拶で終結させたのであった。

「皆さん、本当にご苦労様でした。今まで敗けたことのない日本は敗けた。本当にご苦労をかけました・・・」といった主旨のものであった。

こうした挨拶とは別に、集まった将校たちは、厳粛に事実を受けとめ涙するもの、悲憤慷慨するもの、なかには、腹を切りたいと言い出すもの、飛行機を飛ばして行方不明になるものもいたという。それほどに、心の裡を整理できないでいたのである。いや整理するどころか、心の裡はいよいよ混沌として、動揺は輪をかけたように拡がっていくという様子であった。私も冷静沈着を装ったが、「死たいものは死ぬがいい」などと捨て台詞を吐いたのを覚えているので、相当に動揺していたのであろう。事実、いかなる隊においても、終戦のけじめをつけるなどということは、できない相談なのであった。

そんな時であった。一本大佐は私に、「俺は、副官に負けたよ!・」と一言いった。私自身、終戦間際になって「召集解除願」などを出して、連隊長には大いに迷惑をかけたものであるが、連隊長自身も内心では、私と全く同じ意見を持っておられたことと思う。 しかし、立場上は苦境に立たされていたことは明白である。大佐自身は、とても温和な人格者でおられただけに辛い思いをさせてしまったものである。

さて、戦争の後片付けといっても、軍の衣料などは地元の農業組合に無償配布し、銃器刀剣などは銚子港に運び海に沈めるというものであった。まことに締まらぬ事務処理となった。

各隊がそれぞれの方法で始末をつけたのであるが、わが隊では高橋次郎などの兵器係将校が10月くらいまで無給で後片付けをしていたものだった。

私は、終戦の処理をしながら、唐の詩人・杜甫の「春望」こそが、今の私の心の裡を述べてくれていると思わずにいられなかった。

国破れて山河在り　城春にして草木深し
時に感じては花にも涙を濃ぎ　別れを恨みては鳥に驚かす
烽火三月に連なり　家書萬金に抵(あ)たる
白頭掻けば更に短く　渾て晉(しんたぎ)に勝え不らんと欲す

そうした戦後の混乱のなかで、すべての日本人は逞しく再生への道をスタートしたといえる。

私自身も例外ではなかった。私は、まず、皆がそうであったように、なんといっても、家庭を再建するというか、暮らしを守ることからしなければならなかった。ヨチヨチ歩きの二女・克子を始め、長女や妻、母の五人の家族が明るく、少しでも幸せに生きていけるように、一家の柱となるべく努力をした。これまでは、余りにも暗く、辛い日々が続いたので、なおさらのこと、豊かで、民主的な生活をつくっていかなければならなかった。そのためには、子供たちの育児、教育にも力を入れたものだった。

そして次に、私にとっては重要な問題であるが、バラバラになっている村人たちの心を一つにしなくてはいけないと考え、血の通った人間関係を樹立することに心血を注いだ。

そのためにも、私自身が、この大石村にしっかりと根を張って、村人だちとの交流を深め、改革しなければならない問題は、皆で話し合い、討論を重ねてゆくということをやったものだった。

例えば、難しい問題であったが、食糧供出の問題についても、その仕組みや慣習にメスを入れるなどをしたものだった。

また、食糧増産に力を入れることはもちろんであるが、従来の米、麦、小麦、さつまいもなどの生産一辺倒から、葉たばこやエゾ菊（江戸菊）の生産にも手を染め、生産の範囲、種類を広げていくことをした。

その一方では、上尾の地理的条件も考慮して、養鶏や養豚にも力を入れた。とはいっても、そこで生産された卵や豚肉などは、とても生産者の口に入るというものではなかった。こうして生産したものは、出荷組合をつくって市場へ出荷することとなった。当時は木炭ガスのトラックで運ぶことが多かった。とにかくこの時代の食糧難は酷いものであった。

戦時中から悪化していた食糧事情は、戦後、その極にたっしたといえるだろう。京浜、阪神の都会では、まさに窮民といわれる人たちであふれていたという時代である。

そうした時代を象徴するかのようなエピソードが、わが家にもいくつかあった。

ある日、私は妻と二人で田圃の仕事に精を出していた時であった。遠くからの母の呼び声で手を休めた。「何だか東京から、偉い人がきた」ということであり、わけも分からず、家に戻ると、そこには明治大学に勤務していた時の配属将校である瀧武之中佐がおられた。

私は、一瞬、戦時中に戻ったような錯覚に陥った。というのも、瀧中佐は襟を立てた軍服姿で縁側に腰かけておられたからである。襟章を付けていたら、まさに、直立不動で敬礼でもしていたであろう。

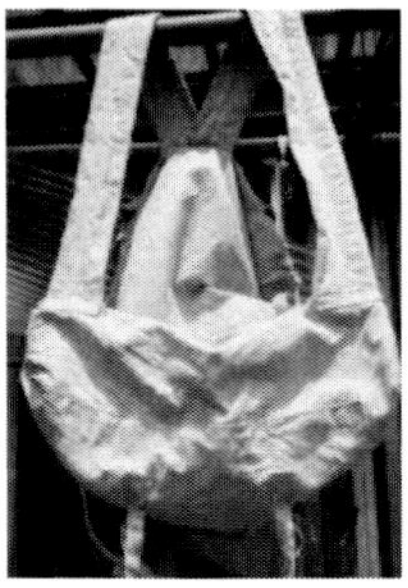

脇には空になった古くさいリュックサックが置かれてあったので、私には、多くを語らずとも、訪ねてこられた意味が痛いほど分かった。昔の凛々しい姿を想うと、お気の毒な姿ではあったが、旧交を温め、無事を喜び合ったのだった。

私は、中佐のプライドのことも考え、ついに物乞いめいた言葉を吐かせることはしなかった。母に目で合図をし、五升の米を包んだ。背嚢の上下にはさつまいもを入れて、五升の米をサンドイッチにするという気の遣いようだった。世は厳しい食糧統制の時代であったからである。

中佐と昔を語りながら上尾駅まで歩いた。この時は、もう上官であるからというよりは、むしろ、人間として、先輩、後輩としてという関係になっていた。しかし、失礼のないようにお送りしたことはもちろんである

中佐は別れぎわに、そんな私の気遣いに、口ではなく、体で、目で精一杯の感謝の気持ちを表していた。私もこれでよかったと思った。その後は訪ねてこられることはなかった。

この時代は食糧ばかりでなく、その他の物資も欠乏し、闇取り引きが公然と行われた。やがて、これらの禁制品もブラックーマーケットで堂々と売られるようになった。

ちなみに、警視庁の調べによると、敗戦の年のＩ〇月の主要生活必需物資の基準価格、闇値は次の通りである。

白米一升五三銭が七〇円。みそ一貫目二円が四〇円。醤油一リットルは一円三二銭が六〇円。塩一貫目二円が四〇円。砂糖一貫目三円七五銭が千円。石けん一個一〇銭が二〇円。綿靴下一足五〇銭が四〇円というものであった。

それというのも、敗戦にともなって、政府や軍部、軍需会社が保有していた物資を、いったんは政府が分散隠匿していたが、地方行政機関その他に放出することになった際の措置が出鱈目であったので、大きな混乱を生じさせた。

これらの物資はヤミブローカーの格好の餌食となり、ヤミ市場に流れた。そして、それらに群がる人々の間には、盗っ人、かっ払い、恐喝、横領、倉庫破りなどの事件が多発し、まさにアウトローの世となった。

上尾にも、赤羽の被服廠の疎開地があったことから、軍服用の生地などの衣料品だとか、靴などの品と思われる秘匿物資の集積場があちこちにあった。

それらは平地林とか山に野積みされ、シートが被されてあった。世が世だけに、それらが何であるかは、容易に分かった。これらの生地は、地元の食料と交換されることが多かった

また、町に住む人たちも、タンスのなかの思い入れの多い着物などを、どんどん食べ物と換えざるを得なかった時代である。

こうしたどさくさに紛れて、ボロイ儲けをした人たちも沢山いた。たとえば、陸軍士官学校を優秀な成績で卒業した第一大隊長のＹ少佐などはすぐさまヤミ屋となり、ヤミの商売をやっていた。

当時は、浅草、上野、新橋などがヤミ市場としてにぎわってい た。第二大隊長の矢作少佐、第三大隊長の尾崎少佐らは、やはり私の家に訪ねてきて食糧を乞うたことがあったものだった。Ｙ少佐は訪ねてくるなどしなくてもよいほどの羽振りの良さであった。

矢作、尾崎の両氏は、その後、昭和二五年にできた警察予備隊が、同二七年には保安隊に改組され、やがて自衛隊になるのだが、そこに入り、プロの軍人の道へと進んでいった

農民運動に明け暮れる

一九四五（昭和二〇）年のポッダム宣言にもとづき、連合国軍最高司令官のマッカーサーがアメリカ軍を日本に進駐させたことはご承知の通りである。連合国軍総司令部（G・H・Q）は日本の軍国主義の永久除去と民主主義の復活強化などを目指して、いろいろな改革を進めた。

その一つに、農地改革があった。これによって、在村地主の小作地を一町歩以内（北海道は除く）とし、それを超える小作地を小作人に開放することとなった。

これによって、日本全国の小作農地約二六〇万町歩のうち約二〇〇万町歩が耕作者のものとなり、小作料も金納に改められ、その率も引き下げられたのである。

上尾の農民にとっても、これは画期的な出来事であった。山林地を除いて、田畑は五〇町歩とか七〇町歩を所有していた大地主も、一律三町歩くらいになったのである。

東北とか北陸には何百町歩も所有していたものもあったという。特に、庄内（山形県）の本間様は大地主で有名であった。

さて、農地は開放されたが、その喜びも束の間であった。

というのも、その農地に一律の税が課されることとなったからである。そこで、農民の間から不服の声が膨湃と起こったのであった。

つまり、何が不服かといえば、同じ反面積の土地でも、そこから収穫される量なり質というものはおのずから異なるのに、その点を調査せず、肥沃な土地にも、痩せ地にも同率で課税されるのはおかしいということである。

そうした不満の声をもとに、私は審査請求作成の先頭に立つこととなった。「隣りの家では麦が反当たり七俵もとれるのに、私の土地の収穫は五俵であり、同じ税率であるのはおかしい」などという声があちこちから寄せられ、それらの声を所轄の税務署である浦和税務署へ一括して提出する運動を広げていった。

運動を展開するに従って、農民の間から長い間うっ積していた多くの問題が次から次へと吐き出されてきたことに、正直、驚きととまどいを覚えた。

そこには、農民の真の姿があり、それが投影するように映し出されていたからである。

どの問題をとっても急を要し、しかも重要なものばかりであった。これらの問題の実現こそが、新しい時代に向けて、やっていかなければならないものだと痛感すること頻りであった。

私は農民と手をとり、一つひとつの問題解決のために奔走することとなった。これらの運動が、やがて農民組合設立の動きと並んで、農業会の発展的解消や一九四八（昭和二三）年の農業協同組合設立の発起人会へと進んでゆくことになったのである。

こうした運動の展開こそは、後の私の人生に多くの示唆を与えてくれたものである。やがて、だれが言うとなく。大石村に〝友光恒あり〟などと言わせしめることにもなったようだ。この時代の私は、上尾の農業の封建性から民主化に向け、さらに農業文化の確立を目指すべく働いたことは確かである

村長選出馬と母の反対

こうした農民運動に没頭している私を、客観的に評価してくれ、熱い視線を送ってくれる村民も出てきたようである。

それは、具体的には私に、大石村の村長選挙に出馬するようにという要請であった。

私自身は、この要請が必ずしも、私にとって機が熟したものであるとは思っていなかったのである。しかし、日増しに懇請する声が高まり、また農民運動とのいきがかり上、後に退くことができなくなってきたのであった。そこで、支援者たちとも相談したうえで、いくつかの条件というか、村長をやってゆくうえで、どうしても村政のナンバーツーである助役について、こちらで決定したいむねを主張し、その承諾を条件にお受けすることにした。

そして、これが受け入れられ、村政のベテランである橋本安治氏に助役をやってもらうことを条件に村長選へと動き出したのであった。そして、いよいよ村議会が開かれる段にまで運んだのであった。

ところがである。私としたことが、こうした大きな決意の前に、大きなヌカリをやってしまったのである。「国の基は家にあり」のたとえ通り、私自身がわが家の長（？）たる母親の説得が十分でなかったのである。

多くの村民に支えられ、村長にでもなろうかという勢いであったが、母の小さな動きによって、あっけなく股戦の夢と化してしまったのであった。

つまり、村会の開会前日、母が夜を徹して村の有志、議会の要人を訪ねて村長出馬決定の中止を申し入れたのであった。

いやはや、この時ばかりは母に脱帽である。村の大きなうねりも、母の前にはひとたまりもなかったのである。

母としては、どういう考えのもとに私の出馬を中止したのか、本当のところは定かではないが、想うに、私の家は代々小作の家でもあり、金も無い、土地も無い、無い無い尽くしなのに村長など務まるはずがない。そして、初めから目に見えている苦労を息子に負わせるばかりか、村にとっても大きな負担をかけてしまうことになってはいけないという配慮が働いたのだろうと思う。

普通に考えれば、自分の息子が村長にでもなってくれれば大喜びのお祝いものであるはずだ。だれも息子の立身出世を喜ばない親はいないはずである。しかし、母親自身が持つ旧い考え方もあったであろうが、むしろ、友光家が代々この地で平穏無事に生活してきたように、今後も普通の道を歩くことを選んだ、のであった。

さて、結果的には、議会は大荒れで、長い協議を重ね、助役（橋本安治氏）、村長（加藤道明氏）と決まったのであるが、五年間に四人も替わるという大石村政の混乱期となったのだった。

しかし、人間万事寒翁が馬である。私は戦後(昭和二十二年)に公職追放のG項に該当という身となったのである。かりに母の中止がなく村長になっていても、私は追放されていたのである。

人生とは解らぬものである。結果的には母の想いが福と出たのであった。いや、むしろもっと積極的にいって、その後市長になれるかどうかにも大きく影響していたことだろう。

この公職パージについてであるが、これは戦後の民主化政策の一つとして、一九四六（昭和二一）年一月GHQの覚書にもとづき、議員、公務員その他政界、財界、言論界の指導的地位から軍国主義者、国家主義者などを追放するものであった。そして、一九五二（昭和二七）年四月の対日講和条約発効とともに自然消滅するまでは、公民権が停止されたのである。

私自身は、半ば反戦論者として軍に楯突いていたのであるが、戦争協力者という名目で追放されたのであった。これが一九五一年(昭和二十六年)まで続いた。

その問は農業をするかたわら農民組合運動や日本社会党上尾地方支部の結成に力をいれたものだった。そして、その運動のなかから地元の上尾宿の町会議員斎藤一布氏（社会大衆党）を県議会に送り出したものだった。

彼は三期十二年県議会議員を務めた後、一九六三（昭和三八）年から一九六八（昭和四三）年まで二代目の上尾市長を務められた。

その後は下里光徳氏が市長になられ、私は助役を務めることとなったのである。

私自身も、こうした行政への深入りは決して無駄ではなく、後に四期十六年間務めた市長職を遂行するのに大いにプラスになったものだった。

私の戦争体験

上尾市大字中分　榎本　花子

昭和十九年四月、再度の召集で主人は一年七ヶ月の長女と私を残して千島方面へ征ってしまいました。アッツ島玉砕のあった後で、戦局はますますはげしく此の村にも爆弾が落とされました。家では八十歳に近い祖父が留守居をしながらタバコ屋を細々とやっておりました。

働き手を失った我が家は、田畑合わせて一・五ヘクタールほど耕作していましたので姑と私と〇・四人分ぐらいの目の悪い作男では大変でした。特に辛かった事は、米俵一俵ぐらいしか積めない小さなリヤカー一つで作業をしなければならなかったことです。

いくら朝早くから夜遅くまで働いても作業が進まず、機動力のないことを悲しく思い、隣の家で牛車やオートバイであっという間に片付けてしまうのを、悲しく横目でながめるばかりでした。

水不足に悩み、やっと植えた稲がいもち病にかかりどうしたらよいかと、あちこちの人たちのよいということはなんでもして手当てをしました。そのかいがあってか、割り合い収穫できた時の嬉しさは今もよく覚えております。そして少し自信めいたものができてきました。

そんな時だれかに「秋に田打ちをしておくと一肥料少なくともよい」と聞くと、すぐに遅い収穫後の十一月下旬の霜のいっぱいおりるころ田起こしをしましたが、最後の一枚は十二月十日ごろになり、とうとう氷が張ってしまいました。でも千島で頑張っている主人のことを想いながら、素足でパッカパッカと氷を割りながら、ちぎれそうな足で頑張り通しました。

今思うとこんな馬鹿げたことをと笑われてしまいますが、何事もこのように真剣に取り組んだのでした。ですから近所の家から下肥をもらい、重い肥桶をかついで畑にくれたりもしました。まだ二十三、四歳の嫁でしたが、増産増産の声に懸命に取り組み「銃後を守るのだ」と戦地の主人恋しさの夢など見る暇もなく、夜になれば疲れてパタンキューと寝てしまう毎日でした。ですから比較的よい収量を得ることができました。

正直一途な祖父は集会に行き、いつも大変な供出割り当てを引き受けてくるのでした。また、「船を作るのだから」と昼なお暗いような裏山の見事な（子供七、八人でかかえる程の）杉の大木を五本も切られ、供出物は、部落中で一番多かったようでした。戦争も末期になってくると出征軍人の家とて容赦なく、年寄り子供の家庭には冷たいものでした。

東京に親戚の多い我が家は、東京の空襲（三月）がはげしくなり、主人の義妹がお産のために帰って来たり、大勢の家の疎開荷物で、大きな茅ぶき屋根の家はいっぱいになってしまいました。そして4月の大空襲では、最後まで残っていた主人の姉が焼け出され、10歳を頭に4人の子供をつれて帰ってきました。ときには、14人15人の食事（いつもいも飯）作りすることもありました。

姉の子供たちが学校から流行目に感染してきて、町の医者に「トラホーマだ」と手術され、目がはれあがってしまいました。ちょうちょうどそのころ、苗代作りで大忙しの最中、今度は私にうつって、やはり手術され目はゴロゴロするし、はれふさがってどうにも仕事ができなくなってしまいました

心配した本家のお祖父ちゃんに「野上の目医者はとてもいいよ」と言われ、姪を連れあちこちで証明書をもらい、やっと行きました。「これは流行目だ」と、とても痛い目薬をさしてもらい、あとは冷やすように言われ、代金も安く、行きには目をとじてじっとしていたのが帰りには窓の外を眺めることさえできました。次々と幼い甥たちにも感染してしまい、仕方なく今度は義姉親子をリヤカーに乗せて歩きで片道二十キロメートル近い「日赤」まで連れて行きました。

祖父もタバコの配給が少なくなり、とうとう長い間の店もやめてしまいました。随分淋しかったことでしょうが、当時は考える余裕がありませんでした。何もやみ売りをしないので生活も大変でした。

麦の脱穀など、人手に頼むよりほかになく、それもなかなか来てくれず、夏祭りが来るのに麦が穂についている始末で、生まれて初めて姑に教わりひと握りずつ麦の手こきまでしました。

そんな折、義姉のカリエスが再発、容体が悪くなり親戚の人たちは来るし、末っ子の一歳ちょっとの甥は乳恋しと泣くしで、仕事をする人がいなくなり、泣きたいような日が続きました。　そして看護の甲斐なく姉は七月二十六日亡くなってしまいました。

近年になって見つかったのですが、八月二日付けで主人に書いた手紙の下書きが見つかりました。主人に心配をかけてはいけないと思ったのでしょう、義姉さんが亡くなったことは簡単に知らせ、杉の木のことは書かず。「大麦三十俵、小麦十八俵、馬鈴薯三十六俵と供出を完納し『女手でよくやった』とほめられた」と知らせ、「子供も大きくなりかわいくなりました」と書いてあるだけでした。

泣くようなことにも我慢に我慢を重ね、まだ二十三、四歳の若い嫁の身分で、こんなにも国のためを考えての毎日でしたのに敗戦とは。希望を失った人たちは「米兵に持って行かれるよりは」と、近所の林にあった軍の物資を略奪（八月十六日）し、そのさまは、すさまじいものでした。でも私は、祖父の強いいましめでそこには行かず、姑と二人で甘藷の草取りをしていますと「こんな時に馬鹿者だ」と笑われました。

今にして思えば、ただただ国のため国のためと必死に銃後を守り、正直者は損ばかりして来たように思えますが、土を愛し、国を愛した一途な一念が、今二人の息子たち夫婦が仲良く百二十頭もの乳牛牧場の経営をし、度々テレビなどにも出るようになった原点になっていたと信じます。

そしていつの世も必死に大地を守り育くむ者には必ず幸の来ることを今なお信じております。

私の戦争体験

上尾市弁財　加藤　貴美子

大東亜戦争の真只中、昭和十九年七月十日に、私は隣の村へ嫁ぎました。戦争中のことでしたので、結婚式も自宅で行いました。二、三ヵ月前から話があったので、「農業をすることはもちろん、御飯すら自信がないので考えさせて下さい」といっておいたところ、七月八日に何と召集令状がきたと仲人さんが知らせにきてくれました。

両親も私もびっくりしましたが、つとめていた会社の上司に相談したところ、そういうことなら仕方がない。「退職してもよい」という返事があり結局八日付けで退社しました。

当時は、会社でも男の人なんか数える程しかいなかったので、なかなかやめることはできないのですが、結婚に限って許されていました。私もあまりの不意なもので何となく落着かずにいましたが、

、母が身の廻りのもの、父は、家具、嫁入り道具一式をほとんど一日で揃えてくれ、あくる日、荷送り牛車に一台分を運んで、足りない分は、揃い次第おくってくれました。

上尾の町にお店など一軒もなく、みんな工場で働いていて、お菓子なんか見たくても見られず、食べたければ手づくりしかありませんでした。人数によって点数をもらい、配給のお店まで買いにいったという、そんな時代に、父が一日であれほど一生懸命になって揃えて下さった事に今でも感謝しています。こんな父も25年前に亡くなってしまい「親孝行できるころには親はなし」という昔のことわざ通りになってしまいました。　後をふりむかないでと教えられたのに、何度も何度も故郷の我家を振りむきながら、車は西へ西へと走って、二十分くらいで到着、全く見たこともなければ逢った事もない家と両親、すべてがはじめてという中に身をおいた不安で、真夜中に式が終りみんなが帰って一人になると、又泣けてきました。

朝一番先に起きられるかしら、御飯は出来るだろうかとの思いで一睡もできませんでした。でも、お母さんは何も知らない私に何かと親切に教えてくれ、最初の朝のご飯もつくってくれました。

そして次の十二日、彼は出征したのです。私も上尾の義兄と世田ヶ谷まで送っていきました。別れるとき只一言「年寄りをたのむよ、体に気をつけてね」と営門の中へ消えていきました。

十四日は外地へ出発ということで、今度はお母さんといっしょにいきました。「あの子はうどんが好きだから」と言って、お母さんはお土産にうどんをもっていきました。外地にいけば、明日の命が危いのがわかっていても、「仕方がなかった」と自分に言いきかせるしかありませんでした。

仲人は「百姓はしなくても、親の面どうを見てくれればいい」と言ってくれましたが、「この家にきたからには畑も田んぼもしなければならない。上手にできなくても頑張らなければ」と一生懸命働きました。

次々と三人の弟達も召集され、残る三人で銃後を守ってきました。都会の子どもはみんな田舎の学校に疎開し、中学生は軍人留守宅の農作業に従事し、私の家にもきてくれました。お昼も美味しいものは食べさせられませんでしたが、せめて量だけでもと努力しましたが、子供たちは、本当によく働いてくれました。私も、この子供たちといるときがいちばん楽しく夕方早くしまって夕食をさせて子供を帰すと、さびしさがこみあげてきました。

夜になり、三人きりで御飯を食べようとすると、きまって警報のサイレンがなり、ラジオから「敵機来襲」のニュースが流れました。B29という敵機が、連日連夜やってきました。

ねるときは枕元に地下足袋と頭巾を揃えておりましたが、去ってはまたやってくる敵機に、外にとび出し大木の下でどっちの方角へいくかみながら夜が明けたこともありました。昼間は裏山へむしろをしいて空襲のときは、ここで無事に敵機か通過するのを神に祈ったものです。田の仕事がいちばん困りもので、警報がなるたびに木の下を求めるか、生茂った草むらに身をかくすなど、出たり入ったりの毎日でした。

食料はみな政府に買い上げられ、麦と馬鈴薯のまぜたのが雑すいといった具合で、栄養失調で倒れる人もありました。

或る雪の朝、隣の家に回覧板をもっていったら、敵の艦載機が私をめがけて急降下してきました。胸はどきどきし真青になって、お茶の木の根元に這ってしまい、そっと頭をあげてみたら何処にも姿がみえなかったこともおぼえています。

くる日も、くる日も空襲がつづき、大都市等次々とやられ、日本の国土が焼野原と化した時、こんなみじめな思いをするなら、負けても仕方がないから戦争だけはやめてと何度思ったことでしょう。

やがて二十年八月十五日、終戦のお言葉が下りました。くやしいけれどほっとしたことでした。

戦死なさった多くの人達を思う時、二度と戦争の起らないことを神に祈って、拙き筆を止めさせていただきます。

私の戦争体験

上尾市大字畔吉　橋本　吉五郎

戦争を知らない世代の為に、これからの日本の為にも悲惨な戦争体験記録を残すべきか否かと思いましたが、ここにあえて発表する次第です。

私は上尾市で二国（丙種合格）としては第一号で昭和十八年一月十日に二十八才で臨時召集により東京都下の村山市の東部第七十八部隊に応召し空の守りにつきました。そして三月二十五日に宇都宮の東部四十部隊に転属、間もなく四月に高第四八一一部隊に転属し宇都宮を出隊、宇品港より南方作戦に向いました。兵種は防空兵（高射砲兵）でした。宇都宮に居るとき、同年兵の半数は先にアリューシャン方面へ出発し、その後、我々は南方行きに決まりシンガポールにしばらく居りました。そしてシンガポールでアリューシャン玉砕の事を聞き戦死された仲間の冥福を祈ったものでした。

シンガポールからビルマへ向った戦団は皆、魚雷や空襲でやられたということで、吾々も言わば、その試験台に立たされた訳でした。途中はからずも三隻の軍艦で出航したが、後先の二隻がやられ、辛うじて命拾いをして同年七月の六日にビルマのラングーンに到着、いよいよ戦闘開始、転戦の後、トングーという町で敵の連合軍と戦いました。我が方は連日多くの戦死者を出し、中でも我が軍が名付けた観測山という場所では敵の戦車が二、三台入って来たとの情報だったのが、何十台となく縦横無尽にB29と共に空と陸から向って来たのでした。

その中を私は、中隊長の命令で五十嵐上等兵（後に敵軍の中に入り行方不明）と大隊本部に電話線架設の為、本部へ参り、その旨を大隊長に話をしたら、大隊長を始め本部の将校が勢揃いをして陣頭指揮を取っていて、大隊長の申されるには「敵弾雨あられと飛んで来る今、そんなことはして居れぬ」と中隊長に言えとの事でした。

早速帰って来て中隊長にその旨を話して間もなく、本部から伝令あり、只今の戦闘で大隊副官の木村大尉殿がやられたと聞かされ驚いた次第です。これも戦場の常といえばそれまでですが、私の行った時、大隊副官は大隊長の右側に一緒に立って敵陣を睨んで居ったのです。そしてやられてすでに倒れんとした時に「大隊長殿、わしは少し眠くなりました。寝かせて下さい。眼が覚めたら又起きて戦います」と言ってばったり倒れたということですが、体じゅう無数の敵弾を受けていて、それは、それは華々しい最後だったといいます。

その事と相前後して、二中隊の中隊長も陣頭指揮をしていて足と片眼をやられてもなお士気を鼓舞していたら今度は首をやられ、頭がふっ飛び戦闘が終わってから草むらの中を探して見つけたということです。又、我々の中でも若い丸山少尉と丹保一等兵が敵軍に包囲され高射砲と共に自決したり、陣地へ五百キロ爆弾が落ちて全滅になるなど、私のまわりでも若い現役兵は、おふくろさんの名を呼び、妻子の居る者は妻子の名前を叫びつつ数多くの者がばたばたと死んで行きました。それは、それは口では言えない程凄惨な戦いでした。

私達は四名、特攻兵として一つの壕に出陣を待っていたが、先に行った者が誰一人として生還せず、いよいよ俺達の番かと待ったが幾日も食べぬ為、宇井一等兵と飯盒を二つずつ持って闇に乗じて敵軍（オーストリア兵）の中の川の水を汲みに行こうとしたら人事係の大竹曹長がその儘直ぐに引き上げて来いというので、あたり一面に火の海の中を声のする方へ走りました。その時我が軍はすでに引き上げていたのです。私達は敵戦車に追いかけられ、昼間はジャングルにひそんだり　部落の中にかくれ、部落の人々によくされたら、次の部落から部落へと夜の闇にまぎれて本部の者と合流する為急いだのです。その間も他部隊の兵士が十名あまりでインデアン部落へ水を貰いにいき、水を御馳走になり帰りがけ後ろから機銃で皆やられた事もありました。

やっとの思いで私達が大隊本部と或るお寺で合流して間もなく、大隊長がお寺のわきで多くの兵士を失くして申し訳ないと短銃で自決してしまいまいた。

その後、他の軍隊と替わって我々は昭和二十年四月十二日に軍のトラック一台で生方大尉ほか十七名で泰緬国境を通過、行けども、行けども山また山、夜は交替で一晩中、火を焚いて野獣の来襲に備えました。

或る日深い谷間に行きあたりトラックが動けず、又、そこで止むなく幾日か野宿をして過ごし、その間手留弾で魚を取って焼いて食べ、草をとって食べていました。

そうこうして山の中を歩いていたら象の大きな足あとを見つけたので、これは野象ではないだろうと探すことにした。やっと探し当てたら坊さんが乗っていたので話をして連れて来て象の足とトラックに鎖を結んで深い谷から引き上げて貰い、泰国入りをしたのです。

お蔭でマラリヤにかかってしまい、ドソマン飛行場の中の陸軍十六病院に入院する仕儀と相成りました。全く以ってひどい目に会ったものです。

泰国へ移ってはビルマの軍票は使えない為、焼き捨てて来たので皆、無一文です。食べることも飲むことも出来ずにいた処、生方大尉が「橋本、飯食いに行こう」といわれたので「金はありません。大尉殿は・・・」と聞いたら、やはり金はないとのことでした。然してマラリヤの予防薬キューネを一瓶持っていて、これでという事でした。二人で食堂に入り、鱈腹食べてキューネを三粒ほど出したら大喜びして歓待された記憶は今なお忘られぬ思い出の一つです。

やがて泰国のバンコックで終戦を迎えました。将校が玉音放送の命令を受領してきて話をされた時は皆、手離しで号泣しました。

中には兵器を満載したトラックを何台か持って一個小隊以上、山中へ逃亡した将校や兵士もいました。その後、転々として収容所生活を送って、ほとんど着のみ着のままでバンコックから内地へ向かいました。

その間、昔の唐人お吉ではないが、黒人将校の側女になれと云われた看護婦が死んでも妾にならぬと短銃自殺した事件もありました。

我々を乗せた船は神奈川県の久里浜港に着き、昭和二十一年の六月二十七日に召集解除（除隊帰郷）して東京と平方の戦友らと三人で、久しぶりになつかしの我が家へひっそりと帰って来ました。

東京の吉川という戦友は久里浜へ着いた時、空襲で家が焼かれ家族はどうなっているのかわからないというので、一晩泊めて翌日食料を持たせて家族探しにやったら、しばらくして家族全員、佐渡に疎開して居たという報らせがあり、ホットしたものでした。

召集されて約四年間、全く夢の様な戦争体験でした。まだまだ語れば長い話ですが、此の辺で筆をおきます。最後に尊い命を犠牲にした戦友や、あまたの英霊に対して心から哀悼の意をここに表す次第です。

合掌。

不戦派の記録

上尾市宮本町　松本　武雄

大東亜戦争により、数百万の同胞の経験した戦争の惨苦にくらぶれば、私の体験など、全く取るに足らぬ一兵士のつぶやきに過ぎず、一切が巨大な戦争という歯車に組み込まれ、悲劇を救うためには、何の役にもたたなかった。といって放置しておいてよいのだろうか。だからこういう事が再び起こらないよう人間の本性である平和への願いをこめて、あえてこの駄文をつづった次第です。

昭和十八年学生の徴兵延期は中止され、十月、秋雨煙る神宮外苑で学徒出陣壮行会が行われた。この時私は大学専門部の二年生で、暗い谷間ながら楽しい学生生活を送っていた。

十一月三十日、氏神様である愛宕神社へ参拝武運長久を祈り、上尾駅を歓呼の声に送られて出発した。黒の詰め襟服に角帽、寄せ書で一杯になった日の丸を斜に肩にかけて結び、再び踏む事はないであろう故郷を後にした。その日は野田市に一泊、翌朝、柏市豊四季にある東部百二部隊に入隊した。一日目は赤飯にお頭つきの御馳走とお客様扱い。

しかし数日を経ると熾烈な猛訓練が待っていた。兵科は航空通信。ここは一ヵ月足らずで十二月廿参日の夜、三重県の斉宮にある中部百二十八部隊に転属となった。一期の検閲前の訓練はここで受けた。鈴鹿おろしの寒風は肌を刺し、野外の訓練は有線を含め、歩兵の訓練と同じ。内務班では学徒兵は弛んでいると連日革のスリッパでのビンタで眼から火花のでる事を初めて知った。殴られる事には馴れても、いつ殴られるか分らない恐怖。便所へ行くにも何処に出入するにも申告する屈辱感。

残飯あさりの惨めさ。その結果は自分の事だけで済めば体力と努力の不足と諦めもつくが演習がすむと先を争って班長や古兵の銃を奪い、県聯を解くため足にすがりつく。掃除の雑布のとりあい。班長室の食事を下げにいって素早く残飯を手づかみでむさぼり喰う。

柱に登り蝉になったり、寝台に足をのせ食卓に手をつき逆立ちする急降下、銃架の間から上官をひやかす女郎屋の客引きと毎夜のおしおきに歯をくいしばり、一通りの事は経験した。

耐えられず脱走兵もでる始末、夜中に参宮線を走る電車の灯を見て望郷の念にかられ涙を流した事も何度かあった。

洗濯は皹やあかぎれで手がくずれ、営庭の梅の蕾のふくらむ春をどんなに待ちわびた事か。飢えを満たす為の外出時の物乞い、員数を合わす為の盗みも経験した。時には深夜にかかる非常呼集。三十瓩余の完全軍装で伊勢の内宮までの往復二十余粁の駆け足。

真冬というのに顔面は汗、汗が乾いて塩で白い粉を吹き、やっと兵舎にたどりつくと「毒瓦斯」の訓練。

「突撃に前へ／　突っこめ／」防毒面をつけて喘ぎながら突撃して呼吸困難になって倒れる。

食事は激しい訓練による空腹、人のものをかすめてでも口に入れたいといういやしい根性。活字には飢え、思考力はにぶり、たまの教室内の通信の受・発信訓練には〝コクリコクリ〟と居眠り。これが一人でも出ると全員罰の倒れるまでの腕立て伏せと駆け足。

半年後、一期の検閲もすみ幹部候補生の試験も無事終了したが、できが悪く乙幹の坐金のついた伍長。これが又一般の兵隊より昇進が早いので古参兵にいじめられる対象となる。

しかし、非人道的な軍隊の中にあって印象に残った出来事もある。入浴の帰り。美しい星空を眺めさせ、遠い故郷の父母に思いをおこし、感謝せよといった上等兵。家族や友人から来た封書の切はしを廊下に落した罪として、厳寒期に心臓麻庫を起こしそうな氷のはる防火用水に入れといわれたのを犠牲となって、褌一つで飛びこんでくれた一等兵。私は東京の高円寺にある陸軍気象教育部に転属となった。今、命ながらえている運命の岐路はこの時点であったかも知れない。ここでは気象通信や暗号の解読が主な仕事で、三ヵ月で福生へ転属となり特別幹部候補生の班長として教育に従事した。といっても通信が主体で予報、観測もやった

まだ母が恋しい紅顔の少年達の訓練であり、彼等は純粋で、国の為身命を捧げる事に抵抗は無かった様である。

戦争は益々苛烈を極め特攻機の体当りを何度も目撃した。かくて廿年の春、埼玉県小川町へ移った。お寺や神社、農家の蚕室を転々として特幹と寝起きを共にした。その間一度だけ特幹をなぐった事がある。敷布を破いて襟章の台としたからで、結局はビンタをとる事で一人前の兵隊となった感覚を確かめるという浅はかな気持だったに違いないが、後味の悪さと後悔はかなり後まで残った

内地への敵機襲来は日毎に激しさを加え、機銃掃射も受けたし、前夜の熊谷の空襲も山の上から目撃し、戦争のむなしさと悲壮感を味わった。

八月十五日は暑い一日だった。正午の終戦の詔勅により戦いは終った。空はぬける様に青かった。あの頃特幹だった彼等は今、どうしているであろうか。

そして八月廿六日、暗号の焼却も終り無事復員し、上尾の実家でみたものは、八月六日広島の原爆で戦死した兄の告別式の終った夕刻だった。蝉しぐれの中に線香の匂いが流れ、お燈明の明りがゆれていた。この時私はポツダム軍曹の二十二才青春まっさかりのはずであった。

戦争体験

上尾市大字上　深山　孝徳

私は昭和十五年六月。大麦の刈入れの最中に召集を受けた。芝浦から三千頓の貨物船である。行く先は何も教へられて居ない。蒸し暑い船倉の中で、一週間余り陽子江を逆上って、一千里の漢口彫冊の波止場から上陸した。街は日本軍の爆撃で見渡す限りの焼野原だった。上陸して翌日軍装して示威行軍、人の姿はない。所どころに日本軍の歩哨が立って居る。真黒に日焼して銃剣をつけて褌一つのからすねの兵士だ。そして「新米が来た来た其のうちにひどい目に合うぞ」と何の事か解らなかった。

夏の太陽はカゝカゝに照りつける。隣の同僚が気分が悪いと云う。其のうちにバタッバタッと倒れて行く。遂にトラックで運んでも間に合わない様になってしまった。

船で疲れて居た上、世界一暑いと云はれる漢口に炎暑の中の行軍で堪へ切れなかったのだ。其の晩部隊で十名位死んだのではなかろうか。今も尚其の苦しいうめき声が聞えて来る様だ。兎に角午前中迄丈夫で元気で居たのが急に死んで行く恐しい日射病に度肝を抜かれた。

漢口の陽子に二、三日位居て急に乗船して、陽子江を下り、海南島の間を通り抜けて、南支に上陸。今のベトナムの国境近く、それから引き返して南支の主都南寧の周辺の警備に当った。

『南寧への行軍は丁度雨期で毎日毎日どしゃぶり降りの雨で実に困難を極めた。但し駐屯してからは最前線とは思えない様なのんびりとした生活だった。

分隊長が現役の上等兵で召集兵と半々の編成で吾々は何の用もない。其のうちに南支軍総徹退となり、後衛先兵の先兵分隊と云う事で何十萬の南支軍の最後尾にて三、四百米後方から支那軍がじりじりと押し寄せて来る。本隊は何千米も先で心淋しい限りである。一発喰ったら大変な事だ。ひやひやし乍らの退却だが何事もなくて助かった。

南支から退却して南京の近く珠江の島中山県に上陸。孫中山の生れた島で尖端がポルトガル領のアモイである。住民は大歓迎をしてくれた。目の色の変った白人を追い出してくれと手真似で頼んで居た。買う物は高く売る物は安い。経済の実権を握られた国民の苦痛をまざまざと見せ付けられた。若し日本で横浜や神戸が外国籍であったとしたらどうであろう。改めて先人の努力に感謝捧げた。同僚と民家を巡察。たまたま神戸に住んで居たと云う人に出あった。日本語が良く話せる。時々外出して良くコーヒーを御馳走になった。

中山県で急に内地帰還。昭和十五年の年末である。思えば日本を出てから六ケ月最前線にあって戦争を知らず、一発の弾丸も撃たず、一人の死人も見なかった。是も法華経を身に行って仏の不殺の尊い幸徳と感謝して居る。

帰還に当って、伯父さんの会社の青年学校の教官で、伯父さんに一緒に壮行会をやって貰って一緒に出征した隊長を尋ねた。「何か家に伝言はありませんか」と。

彼は「何もないよ。家では何も知らないのだから黙って居てくれ。自決しようと思ったのだが同僚に止められやっと生き延びたのだ」と。話には聴いていたがまさか歩兵隊の隊長で敵の集中攻撃に会い大砲を敵に進上してしまった隊長とは知らなかった。

中山県の海辺にはトラックが見渡す限り集結されていた。太平洋戦争への準備であったのだろう。

昭和十六年一月四日に帰還した。帰還して上平村在郷軍人会々長。終戦迄召集を受けなかったので、前の上尾市長下里氏と共に終戦迄銃後の第一線に立つ。

其の年の十二月八日、遂に太平洋戦争に突入。戦線が拡大されるにしたがって召集も又多くなり、初めは出征軍人の送迎もはなやかだったが、緒戦の戦果とは逆に思わざる方向へと突きすすんで行った。食糧は次第に逼迫して配給だけではどうにもならず、東京から買出しが駅に列をなしていた。在郷軍人会長と共に村の供出委員を兼ねて居た。

食糧の供出が戦争遂行の為の大きな仕事である。供出の割当は又大変な事だった。各部落の割当から個人の割当に至る迄、公平を期する事は難事中の難事である。供出の割当を完納しても尚余りある家。供出をした為に食べるに事かく家さまざまである。米麦等は買売禁止になって居たがヤミ売買も横行して居た。

戦死者も次から次へと増え、戦死の公報も役場職員と共にもって行かねばならなかった。「御宅の息子さんは名誉の戦死をなされました」泣き崩れる家族の前に慰めの言葉も出ない。悲惨な現実に心はちりじりに裂かれる様だ。はじめは村葬も盛大に行われたが次第に村葬も出来なくなって行った。

戦死者も多くなり村の経費のかさむと云ふ事もあったが、防諜と云う事であらゆる事が秘密の中に処理されて行く様になった。戦争のいまわしい現実である。

敗戦の様相は次第にに色濃く、大石の山林、今のゴルフ場に陸軍の被服廠の疎開が始まった。軍用衣類全ての疎開である。上尾・桶川・伊奈等の馬力車・牛車等総動員にて駅から山林に運ばれた。

一山に貨車二、三輌であろう。シートに覆われた衣類の小山が見渡す限りである。戦争への膨大な資材に今更乍ら驚かされる。

昭和十八年物資の不足は甚だしく、唐金は砲弾にはなくてはならない。勝つための相言葉で皆揃って供出した。大字上氷川神社の大鈴、小林寺の梵鐘及び上平小学校の二ノ宮金次郎の銅像も戦争遂行の為に消えて行った。

脂が不足で松根油を取る様になった。あらゆる松の木から油を取る。上平小学校の松の木からも今も尚その傷跡が残って居る。

トラックは皆木炭車、大きなタンクを背負って白い煙を出してノロノロ運転。是れではたして勝つ事が出来るであろうか、心の不安も村の軍の責任者と云う立場から表には出せなかった。

気がついて見ると現役の教育受けた者は村に私只一人だけだった。役に立つ男は総て軍に召集されていた居た。国家総動員である。

昭和二十年に入ってからはＢ29が編隊で物凄い爆音を立て、鹿島灘から進入。上尾の上空を通り過ぎた。上空で空中戦、飛行機が落ちて来る。近くなると日の丸がついて居る。桶川の内藤商店の油タンクに落ちた。油がなかったので何事もなかった。上上尾の林の中。桶川加納領家にも日本軍の飛行機が落とされた

二月廿五日の東京空襲で妹の夫は爆死した。陸軍糧株廠に徴用されて居たのだが、親二人・子供二人を抱え妹は途方にくれた

伯父は「私の家は安全、屋敷が広いから」と頑張って居たが、恐ろしくなって急に疎開する事になった。其の時はトラックは民間では一台も動かすことは出来ないことになっていたが、王子運送の専務が叔父の会社の社員だったので、旦那のことならと特別にトラックをだして戴いて一日で疎開した

其の時の運転手が「此の車は昨日迄廿五日の空襲の死人を運んで居た。皆貨物の様にドカ積で山盛りになるとあけて来る。始めは飯も食えなかったが慣れたら平気になった」と言い、私が「どこにあけたのか」と聞くと、「上野の山だよ、工兵隊が続けていくつも掘った。八畳位の穴で一杯になると次の穴だ」と話していた。

続いて三月十日の大空襲で東京は殆んど焼野原と変った。此の時の犠牲者の数は知る事も出来ないだろう。

敗戦の惨苦、民衆の苦痛の増して行く中に本土決戦は避けられない緊迫した空気に押し流されて行った。男は老人と子供、役に立つ様な男は居ない。在郷軍人会々長として国防婦人会の軍事教練を行ふ可き指令を受ける。米軍の上陸本土決戦に備へての竹槍部隊の編成である。

竹槍の作り方から使い方の教育である。米軍の膨大な化学兵器の前に児戯に等しい事だが真剣である。無智程恐しいものはない。

昭和二十年五月、沖縄の陥落は目前にせまって居た。大麦も色づいた刈入の準備をせねばならない。箕木の湯本機械店に行った。

二・三人の年寄が話し込んで居た。加納の○さんが「家の倅は東京ＮＨＫに勤めて居る。もうすぐ沖縄も陥落だ」と云った。新梨の前島のお爺さんが「家の孫は沖縄だがどうだろう」と云うと、「もうあきらめなさいよ、日本はもう萬才するのだ」・・・前島のお爺さんは大声で泣き出した。「会長さんほんとうにそうなんですか」と聞かれたが、私も心配はして居るがそうだとは云えなかった。「お爺さん心配しなさんな、日本は神国だ、きっと勝つと云うと、○さんは「この人は在郷軍人会長でも何も知らない。俺はちゃんと知っている」と頑として譲らなかったが、やっとの事で説き伏せた。それから数日後駐在巡査の黒澤さんと鴻巣警察の特別刑事の来訪をうけた。「あの親父困ったもんだ、上げたいのだが証人になる者が居ない。御宅は在郷軍人会会長の肩書のうえからも嫌とは云えないだろう」と証人にさせられた。

鴻巣警察に上げられたと云う噂を聞いたのは八月になてからの事だった。

広島・長崎に原爆が投下され降伏は愈々決定的になった。八月十五日、陛下の放送と云う事でラジオの前に集った。只何とも云えない涙がとめどもなく流れて来る。惨苦の中に勝つと信じての努力と精進がすべて悲しい。いまいましい結果。先の事を考へる頭に余裕はない。ボウ然自失と云うのであろう。

翌十六日、上尾・桶川三町八ケ村の在郷軍人会々長会議である。一同が皆無言、押し黙って発言する者は居ない。皆一様に銃殺を覚悟しての悲愴な会合である。しばらくして下里上尾町会長の発言である。「お互いに帝国軍人の一員である。見苦しい死に方は止めよう」と其の一言にて解散になった

翌十七日、役場の庭で、市村村長を始め村の有志と共に明治以来入営に除隊出征に帰還に村の兵士を送迎した上平村在郷軍人会旗を始め兵事軍事関係一切の書類、及び軍教練の器具等をを焼却した。明治以来の軍関係書類はうず高く皆無言の中に日暮近くまで燃やし続けた。

書類焼却の指令が来たのはそれから数日の後たった。愈々米軍の上陸と云う事で流言飛語は甚だしく皆慄然として居た。男は皆畢丸を取られる。女は米軍の自由にされる。村長・学校長・在郷軍人会長は銃殺は逃れられないと。

日露戦後役場の庭に建てられた乃木大将の筆に依る忠魂碑は地中

深く埋められ米軍の上陸を待った。

　当時の上平村は四百二十戸の小村だったが、二回三回と云う召集で延六百五十名の動員を受けた。其のうち八十六名の戦病没の犠牲者を出した。兄弟三人の戦死者を出した家もある。二回目、三回目の動員で戦死の人も居る。悼ましい限りである。戦争の惨苦は経験した者以外絶対に知る事は出来得ない事でありましょう。

　終戦三十三年平和の恩恵は実に偉大である。戦争は絶対にやってはならない。但し世界の至る所で国と国、民族と民族、考へ方の相違から戦争の中に苦しむ多くの人達をどうする事も出来ない。吾々は常に戦争を避ける為の努力に徹す可きではなかろうか。

　聖徳太子十七条憲法の一に曰く。

「和を以って貴しとなしさからうこと無きを宗とせよ」と先哲の遺訓のもとに国民強固な団結それが戦争回避の唯一の道と信じます。

　私は日本国民の一人一人が和に徹した日常生活積み重ねの中から戦争を避ける大きな力が育って行くものと思って居ます。

　戦争は絶対にやってはならない。日常の無駄をはぶいてその財と労力とを戦争回避の為にささげようではありませんか。

ひもじく、寒く、恐ろしかった日々

上尾市本町　西川　貢

　昭和十九年（一九四四年）、私は旧制中学校の三年生でした。この前年ごろから、太平洋戦争の戦局は、日本にとって悪化の一途をたどり、すでに日中戦争開始以来八年目に入って、国民生活の窮乏が限度に達していました。それまでの数年間、特に昭和十四、五年ごろから、「お国の為に」という名の下に、若い働き手のいなくなった農家の手伝いや、軍需物資の疎開作業などで、さんざん働かされてきた中学生たちは、この年の九月から、全面的に学業をなげうって、方々の軍需工場へ勤労動員されることとなりました。

「国家が存亡の危機にさらされている時に、ペンを持ってはいられない。」ということで、私の通学していた中学でも、三年生以上五年生までに動員命令が来て、二学期からは、一週に一度月曜日だけ学校へ行き、他の日は、大宮市の国鉄大宮工機部の旋盤職場で、学友たちと軍需品の生産に従事することになりました。

　九月のはじめから約一か月足らず、まったくの速成で、旋盤やターレットの操作技術を教えられた中学生たちは、ただちに現場に配属されて、航空機エンジンのシリンダーや、風船爆弾の信管の基礎切削作業をやらされました。

　毎週月曜日には学校へ行って一日中「教練」戦闘の基礎訓練や、「数学」「物理」だけ勉強し、（当時は英語や文学音楽などは戦争に役立だない無用のものとされていました。）

　上尾の自宅へ帰ってくると、休む間もなくまた大宮まで汽車に乗ってでかけ、工場では夕方五時から翌朝六時まで、その間に一時間の仮眠時間を与えられただけで、旋盤作業に従事させられました。もちろんこんな労働条件は、現在の日本の社会通念から見たら完全に人権を無視したものでした。

　この時の私の体験では、働きはじめて夜中にさしかかる十時から十一時ころ、最初の眠気が襲ってきましたが、手足を動かして体操をしたり、大声で軍歌を歌ったりして作業をしていると、すうっと頭が冴えてきて、いったん眠気が去りますが、夜明けの二時から三時ごろになると、二度目の眠気が襲って来ます。これはひきずり込まれるような眠さで、つい頭がふらふらとして、あやうく機械に指を巻き込まれそうになったことが何回もありました。それでも当時の中学生たちは、私だけでなく大部分の者が、「前線では特攻隊の勇士たちが一身を犠牲にして、敵の軍艦に体当たりしているのだ。それに比べれば、このぐらいなんでもありませんでした。

今でも鮮やかな記憶が残っているのは、昭和十九年から二十年にかけての冬は、特に寒気がきびしかった豪雪の年で、身体の芯まで凍りつきそうな深夜の工場で、こうして必死になって働き、暮れも正月もあったものではなく、昭和二十年の元旦は、徹夜の作業明けの朝として、迎えたのをおぼえています。

もう一つ思い出すことは、昭和二十年の春を迎えた五月ごろ、硫黄島から飛んで来たノースアメリカンＰ５１の銃撃を受けた時のことです。工場の建物の上空から、いきなり「キューン」という急降下する戦闘機のエンジン音と共に、まるでリベットハンマーで鋲を打ちこむ時のような「ダダダッ」という機銃掃射が、二回、三回、とくり返され、工場の人々もあわてて物蔭にかくれ、私も鉄筋コンクリートの建物内に、命からがら逃げこんで、やっと助かりましたが、この時外でうろうろしていたら、今はこの世に生きていられなかったわけです。

そのころは、兵士だけでなく、汽車の機関士さんとか、白いシャツを着て農作業をしていた農家の人とか、いわゆる「戦闘員」以外も、ずいぶんみ犠牲になった人々がいました

戦争というものは、国民生活とは直接かかおりがなく、戦闘員によって、どこか遠い地域でおこなわれるものだ、などという錯覚を持つ人がもしあるなら、それはとんでもないあやまりであるということが、これではっきりすると思います。

とにかく当時は、ろくろく食物も着るものもなく、私は何年も以前に配給になった、ボロボロの中学生服を着て、毎日工場へ通い、頭の上から爆弾の降ってくる空の下で、ひもじさと、寒さと、恐ろしさの日々を過ごしました。

こんな世の中が現実に存在した、ということは、とても戦後生まれの人々には、想像もつかないことであろうと思います。

今、回顧してみても、我ながら、「よくああいう状況の下で生きてこられたものだ」と思いますし、われわれの子孫が万一戦争にまきこまれた場合、再びあんなになる危険性が、全く無いとは言えないと思うと背筋のあたりを冷たいものが走るのを感じます。

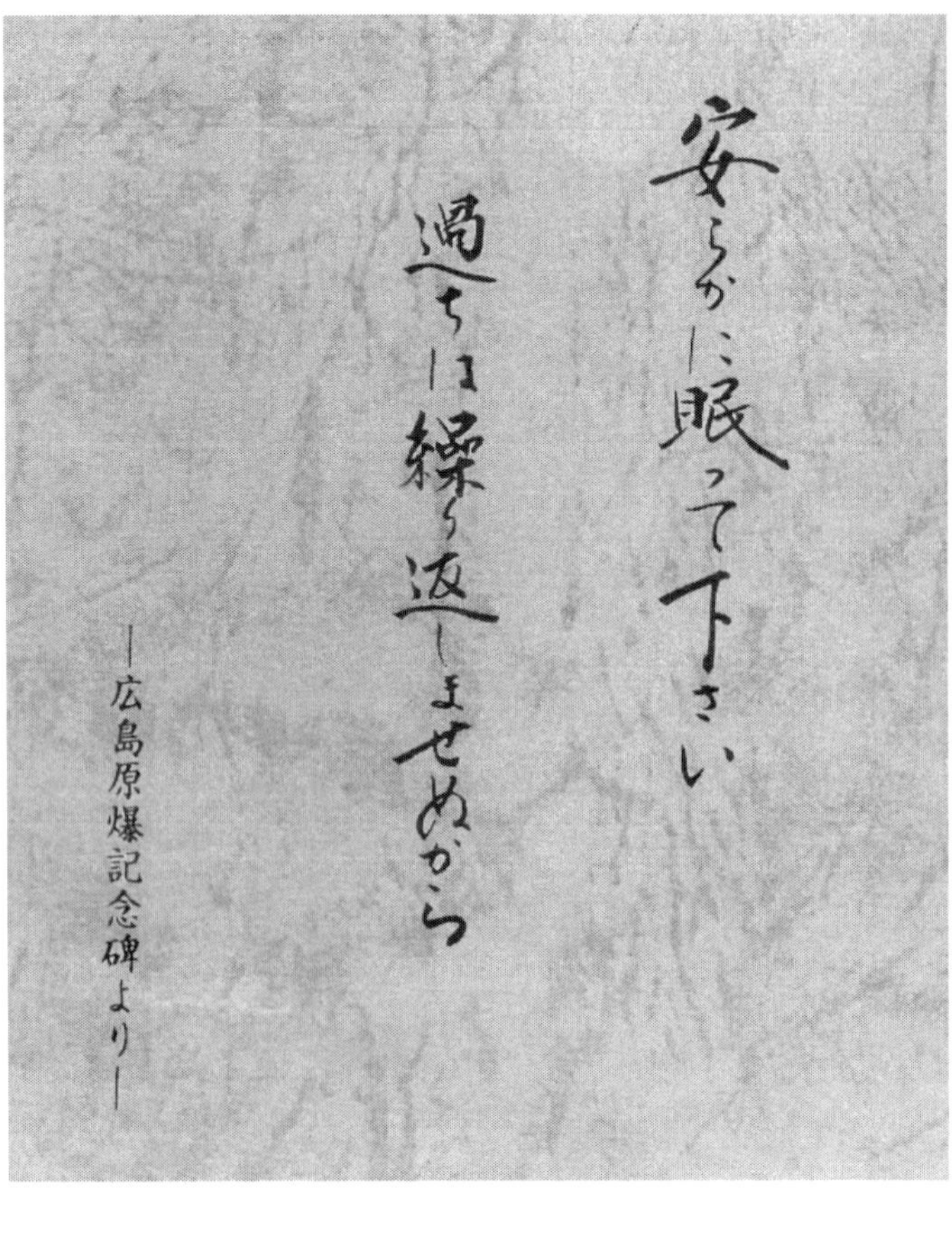

安らかに眠って下さい
過ちは繰返しませぬから
―広島原爆記念碑より―

第二章　資料編１（地域概観・通史）

出典　抜粋要約参考文献

・上尾市史第五巻資料編
・上尾市史第七巻通史編（下）
・上尾市史第十巻別編３
・上尾百年史
・埼玉県史通史編７
・井戸木（大石）地区を探る　高松充和

一、地域概観

地理と自然

上尾市は、関東地方のほぼ中央、埼玉県の東部に位置し、地域のほぼ中央にある市役所庁舎が、北緯三五度五八分二十六秒、東経一三九度三五分四六秒である。東西一〇・四八キロ、南北九・三二キロの市域の総面積は、四五・五五平方キロである。

上尾市域の中央部には、南東から北西に向かって、東京上野から高崎を結ぶJR高崎線が縦断し、江戸時代の五街道の一つである中山道と国道一七号平行するように貫いている。高崎線は、上尾市域と首都東京や他の地域を結ぶ交通機関として重要な役割を果たし、この存在が上尾市発展の基盤ともなっていた。

市域東部には、上野駅から東北方面を結ぶ東北線が縦断する。市域に駅は無いが、隣接する東大宮駅がある。

上尾市域の人口は、昭和一五年には二万三五五一人、昭和三三年市制施行時には、三万七二二七人であった。

昭和四十年代から上尾市では急激な人口増加が起こる。これは首都東京に近く、鉄道を中心とした交通の便の良さから、主として農地や雑木林であった地域が宅地化かしたためである。

上尾市域の地形は、台地と低地で成立している。市域のほぼ全体が台地の上にある。

上尾市域の台地は、大宮台地と呼ばれ、鴻巣市から川口市東部まで、約四三キロにわたる細長い台地となっている。大宮台地の南西部は、荒川を挟んで荒川低地、北東部には元荒川を挟んで加須・中川低地、綾瀬川を挟んで岩槻台地と接している。

上尾市域の台地の標高は、一五メートルから二〇メートルほどである。大宮台地全体では、北本市が標高三〇メートルと最も高く、南に行くほど低くなる。

市域の台地は全般的に平坦で、上尾市と桶川市の境界付近で湧き出す鴨川・芝川の浸食谷が北西から南東に流れ、市域を三つに区分している。低地は、この浸食谷である鴨川・芝川などの小河川や、市域の西部をほぼ南流する荒川、市域の東部を流れる綾瀬川沿いに限られている。

上尾市域の気候は、埼玉県では、川越・浦和といった地域と同じように、やや沿岸性特徴を持つ平雨高温の傾向を示すといわれる。平成11年を例に挙げると、平均気温15.6度、最高気温は7月36.7度、最低気温は2月のマイナス4.6度である。

また年間降水量は1321ミリである。冬は乾燥した晴天が続き、北西の季節風が強い。冬季の雨量は1月が4.5ミリ、2月が24ミリ、12月が2ミリと小雨が著しい。降雪量も少なく、平成11年では2月に5.5センチ記録したのみである。平成7年から11年までの5年間でも、平均26センチである。

夏は湿度が高く、日中は高温となり、夕方ごろに雷雨の傾向がある。平成11年度では、年間平均湿度70.4パーセントであるが、7月76.6％8月74.6％、9月77.7％である。最高気温も5月から9月までは30度を超え、8月の最低気温は23.3度である。

市域の成立ち

旧上尾町

中山道沿いに北から上町・宮本町・仲町・愛宕町といった「上尾の町場」であるが、その北から東にかけての一帯と、高崎線の西側の柏座、谷津、春日は畑作農村地帯であった。

旧平方町

上尾と川越を結ぶ古道が荒川に差し掛かる手前に位置する上宿と下宿は町場の様相しめしていたが、上野、本郷、平方領々家、西貝塚は、畑作中心の農村地帯である。

旧原市町

菖蒲街道と呼ばれる、大宮から菖蒲に向かう古道沿いに形成された町場と隣接する農村地帯から成っていた。町場は穀物を中心とした市の立つ町として繁栄した。瓦葺の全域は、畑作中心の農村地域である。

しかし、上尾地域の農地が伝統的に天水場であったのに対し、瓦葺の田の一部は、見沼代用水から用水を引いている。このため、市域で唯一伝統的に田植による稲作が行われた地域である。

旧大石村　全域、畑作中心の農業地帯である。

村の西には荒沢沼を含む江川と、江川が注ぎ込む荒川がある。荒川沿岸の畔吉には荒川の水運を利用した河岸もうけられていた。

旧上平村　全域、畑作中心の農業地帯である。

旧大谷村　全域が畑作中心の農業地帯である。

民俗二つの特色

上尾の民俗の特色は、年中行事が生産生活と密接な関係にあるということである。

上尾・原市・平方などの町場を除けば、他のほどんどの地域が農村地帯である。農業の内容は、畑作と稲作であるが、稲作昭和三十年代以前は、植田によるものではなく、稲の種を直播き（じきま）する摘田（つみた）という方式の稲作であった。畑作と摘田という二つの農耕形態をもつ台地特有の農業である。

農作物の主なものは、稲・大麦・小麦・甘藷・豆類・野菜等である。生産の時期から区別すると、大麦・小麦が冬作物であるのに対して、他は夏作物であり、甘藷は大麦・小麦の裏作として行われている。

麦と甘藷との耕作関係は、いわゆる二毛作の形をとるが、稲作と麦作とは、平野の水田地帯にみられる二毛作の形はとらない。

それぞれ単作である。このように水田稲作地帯や山間の畑作地帯に比較すると、農作の種類とその時期とのかかわりが、大変複雑で多様である。こうした農作の複雑で多様性が、そのまま年中行事の上にも影響を与えているのである。

つまり、上尾の年中行事の性格に特色をうみだしている。

上尾の民俗のもう一つの特色は、一月遅れの行事暦の形をとっているということである。具体的にいうと、正月が一か月遅れで二月に行われた。「二月正月」であったということである。

こうした具合で大体の年中行事が太陽暦より一月遅れで行われた。しかし例外もある。十五夜は旧暦八月十五日の満月、いわゆる仲秋の名月を祝う行事であるが、月の満ち欠けには構わず、九月十五日に行っていた。

そして、この月遅れの行事暦が改められ、一月正月を祝うようになったのは昭和三十年の町村合併以後のことであった。このころから、次第に勤め人が増加し農村都市化の時代が始まったのである。

正月　新年の神を迎えて

「広報あげお平成11年1月1日号掲載」

「今は年がら年中、正月のようだ」と古老が感慨深げに語ることがある。食べるもの、着るものが万事ぜいたくになり、今や普段も正月も変わらないのかも知れない。しかし、本来正月は、盆と並び先祖を迎えて新たな「年の神」をまつる大切な節目であり、市内に残る言い伝えや事例の中にも、普段の日とは異なる細やかな心遣いを伺い知ることができる。

市内では、昭和二十年代ごろまで、ほとんどの行事が太陽暦とは異なるひと月遅れの暦で行われており、正月も月遅れであった。このため、日の出地区では、年末の「煤はらい」を一月二十日前後に行っていた家もある。従来煤はらいとは、屋内の神をすべて外に出してから雨戸を閉め切って、家の煤を一日掛かりで徹底的に払う大仕事である。平方のある家ではこれを「煤とり」といい、わざわざ吉日を選んで行っている。さっぱりとした部屋で新年を迎えることは気持ちの良いものである。が、何よりもこの暮れの大掃除は、年の神を迎えるに当たり、一年間の家の垢をはらい清めることに意味があった。このような心遣いは衣食住全般にわたっている。

市で有名な上尾であるが、暮れには正月を迎えるための市も立った。原市で一月二十三日、平方で同二十七日に立った「暮市」のことである。平方では、周辺の農家はサントウブチと呼ばれるにわか商店を出し、川越の農家は正月料理に使うニンジンやハスを盛んに売っていた。また市では、正月に新調するざるや手桶、しゃもじ、箸なども扱った。暮れにざるや寵などを商う光景は各地の市で見られ、まさに正月を迎える風物詩といえる。　使い古しの道具を新しく買い換えるのはごく自然な行為である。しかし、こと暮れに行う準備は忘れてはならないものであった。正月にこの新しい手桶で水をくみ、その水で新年の雑煮を作り神に供え、人も食す。こうした神の食事を司る道具は新しくあらねばならず、市はそうするためにもにぎわったのである。

正月はまた、晴れ着やよそ行きを着て集う機会であったが、正月に物を使い初める習慣は衣服も同様であり、下着や足袋、げたも新しくそろえた。町場の商家では仕事着の半纏を新調し、正月の初荷はこれを着て迎えるものであった。

これらの心遣いの深意は、清浄に年の神を迎えることにある。年の神は、私たちに新たな活力を吹き込むために訪れるのである。年の神を迎え、この一年が実りある年となるよう、新しい気持ちで歩み続けたいものである。　（友野　千鶴子（市史編さん調査委員）

上尾地方のツミ田

「広報あげお平成9年2月1日号掲載」

全国でも最大規模だった稲の直播き栽培。 稲の直播き栽培であるツミ田が、上尾地方では昭和三十年代まで、全国でも最大規模で行われてきた。このことは、日本の稲作史ばかりでなく、地理学や民俗学の方面からも注目されてきており、上尾市の歴史を考える上でも、大変重要な意味をもっている。

ツミ田は、蒔き（い）田とも呼ばれ、田植えをしないで米作りをする栽培方式であり、現在の米作りが苗代で育てた稲苗を本田に植え替える栽培法と大いに異なっている。一般にツミ田は、植田方式よりも古いタイプの稲作といわれ、古くは全国の所々で行われてきたようである。

上尾市内でツミ田が行われてきた地区は、荒川沿いでは畔吉、平方。江川沿いでは藤波、中分、領家。鴨川沿いでは大谷本郷、戸崎。綾瀬川支流の原市沼川沿いでは平塚、原市、瓦葺などである。これらの地区の水田はみな、台地に刻まれた浸食谷の谷田で、「ドブッタ」とか「フカンボ」と呼ばれる深田であった。「ソコナシッタ（底がないような田）」の深田では、田底に丸太や竹を埋め込んでおき、その上を伝い歩きしながら田仕事をしたという。用水は、雨水や台地のすそからしみ出る水にたよっていた。

春先、田うないをした後、四、五月ごろに種まきを行った。田づらにウネヒキ棒（種をまくための線を引く道具）で縦・横に筋を引き、その交点に灰と下肥をまぶした種もみをつまみ落としていく。この作業を「タツミ」と言った。夏三回の田の草取りが、ツミ田最大の難作業であった。

秋の収穫時には、「カンジキ」と呼ばれる田下駄を履いて稲刈りをし、刈り取った稲は「ソリ」と呼ばれる田舟に載せては引いてあぜ道に上げた。稲作の原風景のツミ田が、上尾を中心として大宮台地の谷田で最近まで盛んに行われてきた理由は、まだよく解明されていない。

（吉川　國男（市史編さん専門委員）

国登録有形民俗文化財

【文化財名】　**上尾の摘田・畑作用具**

【概要】

上尾の摘田・畑作用具は、埼玉県上尾市域において、稲の直播栽培である摘田と、麦やサツマイモなどの畑作に使用された農耕用具を収集したものです。市域では、農業は水はけの良い土壌の特性をいかした畑作を基本とし、稲作は用排水路の設置が困難な地理的制約から台地の谷地部にある低湿地帯で行われてきました。そのため、苗代で育てた稲を田に移植する植田は適さず、昭和40年代まで摘田でした。

摘田用具は、田作りを始め、播種、除草、施肥、収穫、選別調整などの各工程に使われた用具から構成されます。畑作用具は、麦作に使われた用具が中心で、耕起から選別調整までの一連の用具が収集されています。

日本の稲作は、田植による植田が栽培法としてよく知られていますが、明治時代までは直播栽培も広く行われており、摘田も日本在来の稲作栽培法と考えられています。ただし、水田開発や農業技術の進歩によってすでに消滅しています。

そうした中で、比較的遅くまで摘田が行われていた上尾市域では、用具の残存度が高く、農業の基盤であった畑作の用具とともにまとまって収集されています。関東平野の中央部に位置する大宮台地で行われてきた農業経営の実態、特に畑作地域における稲作の地域的な様相を知ることができ、我が国における農耕文化の変遷を考える上で注目されます

林野分布とその歴史　広報あげお平成7年1月1日号掲載一

最近身近にある自然が注目されています。植物では、雑木林や水辺の湿地、都市公園の緑や街路樹などさまざまな自然があります。中でも、人と豊かにかかわり合いを持つ林は「里山」と呼ばれ、注目されています。

関東平野は、植生の分類でいうと暖かい地域の植生「照葉樹林（暖温帯林ともいう）」の北の外れにあります。照葉樹林の人手が加わらず自然に置かれた林（極相林）は、シイやカシ類の常緑広葉樹の林といわれています。市内にある林の大半は、武蔵野をつくる人手の加わった林「二次林」です。台地には、コナラの林、クヌギの林、そして少しですがアカマツの林も見られます。農家の周囲には北西の季節風を防ぐ屋敷林、寺や神社には社寺林が茂っています。これらの林は、シラカシを中心としたカシ類やスダジイといった常緑広葉樹のほか、スギなどの針葉樹を含んでいます。台地に比べ面積は少ないのですが、低地では湿地や休耕田にヤナギ類やハンノキの自然林を見ることができます。

昭和三十年代ころまでは、林は薪や用材に利用され、私たちの生活に溶け込んで調和していました。昭和二十五年ごろの旧上平村の「林況調査書」には、「樹種及混合歩合」の欄に「小なら・禅、ケヤキ・栗・ソロ（シデ類）・カシ、杉・桧、竹、篠、雑木、萱野」などの種類と同様に「薪炭林・マキ林・用材林」という使い方が書いてあります。当時、この調査表を書いた林（里山）の所有者が、林の使い方を強く認識していたことが分かります。

林の中には、材が鎌の柄に向いているのでカマツカ、田の畦畔（あぜ）に植えられるのでハンノキなど、生活とのつながりを語る植物が見られます。また‐1カシは柄や棒の材料に」「クリは　水に強いので土台の用材に」など、材は性質に合った用途で利用されました。林は、開発で宅地や工場などに変化し、ガスや石油・電気の普及といったエルギー革命などにより、多くの役割を失いました。県南の地域と比べ市内に林は多く見られますが、昭和二十六年度と平成四年度の比較では、上尾市は六割以上の林を失っています。

林の分布や大きさが、動物の渡り歩ける自然や高次な生態系をもたらします。また都市の気候を考えるとき、林などの緑地は、温度の上昇を緩和する広がりとして注目されています。そのほか林は身近な自然として、より自然な水の循環をもたらすなど、私たちの生活環境を豊かにしているのです。

内藤　ふみ（市史編さん専門調査協力員）

市の木　カシ

市の花　つつじ

雑木林

昭和 30 年頃の鴨川

昭和 30 頃の井戸木-中津道路付近

写真出典：　鴨川土地区画整理事業　完工記念誌　より

図１　地形　大宮台地

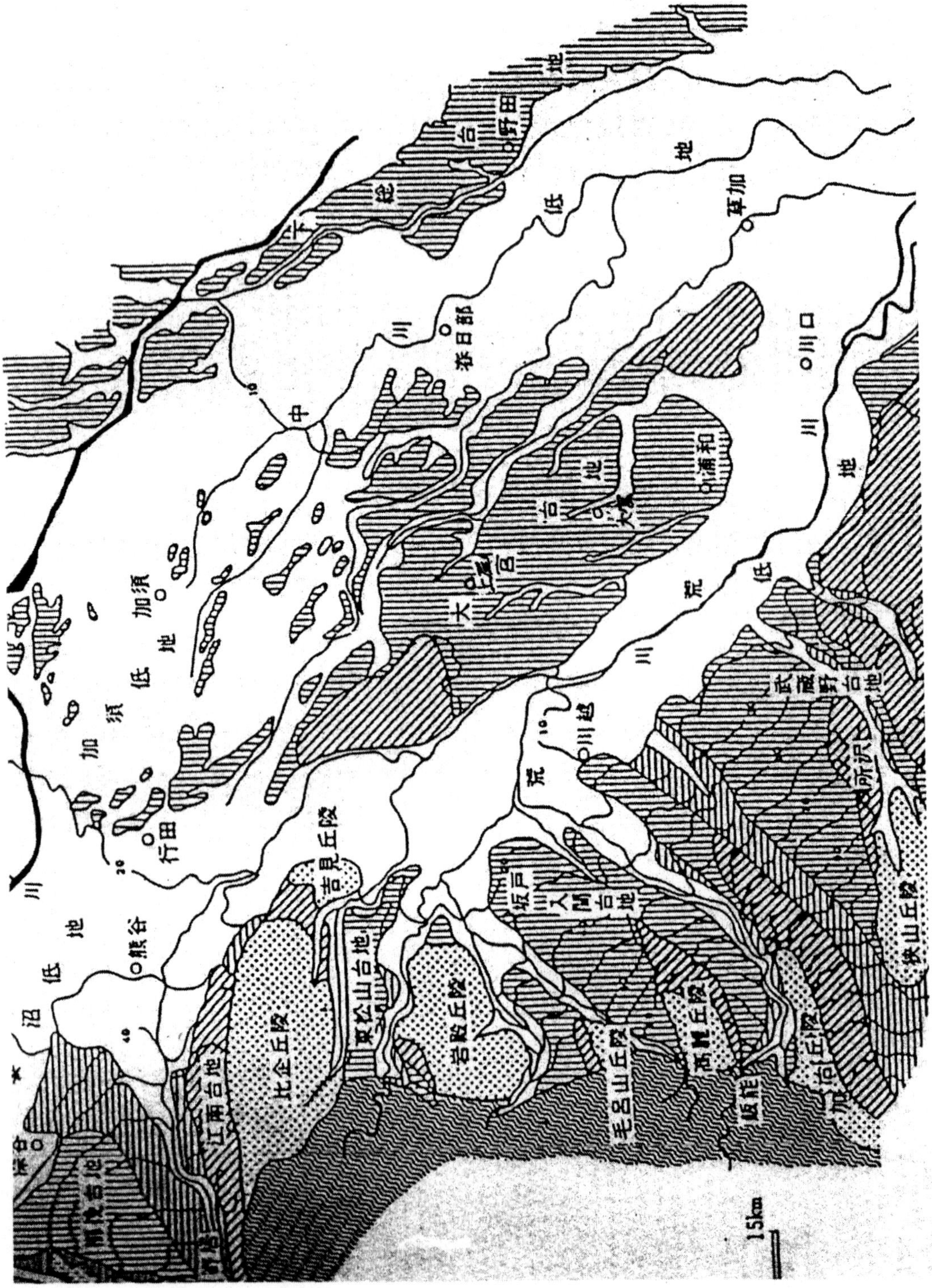
大宮
浦和
川口
草加
春日部
野田
加須
行田
熊谷
川越
所沢
加須低地
中川低地
荒川低地
武蔵野台地
狭山丘陵
比企丘陵
吉見丘陵
岩殿丘陵
毛呂山丘陵
高麗丘陵
江南台地
東松山台地
入間台地
坂戸
15km

図２　　大宮台地の摘田分布図

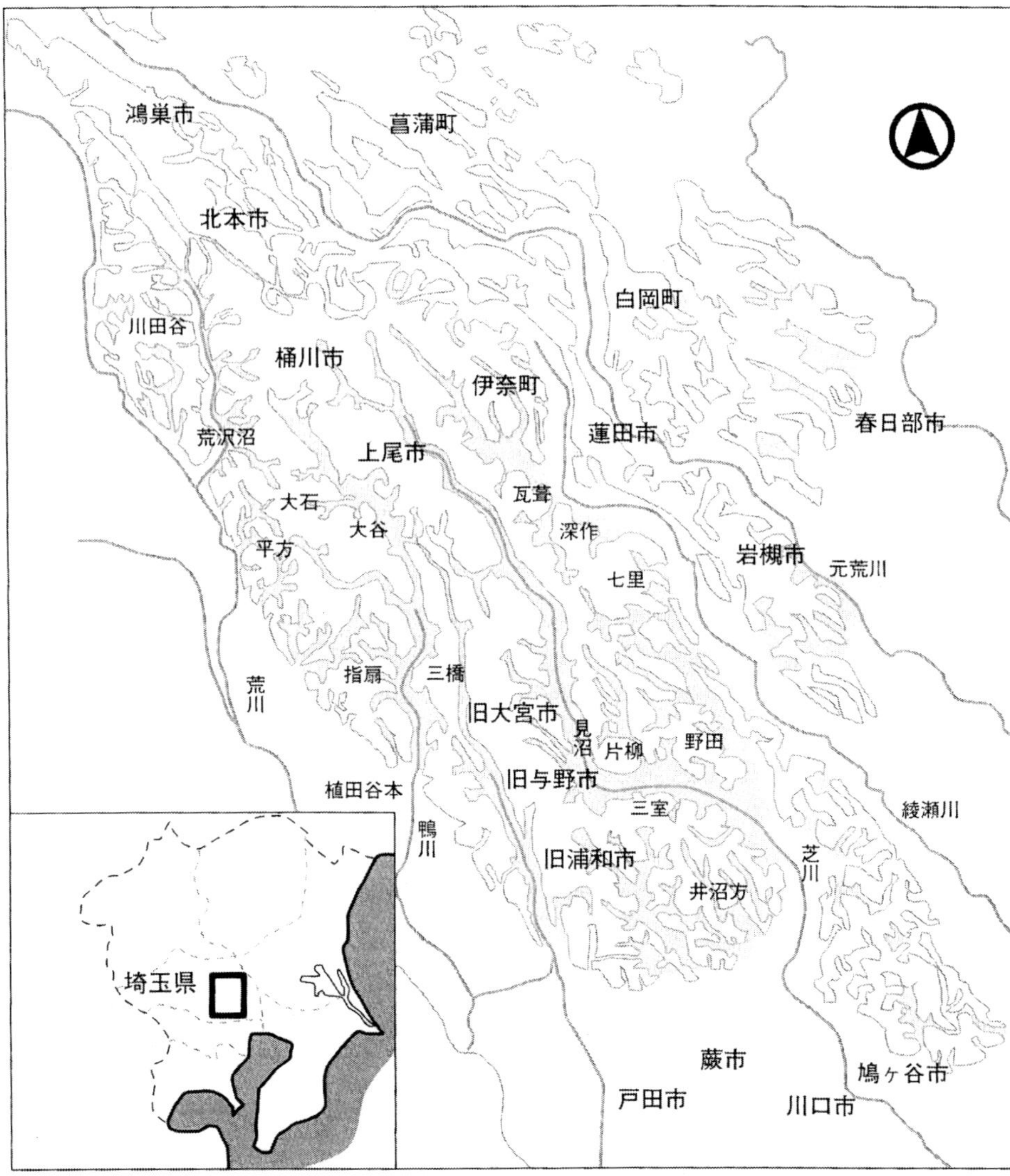

図30　大宮台地の摘田分布図（吉川國男「大宮台地のツミ田」『上尾市史調査概報第8号』を基に作成）

■摘田・畝引き

■摘田・田摘み

「上尾の摘田・畑作用具」は平成28年3月2日
「国の有形民俗文化財」に指定されました。

図3　上尾市の沿革

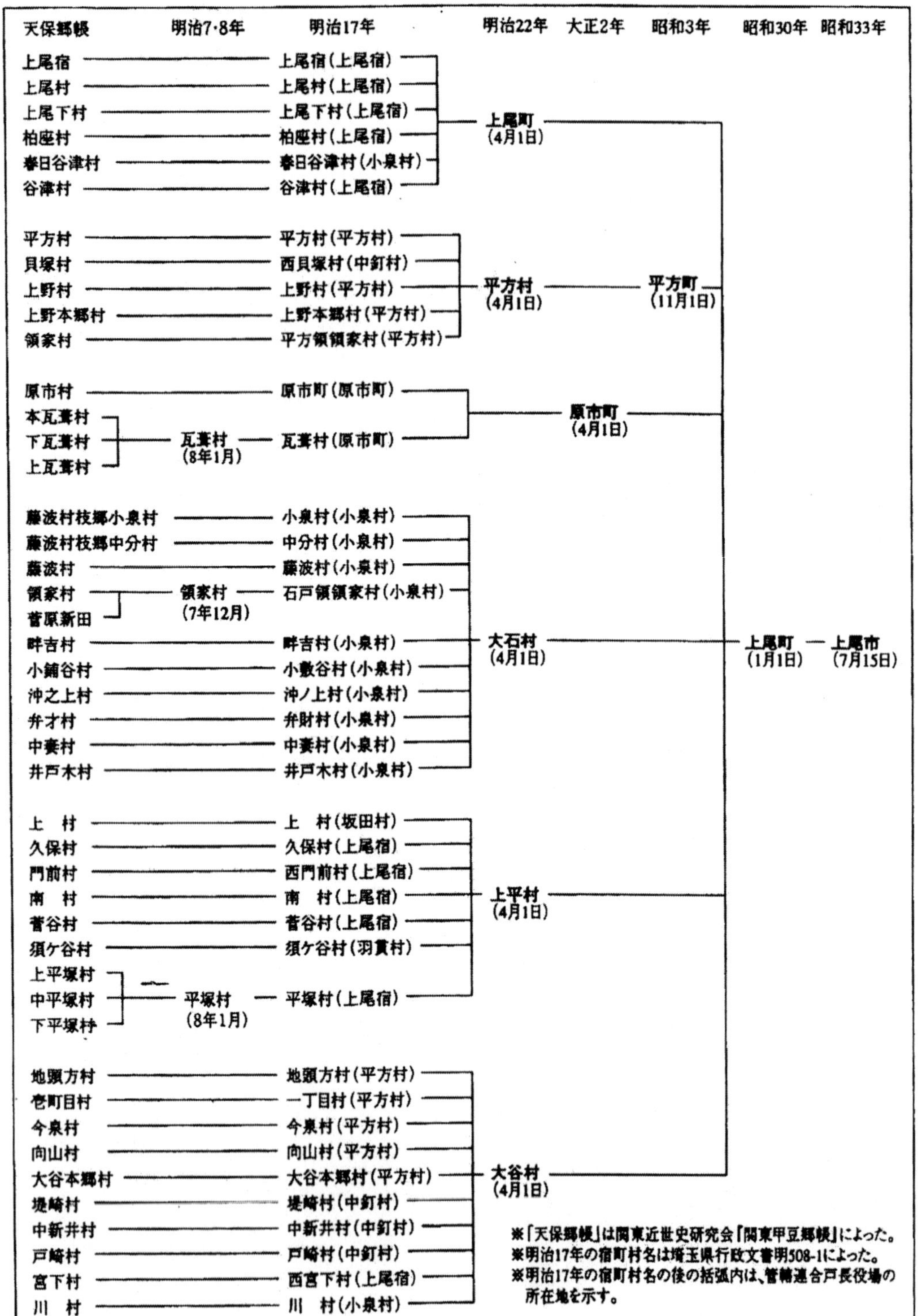

天保郷帳
明治7·8年
明治17年
明治22年
大正2年
昭和3年
昭和30年
昭和33年
上尾宿
上尾村
上尾下村
柏座村
春日谷津村
谷津村
上尾宿(上尾宿)
上尾村(上尾宿)
上尾下村(上尾宿)
柏座村(上尾宿)
春日谷津村(小泉村)
谷津村(上尾宿)
上尾町
(4月1日)
平方村
貝塚村
上野村
上野本郷村
領家村
平方村(平方村)
西貝塚村(中釘村)
上野村(平方村)
上野本郷村(平方村)
平方領領家村(平方村)
平方村
(4月1日)
平方町
(11月1日)
原市村
本瓦葺村
下瓦葺村
上瓦葺村
瓦葺村
(8年1月)
原市町(原市町)
瓦葺村(原市町)
原市町
(4月1日)
藤波村枝郷小泉村
藤波村枝郷中分村
藤波村
領家村
菅原新田
領家村
(7年12月)
小泉村(小泉村)
中分村(小泉村)
藤波村(小泉村)
石戸領領家村(小泉村)
畔吉村
小鋪谷村
沖之上村
弁才村
中妻村
井戸木村
畔吉村(小泉村)
小敷谷村(小泉村)
沖ノ上村(小泉村)
弁財村(小泉村)
中妻村(小泉村)
井戸木村(小泉村)
大石村
(4月1日)
上尾町
(1月1日)
上尾市
(7月15日)
上　村
久保村
門前村
南　村
菅谷村
須ケ谷村
上平塚村
中平塚村
下平塚村
平塚村
(8年1月)
上　村(坂田村)
久保村(上尾宿)
西門前村(上尾宿)
南　村(上尾宿)
菅谷村(上尾宿)
須ケ谷村(羽貫村)
平塚村(上尾宿)
上平村
(4月1日)
地頭方村
壱町目村
今泉村
向山村
大谷本郷村
堤崎村
中新井村
戸崎村
宮下村
川　村
地頭方村(平方村)
一丁目村(平方村)
今泉村(平方村)
向山村(平方村)
大谷本郷村(平方村)
堤崎村(中釘村)
中新井村(中釘村)
戸崎村(中釘村)
西宮下村(上尾宿)
川　村(小泉村)
大谷村
(4月1日)
※「天保郷帳」は関東近世史研究会『関東甲豆郷帳』によった。
※明治17年の宿町村名は埼玉県行政文書明508-1によった。
※明治17年の宿町村名の後の括弧内は、管轄連合戸長役場の所在地を示す。

上尾市の沿革

図４　上尾市域の村と町

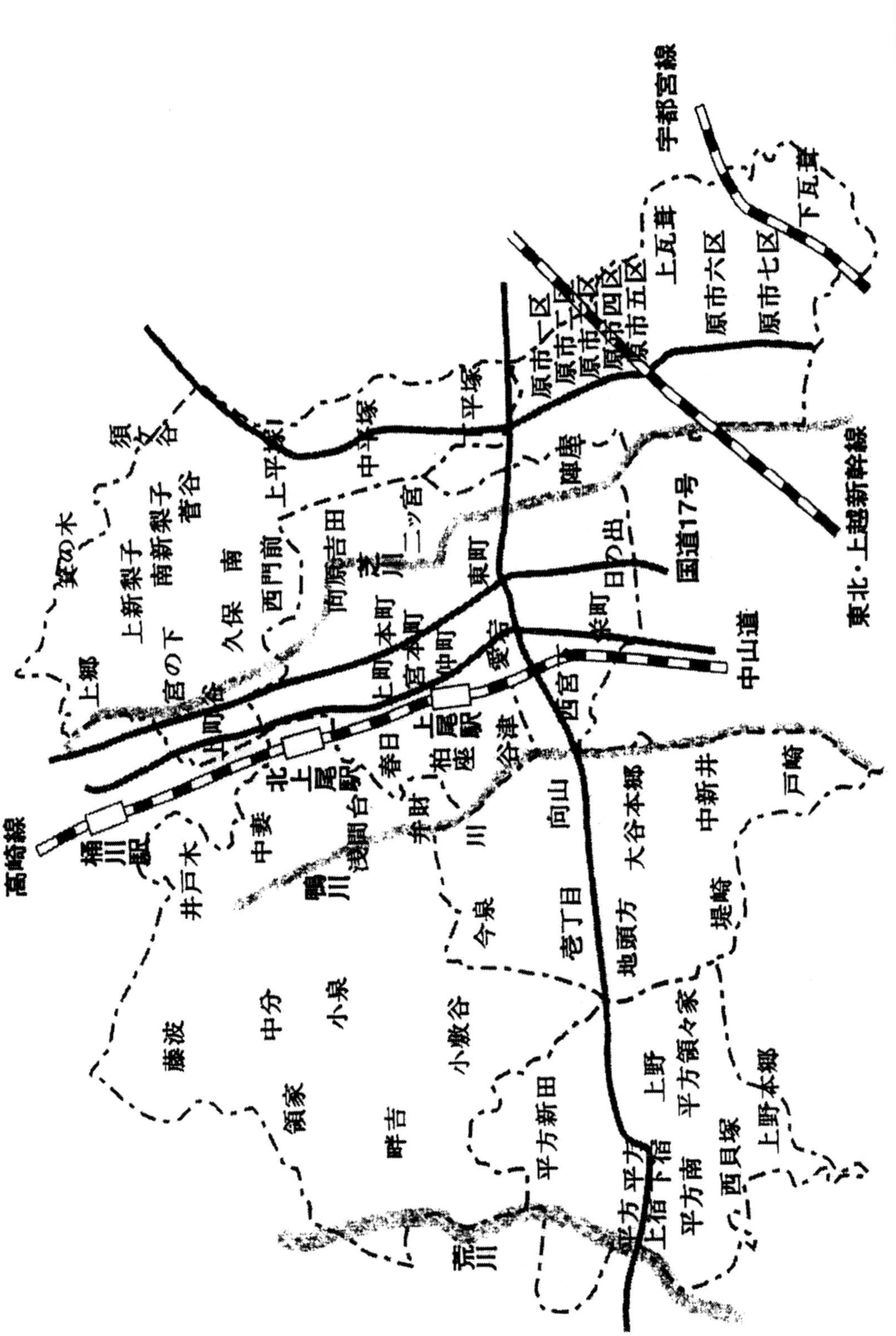
高崎線
宇都宮線
東北・上越新幹線
国道17号
中山道
荒川
桶川駅
北上尾駅
上尾駅
下瓦葺
上瓦葺
原市七区
原市六区
原市五区
原市四区
原市三区
原市二区
原市一区
平塚
中平塚
上平塚
須ヶ谷
菅谷
南新梨子
上新梨子
箕の木
上郷
宮の下
久保
南
西門前
二ツ宮
東町
日の出
愛宕
仲町
本町
宮本町
上町
春日
柏座
谷津
西宮
向山
大谷本郷
中新井
戸崎
中妻
井戸木
鴨川
浅間台
弁財
今泉
壱丁目
地頭方
堤崎
藤波
中分
小泉
小敷谷
領家
畔吉
平方新田
上野
平方領々家
上野本郷
西貝塚
平方南
平方
上宿
下宿

図5

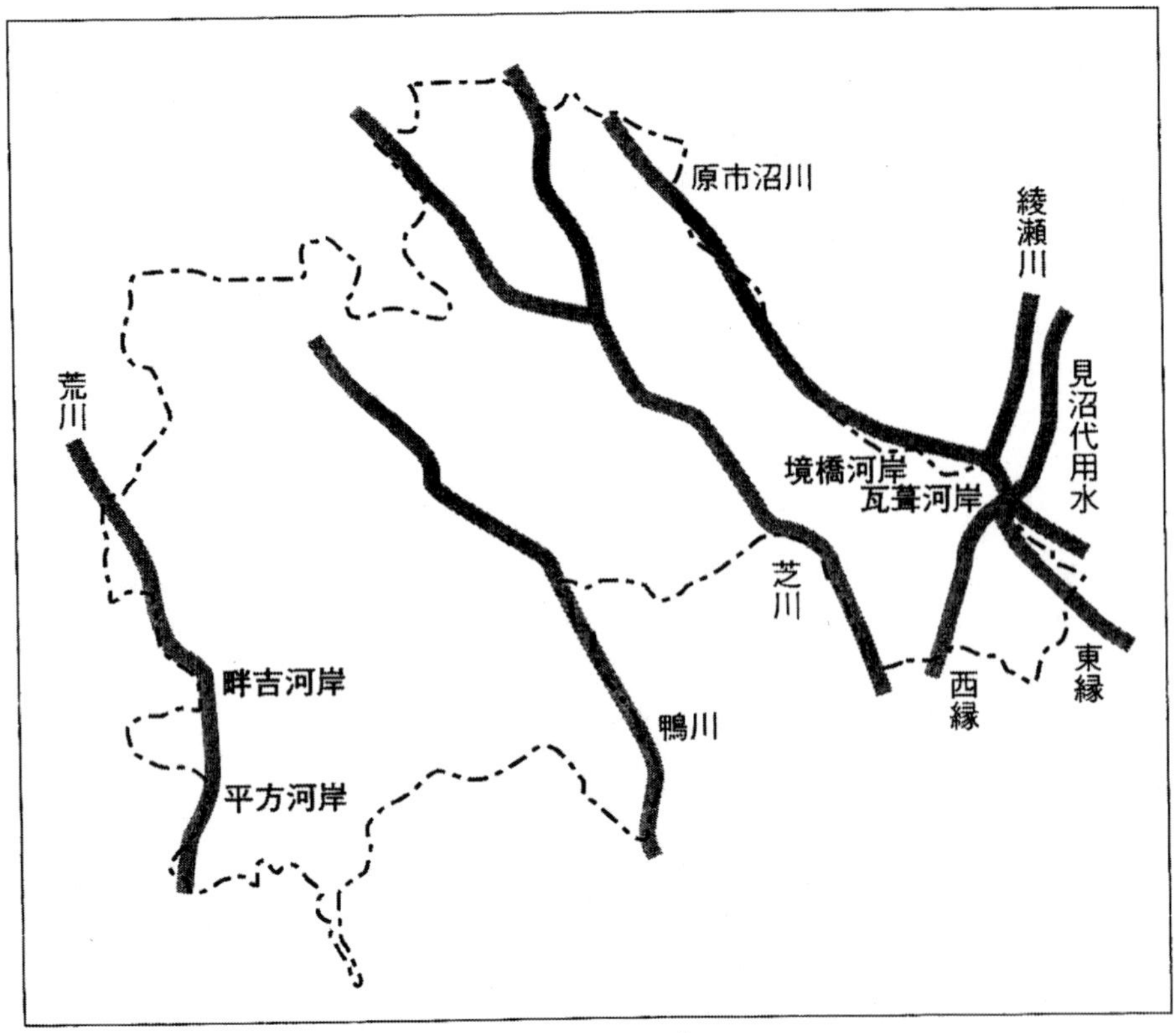

河岸場分布図

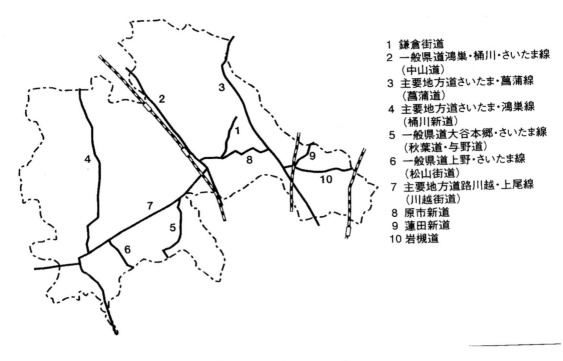

1 鎌倉街道
2 一般県道鴻巣・桶川・さいたま線（中山道）
3 主要地方道さいたま・菖蒲線（菖蒲道）
4 主要地方道さいたま・鴻巣線（桶川新道）
5 一般県道大谷本郷・さいたま線（秋葉道・与野道）
6 一般県道上野・さいたま線（松山街道）
7 主要地方道路川越・上尾線（川越街道）
8 原市新道
9 蓮田新道
10 岩槻道

古道を引き継ぐ現状路

図 6

上尾市域での一般的な生産行事歴

月	日	事項	稲	大麦	小麦	さつまいも	豆・野菜
1月	上旬	カピタリ・八日節供					
	中旬	ススハキ					
	下旬	カマジメ・餅搗き・神飾り・ミソカッパライ					
2月	上旬	正月・三が日・タナサガシ・オオバン・六日年越・七草・トシトリ（節分）					
	中旬	蔵開き・クワイレ・マイダマダンゴ・ハナ飾り・小豆粥・成り木責め・正月十六日					茄子 きゅうり
	下旬	恵比寿講・天神様					苗床作り
3月	上旬	次郎の朔日・初午・八日節供		一番ザク			
	中旬	ネアカサマ		二番ザク 三番ザク			
	下旬	彼岸	クロツケ	トメザク		苗床入り・フセコミ	移植
4月	上旬	雛の節供	タウナイ				
	中旬						
	下旬						
5月	上旬	五月節供・お釈迦様・モメンボウズ・野上がり正月	タツミ			苗切り	植付
	中旬					さつま押し	大豆 小豆 ささぎ
	下旬		一番ゴ	麦刈り			
6月	上旬			麦コナシ			
	中旬		二番ゴ				
	下旬				麦刈り		
7月	上旬	浅間様・初山			麦コナシ		
	中旬	天王様	モクガリ・三番ゴ				
	下旬		土用干し				
8月	上旬	カマノクチアケ・七夕					
	中旬	盆・盆迎え・棚参り・野回り・盆送り・盆の十六日					
	下旬						
9月	上旬	八朔節供・生姜節供・二百十日・アレナシ正月					
	中旬	二百二十日・十五夜					
	下旬	彼岸	早稲の稲刈り			さつま掘り	
10月	上旬	クンチ					
	中旬	十三夜・オヒマチ				カコイボリ	
	下旬	荒神様（三日）			麦蒔き		
11月	上旬	十日夜・アナップサゲ		麦蒔き			
	中旬	恵比寿講・カッキリ・荒神様	中稲の稲刈り				
	下旬	荒神様	晩稲の稲刈り				
12月	上旬	大師講				床の囲い作り	
	中旬	コツキリ					
	下旬	冬至					

二　通　史

社会体制・各種制度　など

当時の上尾地域の社会状況を知るために、その時代の背景、わが国の社会体制について記します。

昭和九年国家総動員法制定、昭和十五年大政翼賛会及び大日本産業報国会の結成により戦争遂行を優先する政治・経済体制に移行し昭和二十年八月の終戦まで「戦時体制」下におかれる。

国家総動員法（こっかそうどういんほう）

昭和十三年第一次近衛内閣によって第七十三議会に提出され、制定された法律。総力戦遂行のため国家のすべての人的・物的資源を政府が統制運用できる（総動員）旨を規定したもの。昭和二十年の敗戦によって名目を失い、同年十二月二十日に公布された国家総動員法及戦時緊急措置法廃止法律（昭和二十年法律第四十四号）に基づいて昭和二十年四月一日をもって廃止された。

配給制度

日中戦争が泥沼化に伴い、日常の生活物資が不足してきたため昭和十三年三月に最初の切符制 綿糸配給統制規則」六月には 綿製品の製造制限に関する件」を出し綿製品の製造・販売を規制した。

昭和十六年から消費者(非農家)に対する米の配給が通帳制になり、成人男子一日二合二勺が基準で性別、年齢、労働の種別によって十六区分された。　戦争が拡大するにともなって供給が不足になると、基準の切り下げが何度も行われるようになり、昭和十八年ごろからは精白歩合を七搗き、五歩搗き、それ以下に落としたりした。　米の配給以外に麦・豆類も配給の対象となった。それでも配給事情は悪化一途を辿り、十日、二十日と遅配になり遂には欠配となることもありました。

終戦から昭和二十一年かけては、総合配給制となり、馬鈴薯、コーリヤン、澱粉粉などで代替配給されるまでになった。

消費者(非農家)は食料を得るため、なり降り構わず、親類や知人につてを求めて、農家を廻り食糧を手にいれたりしましたが、それにも限度があることで、特定心当たりない買出しや、タンスから衣類を持ち出して農家を廻り物々交換したりして食糧をあさりました。ちなみに、昭和二十二年の上尾地域の農家戸数は、二九百八十戸で地域の全戸数に占める割合は、五十三%であった。

闇売りのかつぎ屋さんが、取締官に米袋をとり上げられたり、農家に出かけて、無理に頼み込んで手にした米の入ったリュックサック背に、満員列車にやっと乗り込んだが赤羽駅などで運悪く一斉取締りに合い、米の入ったリュックサックを没収される不運の主婦もありました。その当時、食糧管理法を破った人を裁く立場の東京地裁の山口判事が、法規制を忠実に守ったために餓死するという事もありました。

占領軍は一千万人の餓死者が出るかも知れないと思ったそうです。しかし軍政を成功させるため、占領軍が確保していた食糧の放出と緊急輸入食糧四百五十万トンが認められて餓死から救われました。

家計支出に占める食費の割合エンゲル係数(全国都市平均)が昭和二十一年六十六・七%と高かった。平成二十六年二十四・三%

食糧灘・配給事情の対策として、一般家庭でも庭先や少しの空地も耕して、いも、スイカなど何でも作って食糧を補おうとした。

食糧の他、砂糖、酒類、たばこ、マッチ、衣料、皮革・ゴム製品なども配給制でした。

供出制度

食糧管理制度の下で、昭和十七年から五十四年にかけて行われた、農民から、米・麦・雑穀・いも類などの主要食糧の一定量を、政府が決めた価格で、強制的に政府が買い上げる方式。戦中・戦後の食糧不足時代の食管制度は、主食を国家が直接に管理・統制して、消費者に一定量の主食を公平に配給することを目的としていた。その配給量を確保するために、国が農民から一定量の主食を集荷する必要があり、非常事態の下でそれを強制的に行ったのが供出制度である。

農民にとっての供出制度の問題点は、その供出量と供出価格であった。供出量は農家の自家消費分を除いた全量がたてまえであったが、戦時中は供出優先で、自家消費は厳しく査定され、自家飯米分まで供出した農家への還元配給方式までとられた。

また、昭和十九年産米から供出量を割当てる事前割当制が採用され、いっそうの必要量の確保が優先された。

戦後、戦時的強制力を失った供出制度は危機に陥った。闇(やみ)流通が拡大し、農民の供出で意欲も減退した。新しい強権的供出制度は占領軍の権力をバック再編成された(ジープ供出)。

一方では経済的利益(物質の特別配給、各種奨励金)による供出促進策がとられた。昭和二十四年産米では基本供出価額と同額までになった。

供出確保の困難は一つには供出価格が低かったためであり、奨励金の形で補わざるをえなかったのである。

昭和二十三年ごろから食糧事情の好転に伴って主食統制はしだいに廃止され、昭和二十七年以降は米だけの供出が残された供出割当ても事後割当てに戻った。昭和三十年産米からは供出割当てにかわって予約売渡制度が実施されるに至り、強権的集荷としての供出制度は終わった。[持田恵三]

大政翼賛会

「日中戦争および太平洋戦争期の国民統合団体「高度国防国家」をつくるために政治・経済・文化・社会の再編成が必要となり、政治における既成に代わる新体制、経済における経済統制のための経済新体制、そして国民再組織の必要が第二次近衛内閣期に唱えられた。この課題にたいして、消極的な既成政党・財界主流などの自由主義派、観念右翼・陸軍皇道派などの反動派、積極的な当時の近衛文麿周辺の協同主義を主張する社会国民主義派、そして上から国防国家を作ろうとする陸軍統制派と革新官僚によって構成される国防国家派の四つの政治潮流があった。

当初は積極派のイニシアティブで、政治的には全政党の解散などにより、大政翼賛会が昭和十五年十月十二日に成立した。

総裁は首相が兼任。道府県・六大都市・群・市区町村に支部が置かれ、職域・ジェンダー・年齢別による「国民再組織」が行われた。

「東条内閣の昭和十七年六月には大日本産業報国会・農業報告連盟・商業報告会・大日本婦人会・大日本青少年団の六団体を、また同年、地域における下部組織として部落会・町内会を翼賛会の傘下に組織した。

太平洋戦争末期の昭和二十年六月、本土決戦準備のために組織された国民義勇隊に発展的解消をとげた　[日本思想史辞典]

上尾地域の社会体制

翼賛会

翼賛会昭和十六年の改組により官僚が指導する「上意下達」のための行政補助期間としての位置づけがされた。埼玉県内の町村支部の結成は必ずしも順調とはいえず昭和十六年二月までに支部役員が決まったのは原市町など九町村とどまり、翌三月に上尾町では尾花平八郎支部長として理事など十六名、原市町は理事四名、平方町は理事五名、大石村は理事四名がそれぞれ任命され、支部の審議機関としての機能をもった。支部役員には町長経験者、町会議員、役場職員、在郷軍人などが就いた。しかしこの人数では翼賛運動を推進する力とはなりえず、推進員を設けて実質的な活動の担い手とした。大石村翼賛会支部には、推進員として七十名が配置されたが、県から講師を迎え、錬成会を開いて心身の鍛錬にあたるなど、戦争への日常的な心構えが求められた。

町内会・部落会・隣組の整備

昭和十五年の夏、軽快なリズムの「とんとんとんからりと　隣組」の歌がはやった。内務省は整備要項を発し、全国に部落会・町内会・隣組を整備し常会を開設するよう指示した。　上尾町では、町内会・部落会・隣組班・常会等整備要項が出された。

その目的は第一に「町内住民を組織し(中略)地方共同の任務を遂行すること」第二に「町民の道徳的錬成と精神的団結を図る基礎とすること」第三に「国策」を町民に徹底して「国政万般の円滑な運用に資すること」第四に「統制経済の運用と国民生活の安定上必要な機能を発揮すること」とした。

上尾町常会は、町長を中心として設置され、構成員は、町助役、部落会長、町農会長、上尾信用購買販売組合長、町会議員、小学校校長または職員、警防団長、軍人分会長、男女青年団長、愛国婦人会、国防婦人分会長、神社・寺院の代表者などから選任し、少なくても月一回常会を開催することとした。

常会は、議決機関ではなく執行機関とされ、また、町の委員会、各種団体は全て常会に統制され、一元化された。

町内会・部落会の運営はすくなくとも月一回常会を開き、全戸の参加を原則とした。

町内会・部落会長には住民の推薦により、町長が選任にあたった。活動の内容は、産業・経済・教化・警防・保健・衛生など共同生活にかんすることを実践し、必要に応じ部制を設け、主に配給や防空演習などに国民を動員した。

隣組は、十戸以内の家が集まって一つの組を構成し、運営には従来組織の五人組・十人組の習慣を最大限取り入れた。

町内会と常会

部落会・町内会の指導者を養成する為、各町村で講習会が開かれた。例えば、大石村では、昭和十六年十二月二日間にわたって錬成講習会が開催された。講師には、大宮警察署長、翼賛会県支部長、県官吏、新聞記者などが招かれた。受講者による座談会、感想発表会なども実施された。開会式には必ず「宮城遥拝」と戦死者への「黙禱」「大詔」を村長が読み上げて、戦争完遂を訴えた。

昭和十八年四月に開かれた第三十回大石村の常会の内容をみると、連達事項では、食糧増産、国民貯蓄目標の達成、陸軍諸学校志願者割当てなどの徹底であった。次に協議事項として、債権の各区への割当て、軍人援護精神昂揚運動の実施などが課題とされ、この様な課題が隣組常会で一戸一戸に徹底され、日常的な連絡は回覧版で伝えられた。こうして、戦時下の国民生活は、統制と動員の連続であった。

昭和十九年十二月の大谷村堤崎部落常会では、飛行機建造資金の寄付を強制的に募り、一戸当たり約四〇〇円が寄せられた。負担は重かったが、これが契機になり、全村の「大谷村号」飛行機献納運動となっていった。

翼賛壮年団の結成

昭和十七年一月に軍部の指導権のもと、翼賛運動の推進部隊にするため、大日本翼賛壮年団を結成した。

同二月には、埼玉県翼賛壮年団の団結式が行われ、大石村の三澤俊夫が本部役員として産業部を担当し、団長には翼賛会県支部長で予備役陸軍中将の渡辺金蔵が就いた。団員は団独自の活動とともに、「部落会、町内会、隣組其の他の団体の中に溶け込み指導推進に努める」よう強調された。

昭和十七年二月を目途に、市町村団である単位壮年団結成の準備が進められ、在郷軍人からの一名を含むた銓衡委員三名が団員の銓衡にあたった。

団員は二十一歳から四十五歳までの青壮男子で構成され、「自発的意思をもつ同志的組織」とされた。こうして翼賛会の推進委員制度は、翼賛壮年団に吸収された。

翼賛壮年団は、時局認識の徹底、国防思想の普及、翼賛体制の促進・強化などを活動の中心に位置付、特に、ヤミ取引の絶滅、金属回収、勤労奉仕、供米・供木運動などの国策協力運動に取組んだ。翼賛壮年団の運動の中で最も目立った活動として展開されたのは、翼賛選挙で、これを通じて団組織を確立し、団員訓練と活動の強化が図られたのである。

選挙粛正運動の展開

選挙粛正運動とは何であったか？

〔出典〕北陸大学法学部　小南浩一

千九百三十年代後半の日本における選挙粛正運動は、単なる選挙腐敗の防止を目指す官製の啓蒙運動ではなく、内務省や軍部が主導する政党排撃を意図した一大国民運動であった。そのねらいは非常時に即応した、政党内閣にかわる新たな政治体制の構築にあったが、新しい受け皿を提示し得なかったために貫徹できなかった。だからこそ、更なる非常時に即応する翼賛議会構築のための翼賛選挙が準備されたのである。以下、次の点が明らかとなった(1)粛選で政党の地盤は崩壊したとは言えず、地盤を有権者と政党の固定的な関係とするならば、そのような地盤は存在しなかった(2)棄権率の増大は1票の有効性を保障する議会政治政党政治に対する軽視ないし否認と、その一方で選挙の神聖さ及び棄権の防止を説く粛選の自己矛盾による(3)選挙の神聖さを強調するために神社参拝や国旗掲揚が強要され国民統合的な運動の色彩が濃厚となった。

普通選挙制度によって政党は地方政治まで侵透し、政党政治は定着したかに見えたが、昭和七年の五・一・五事件によって犬養毅内閣が倒れ、ここに政党内閣は終焉した。昭和十年七月埼玉県選挙粛正委員会が設置され、九月までに市町村選挙粛正委員会・部落選挙粛正会を設置するよう計画された。この運動は、国体精神の高揚のため、国民統合の強化運動として展開されたところに特徴があり、その後の翼賛選挙に引き継がれたのである。

昭和十年十一月には、大石村小泉選挙粛正会が設立された。区長が会長を務め、具体的活動としては、従来の五人組を利用して、神前で村祈願祭の実施、パンフレット、ポスターなどの配布のほか、懇談会を開き、会員が申合書に捺印して、①金銭そのほかの利益の供与による買収の禁止、②権威・情実による投票の禁止、③個別訪問の禁止、④投票の勧誘禁止、⑤棄権の防止の五項目を実践することとされた。

翼賛選挙

近衛内閣の後を受けた東条内閣は昭和十七年四月の衆議院選挙を翼賛選挙と呼び、翼賛政治体制協議会を組織して、推薦候補を選出し議会の翼賛化を図った。この選挙において、部落会・町内会・隣組で回覧板を活用して投票督励を呼びかけ「翼賛投票」証を各家庭に貼るよう義務づける一方、翼賛壮年団や警防団を戸別訪問させ、推薦候補への投票を促した。

昭和十七年七月には、埼玉県の市町村会議員選挙が五年振りに行われることになり、これにさきがけて、六月二十四日上尾町会議員翼賛選挙貫徹運動実施方策が出され、「翼賛選挙の貫徹」すべく態勢をつくるとされた。

この選挙では、上尾町をはじめ、上尾市域の町村全てで翼賛推薦候補者が当選した。

この選挙の特徴は、翼壮関係者の北足立郡町村会立候補者は全員当選し、定数の五十六％を占め、埼玉県の平均を上回ったことである。

全国でも定数の二十八％を翼賛壮年団が占めた。

翼賛運動の展開

翼賛会や在郷軍人会などは、昭和十六年十二月の日米開戦後、「米英撃滅」「士気高揚」の一大運動を展開し、戦争協力態勢の持続を図った。こうした運動では、集会をはじめ、移動演劇・映画・講演会・人形劇などが開催され、そこに、軍人、政治家、文化人が招かれ、町村民の戦意高揚を促進した。

昭和十八年一億敢闘実践運動が実施されているなかで、八月には翼賛政治会と翼賛会県支部主催、翼壮後援による講演会と懇談会が、大石国民学校に宮崎一・当山輝男両国会議員を招いて行われたまたこの年の十二月翼賛会は、「米英撃滅」の聖旨奉戴一億総神拝について通達し、十二日の午後一時二二分、ラジオ放送を合図に、戦争必勝祈願を行うことが全村民に区長を通じて徹底された。

戦争の長期化に伴い社会秩序の維持や治安維持を理由に上尾市域を管轄区域内とする大宮署管内世論指導委員会が開催され、流言飛語の撲滅、スパイに対する防諜、言論、出版、集会、結社の取締が一段と強化された。

昭和二十年三月の東京大空襲後、本土への空襲が激しくなる中で、米軍の宣伝ビラを「思想謀略」として警察に届けるよう指示し、もし届出なかったり、ビラの内容を他人に話したりした場合は、処罰されると町村民に回覧した。国民の動揺を恐れ、抑圧的な体制がしかれたのである。しかし、この年の五月ころには、本土決戦を前に敗戦のうわさが聞かれるようになり、上尾周辺でも逮捕者がでるようになった。

銃後団体の動員

在郷軍人会の活動

在郷軍人会は軍事思想の宣伝・普及、国民の軍事能力の保持などを目的として結成された。依来、青年訓練や軍事講演会、防空演習などの銃後の後援活動、さらに各種の官製国民運動を推進した。また、普通選挙の実施によって地方議員や政党との関わりも増大し、政党の親軍的体質を強めるのに貢献した。

平方町分会は、日露戦争三十周年記念事業として忠魂碑を建設するため、町民から寄付を募ったほか、町の補助金・分会基金等を建設費として昭和十一年に完成させた。

国防婦人会から大日本婦人会へ

在郷軍人会とともに、「銃後の守り」の中心となったのが大日本国防婦人会であった。

陸軍省の後援を得て、既婚女性の団体として全国的に組織された。国防婦人会に入らなければ日本女性ではないような雰囲気となり、会の制服白いカッポウ着を身につけ「国防は台所から」をスローガンに街頭にくり出して女性の大衆動員を推進したのである。

上尾地域の国防婦人会の発足は昭和十一年原市が最初であった。分会事務所は原市町のほか上尾町・大石村が役場内に、平方町、大谷村、上平村では小学校に置かれた。

昭和十三年四月には上尾・桶川地区の各町村の分会を一つのまとめた連合組織が整備された。

昭和十七年二月これまで女性団体は内務省系の愛国婦人会、文部省系の大日本連合婦人会、陸海軍系の国防婦人会の大きく三団体に分かれていたもの整理統合して、大日本婦人会が結成された。これに伴い昭和十七年四月に埼玉県支部が発足したのに続き、上尾支部が結成され、既婚女性の動員運動が進められた。

銃後奉公会の設立

日中戦争開戦後には、在郷軍人会、国防婦人会、役場、学校職員などが中心となって銃後の後援組織が結成された。

大石村出動将兵後援会が昭和十二年九月に結成されたほか翌月には平方町後援会が組織された。

昭和十四年には「国民皆兵と隣保扶助」など効率な活動を行うため、これらの団体を統合して銃後奉公会設置要綱が発せられ、各市町村段階の組織も統合された。上尾町銃後奉公会長には、尾花平八郎が就任した。

満豪開拓青少年と開拓団

満州開拓移民

昭和七年中国北部に「満州国」が誕生すると、この地を日本防衛の最前線と考えた政府は、現地に駐留する関東軍の兵力を増強させるとともに、多数の武装農業移民を送り出し、満州の治安維持と国力の発展を図ろうとした。その一環として昭和十三年創設されたのが、満豪開拓青少年義勇軍である。

昭和十一年には、広田内閣が七大国策の一つとして、二十年間に一〇〇万戸、五〇〇万人を移住させる第二次移民送出計画を策定した。日本の支配下においた満州に、日本人の人口を増やして治安維持を図り、対ソ戦略にも役立てること、また、日本の農村の疲弊を救済し、国内の社会矛盾を軽減する土地、人口政策でもあった。

特に昭和十二年から始まった日中戦争期には、村の人口を組織的に分割し、母村の一戸当たりの耕地を増大させる分村移民が経済更生政策の一環として推奨された。以後毎年計画的に送出が続き終戦までの累計は二十七万人に上がった。上尾市域からの一般開拓団員は昭和八年に第二次移民として参加した上尾町の鈴木己之吉が最初で、以後大石、上平、大谷、から十五名が現在までに明らかになっている。

満州開拓青少年義勇軍

日中戦争期に日本が戦時体制に入ると、国内の兵力動員や労働力の増加により、成人の開拓移民の確保が難しくなった。そこで、若年層を対象とした満豪開拓青少年義勇軍を送出することが急務となった。

昭和十二年七月の青年農民訓練所創設要項、同年十一月の満州開拓青少年義勇軍編成に関する建白書により、満州開拓青少年義勇軍が創設された。各市町村や青年学校では、数え年十六歳～十九歳までの青少年に直接呼びかけたり、家庭を訪問して国策による満豪開拓の重要性を強調し、本人と親を説得した。義勇軍の募集にはおおきな反響があり、埼玉県では、先遣隊一五〇人の募集について二倍強に当たる三百十一人が合格し昭和十三年三月十二日付で採用された三〇八人が満州開拓青少年義勇軍の第一陣として内原訓練所に入所した。

上尾市域からの満豪開拓青少年義勇軍参加者は関小平(大石)など計二十四人。

満州建設労働奉仕隊

一〇〇万戸送出の第二次満豪開拓計画の実施初期には、戦況がはげしくなるにつれ、農村の青壮年労動力は軍隊に徴兵され、国策として推進した満州開拓団の結成は各地で行き詰った。開拓団の不足する労働力をカバーするために、満州建設労働奉仕隊が送られた。

昭和十六年に埼玉県が企画した満州建設労働奉仕隊は、開拓団班と畑作特設農場班の二斑で、開拓班は四〇人、畑作特設農場班は五〇人で夫々三ケ月間派遣された。隊員は、十八歳以上二十五歳までが対象で出発と帰還の際には盛大な祈願祭・壮行会と歓迎会・報告会等が開催された。

上尾市域からの参加者は計九人でした。

大陸花嫁の養成

昭和十四年までは、開拓団員および義勇隊開拓団員で、結婚適齢期になり開拓村で独立して農業経営を推進する団員は、一定期間内地へ帰省して花嫁探しをした。この花嫁さがしには、親戚・土地の有志はもちろん、青年団や各種の団体・行政も積極的に取り組んだため、ほどんどの開拓団員が花嫁と共に開拓団に戻り開拓事業に活躍した。

昭和十五年からは、道府県・各団体等が連携して計画的に候補者を人選し、講習会を開いたり、自ら開設した訓練所で花嫁候補を養成したりした。

戦時下の行財政

方面委員と軍事援護相談所の設置

上尾町では昭和十一年十二月、県方面委員設置規定に基づき活動する部署として、方面相談所を役場内に設けた。相談事項は、救護・児童保護・結婚・離婚・移民・職業など巾広く扱うとされた。相談所、所長には町長、相談・斡旋などの実務には参与の方面委員と常務四名があたり、ほかに、小学校校長、巡査部長が顧問となって協議に加わった。

戦争の長期化と共に方面委員の仕事は重要視されたが、とりわけ、婦人指導員が主体となって厚生事業まで拡大し、戦後の民生委員制度に連続していったのである。

ところで、越谷町の順正会が始めた国民健康保険制度が昭和十三年四月に法制化され、昭和十九年三月までにほどんどの市町村で国民健康保険組合が設立された。

大谷村では同二月に事業が開始され、六月には、専門の愛育部を置き、各部落に愛育班を組織した。昭和二十年三月末の組合員加入者は四百十一名で、村民の八十八%をしめた。保険料は、一人当たり年額十三円八十銭、一人当たりの平均負担額は三割であった。

町村行政機構の改革と参与制

昭和十七年六月全国町村町会は町村決戦態勢確立実行方策要項を出し実行に移すよう決議した。要項の中で「元来市町村自治体は国家活動の単位団体であって、いわばあらゆる国策処理の要塞であり、国家的に結集させる、国防組織の根幹である」とした。こうして、行政機構を整理・統合して、総務・経済・文化部の三部体制とするよう指示し「高度国防国家の建設」が自治体の第一の任務とされ、国家機関の一部にくみこまれていった。

昭和十八年六月には、町村制改正に関する通牒が発せられ、この改正で町村長の権限が強化されたが、とりわけ重要な点は、参与制度の導入であった。参与には、町村会議員や産業経済団体・在郷軍人会など官製団体から五〜八人程度を選び、各種施策の調整・審議をおこない、町村行政の中枢と位置付けた。そこでの決定事項は、町村会・町内会・部落会・隣組常会を通じて住民に徹底された。こうして、町村会の機能は骨抜きにされたのである。

しかし、空襲罹災者や疎開の受入事務など新たな仕事が加わり、行政の簡素化を達成することは困難であり、行政の集中と拡大がつよめられていったのである。

戦時合併の動向

合併の構想

戦時体制の構築に向け、自治体の改編と同時に町村合併が強調された。これがいわゆる戦時合併である。昭和十七年六月、埼玉県は「町村合併の手引き」を発表した。それによると、町村合併によって①行政の人材の集中②町村財政や銃後団体の拡大③諸経費の節約などを挙げることが出来、合併に反対する人々を説得して早期合併することが急務であるとされた。

昭和恐慌期の合併において県当局が示した案によると、上尾市域では、上尾町を中心とした上平村、原市町、小室村の四ケ町村、桶川町を中心とした大石村、加納村、川田谷村の四ケ町村という二つの組み合わせが提起された。

関係町村の組み合わせこそ違うが、再び上尾町と桶川町が中心となった合併が推進されたのである。

合併の失敗

この合併案は、関係町村の要求ではなく、まさに総動員態制に即応した国家的要請として、強制的な合併案であった。だからこそ、昭和十八年二月の上平村会は「本件に関して尚一段と研究を要あるものと認め合併を留保する」という決議を県知事に提出した。他方、上尾町を中心とした原市町、平方町、大谷村、大石村の合併について、上尾町では新体制町内拡大実行委員十四名が推進役となって交渉を続けたが、ここでも合併の調印までいたらず、上尾市域の合併は昭和二十九年まで持ち越すことになり新たな問題が発生するのである。

経済統制下の商工業

戦時体制下の産業動向

昭和十二年時点に上尾市域にあった従業員五人以上の主要工場は付図1（192頁）の通りで、近代的大工場は東洋時計株式会社だけで十七工場中十六工場はいずれも在来の地場産業であり、醸造業が九工場を占めていた。

昭和十五年七月に組織された埼玉県地方工業化委員会では、県内の地域ごとに適した業種を示し、地方の開発を推進するよう提言している。例えば、浦和市から大宮・上尾・桶川・鴻巣町付近の地区は、機械、化学工業に適すとされ、「交通の便は川口に次ぐ、且つ土地も比較豊富にして地盤良好なり、農業の繁閑と有機的に連絡を図ることにより相当量の労力を得」と答申された。

昭和産業(株)

昭和十一年二月東京市京橋区昭和通りに、肥料、小麦粉、植物性油脂を製造・販売を目的に創業した。昭和十二年五月に上尾市谷津に「駅並工場」の一つとして起工式をあげている。同年八月、製菓(飴)工場の認可を受けた。水質が良く原料となるサツマイモの産地とし立地条件をそなえていたからである。

甘藷澱粉工場

昭和十三年四月ごろから甘藷の国営酒精工場の誘致運動が展開されたが上尾市域に実現をみなかったが、昭和二十一年明治製菓(株)出資による澱粉工場が大石村小泉地区(現在の大石保育所敷地)建設され、後に大石農業協同組合に経営が移り昭和三十年頃まで操業した。

（河原塚勇氏談）

工場生産の軍需化と交通

昭和十三年に東洋時計が軍需指定工場となり名前を東洋兵器工業(株)と改称。伸銅部も新設して時計に代わり全工場挙げて、小銃の信管・弾丸・航空機関銃の発射連動機などを製造することになる。昭和十九年には東洋伸銅所を合併し上尾工場だけで、三千名の労働者となる。昭和十八年には上尾町愛宕に軍需工場のレンズなどを製造する東京光学（株）が十九年には、大日本機械工業（株）（二十五年十二月に横浜ゴム上尾工場となる）が上尾市域に進出(疎開)する。

この期の交通動向

昭和十六年五月ごろには、報国乗合自動車の名のもと馬車が輪タクと共に再登場し、市内循環・平方線・間宮村治平橋線の三系統で開業した。それは東武鉄道の木炭バスによる駅前バス路線の縮小されるなかで運行するようになったと言われる。

戦争と食糧増産

昭和十三年四月に国家総動員法が公布され、農村や農業にも物資動員計画適用され、農家の一人一人から家畜まで、戦争遂行のための「資源」して握られた。その結果、農業生産に当たって必要な労働力や農機具、肥料の供給などを枯渇させた。この事例として大石村の「昭和十二年十月　支那事変が産業に及ぼした影響に関する調査回答」をみると応召人員二十一人で応召により業務支障をきたした者は全員の二十一人で、この内家族に対して救護を要する者六人となっている。

徴発された馬六頭であった。大石村は大部分が農家だから、農家組合、青年団、部落五人組合の伝統精神により労力奉仕や家族慰問などに協力していく、と記されている。

食糧増産対策として昭和十四年大石村営農資源開発開墾事業が行われている。この計画によると、農産資源の作物を増産するため、荒川洪水敷の約十五・五反の原野から畑を開墾し、この畑で工業用甘藷や大麦、小麦の増産を図るとしている。

農村労力の調整

農村は徴兵によって労働力が不足し、食糧の供給も不安になってきた。特に食料増産の前提となる労働力の調整が不可欠であった。

表1-166(192頁)は「昭和十五年度農村労力調整応急施設実施計画書」この実施計画は、大石村の農業を農業労力の面から組織化し、農機具を購入、応召農家などの生産減退を各農家単位で防ぐというものである。しかも、勤労奉仕班を強め、さらに、学童をも加えて作業に従事させることも計画している。

桑園転作

昭和十六年七月大谷村農会長は北足立郡農会長に桑園転作補助金申請をしている。これは国民の求める最低限の食糧さえもまにわなくなってきたためである。同計画書によると、地頭方や壱丁目、今泉など十の実行組合単位で合わせて三十二・八反の桑園を整理し、後作作物として、甘藷、馬鈴薯、陸稲などを栽培するというものである。

農業会の設立

昭和十八年三月、農業団体法が公布され、農業団体への統制が一段と強まった。同法によりこれまでの、農会や産業組合、畜産組合、養蚕組合、茶業組合などの農業諸団体が統合され、新たに農業会が設立された。農業労働力の調整や農産物の供出などを推し進めた。農事従事者は強制加入させられ、農業会は大きな権限をもつことになった。

地主と小作人

昭和十六年九月不在地主の自家保有米を禁止した。これにより不在地主の小作料は、事実上現物納入制から代金納入へと変わることになった。

昭和十七年二月食糧管理法を公布、米を中心とした主要米穀については、生産者や地主から国が強制的に買い入れ、それを計画的に消費者に売り渡す（配給する）制度となった。これより自由流通がなくなり食糧の国家管理が始まる。

こうした施策は事実上高率の小作料を引き下げたことなど、小作人を含めた稲作農民にとって意義深いものであった。言い換えれば、戦争拡大による食糧増産という緊急課題がこれまでの地主・小作制度を後退させる要因となったのである。

摘田

上尾市域は、その大部分が大宮台地上に位置し、雨もそれほど多い地域ではない。したがって田の割合が少なく、谷地の湿地帯に直播する「摘田」が多い昭和十二年の県の統計で残されている市域の原市町の事例では、水稲面積百十三・八町あり、うち摘田が約七十四％であった。

摘田と植田の違いとして、①摘田には田植がないこと②摘田は反当りの播種量が多く、植田の約三倍の一斗であること③摘田は反あたりの収量でも二斗少ないこと④米質は、植田が上、摘田が下であることを挙げている。

戦時体制下の教育

出征遺家族への学費援助

戦争が長引くにつれ召集された軍人の家族の中には、主たる働き手を出征させたために就学困難となる学齢児童が出るようになった。このため、県では各市町村長からの申し出に基づき、被服、教科書、文房具等の学用品の支給補助をおこなった。市域の町村長から県に提出された報告書によると、学費状況は、表 1-172（頁 192）のとおりである。

国民学校の設立と戦時教育

昭和十六年三月一日、小学校令を改正して国民学校令が同月十四日には国民学校施行規則公布され、四月一日から小学校は全て校名を国民学校と改称した。

国民学校は、国民学校令第一条で「皇国の道に則りて初等普通教育を施し国民の基礎的錬成を為すを以て目的とす」と規定されている。長引く戦時体制の下にあって教育の内容・方法等教育全般にわたる大改革を行い国民教育の刷新を目指すためのものであった。

具体的には国民学校の義務教育年限を八か年と定め、六年制の初等科と、二年制の高等科では（算数・理科）、体錬科（体操・武道）、芸能科（音楽・習字・図画・工作・裁縫・家事）の四教科を高等科にはさらに実業科（農業・工業・商業・水産）の一教科を加え五教科編成からなる教育内容。とした。

学校への軍隊の駐屯

昭和十九年十二月十六日埼玉県内政部長は、県内の各地方事務所長・市町村長・学校長宛に「埼玉県学校、校舎転用に関する実施要項に関する件」を通知している。その内容は、校舎転用基準の一つとして「軍に於いて緊急の必要を生じ或は、緊急事態発生せる場合」には国民学校をはじめとする校舎の転用を認めるというものであった。

この措置は、昭和十九年になって行われたサイパン島から本土空襲が本格的になった為連合国との本土決戦に備えるものであった。さらに、昭和二十年一月まず、満州から関東軍の四個師団を移駐させた。さらに、戦闘員百五十万人物質等の補給にあたる兵站員四十万人を動員して四十三個師団を編成し、敵前上陸に備えた。

関東地方の防衛は第十一方面軍が当り、その指揮下に第三十六軍（富士部隊司令部浦和）や東京防衛軍等を置きその所属部隊が埼玉県下に分散駐屯したのである。

上尾市域にも、大石、上平、原市、大谷の各国民学校に部隊が駐屯した。大石国民学校には昭和二十年六月に首都防衛のために、北海道の拓部隊一個中隊二百名の兵隊が北校舎三教室に駐留した。

学校では教室不足のため二部授業を行った。同様に上平国民学校、原市国民学校、大谷国民学校の校舎にも駐留し、学校は二部授業で対応した。

勤労動員と疎開児童の受入れ

勤労動員

戦争の長期化は勤労奉仕としての出征兵士宅への援農に止まらず食糧増産等のために様々作業を児童・生徒に強いることとなった。平方国民学校では、荒川の河川敷を開墾して行った芋やかぼちゃを栽培する食糧増産、軍馬用の干し草作り、労働不足で放置された田畑を借用して行った米や野菜作り、休みを返上して校庭の木木を使って行った炭焼き等児童・生徒にとってつらく苦しい作業が来る日も来る日も続けられた。

大石国民学校では、高等科生徒による援農に加え、害虫駆除や代用繊維とするため、桑の木の皮むき、食糧資源としてのどんぐり拾い、イナゴ捕り、農業科や体育の時間を使っての学校田・学校畑における食糧栽培、軍用馬の飼料としての稗栽培や草刈り等を行った。

やがて、戦局が一段と厳しくなると単独校による勤労奉仕の域を超え、学生や生徒、さらに児童までを総動員する組織的な労力の提供を求められるようになった。すなわち、政府は昭和十八年六月に閣議決定した学徒戦時動員体制確立要項によって、勤労動員の対象を、これまでの食糧増産だけでなく、工場生産・輸送力の増強等まで拡大した。

さらに、政府は中等学校程度以上の学徒に対して、昭和十九年一月の閣議で緊急学徒勤労動員方策要項を閣議決定し、動員期間を継続して四カ月としたが、同年三月決戦非常措置要綱を閣議決定し、学徒の動員を通年に延長した。昭和十九年七月なると、文部省は学徒勤労の徹底強化に関する件を通牒し、国民学校高等科の児童の継続動員等も決定した。

上尾市域では、上尾、原市、大谷の各国民学校で勤労動員の記録がある。上尾国民学校の高等科では、昭和十九年八月から、東洋時計工場で、高等科の男子八十七名、女子五十名が勤労動員をおこなった。原市国民学校高等科でも昭和十九年に上尾の軍需工場に勤労動員がおこなわれている。

大谷国民学校の高等科では昭和十九年八月から終戦まで、東洋時計工場と昭和産業工場に兵器生産のために勤労動員をおこなっていた。

このほか、上尾市域外から食糧増産のため、平方町へ大宮工業学校生徒百名、大石村の出征兵士家の援農として明治大学の学生が農家に泊まり込んでの勤労奉仕などがあった。

疎開児童の受入

昭和十九年に入ると戦局は不利となり、本土空襲が本格化した。こうした事態に政府は、同年六月学童疎開促進要項を決定し、学童の集団疎開を進めた。これによると、学童の疎開は親戚等に疎開する縁故疎開を原則とするも、縁故疎開が困難な学童にたいしては、集団疎開の方法をとることにした。

上尾市域では、今泉の十連寺に、東京板橋区の淑徳高等女学校の生徒七〇名、教師三名が昭和二十年六月一日から同年八月二十日まで疎開した。この淑徳高女の集団疎開は食糧増産の挺身隊としての疎開で生徒は大谷村、大石村の十連寺檀家および援農希望農家に一～二名づつ分宿して農作業等の手伝いを行った。

平方の馬蹄寺には、昭和十九年八月から昭和二十年六月まで、の間、日本橋区立坂本国民学校の生徒八十五名が校長など七名に引率され疎開した。

戦時生活・経済統制と配給

食糧不足と配給制

戦時体制が強化されてくると農村青壮年が軍隊・軍需産業へ流出し労働力が不足、肥料不足などにより生産力の低下は著しくこうしたなかで昭和十四年は干ばつとなり、米の需給状況は急激に悪化した。対策として政府は、米の強制的買い上げ制度、酒造制限、一般家庭にも節米を呼びかけ、米麦の混食を奨励された。

昭和十五年四月になると東京・大阪など大消費地では、内地米にビルマ・インドシナ半島から輸入された外米を強制的に混入するようになり、埼玉県では五月から実施された。また、米の流通組織を一元化する臨時米穀配給統制は規則や米の町村割当て供出制度を定めた米穀管理規則を公布し、食糧の国家管理を強化し、米以外の押麦・麺・パン・いも類などの代用食を食べることを奨励した。

昭和十六年四月から米の配給通帳制・外食券制が実施された。国家による米の管理・供出制度は、昭和十七年に食糧管理法にまとめられ、米だけでなく、麦・小麦粉・イモ類・雑穀に及ぶ食糧の需給・価格・配給に関する国家管理が確立され、中央及び地方に食糧営団が創設された。

配給米も次第に精白度が低下し、昭和二十年ごろには玄米に近い二分搗きとなり、醤油びんに米をいれて棒で搗く簡易精白法も流行するようになった。昭和十八年になると、米の代わりに、さつまいも、じゃがいも、押麦、大豆粕などが主食として配給されるようになった。二十年になると、遅配や欠配が現れ、それまで成人一人、一日二合三勺であった配給量も二合一勺に削減されることになった。

都市の一般家庭では、配給のみては食糧の必要量を確保することができず、リュックサックを背負い農村へ米・麦・イモ類・野菜などの買出しに出かけることを余儀なくされた。

上尾市域は、当時、甘藷や野菜などの生産地であったことから、東京や県南の市町から買出しに来る人々も目立つようになった。

生活物資の配給制度

衣料品

日中戦争の長期化とともに、生活必需物資か不足するようになった。まづ、輸入品である綿花や羊毛は輸入品であるとともに、綿布は当時の日本の外貨を獲得するための重要な輸出品であったので、国内の綿布消費量を制限するため、綿製品に対し、人造繊維であるスフやちょ麻・桑の皮の繊維などの代用繊維の混紡が強制された。

昭和十七年には全国的に衣料切符による配給制が実施されるようになった。

市では、一人一〇〇点、郡部で八〇点の切符が配給され、衣料品を購入する時には決められた点数を切り取って購入するというものであった。衣料不足が深刻化する中で、男子用の国民服、女子用の婦人標準服が制定された。男子用の国民服はかなり普及したが、女子用はひろまらなかった。ただ、「もんぺ」は活動に便利であったこと、縫製も簡単であり、防空服として奨励されたこともあり全国的に広まった。

燃料

昭和十三年には「ガソリン・重油販売取締規則」が公布され切符による配給制が実施されたので、木炭車・薪自動車といった代燃車が現れた。ハイヤー・タクシーの営業が出来なくなると、自転車と人力車を合体させた輪タクが現れたが、戦争の激化とともに、輪タクの運転者が軍需工場に徴用され、市民の足が奪われることになった。

一般家庭の炊事・暖房用の木炭・薪も炭焼き用の木材や労働力の不足から生産が落ちる一方だった。昭和十五年十一月からは、木炭の配給制が実施されたが十分でなく、都会では炊事・暖房にも事欠く有様であった。上尾市域では、家庭で炭焼きをし、木炭を自給する家も現れた

日常必需品

マッチ・砂糖・石鹸・チリ紙・味噌・醤油・食塩なども配給制となり、戦争末期には遅配・欠配が日常化するようになったが「欲しがりません、勝つまでは」のスローガンの下に耐乏生活を余儀なくさせられた。

金属の供出

戦争による鉄鋼の消耗は激しかったが、国内の鉄鋼生産は乏しく、輸入に依存していたが、アメリカ・イギリスは、石油・屑鉄を戦略物資として、対日輸出の制限を強化してきたため鉄鋼生産に大きな影響を生じることになった。昭和十六年八月アメリカが屑鉄の全面的な禁輸を実施すると鉄鋼の需給は一層ひっ迫した。埼玉県でも資源回収協会を設立し、工場・事業所などの施設で所有している鉄・銅・及び銅合金を主な材料とした鉄製品・銅製品の保有状況の調査や、家庭・工場等の門扉・鉄欄・手すり・欄干・水桶などから、蚊帳の吊り手にいたるまで回収をおこなった。昭和十五年には寺院や教会などに対して退蔵している金属製品の献納運動がおこなわれた。昭和十七年には「金属回収令」が公布され、重要美術品を除く寺院の仏具・梵鐘類を強制的に供出することが命じられた。

上尾市域内ても、平方の馬蹄寺の梵鐘や大石村の密厳院の梵鐘など、十四か寺の梵鐘が金属回収に応じている。中には、原市の妙厳寺の鐘のように、戦後戻ってきたものもあったが、妙厳寺の鐘は割れており以前のような音を再び聞くことはできなくなってしまった。また、五十銭銀貨・十銭・五銭のニッケル貨・一銭銅貨なども回収され、五十銭・十銭・五銭は紙弊に、一銭はアルミ・スズの貨幣に変わったように、終戦直前には、国内の金属は底をついてしまった。

警防団と防空演習

防空訓練の開始

昭和七年軍部の指導で防空自衛組織として、防護団がまず東京市で設立され、全国主要都市に普及していったが同団は市町村の任意団体で、団員は消防組員と兼務するものが多かった。埼玉県に防護団が組織されたのは昭和十二年だった。それまでは消防組や在郷軍人分会・青年団の組織が防空訓練に動員されていた。昭和十二年四月に民間防空について規定した防空法が公布され、同年十二月に施行された。

警防団への改組

防護団は法的根拠がなく、消防団と併存し、時には両者が対立する事態も発生した。そこで内務省と軍部などが協議の結果、昭和十四年一月警防団令を公布、同年四月施行と同時に防護団と消防団が統合さ

れ警防団が結成された。警防団は市町村を単位として結成され警察署長の指揮下で防空・防火活動に国民を動員する中心的役割を果たす組織となった。

大石村では昭和十四年二月に村議会に次記の件を提出している。

①名称・大石村警防団②設置区域・大石村一円。③組織及び定員・九分団・団員数三七二名、役員・団長一名、副団長一名、分団長九名、副分団長(第八団のみ)一名、部長二八名、各分団に消防部・警報部・灯火管制部を設け各部に部長一名を置く、別に本団に救護部を設け、部長一名を置く部員は部長以下一〇名とし各分団区域から命じ、平常は各分団に配属する。④各分団区域と定員・第一分団大字小敷谷一円四〇名、第二分団同畔吉一円五〇名、第三分団同領家一円四四名、第四分団同中分一円四三名、第五分団同藤波一円四三名、第六分団同井戸木一円三七名、第七分団同中妻一円三〇名、第八分団同沖の上・弁財一円四〇名、第九分団同小泉一円四三名。なお、警防団は義勇警防を主眼とするもので、給与は無給を原則とした。また、警戒警報が発令された時には、警報部・灯火管制部が出動し、空襲警報が発令された時は各部が出動することとされていた。

また、近隣住民による自衛防空組織の家庭防空群が併立して、学校・職場等においても、防空水火その他の非常災害に対する自衛組織を結成させるため、埼玉県は昭和十四年九月、特設防護団規定を定めた。特設防護団は、五〇人以上の従業員を有する工場・会社等、五〇以上の病床を有する病院、定員五〇以上の学生・生徒を有する学校等におくことができるとされた。

防空訓練の強化と灯火管制の実施

警防団が結成されてからは、防空訓練は警察の指揮下で、警防団・家庭防空群、特設防護団が、中心となり、定期的に行われるようになった。昭和十三年四月には、敵機の目標となる灯火を消灯・減光・遮光して航行を困難にするため、灯火管制規則が公布された。灯火管制には、警戒管制と空襲管制があり、警戒管制は、警戒警報の発令又は空襲警報の解除がされた時から、警戒警報解除又は空襲警報の発せられるまでの間行い、空襲警報は、空襲警報が発された時から空襲警報の解除が発せられる間行うものとした。訓練の場合は、訓練防空警報とした。

管制中の一般屋外灯の光の秘匿の程度は、広告灯・看板灯・門灯・公園灯等は消灯し、一般屋内灯のうち店先灯は消灯、普通屋内灯は空襲管制時は、消灯又は電灯に黒布等をかけて隠ぺいし、警戒管制の時は隠ぺい・減光・遮光して光が屋外に漏れないようにした。その監視には警防団員が行った。

昭和十六年十二月の太平洋戦争突入後は、防空の重要性が益々増大し、訓練内容も警察官や警防団員の指導の下に、町内防空班員は、焼夷弾の落下を想定したバケツ送りの練習・縄製の火叩きによる消火訓練、ガス弾の投下を想定した防毒マスクの着装などの訓練を実施した。

特に、昭和二十年に入ると、県下各地への空襲が激化し、市街地へは爆弾や焼夷弾が投下され、工場や住家が多数罹災した。この空襲下において、普段の防空訓練はほどんど効果を発揮することはなかった。しかし、防空訓練は直接の消火活動には効果はなかったが、国民を戦争遂行へと駆り立てた国民精神統一の面では大きな意味を持っていた。

防空監視隊と空襲の激化

昭和十二年九月日中戦争突入を契機として、本土への空襲が懸念されたことから、県下に防空監視隊が設置された。県下の監視隊は、浦和・川越・熊谷・秩父・久喜の五か所に本部が、上尾町ほか六二か所に監視所が設けられた。上尾町の監視所は浦和本部の管掌下に属し、上尾町近くの監視所には、鴻巣・川越・浦和・大門・大宮・片柳・八っ保・岩槻・蓮田・久喜・菖蒲などがあった。

監視隊員には、在郷軍人・青年学校生徒が任命された。六個班編成で三交代で昼夜勤務体制をとっていた。防空監視隊の指揮監督は、県警察の警防課が担当した。

上尾防監視隊のことについては、その隊長であった下里光徳(後の上尾市長)が、その著書「市長往来がき」の中で次のように述べている。

戦争中、この役場の前庭に防空監視隊が駐在、望楼と庁舎が併存し、私のほか三十数人の青少年隊員が空の守りを続けていた。二十年、戦況は不利、空襲は関東一円に及び、昼夜の別なく空襲のサイレンが鳴り響くようになった。B29の爆撃で大火災を起こした東京の惨状が望楼から指呼の間に見られた。任務を果たしたB29が悠々上尾の上空で方向を転じ、鹿島灘方面へ退去する状況をみつめ、若い隊員と抱き合い悲憤の涙をのんだこともあった。」

本土が始めて空襲を受けたのは、昭和十七年四月でこの時、東京空襲の一機が川口市・八潮市に爆弾投下をし、死者十二名、重軽傷者八八名の被害をだした。その後二か年余、本土が空襲されることはなかったが、昭和十九年になるとB29による爆撃がはじまり以後昭和二十年八月の敗戦まで、空襲はほとんど休みなくつづけられ埼玉県の地は首都東京に近接しているため、その通過地点として多くの被害を受けた。

ただし上尾市域への直接的空襲はなく、昭和二十年四月四日の夜十時ごろ、大石村の大字畔吉へ爆弾が投下され現丸山公園北側から一三八番地にかけて、直径一〇メートル、深さ一〇メートルの穴が二〇か所生じ、住宅、納屋・蚕室にも被害があった。また、空襲が激化した昭和十九年九月の 埼玉県防空計画」によると次のようなところには公共待避施設(防空壕)を作ることを定めている。密集地区(上尾町・原市町・平方町)、救護所上尾国民学校・遍照院・不動院・埼玉学園・県農事試験場」、停車場等多数集合する地区は、通行者の用に供するため、公共待避施設を増強整備することとし待避所は少人数用にして、分散しなるべく地下式有掩蓋とすることと定めている。

敗戦後の混乱と世相

敗戦と再出発

第二次世界大戦は、日本人約三一〇万人の死者をだした。上尾市域だけでも 上尾町政要覧」によると七二五人、遺族会 戦没者芳魂録」によると昭和六年の満州事変以降七〇六人、昭和十九年・二十年の二年間で七二%数えた。

昭和二十年八月十四日の御前会議でポツダム宣言受託を決定し、連合国に無条件降伏した翌日の十五日正午、昭和天皇の 終戦の詔勅」がラジオで全国放送されこの時国民は初めて終戦を知った。それは、国民にとっては 青天の霹靂」のようであり、驚きと困惑、安堵感などに包まれた。戦争続行を訴える動きが一部あったものの、大多数の国民は 詔勅」に従った。

この日のことを、上尾在住の一市民は次の様に語っている。

天皇陛下のお声がラジオから流れた。私達はラジオの前に正座して、一生懸命聞いたがちっとも意味がわからない中に放送は終わってしまった。となりの人も、又そのとなりの人も身じろぎせずにただだまって下をむいていた。誰言うとなく戦争は終わったらしい、ということがわかったその瞬間、声にならない声が皆の間からおこった。終わったんだ、やっと。長かった戦争が・・・」皆がどんなにこの日の来るのを待ったことか、明日からはもう空襲の心配もない、明るい電灯下で夜がすごせる。そして手足をのばして夜も眠れる、こんなたわいもないことが頭の中をかけめぐる。その夜は美しい月夜でした。勝つまでは、かつまでは・・・、と張りつめていた身も心もぬけのカラになってしまったようで、何もてにつかない。ラジオを聞く気にもならない。ただ静かにすごしたかった。廊下の柱にもたれて、月を見ていたらうつろな目から涙があふれて止まらない。祖国の勝利を夢みて国のため、大君の為に自から散っていった若人に思いをはせ、とめどもなく流れる。私思いきり一人で泣いた。

（上尾市　私の戦争体験」32Ｐ）

被服廠物資隠退蔵問題・盗難事件

第二次世界大戦終結後、国民をまちうけていたのは、長期の戦争で国富の四分の一を失い、壊滅的打撃を受けて、疲弊しきった経済生活であった。この様な中で、日本軍保有物質、いわゆる放出物資に関して、その盗難や流出が社会問題となった。昭和二十年八月十四日、政府は占領軍の接収を回避し、国民生活安定のため 軍民の親善増進を期す」として 軍その他保有する軍需用保有物資の緊急処分の件」を決定して、翌日には、軍事物資の処分を始めたが、軍人や一般国民による盗難が相次ぎ、緊急処分の停止が決定された。

昭和十九年七月に設置された、大石村の陸軍被服本廠の疎開先の雑木林には、一山が列車の貨車二、三台分といわれるほどの軍用衣類や靴などいわゆる 特殊物件」が雑木林に野積みされ、その上にシートがかぶせられていた。これを狙った盗難が相次ぎ、昭和二十年十月以降連合軍が進駐し、接収をはじめ警備にあたった

また、復員した軍人で職の無い者を保管係りとして雇ったが、盗難は後をたたなかった。こうした措置がとられる昭和二十一年七月までの間に、神奈川県から約五十名がトラック四台に分乗して物資を強奪したり、同じく神奈川県から三十名以上が侵入し窃盗を働くなど、埼玉県内のみならず関東周辺から集団による窃盗事件が多発し、こうした物資がヤミ市などにながれたのである。

このほか、非番の現職警察官二人が集積所に侵入し、一人が米兵に射殺され、一人が逃亡するという事件があった。

さらには、一三万点に及ぶ衣料品を管理する内務省と偽って、県をだます詐欺事件も発生した。

上尾市域周辺には、全国の放出物資の二、三割が集中していた」といわれる状態で、連合軍最高司令官総司令部の指令により、昭和二十一年七月十日までに集積所の物資は搬出され、整理事務所も月末までに閉鎖された。その結果、残る物資は、埼玉県と民間会社数社に保管される物資のみとなり、今度はこれらを狙った盗難事件が続いた。

ところで、これより先の昭和二十一年五月十三日、大石村は放出物資強奪品の没収と、共産党などが中心となって全国で進められていた隠匿物資摘発運動を抑制するため、同年二月に公布された隠匿物資等緊急措置令に基づいて村民から調査員を任命し、警察官と共に聞き込みなどによる公的な摘発活動を組織し、物資を供出するよう、各部落会長に指示したのである。

復員と引き揚げ

引き上げは、昭和二十年九月二十六日から始まった。昭和二十五年までに、約六二五万人が帰還した。埼玉県では、昭和二十三年迄の引揚者は民間人だけで約三万一八〇〇人、未帰還者約五一〇〇とされた。　しかし、引揚に際して、持ち帰りを許された金額は、一般で一〇〇〇円までで、また所持品は一度に持ち込むことが出来る量に限られ、ほどんどが着の身着のままという状態で引き揚げた。

こうした人々に対する支援は、自治体や民間団体によってなされた。昭和二十一年一月、戦災援護会埼玉支部は「乏しいながらも成

年男子に対しては軍の放出物資の残りを集めた物が多少ありますので、何とか曲がりなりにも工夫が付くのでありますが、婦人、子供達には、何一つ与える物が無いのであります。と現状を述べ、「外地引揚同胞の殊に婦人と子供達との為に「品物の持寄運動」と謂はんより寧ろ温かい心の持寄運動を展開する」よう県民に訴えた。

昭和二十一年十二月一日から一か月間大谷村と同援護会などが主催する越冬同胞援護運動が埼玉県の指示で実施された。

十一月、この運動の中核となる民生委員・部落会長・国民学校長・警防団長・農業会長を集め、協議会を開いて次のよう内容をあきらかにした。

①三世帯分の住宅の提供者募集及び選定②生活保護法と援護思想の普及、③引揚者や生活の援護を必要とする者への家族実態調査、④児童生徒に対する訓話、作品の募集。さらに、村民が実践すべき事項として、①住宅緊急措置令による余裕住宅の調査・利用②村の援護事業資金を確保するため、一戸当たり平均一円の募金運動③食糧や生活物資の喜捨運動、などをあげ、部落会を通じて隣組に徹底を図った。

とりわけ、住宅の確保が緊急課題とされたが、県市町村や団体による収容施設だけでは不十分であり、一般家屋を利用することが求められた。間借人受入の為の家屋改善費用に対する補助金制度、あるいは一人当たり六畳以上ある家に対する強制的な貸付命令について、隣組回覧で通知された。

このように住宅難とともに、深刻であったのが失業問題や食糧問題であり、昭和二十一年五月には食糧メーデーが開かれ、約二五万人が皇居前に集まった。

買出しとヤミ市

敗戦により、人々は生きる希望を見出したが、長期の戦争により農地は荒廃し、加えて天候の不順により米麦の生産は激減した。食糧の配給は、昭和二十一年七月から二合一勺に減量された。終戦前後の食糧需給計画では、米は配給全体のわずか一割とし、あとは馬鈴薯・押麦・小麦粉を配給し、ドングリの粉などの未利用資源を混入したパンの配給も行われた。昭和二十一年十一月には、二合五勺の増配の方針が出されたが、これをカロリーに換算すると一日約一二五〇カロリーで日本人所要熱量の約半分で到底足りず、不足分は配給以外の食糧で補給しなければならなかった。しかも、この増配は行き詰まり、全国的に遅配が出現した。埼玉県でも、昭和二十二年五月末には遅配日数が平均一・二日、七月には八・八日までなったが、東京都内は二四・一日を示していた。その後、馬鈴薯、麦・甘藷等の配給で遅配は緩和され、年末には連合軍からの輸入雑穀の放出、二十三年一月には輸入砂糖一人三〇〇グラムが主食代替で配給され、その後は農業の生産力の回復、輸入食糧の増加により遅欠配も次第に解消していった。

このように、配給量が少ないうえ、遅欠配があっては、人々は正規の配給組織以外から、主食や野菜などの副食物を求めねばならなかった。これが買出しや、ヤミ市を発生させる原因であった。買出しには自分自身のために行うものと、かつぎ屋といわれる闇ブローカーが行うものがあった。

上尾市域は県南の諸都市や東京から近い食糧の生産地であったため、買出しの人が詰めかけた。

人々は新円生活で現金の手持ちが少なかった為、衣類やそのほかの手持ちの品物と物物交換することも多く、「たけのこ生活」と呼ばれた。こうした買出し部隊に対して警察は、大宮駅や赤羽駅などで取締りを行い、多量の物資を運ぶブローカー等を検挙した。

戦時中は民需品の生産はほどんど行われなかった。敗戦後、軍需工場は閉鎖された、空襲による被害、原材料の枯渇、賠償のための機械類の撤去、生産設備の劣化等により、民需工場の復興は遅々として進まず、また、流通機構の混乱もあって、生活物資の不足はひどいものであった。

供給量が絶対的に不足しているため、公式な配給や価格では品物を入手することは困難だった。しかし、ヤミ市では堂々と生活物資が販売され、金さえ出せば、欲しいものが手に入る状態であった。

昭和二十年末ごろから、生活物資の価格は急上昇し、国民は、悪性インフレに悩まされた。

政府は、インフレを押さえるため、昭和二十一年二月に新円の切り替えを実施したが、物価の上昇は止まらず、国民はその日を生きるのに精一杯の状態であった。

当時上尾ではヤミ市は開かれていなかったようであるが、大宮市、鴻巣市にあったので、上尾の人々はこれを利用していたと思われる。

大宮駅の東口付近には、食糧、日用品、その他の物資が持ち込まれ、青空の新興市場が開かれた。この市場で物を売る人々は、失業者、復員兵士、引揚者、罹災者、疎開者など、定職のないいわゆる素人で、それらの人々が七四％を占めていたといわれる。

ヤミ市は違法ではあったが、生活には必要である側面を持っており、警察の取締りも形式的な面があった。当時は闇物資に頼らなければ生活できない状況であり、買出し、ヤミ市を根絶することは不可能であった。

米の供出制度の経過

昭和十三年五月、国はそれまでの軍需工業動員法を廃止し、国家総動員法を一部施行した。これは、政府が議会の承認を得ることなく、国の経済と国民生活の様々な分野を勅令で統制できるというものであった。昭和十五年十月、米穀管理規則を公布し、同年十一月から町村別割当供出制度を実施した。昭和十七年二月、食糧管理法を公布した。これらより、国内産や輸・移入の食糧は全面的に国家管理され、食糧は計画的に配給されることになった。しかも、米だけでなく麦や芋類、雑穀まで対象が広げられた。個々の農家への割当ても、自家消費分を除いた残余ではなく、全国的に統一された自家用消費基準を生産量から差し引いた残り全てを供出させるという、供出優先原則に変わったのである。昭和十八年九月、米穀の部落責任供出制度を実施するとともに、自家用の飯米まで供出した農家への還元配給もはじまった。

昭和十九年産米からは、これまでの収穫後に割当てる方式に代わり、事前に割当てる制度となり、供出は農民を無視した国家による必要量確保の強権的性格を強めた。

戦後も食糧不足が続いたことから、この制度は維持された。昭和二十一年二月、食糧緊急措置令を公布、供出不良者に対して強制収容を行うなど統制を一時強化した。強権的供出は昭和二十四・五年まで及んだが、食糧事情の好転とともに次第に緩和され、昭和二十五年に芋類が、二十六年に雑穀が二十七年に麦が夫々統制から除外された。

米も昭和三十年には、予約売渡制度に改められ、これにより強権的性格の供出制度は終わった。

上尾市域の供出の特徴と食糧状況

上尾市域の農業は畑作地帯で水田が少ないうえ、米の反当りの収穫量は高くない。米に代替する作物（大麦・小麦・甘藷など）が豊富なちいきは、米だけの水稲単作地地域と違い、一面では供出が容易でない面と、別の面では麦や甘藷など代替作物に依存できる面を持っていた。また、供出を督促する国側にとっても、米単品の地域に供出を守らせるのと、代替作物による多様な供出とでは、供出を強制する力は分散させられたと考えられる。

ただ、このように代替供出が認められたことは、上尾市域にとって好都合であった。というのは敗戦後の占領下では、特に米の供出は厳しく、農家はくるしんだからである。昭和二十二年九月十五日関東地方に迫ったカスリーン台風は、埼玉県内三一六市町村のうち二二八市町村（七二%）で被害をだしたが、このとき、県東南部の水稲単作地域では、米を買ってまで供出させられた事例があったほどである。

上尾市域では、洪水の被害が少なく、家屋の被害があったのは、原市町、大石村、大谷村合せて五五戸、水稲の被害面積は上尾市域全体で十六・二%、甘藷の被害総額は平方町・大石村・上平村三・九%であった。

荒川も提肩すれすれまで増水したが、堤防は無事であった。

元来、米の生産が少なく、その不足分を麦や甘藷で補ってきた上尾市域では、逆にそれが幸いし、米の対替作物として麦や甘藷で切り抜けることができたのである。

供出を奨励、督励するため、供出に努めた者には、肥料や酒、日用品などが特別配給された。例えば昭和二十年十二月、大石村農業会が各農事部長に出した肥料の特別配給に関する文書には「七〇%以上供出者には供出総数一俵に付一貫目、一〇〇以上供出者には供出総数一俵につき三貫目」とある。

次に昭和二十一年二月に大谷村農業会がまとめた食糧状況調書から大谷村の食糧状況を見ることにする。

昭和二十年十一月現在、大谷村の総世帯数六〇五で、内純消費世帯が二五四、米作農家世帯が三一四、米作以外の農家世帯三二、米地主世帯五となっている。農家一戸当たりの供出率は、米が八七・九%、麦が七六・三%、甘藷が六四・八%、馬鈴薯が八〇・五%である。

生産量の少ない米が供出割合で一番高いということは、米の供出がほかの作物より厳しかったことを物語っている。

上尾市域の占領

昭和二十年九月二日東京湾内のミズリー号甲板上で降伏文書調印式が行われた。こうしてアメリカを中心とする連合国の間接統治下に置かれることとなった。これと前後して、占領軍の進駐が全国で始まった。

上尾町には十月十日、大日本機械（横浜ゴム）に衛生部隊七〇名が入った。

また、大石村の被服廠集積所には、桶川の三井精機に進駐した中隊のうちの約十名ほどが分駐した。

なお、大宮市には造兵廠や軍需工場に総勢一四〇〇名ほどの大部隊が進駐し、埼玉軍政部の本部が片倉工業大宮工場に置かれ、県行政の監督にあたった。昭和二十年九月二十九日、関口忠平大石村長から、大宮に入った部隊に対する労働力提供の要請が小泉の部落会会長に発せられた。人員は男子九名のほかに、十日間連続して出勤可能な男子一名の計十名であった。

出勤先は大宮で、自転車で通うことが条件とされ、無用な摩擦を避けるため、言動には注意するよう徹底された。労務提供は引き続き行われ、昭和二十一年三月十二日から十日間、大石村全体で一二〇名が要請された。この際日当として、一人当たり十三円二十銭が支給された。

被服廠大石集積所では、管理人として復員軍人が募集されたが、盗難事件が相次ぎ、いつ命を落とすかわからない状況でありながらも、その職につくために大変な思いをした。

埼玉県内には、買出し列車が走り、人々はその日の食糧を手に入れるのに苦労する傍ら、供出にも協力させられた。そして、軍需工場などの生産中止による解雇や、復員・引揚などによって県内で約一〇万人といわれる失業者があふれ、雇用の厳しい状況が続くなかで、敗戦によって進駐してきた連合軍を従順に受入、労務動員が行われたのである。

昭和十七年に設置された陸軍第五技術研究所は、占領軍により接収され、文部省電波研究所平方分室として使用されていたが、五名の職員が仕事の傍ら敷地内で農作業をし、近所の人々の食糧増産のための畑地として貴重な場所であった。

昭和二十三年一月、占領軍から返還が承認され太平中学校の敷地となった。

新憲法下の地方自治

地方自治制の改革

戦時体制下において、国内の全ての団体・組織が一本化され、大政翼賛会に統合された。昭和二十年六月、本土決戦に備えるため、大政翼賛会は、国民義勇隊である軍隊組織に編成替えがなされた。国民義勇隊は、戦闘集団というより生産防衛等を主として、地方補給業務、すなわち空襲被害の復帰・食料増産などの後方業務を任務とし、その末端組織は市町村・職域・学校にも置かれた。しかし、みるべき活動をすることもなく、敗戦から六日後の八月二十一日の閣議決定に基づき、九月二日に国民義勇隊は解散となり、ここに国民の統合組織は解体した。

昭和二十年十月の、いわゆる民主化指令に続き、五大改革がマッカーサーから伝えられ、幣原内閣の下で日本政治の民主化がはじまった。

昭和二十一年十月に新日本国憲法が国会で可決成立、同十一月三日に公布され、翌二十二年五月三日施行された。

新憲法には地方自治の項目が明記され、憲法と共に団体自治と住民自治を中心とする地方自治法が施行され、都道府県も市町村も同格の地方公共団体となったのである。

町内会・部落会の廃止

戦後地方自治制度のなかで、隣組・町内会・部落会の廃止が大きな問題となった。

昭和二十二年十二月、地方段階での公職追放を逃れるため、町内会・部落会運営指導に関する件を発し町内会・部落会を配給などを行う「隣保相助の組織」と位置付けて「指導」を行った。

昭和二十一年には、町内会・部落会長を公選としたが、占領軍は地域の「ボス支配」組織であるとして町内会・部落会の廃止を命令した。これにより、昭和二十一年一月、内務省は町内会・部落会整備要項を廃止し、埼玉県でも三月三十一日をもって廃止する通知を出した。しかし、法的には廃止はされたとはいえ、町内会・部落会は実質的には存続し、昭和二十六年の対日講和条約以降各地域に復活するのである。

自治体警察

ＧＨＱは、内務省の解体方針に続き、警察制度の分権化をすすめた。昭和二十年十月特高警察は廃止され、府県警察部長，特高関係の警察官は、追放された。昭和二十二年十二月新警察法が公布され、国家地方警察と自治体警察が設置された。自治体警察は、人口五〇〇〇人以上の市町村を対象として置かれた。

上尾市域では、上尾町警察署が翌年二月に設置された。職員は当初七名体制で、大きな事件などは、国家地方警察の応援で対処した。上尾市域その他の町村は、大宮地区警察署の管掌に属した。

警察制度は民主化されたが、厳しい地方財政のなかで、管理運営は町の大きな負担となった。

その後、日本を「極東の反共の砦」とする、いわゆる「逆コース」といわれるアメリカの対日政策転換のなかで、自治体警察は住民の投票によって廃止出来る条項が昭和二十六年六月に追加され、自治体警察廃止できるの道が開かれた。二か月後の八月二十八日上尾町の住民投票が実施された結果、存続賛成三九九票にたいし、廃止の賛成一二二九票の圧倒的多数で上尾町の自治体警察は廃止となった。

消防団の設置

ＧＨＱは消防の民化すすめ、警察からの独立、自治体よる消防、警防団の解体と消防団の設置などがなされた。昭和二十二年七月、原市町消防団設置条例が施行された。上尾町でも昭和二十三年七月五分団制の上尾消防団設置規則が制定され、動きだした。

上尾町役場の火災

昭和二十六年二月一日の未明にストーブから出火、上尾町役場（場所は氷川鍬神社西側）本庁舎が全焼した。重要書類は焼失し、行政事務はストップした。新(現)庁舎は昭和二十八年二月二十八日に完成した。

公選町長の選出と議会選挙

政党の復活と結社

終戦後、初の弊原内閣の下で進められた民主化政策は、昭和二十年十月の政治的・民事的及び宗教的自由の制限撤廃の覚書（民主化指令）に続く、いわゆる五大改革といわれるもので、①婦人参政権の賦与と女性解放②労働組合の組織奨励③教育制度の民主化④治安維持法など秘密審問組織の廃止⑤財閥の解体を始めとする経済の民主化、であった。こうした状況のなかで、戦後の新たな政治状況が作り出されていった。

日本自由党、日本進歩党、日本社会党、日本共産党、国民共同党などが結成された

上尾市域で結成された政党支部は、社会党上尾地区支部、斎藤一布が支部長に就いた。そのほかの政党支部では、共産党東洋時計細胞が結成された。昭和二十二年四月に民主党北足立支部が結成され、副支部長に尾花平八が就任した。

町村長選挙

戦前の町村長は町村会の選出される間接選挙であったが、昭和

二十一年十月の地方制度改革によって住民の直接選挙となった。

上尾町では、北西隆蔵、原市町では、松島福次郎、平方町では石川仁郎が町長に当選した。大石村長は、榎本正治が当選した。上平村、大谷村は、無投票となり、島村敏治、田中佐重郎がそれぞれ村長に就任した。

町村議会選挙、

昭和二十二年四月三十日、議事機関として位置付けられた市町村議会、戦後初の一斉の選挙が実施された。昭和二十二年第一次地方制度の改正で、地方議会に女性の参政権が与えられ、上尾町では、戦後も双葉婦人会長を務めた、三井田佐久氏が当選し上尾市域の女性議員第一号となった。

大石村議会選挙の動向について、埼玉新聞の五月五日の記事は、「待望の日は遠し村政民主化易からず、逡巡する県社会教育課の指向」と題して、次の様に報道した。「村の顔役が談合で立候補者の地盤割当てを行い、家の子郎党や縁故者で自分達に有利な立候補者を立てようと策動した、一方これに拮抗して青年団員はこうした古い地盤協定を打破、地方自治の真の民主化を図るため青年団員から村議を出そうということになった」。しかし、「青年層の政治行動はつつしんでほしいという県当局からの注意によってこの新しき青年層の政治的胎動も阻止された形となり待望されている民主化もその原動力となるべき村の青年層が立ち上れない事態となった。

ところで、占領下の選挙は、総てGHQに報告され、選挙戦での政党の動向や選挙民の動向などが監視されていた。

昭和二十六年四月の一斉地方選挙で原市町の小川孝一が同町の初の共産党議員となった。

埼玉県議会選挙

戦後第一回の埼玉県議会選挙は、市町村議会と同時に行われた。上尾町から斎藤一布が社会党から初当選し、以後通算三期務めた。昭和二十六年四月の選挙では元上平助役の新井賢哉が自由党に所属し当選した。

新上尾町の成立

町村合併の背景

昭和二十四年九月のシャウプ勧告後も、相次ぐ災害や朝鮮戦争後の不況などで、地方財政は小規模町村を中心に窮迫した。地方財政の危機は次第に深刻となり、行政区域の統合によって乗切ろうとした。こうして、三年間で町村の数を三分の一に減すことを目標とする町村合併促進法が昭和二十八年十月に施行された。

昭和二十八年十月埼玉県町村合併審議会が設置され、市町村の実態調査に基づき、町村合併計画の試案が二十九年二月に発表された。ここに初めて、上尾・桶川・原市・平方町、伊奈・大石・大谷・加納・上平・川田谷村の四町六か村を、合併する全体計画発表され、住民に内容の周知徹底を図るとともに、関係町村に町村合併促進協議会を設置して協議に入るよう決定された。

合併試案の発表

昭和二十九年五月三日、上尾桶川地区合併研究会が結成され、次いで同十三日には合併試案について、十ヶ町村の第一回上尾桶川地区合併協議会が桶川中学校において開かれ、協議にかけられた。この協議会で三つの案が討議された。

その案の①は桶川・加納・川田谷をブロックとするもの、②は上尾・大谷・大石・平方をブロックとするもの、③は上平の一部を伊奈に合併しようとするものであった。この時点での、原市町の態度は不明であったが、五月二十日には、斎藤町長らが大宮市役所に同町村合併協議会長を訪ね、大宮市に合併の意向を正式に伝えた。

六月二十八日、桶川町議会は、「町村合併に対する桶川町の考え方」を発表した。その内容は、県試案を批判し、安易な合併をすべきでないとして、五か町村の合併を主張している。

八月二十一日の上尾・桶川地区町村合併推進協議会で、桶川町と加納村は県試案に反対して欠席したため、八か町村で協議会の発足を決定し、合併の方針が確認された。

六ケ町村合併への動き

こうしたなかで、原市町、平方町、大谷村の各議会は上尾町との合併を決議し、大石村も村内に合併反対派を抱えながら、十月六日、村議会は八町村合併協議会設置に賛成し、十一月三日の合併を目途におくとした。しかし上平村町村合併推進委員会は分村合併を避けるため、十か町村の合併を主張した。川田谷村と伊奈村は、村内の合意をみることなく、両村は合併を見送ることになった。

こうして、十一月二十一日に関係町村の町村合併協議会が開催され、上尾・原市・平方・大石・大谷・上平の六か町村合併協議会を結成、翌日の二十二日には、昭和三十年一月一日に新上尾町を発足することが決まった。なお、同日、桶川町と加納村がまず合併し、遅れて住民投票で桶川と合併を決めた川田谷村が、合流、伊奈村は一村の独立が確認された。

今回合併に加わらなかった一町三村のうちで、新たに合併が成立した場合には、町名をその時点で決定するとされ、ほかの町村との合併の道が残された。

合併反対運動の展開

上平村と大石村では、すでに議会で合併に合意したが、村民の中から合併反対の声が高揚した。埼玉県が提出した自治庁への報告によると、次の通りである。

紛争の事由　上尾町設置にあたり上平村と大石村の一部地域においては、隣接の桶川町への合併を希望し、県町村合併促進審議会及び県議会においても合併後、当該希望区域の境界変更による桶川町編入を条件に上尾設置を認めたものであるが、未だ編入が実現されていない。

紛争の経緯上尾町としては将来桶川町との合併を予想し、それが県の合併計画にも合致するものであるとして現状維持を強く主張し、一方当該地区住民は桶川町編入を強く要望しており、両者の協議もされていない。

今後の見通し及び解決方法

あくまでも関係町村が自主的に解決することが望ましいが、期待できない。県内他の区域との関係もあるので、適当な時期をみて勧告により、その解決を図ることにしている。

ここで、問題の経緯を見ておこう。大石村の井戸木・後地区では、上尾町合併派（愛郷同志会）と桶川町へ小中学生が通学し、地理的・経済的にもつながりの強い桶川町との合併派が、地域を二分して対立した。

昭和二十九年十月五日、愛郷同志会の会合に押し寄せた桶川町合併派との間で、ついに暴力事件まで発展し警察の事情聴取を受ける事態となった。上平村上郷・上新梨子・町谷地区内の約一三〇戸が桶川合併期成同盟を組織し、桶川町合併運動を展開し、分村合併を主張した。

昭和二十九年十二月十四日の県町村合併審議会を傍聴していた大石・上平の上尾、桶川合併派の双方の陳情団がつかみ合いをはじめ、審議会始まって以来の混乱となった。このままでは審議は困難と判断し、場所を小委員会に移し、協議が続行された。その結果、分村合併を認める知事勧告を条件に、六ヶ町村合併を認めるとの結論が出された。

だが、昭和二十九年十二月の上尾町臨時議会は知事勧告の一部を拒否し、上平地区に対しては分村を認めず、町に残すことを決定した。こうして、翌三十一年一月二十八日、大沢雄一埼玉県知事から上尾町選挙管理委員会に、「堤上、長浪、谷通の三部落「小字」を分離して桶川町へ合併するかどうかを決める住民投票」の請求が出され、二月十七日に実施された。

結果は、全有権者一四八名のうち一四六名が投票、開票の結果。賛成七二票、反対七二票、無効二票で賛成が三分の二に達しないため、桶川町への分離合併が否決された。

井戸木地区については、上尾・桶川両町長、両議長と県地方課長らで協議した結果、昭和三十一年四月一・二日の両日に後地区の六七戸は桶川町に一三戸は上尾町にそれぞれ編入することで決まった。

なお、昭和三十二年三月、伊奈村と上尾町合併の知事勧告がだされたが、失敗に終わった。

新上尾町の成立

昭和三十年四月十五日新上尾町の合併記念祝賀式が上尾小学校分校で行われた。祝賀会には町内外から約三〇〇名が集まり、上尾町長の式辞のあと、合併功労者の表彰、来賓の祝辞があり、約二時間程で終了した。

午後からは小中学生の旗行列、商工会主催の演芸大会、素人のど自慢大会などの催しが行われ、町内は一日中お祭り気分にひたった。この時の人口、戸数などは、別記表2-10の通りである。

新町の建設基本方針は「上尾町建設計画」によると「自治体の財政力の強化と、農、商、工業を振興し且つ都市計画を実施して交通網を整備し、東京都の衛星都市とし他面大工場の誘致に努めるとともに、農業経営の合理化をはかり、農道、かんがい用水路を修築整備し、商工業及び農業の均衡的施策を行い、住民全般の福祉の増進をはかるものとする」とした。

新町長の誕生

新町長には、町長選挙までの間、下里金太郎上尾町長が職務執行者となった。

新町長選挙は、昭和三十年二月三日告示され、十三日に投票を行った結果。既成諸団体の推薦を受けた現職の下里金太郎氏が、社会党と上尾地区労働組合などから支援を受けた岩本洋に大差をつけ、初代町長に当選した。

農地改革と転換期の農業

農地改革と農業協同組合の成立

農地改革

（日本大百科全書の解説より転載）

一般には、第二次世界大戦後、日本が連合国軍の占領下に置かれた際に、占領政策の重要な一環として実施された「農地改革」（1946～50）をさす。

戦前、日本農業は日本の資本主義経済にとって重要な地位と役割を有した。１９４０年（昭和15）段階においても、農業就業者は全就業者の41％、農林水産業は全国民所得の24％を占めていた。

農業では、農家一戸当り平均経営耕地面積約１ヘクタールと零細農民経営が圧倒的であり、農家の半分は賃労働を主とした兼業農家だった。全耕地の半分は小作地であり、70％の農家は大なり小なり土地を借りる小作農民だった。

小作農民は、小作地について収穫米の半分に達する高額現物小作料を徴収され、農業所得では最低限の生活を維持することさえ困難で、生活は貧しく、高利負債にあえぐ者が多かった。

農業では生きていけない農民は子女も含めてその多数が低賃金で出稼ぎし、生活を補った。ここでは、零細農民経営、とりわけ高額小作料を負担する小作農民経営から低賃金労働力が生み出され、逆に、その賃金が農家所得を補充することによって零細農民経営と高額小作料が維持存続されるという相互規定関係がみられた。

これによって、日本の資本家は農村から低賃金労働力を豊富に調達しえたし、またそれを有力な武器として対外市場を拡大し、アメリカ、イギリスなど先進資本主義国との対立を激化し、やがて戦争へと突入した。

連合国による対日占領の実権は資本主義超大国＝アメリカが掌握したが、アメリカとしても、日本が農村を基盤とする低賃金を武器にふたたび脅威を及ぼすことを防止する必要があった。

また、対日占領を開始してまもなく、中国や朝鮮で共産主義勢力が急速に勢力を増して政権を掌握していくが、その際、徹底した土地改革による広範な農民の支持の獲得がてことなっていた。また、日本国内でも、生産の著しい低下のもとで、労働・農民運動が高揚し、徹底した土地改革が要求され、共産主義勢力の伸長と相まって政治的危機が進行していた。

こういった内外の諸条件に支えられて、地主制度の解体による自作農の広範な創出を目ざす農地改革が、占領政策の重要な一環として断行されることとなった。

農地改革遂行のための法律は、「自作農創設特別措置法」と「農地調整法改正」であり、昭和二十一年十月に公布された。それは、同年六月の対日理事会で提案・採択されたイギリス案を骨子としたものである。

そのおもな内容は次のとおりである。

〔１〕不在地主の小作地はすべて、在村地主の小作地は、北海道4ヘクタール、都府県平均１ヘクタールを超える部分を国が買収する。〔２〕農地の買収価格は、田は賃貸価格の40倍（10アール当り平均750円）、畑は48倍（平均450円）とし、農地証券で支払う。〔３〕国は買収農地を小作人に直接売り渡す。その際、小作農は24年年賦の低利資金の融資を受けることができる。〔４〕農地の買収・売渡しを二か年で終える。〔５〕農地の買収・売渡し計画の立案・審議、紛争処理の機関として地方自治体に農地委員会を置く。

市町村農地委員会は小作5、地主3、自作2の委員構成とし、階層別選挙により委員を選出する。〔６〕小作料は定額金納とし、最高小作料率は収穫物価額の25％（田）、15％（畑）とする。〔７〕小作農が「信義に反した行為」をするなど「正当の事由」がない限り、地主はかってに賃貸借契約を解除することはできない、などである。

すでに１９２０年代以降、小作争議が激化し、さらに戦時に問題とともに日本農業の入って社会平和と農業生産力増進の必要が強く叫ばれるようになった段階に、自作農創設政策は登場していた。また、現実には実施されなかったが、終戦直後の45年12月、占領軍とは独自に農地改革案が政府の手でつくられた（「農地調整法改正」、通称第一次農地改革案）。だが、そのいずれと対比しても、実施された農地改革は、地主的土地所有の解体とそれによる自作農の創設という点ではるかに徹底しており、その間に大きな断層が認められる。

　この農地改革によって、かつての小作地（１９４５年で２４４万８０００ヘクタール）の80％に及ぶ１９４万２０００ヘクタールの農地が解放され、小作農に売り渡された（うち、買収＝１７５万７０００ヘクタール、財産税物納による「管理換」＝１８万５０００ヘクタール）。解放農地の６割は在村地主、４割は不在地主の所有地であった。

　改革前には全農地の46％、田の53％が小作地であったが、改革後（１９４９）にはそれぞれ13％、14％に激減した。地主保有地として残った「残存小作地」についても、小作料は低く抑えられ、小作農の小作料負担は著しく軽減され（小作料率は１９５０年代後半でも５～６％）、耕作権も強化された。そして、改革前には自作農は全農家の28％にすぎなかったが、改革後は55％と過半を占めるに至り、逆に、農地をまったくもたぬ小作農は28％から８％に著減し、大なり小なり農地を小作している小自作・自小作農家も改革前の41％から改革後には35％に減った。改革後は自作農が日本農業の根幹となった。

　以上のように、農地改革は、地主制度を解体して、広範な小作農を安価に自作農に転化し、残存小作地についても小作農の負担を著しく軽減し、耕作権を強めることによって、農民が農業生産力＝商業的農業の水準ならびに生活水準を改革前に比して大きく高めることを可能にした。と同時に、農地改革にはいくつかの限界もあった。農地改革は林野には手を触れなかった。これによって、林野利用による農民的畜産の展開は制約されることとなった。また、農地改革は小作地の自作地化に眼目を置くことによって、小作もう一つの特徴をなす農民経営の零細性にはまったく手を触れることなく、それを改革後に引き継いだ。それによって、零細自作農民経営はやがて１９６０年以降の従属的独占資本主義の展開のもとで激しい分解にさらされ、「総兼業化」といった事態が現れることにもなった。

［暉峻衆三］『暉峻衆三編『日本農業史』（1981・有斐閣）▽暉峻衆三著『日本農業問題の展開　下』（1984・東京大学出版会）▽大内力著『日本資本主義の農業問題』改訂版（1972・東京大学出版会）▽栗原百寿著『現代日本農業論』（青木文庫）▽農地改革記録委員会編『農地改革顛末概要』（1951・農政調査会）▽Ｒ・Ｐ・ドーア著、並木正吉他訳『日本の農地改革』（1965・岩波書店）▽『農地改革の歴史的意義』（『山田盛太郎著作集　第４巻』所収・

農地改革の問題点と地主の嘆き

　農地改革は、様々な面で解放の役割を果したが、弱点もあった。その後の農業の成長基盤を弱いものにした上、被解放者の多くを「もの（土地財産）持ち意識」にした、といわれている。

　上尾市域のような畑作地帯では、農地改革の農業的意義は低かった。特に昭和三十年以降、上尾市域でも工場用地や住宅地の需要が増えるにつれ、農業以外の目的で第三者に売り渡す者が増えてきた。このことは農地改革当時に安い地価で、しかもインフレで貨幣価値が日々下がっているときに、小作地を売られた旧地主にとっては断腸の思いであったろう。高価で転用売買がある現状を見ると腹が立って仕方がない。と転用売買への不満を述べている。

市域での農業協同組合の設立

　昭和二十三年五月から同年七月にかけて相次いで農業協同組合が設立された。上尾町農業協同組合（組合員数七三五戸組合長　鈴木平八）が昭和二十三年五月一日。平方町農業協同組合（組合員数六四三戸組合長　島田鉱作）昭和二十三年五月十日。大石村農業協同組合（組合員数九二二戸組合長　河原塚武治）が五月十日。大谷村農業協同組合（組合員数四十七戸組合長高橋賢次）が五月二十二日。上平農業協同組合（組合員数四九五戸組合長　島村敏治）が六月二十一日。原市農業協同組合（組合数四三十戸・組合長　松本秋治郎）が七月二十九日に、それぞれ設立されている。

農協は経済の復興と農業生産の伸展だけでなく、上尾市域の都市化に伴い都市農協の傾向を帯びながら発展してきた。農協には、正、準二種類の組合員がいる。正組合員は管理運営に直接加わっている者で、準組合員は利用する者、例えば農協で資金を借り利用している者などを指す。

農業振興計画の策定

農地改革後の昭和二十五年から上尾地域の農業は、都市化の中の農業・農村として特徴的な発展をしてきた。最も合併前の各町村当局、合併後の町当局の農業振興への努力が大きく影響していた。上尾町では昭和三十年一月農業振興計画を定めた。この中で、上尾町は「消費都市に対する生鮮食料の給源地帯として、重要な使命を負っている地域」であるとし、上尾の農業発展の前提は」放射線状の道路網を拡充して、とくに土地改良による耕地の集団化事業を強力且つ広汎に推進し、自作農の維持育成を図ることが焦ビの急務である」と強調している。土地改良事業の方策として、①耕地未整理地区の解消②灌漑排水施設の整備と暗渠排水工事の実施、③用水源の確保(サク泉による)、④農地の保全、または利用上必要施設の新設などを挙げている。この上尾町の方策は、昭和三十一年から農林省によって「新しい村づくり＝新農山村漁村総合対策」として発表された内容によって進められた。

農地改革後の上尾市域の農業発展から見ると、この昭和三十年代初期が一つの頂点であったといえる。というのは、この時期に作成された農業振興計画や施策は、上尾市域の実情に即した農業発展の方針や課題を反映していて、市域の農業のあるべき姿を示していたからである。ところが、この後間もなく始まった都市化の波(昭和三十年代半ばからの工場進出、それに続く四十代の人口急増)によって、農地の転用や農業労働力の流出など農業基盤の縮小を招き、農業の集団的活動が弱まったことから、当初の計画を遂行する意欲も乏しくなっていったのである。

農地改革後の市域の農業事情

この間の農業はどう変わってきたのか、資料二　統計　207頁～211頁の表、で示す。

用排水事業と土地改良

上尾市域とその周辺地域では、昭和十年代、頻繁に見舞われた旱魃に対する農業用水事業計画がしばしば問題になっていた。

敗戦後は食糧増産を背景に、用排水事業計画が具体的姿で浮上してきた。昭和二十二年六月、農林省埼玉農業水利事務所によって「埼玉県中仙道筋用排水改良事業調査計画書」が作成される。この計画書では、用水源を利根川の余剰水に求め、用水路のほか排水路の体系を総合的に改めるとしている。

その後、この農業用排水事業計画は、荒川左岸用排水事業と名称が改められた。昭和二十六年、見沼代用水からの分水の見通しもつき、国営移管の話も順調に進むなど、実施に向けて着々と進展していった。

こうした動きに対して、幹線用水路の新設により多くの農地がつぶれる懸念があること、小規模の水利組合ながら用水不足対策ができていることなどの理由から一部町村から反対運動が起こった。結局、大方の町村が反対派に回ったため、事業計画は実施不能となり幻と消えたのである。

土地改良事業

昭和二十四年六月土地改良法が公布され、これまでの水利組合法と耕地整理法が一つにまとまった。これまでの普通水利組合や耕地整理組合、圃場整理事業組合などは、土地改良区と組織が変更された。上尾市域でも、上尾町、上平村、平方町、大石村などで土地改良事業が行われた。昭和三十五年の暗渠排水・耕地区画整理事業の実績を付図三の表2-28に示す。

上尾市域の摘田と土地改良事業

上尾市域の水田は植田にたいし、摘田という直播栽培が約八十%である。表2-29は昭和二十八年の埼玉県内摘田・植田の面積調査である。県内一番の摘田地帯である北足立郡のなかでも、上尾市域は高いといえる。上尾市域摘田率の一番低い地域でも原市の六十・二%で、大石村に至っては一〇〇%と積田率が一番高い。上尾市域は全国的に見ても、特殊な水稲栽培地域といえる。埼玉県内の摘田は、大正年間で約五〇〇〇町、昭和十年代約三六〇〇町、昭和三十年代半ばで約二〇〇〇町、昭和四十年代半ばでほどんどが消滅し、昭和五十年代には大宮台地でも確認することができなくなってしまった。これは、摘田が今の時代の農家にとっても社会にとっても、ふさわしい土地利用ではなくなってきたからである。摘田の地目変換は、暗渠排水などの土地改良事業を経て各地で行われてきた。上尾市域を含む「大宮台地の谷地田では、スキ床を作るに造れない底深いヘドロのような泥炭層であったり、土に分解しきれない草炭層であったりする。スキ床を造ることができなかったことが、大宮台地に摘田作法を発達させて、日本で最後まで、しかも大規模に摘の物資が全国各地のヤミ市で売られるようになり、上尾でも、昭和二十三年六月から、戦時中に中止されていた氷川鍬神社界わいの夜店が復活し、自由市場の活気を取り戻す動きもはじまった。田が続けられた理由であると推測する」（市川国男大宮台地のツミ田）という立地条件からすれば、水はあっても稲作用として活用できなかったものと考えられる。

2－28　昭和35年の暗渠排水・耕地区画整理事業の実績

		上尾	平方	原市	大石	上平	大谷
暗渠排水を行った田の面積・集落数		60反 2	－反 －	110反 4	－反 －	5反 3	3反 1
1集落当たりの暗渠受益面積		30.0反	－	27.5反	－	1.7反	3.0反
区画整理を行った耕地面積・集落数		1,461反 5	158反 6	535反 5	28反 1	1,352反 14	599反 7
1集落当たりの区画整理受益面積		292.2反	26.3反	107.0反	28.0反	96.6反	85.6反
動力揚水機の所有台数	個人	9台	60台	16台	75台	11台	28台
	共有	2	4	－	27	2	2

1960年『世界農林業センサス』から作成
＊暗渠排水、区画整理の欄でそれぞれ上段は実施面積、下段は実施集落数を示す。

2－29　昭和28年の上尾市域の植田・摘田面積

	摘田	植田	計	摘田率
上尾町	85.0町	3.0町	88.0町	96.6%
平方町	47.0	14.0	61.0	77.0
原市町	68.0	45.0	113.0	60.2
大石村	10.0	－	10.0	100.0
上平村	64.4	19.0	83.4	77.2
大谷村	57.3	17.0	74.3	77.1
市域計	331.7	98.0	429.7	77.2
北足立郡	1,943.7	7,579.0	9,522.7	20.4
入間郡	204.4	5,350.4	5,554.8	3.7
南埼玉郡	173.2	11,622.0	11,795.2	1.5
総計	2,321.3	24,551.4	26,872.7	8.6

吉川國男「大宮台地のツミ田」『概報８』から作成
＊調査記録の一部に未詳があり、その項は除外して算出した。

摘田の用水源は荒川水系の伏流水の自噴水や湧水、天水(雨水)、台地からしみ出る清水に頼っていたが、谷地を流れる河川は排水の役目を果たしていたので、水田面より低く用水として使われることはなかった。水と灌漑とかいう観点から考えると、摘田というのは、川または灌漑というものを生産者が意識した時代の生産方法ではないのであろう。むしろ古くから水と土とが一緒になった生産方法といえよう。

摘田率の高い地域は、上尾町、平方町、原市町、大石村、上平村、大谷村、指扇村でいずれも五十%を超えている。一方摘田率が極端に低い一%以下の地域は馬宮村、植水村、大久保村、土合村で主に河川灌漑による植田地帯である。

このように、地域差のある摘田地帯と植田地帯を合計して三〇〇〇町を超える大規模な改良事業は、もともと実現性の薄いものであったといえよう。

商業と工業の復興

商業の復興

第二次世界大戦中に行われた食糧品や日常生活物資の配給制は敗戦後も続き、物の不足は一層ひどくなった。商店は相変わらず閑古鳥が鳴く有様で、商業活動は沈滞していた。旧日本軍の軍需物資や軍需工場の不用物資の放出などもあって、統制外これより先、敗戦後の「悪性インフレ」の進行を抑える対策として、政府は、昭和二十一年二月十七日から金融緊急措置令を施行した。これによって新円と旧円の強制交換と旧円封鎖が断行された。

預金がどんなにあっても、一か月五〇〇円の引出しが限度となり、市民生活は大変な不便を強いられた。

物資不足とインフレに悩まされつつも、昭和二十二年八月から制限付きの民間貿易が再開され一方、ようやく統制撤廃の動きが始まり、昭和二十六年三月から雑穀、の統制が、次いで二十七年五月には麦の統制が廃止になった。さらに、供出一〇〇%達成後の米の自由販売が可能となった。商業流通にも一部活気が見られるようになり、戦前のように自由な商業活動への復活が始まった。

当時の上尾町の現況を示すと、図２２-２(２１４頁)ようになる。地区別では上尾地区が三五〇店で、全体の六五%で圧倒的に多い。業種別では、日常生活の必需品を販売する店舗で、統制の撤廃が進められ、市民生活も戦前の状態に戻りつつあった様子がうかがえる。

民需生産への転換

戦局が苛烈化するにつれて、官民挙げて軍需生産に狂奔することになり、昭和十七年度には多くの工場が軍の指定工場となった。この時に東洋時計(株)上尾工場も指定され、敗戦までの間、兵器製造に明け暮れていた。敗戦後、昭和二十年九月二日にＧＨＱから軍需生産の全面停止の指令が出され、民需生産への転換が進められることになった。これを受けて、東洋時計上尾工場は、時計工場として復活した。そして、昭和二十一年十一月から二十二年四月までの半年にわたる大争議が解決されてから、輸出向け小型時計の生産が順調に進み、二十二年の夏からは本格的な多量生産計画を立てるまでになった。しかし、折からのドッジラインのデフレ政策による深刻な不況のため、その後の業績は必ずしも順調に伸びなく、昭和二十五年四月には、業績不振で給料が遅配したため、会社は診療所を労働組合へ提供した。労組では、これを上尾町に三〇〇万円で売却し、未払分の給料に充てるなどの苦労が続いた。

ドッジラインによる恐慌は、昭和二十五年六月二十五日の朝鮮戦争による「朝鮮特需」がきっかけとなり、一挙に好況に転じた。

工場誘致条例の制定

昭和二十七年四月二十六日に、対日平和条約と日米安全保障条約が発効され、日本は独立を回復した。そして、軍需費を削減し、「強兵」なき「富国」の道を歩むべく、経済の復興と発展に全力を集中することになり、外国の新技術や外資を導入して重化学工業化を積極的に進める政策が進められた。さらに、国際競争力を高めるための企業の合理化政策が推進されたこともあって、二十八年ごろまでに、後の高度経済成長につながるレールが敷かれた。

このような国の政策が進む中で、埼玉県では、工場誘致を積極的に進めることにして、昭和二十七年一月に「埼玉県工場誘致条例」を制定した。このような県の工場誘致政策に呼応して、上尾町でも二十七年二月には工場誘致会を設置して、大工場の誘致に乗り出し、二十七年六月には、上尾町工場誘致条例が制定された。その内容は、県指定工場よりも規模が小さいことを除けば、奨励金の交付及び期間は同じであった。

誘致工場第一号上尾町へ

埼玉県工場誘致条例による県内誘致工場の第一号で且つ上尾町工場誘致条例の一号となったのは、上尾町に進出した東邦レース(株)上尾工場であった。事業内容は刺繍レース・組紐・細幅織物の製造で従業員五〇〇名の近代的な大工場であった。昭和二十九年五月に創業を開始した。

東邦レース工場の上尾進出は、上尾の工業化の進展に向けて、先導的役割を果たすことになった。

昭和三十二年四月現在の主要工場は図２２-１(２１４頁)である。

戦後の混乱期・復興期の交通事情

高崎線の電化

昭和十四年には、熊谷市長が中心となり大宮・高崎・新潟間の電化促進の期成同盟の結成を図った。しかし、戦時体制下の物資不足などで電化の実現は絶望的であった。第二次世界大戦終戦後の鉄道の輸送状況は、極度に困難な状態で、超満員のため窓カラスが割れてしまうといった状態であった。客車が不足しているため、旅客の輸送に貨車を使用することさえあった。

また、動力源である石炭・電力が極度に不足していたため、列車の運行は大幅に削減されていた。

また、このころの鉄道は、陸上交通の根幹として、旅客輸送とともに復興のため、各種の資材・食糧の輸送を行わなければならなかった。上尾駅でも、昭和二十二年十二月には一日平均五〇〇〇俵の甘藷を輸送、十月中に十万俵を送り出す予定になっていた。このような中で、昭和二十年十月には、熊谷市を中心として、輸送難の克服と東京の衛星都市の発展を期して、高崎線電化の期成同盟が結成され、関係機関に繰り返し陳情をおこなった。

戦後大宮以北は、戦時中の疎開や、戦後しばらくの間は東京都内への転入禁止等があった為急激に人口が増加していた。

昭和二十年代後半からの経済の復興とともに、高崎線沿線の町村は東京都への通勤・通学圏内であるため、郊外都市として住宅化に対処するため、新たに高崎線完全電車化期成同盟連絡協議会を結成し、電車化の運動を展開した。その結果、昭和三十一年十一月十九日大宮～高崎間の電車運転が開始され、高崎線はますます東京方面への通勤・通学路線の性格を強めていった。

市域を通る東北線も、高崎線と同時に電化促進運動が進んで人口が急増した。昭和二十三年五月、沿線住民による電化実現同盟が結成された。そして関係機関への陳情を繰り返した。埼玉県議会でも「高崎線電化に関する決議」を行い、関係各省大臣・衆参議長に提出している。

昭和二十六年には、高崎線電化のための予算が計上され、六月、上野～高崎間の電化工事が着工され、昭和二十七年四月一日に竣工し、輸送力は飛躍的に増大した。

昭和二十九年三月、大宮～神保原間沿線の二市九町村が、都内への通勤者増加に即され、昭和三十一年大宮～宇都宮間の電化工事が着工され、昭和三十三年四月に完成した。

道路の荒廃

中山道は、新潟・長野・群馬地方と東京を結ぶ重要な交通の役割を担っていたが、幅員も十分でなく、市街地は簡易舗装されたものの、大半が砂利道のままであった。

物資輸送のトラックや観光バスの増加による交通量の増加は、慢性的な大渋滞をきたすようになった。しかし財政上の制約から道路の補修は進まなかった。

しかし、日米行政協定が締結さされると、緊急に在日米軍基地周辺等道路整備を実施する義務をおうことになった。このため、道路整備は、昭和二十七・八年に集中的に行われ、中山道なども高い補助率の下に改良や補修が行われた。

昭和三十二年になると、中山道の路面の破損は以前にも増して激しくなり、ついに、建設省の直轄工事として舗装改修工事が実施された。

しかし、路盤の改修が十分でなかったために、直すそばから穴が開き、「日本一悪い一級国道」いわれる有様でバイパスの完成が期待されていた。

このほかの県道・町村道の荒廃もはげしかったが財政上の制約やインフレの高進もあり、その改修は遅々としてすすまなかった。しかし、昭和二十八年ごろからは、都市計画道路の建設も着手されるようになった。

開平橋等の架設

開平橋は明治十六年、船橋として架橋されたが、その後、板橋の仮橋として架け替えられた。

しかし、この橋は冠水橋といって、流水量が増すと川の中に水没するのであった。

荒川の増水のたびに橋を撤去したり、流出のために上尾・川越間の交通が途絶する事態が繰り返された。

昭和二十二年に大宮市・川越市・上尾町・大谷村・平方町などの関係市町村の代表により、県に本橋架設の陳情が行われた。その後、二十六年の県会で、開平橋の全面的な改修費がみとめられ、翌二十七年に竣工、開通式を迎えた。

この橋も冠水橋であったが、巾も四・五メートルでバスやトラックの通行も可能となった。

しかし、冠水橋のため、治水上の見地から欄干をつけることは認められず、荒川増水時の交通途絶の可能性をはらんでおり、永久橋の建設が待ち望まれていた。

昭和三十一年には、鴨川に架かる鴨川橋の架橋工事が完成した。このように昭和三十年代から、道路の改良・施設の改善が行われるようになった。

バス路線

昭和十九年のバス会社の戦時統合により、大宮市以北の地域では、各バス会社が東武鉄道に合併された。昭和三十五年ごろには、上尾市域の住宅地化の進行とともに、住宅団地と上尾駅を結ぶ路線が次々と開設された。昭和二十八年ごろからはそれまでの大宮・川越線を上尾・大石・平方・川越線に改め、一日五往復の運航をすることになった。

六三制と民主教育（新学制による学校教育）

軍国主義教育の払拭

太平洋戦争は昭和二十年八月十四日日本国のポツダム宣言受託による無条件降伏の決定をもって終結し、翌十五日に昭和天皇はラジオ放送を通じて敗戦を国民に伝えた。敗戦による占領軍の進駐は、軍国主義的内容の濃い日本国の教育方向を一変させることになった。　文部省は、二十年八月十六日の学徒勤労動員の解除、八月二十一日の戦時教育令の廃止など、戦時中の諸法令の廃止に関する通達を出した。

同年九月二十日には「終戦に伴う教科用図書に関する件」を出し、暫定教科書が出来るまでの処置として、軍国主義的かつ戦意を煽るような内容等、不適切な記述箇所を削除・訂正すべきことを指示し、該当箇所の墨塗り、または切取りを指示した。

さらに、十月には学校での銃剣道や剣道・柔道・弓道といった武道の軍事教練を禁止し、軍事教育の排除に取組んでいった。

一方、連合国軍総司令は二十年十月以降、次のような指令を発した。

第一の指令は、日本教育制度に対する管理政策にかんするもので、戦時教育体制の停止と教育の民主化を目指す基本方針を明らかにした。

第二の指令は、教員及び教育関係官の調査、除外、認可にかんするもので、これにより軍国主義や極端な国家主義を鼓吹した者等は教職不適格者として追放、除外されることになった。埼玉県で七〇名が不適格者と判定された。

第三の指令は、国家神道・神社神道にたいする政府の保証、支援、保全、監督並びに広布の禁止に関するもので、これにより、学校内の神社・御真影・神棚、奉安殿等が取り除かれることになった。奉安殿の取壊しについては、大石国民学校での場合、校庭に大きな穴をほり、その中に埋めた。廻りのコンクリートをこわしたものは、藤波地区の道路のぬかるみに敷いたという。

第四の指令は、修身・国史・地理の授業停止にかんするものである。埼玉県では、昭和二十一年一月に、修身、国史、地理科授業停止に関する件を学校長及び各地方事務所長に通達し即時停止を徹底した。

民主教育の開始

昭和二十二年三月教育基本法と学校教育法が公布された。これらの法律は、日本国が今後推し進めるべき民主主義教育の基本原則を法的に確立したものであった。

これまでの複雑な学校制度が改められ、米国の教育制度を採用して、小学校六年・中学校三年・高等学校三年・大学四年からなる単線型の教育制度が成立した。また、義務教育期間も、これまでの六年から九年に延長され、男女共学が奨励されることになった。

新制中学校の発足

昭和二十二年には、新制中学校が発足し、中学校独立校舎の建設問題が生じた。

上尾中学校は、昭和二十二年四月一日、上尾小学校に併設して開校した。同九月十日、工場の建物一棟を買収し、独立校舎の建設に着手した。

太平中学校は、二十二年四月二十九日、太平青年学校の敷地・校舎を移管し、平方町・大谷村の二か町村の組合立として開校した。

原市中学校は、昭和二十二年四月二十二日に開校した。校舎は、原市小学校の六教室借用し五月一日より授業を開始した。その後、学校敷地として三五三九坪を買収し、校舎を建設、二十七年五月完成した。

大石中学校は、昭和二十二年四月一日、大石小学校の校舎を仮校舎として五学級でスタートした。二十三年四月には、大石農協から借用した校地に建てた二階建校舎一棟に移転した。

上平中学校は、昭和二十二年五月一日開校式を挙行した。開校当初は、一・二学年それぞれ二学級三学年が一学級の計五学級制であった。生徒数は、一九三名であった。教室を上平小学校から三教室借用し、これに隣接の少林寺本堂の両側内に設けられた二教室を加えてのスタートであった。このため、小学校十二学級中、八学級が二部授業を強いられ、しかも、八学級中二学級は、仮教室を使用することになったため、正座による授業を余儀なくされた。

また、中学校使用の寺院内の仮教室は、「破損極めて大にして危険性多し、採光悪し、二学級は相互に音響き授業成立たない。仮教室は狭隘にて（九坪、七坪）にて生徒の通行不能」といった具合で「現在の状況をこのまま持続すれば小学校、中学校唯名のみの存在となって新学制の精神に反す」という状況にあり、独立校舎の早急な建築が求められた。

そこで、昭和二十一年八月、上平役場は、大石村にあった陸軍被服廠疎開家屋三棟を、払下げ、これを解体して大半の資材を整え、同年十二月に独立校舎の建築許可申請を提出した。昭和二十三十月に菅谷の現在地に新校舎が完成し、同年十一月五日に移転した。

なお、経費は合計三三二万円で、内三二万円が国庫補助金で、二〇〇万円は村民の寄付によるものであった。

新制高等学校の発足

上尾市に高等学校を設立しようとする動きは、以前からあったが。昭和三十三年四月の上尾桶川伊奈共立上尾商業高等学校の設立によって実現した。当時、高校進学希望者が急増する中で、高校の分布は大宮市以南に集中し、大宮市より北には、鴻巣市まで高校が無い状態であった。さらに、近隣の市立高校では、当該市居住者を優先するなど、上尾、桶川、伊奈の進学希望者にとっては障害が多かった。このため、高校進学希望者の入学難を緩和するとともに、高等教育の振興や勉学の助長奨励により、希望に満ちた生徒の育成に寄与するため自力で高校の新設を図ろうとしたのである。

昭和三十二年十二月には、上尾町、桶川町、伊奈村の三町村は、上尾桶川伊奈共立上尾商業高等学校組合議会を発足させた。その後、昭和三十三年一月三十一日には、上尾桶川伊奈共立上尾商業高等学校の設立が埼玉県より正式認可された。初代校長には、県教育局社会教育課長補佐福岡鶴吉が任命された。

この上尾商業高等学校は、男女共学の全日制過程の高校で、商業科と普通科を設置し、定員は、商業科三〇〇名、普通科一五〇名であった。校舎は、当初上尾中学校内の仮校舎を使用し、第一回目の入学者は、普通科五四名、商業科一〇五名であった。

新校舎の建設は、昭和三十五年から三か年計画で進められた。校地は上尾町沖の上の山林約一万坪が確保された。昭和三十六年四月に完成した。

これより先、昭和三十五年四月一日同校は組合から埼玉県に移管されることとなり、校名も現在の埼玉県立上尾高等学校と改称された。

昭和三十六年四月には、男女共学普通科定員二〇〇名の定時制過程が設置された。このほか、上尾市域には、定時制の埼玉県立浦和高等学校上尾分校があった。初めての入学式を、昭和二十九年五月二十五日に行っている。校舎は当分の間、上尾町の公民館を使用することとし、入学者は約七〇名であった。昭和三十九年に上尾高校内に、併置され、廃校となった。

教育委員会の発足

昭和二十三年七月教育委員会法が公布された。同法は、教育行政の民主化・地方分権化・自主性の確保を骨子とするもので、日本教育制度上の大変換を目指すものであった。

具体的には⑴教育委員会の設置者を都道府県及びと市町村としたこと。②教育の管理者は教育委員会が行うこと③教育行政を一般行政と切り離したこと。④委員会の構成は、都道府県七人、市町村が五人(内一人は地方議会の議員から互選で選出、他は住民投票による)の合議制の機関としたことであった。

昭和二十七年十月地方教育委員の選挙が埼玉県内一斉に行われた。上尾市域で選挙が実施されたのは、上尾町・原市町・大石村・上平村の四町村で、大谷村・平方町は無投票当選となった。

昭和三十年一月の六町村による合併による新上尾町の誕生に伴い、上尾町の教育委員には、委員長に北西隆造、委員長代理に石川仁郎、委員に坂巻秀勝、山根良作、須田義雄、水野利　、そして議会選出の黒須喜代松が任命された。

昭和三十一年六月の国会で新教育委員会法でき、教育委員はこれまでの公選制から任命制へと変わった。

戦後社会教育の再編

戦時下における国策社会教育は終戦により崩壊した。戦後の社会教育は、あくまでも国民の自主的、自発的活動を奨励した。

行政の役割は、側面的に援助することにあり、自主的活動を進める環境づくりとして、社会教育施設の整備が要請された。埼玉県では昭和二十一年十一月教育部が独立する際に教学課は廃止され、学校教育課とともに社会教育課新設された。

昭和二十二年、教育基本法が公布され、第七条に社会教育に対する国と地方公共団体の責任が明確にしめされた。昭和二十四年六月には社会教育法が制定され、その第十五条で「都道府県及び市町村に社会教育委員を置くことができる」と定められたに基づき、同年十二月には埼玉県社会教育委員が設置された。

上尾市域では昭和二十五年三月に大石村社会教育委員設置条例が、二十六年七月には大谷村社会教育設置条例が制定されている。上尾市は昭和三十五年四月に、上尾市社会教育委員設置条例を公布、六月には同委員を委嘱し、社会教育の体制の整備を図った。

青年団

青年団は戦時体制下に国策遂行のため統制され、終戦とともに崩壊し戦後社会の混迷・混乱の中に放置されることになった。

埼玉県では、青少年団体設置並びに育成協議会を各地で開催し、青年学校長や国民学校長にたいして青少年団体の設置及び育成指導を依頼した。上尾市域でも、青少年男女が各町村ごとに集まり、青年団を結成して演芸娯楽や奉仕活動をおこなった。

社会教育関係の諸法規が整備され、各種講習会、社会学級、青年学級などの学習機会が増加し、団体指導者育成が行われるようになったのは、昭和二十四、五年ころからであった。昭和三十年、町村合併により上尾町連合青年団が結成され、三十三年には市制施行により上尾市連合青年団となり、地域青年団の情報交換、合同運動会、文化祭の参加など各種事業を展開した。

昭和三十六年ごろから各地域青年団は、勤労青年を中心とする任意団体の性格上、このころの社会的、経済的、文化的諸状況を反映して消滅や解散するなど、衰退していった。

こうした中で昭和三十八年に大石地区の青年有志が大石青年会の再興を図り、さらに上尾市全域で青年会の組織化を行って上尾市青年連合会を誕生させた。

昭和四十一年十二月には、市内の青年団体である青年会4.Hクラブ、福寿会などを上尾青年会として一本化した。

この上尾青年会は、十五歳から三五歳の青年男女を対象に、自主的活動を通じて人間形成と郷土社会の建設に寄与することを目標に掲げ、四十二年の埼玉国体では様々な役割を果たした。さらに、献血運動・教養講座の開催・レクリーションなどの活動も行った。

しかし、昭和四十四年ごろから再び活動は衰退し、現在に至っている。

婦人会と婦人学級

戦時中の大日本連合婦人会・愛国婦人会・大日本国防婦人会は、昭和十七年に大日本婦人会に統合されたが、終戦とともに解散した。

戦後占領政策によって婦人解放と婦人参政権の獲得が実現し、婦人の地位・教養を図る施策が実施された。昭和二十一年十月、婦人の政治教育と教養を高める目的で母親学級設置が促進され、その後の母の会やＰＴＡ婦人部、婦人会に発展した。

上尾市域では、各町村に地域婦人会が発足し、地域に於ける奉仕活動・学習活動を行っていた。昭和二十年代前半から、婦人団体を中心に、各地で様々な名称の学級が開設され、昭和二十年代半ばごろから婦人学級として定着した。

４Ｈクラブ

昭和二十四年連合国軍総司令部の指導により、農林省、文部省は「農山漁村青少年クラブ活動育成に関する基本方針」を通達した。これを受けて埼玉県は「埼玉県4.Ｈクラブ活動に関する基本方針」Hをしめした。4.Ｈクラブは頭脳（Head）・技術(Hand)・精神(Heart)・健康(Health)の頭文字をとった名称で、農村青少年を対象に農業技術・教養の向上、生活改善を目指し、理想農村の実現を図る会員組織で、埼玉県では農業改良家が中心となり教育委員会と提携して各村へのクラブ設置を促進した。

昭和三十年代は青年団・農業高校・農業協同組合などの協力によって4.Ｈクラブの活動は隆盛をみた。

上尾市域では、昭和二十七年三月、上尾桶川地区の4.Ｈクラブは各クラブの連合組織として、連絡協議会を結成している。また同年四月に埼玉県4.Ｈクラブ連絡協議会が結成され、会長に平方町の関根政が選出された。

ＰＴＡ

戦後の教育改革を積極的に方向づけたのは、昭和二十一年三月に来日した米国教育使節団の勧告である。

第一次使節団の報告書では、日本の教育の民主化のために「両親と教師が一体となった活動」が必要であると指摘している。昭和二十一年五月には、アメリカからＰＴＡに関する資料が提供され、十月には都道府県社会教育主管課長会議でＰＴＡの性格、趣旨、目的などが説明された。

昭和二十二年四月日本教育改革に関する指令で、ＰＴＡ結成に関する示唆と勧奨を行った。昭和二十二年末までに埼玉県下の小・中学校の約六割にＰＴＡが結成された。上尾市域において、昭和二十二年に大石中学校の保護者有志が「母の会」を結成し、その後埼玉県の指導のもとに、ＰＴＡと改称している。

しかし。この当時のＰＴＡについては。その内容に多くの問題が残されており、埼玉県軍政部は次のような不満を表明していた。

①親や教師の全員加入は不思議であり、強制が有ったのではないか。②父母以外の一般会員がいることは地域のボスの介入を許しているのではないか③政治的な偏向選挙運動がおこなわれていないか④学校後援会的色彩が強い。⑤父母会員が組織力を利用して、学校経営や教員人事に干渉しいるのではないか。

この様に成立当初から学校後援会的性格を持つという批判があったが、当時の市町村の財政では学校施設の整備、とくに中学校建設は極めて困難であり、これを支援する組織としてＰＴＡが位置付けられ、結成がい急がれた。物心面での新学制の施行を助けたＰＴＡの役割は多大であった。

その後、昭和二十六年の埼玉県教育委員会による単位ＰＴＡ努力目標調査によれば、成人教育を第一位に挙げてているものが最も多く、以下、郊外補導、組織運営、学校と家庭の連絡、建築施設の援助、図書の充実、保健衛生の順とあり、奉仕活動中心から成人教育に方向性が移行しており、このころからようやくＰＴＡ活動も軌道に乗ってきている。昭和三十年には町村合併による上尾町の発足によって、町内小中学校ＰＴＡを包含する上尾町ＰＴＡ連絡協議会が同年二月に結成された。

組合立太平実習女学校の設立

終戦当時上尾市域でも平方町、大石村、大谷村は交通の便が悪く、周囲にある平地林（山）を通って通学することは混乱する世相から危険でもあった。しかし各町村の子女の進学意欲は非常に強かったのでこのような傾向の中で、「敗戦という衝撃を受けて意気消沈していた青少年の姿に憂慮し、祖国再建を図る方途として女子教育の振興こそが急務である」との意見が当時の平方町、大石村、大谷村の町村長と議員の中から出てきた。

当時の組合立太平青年学校管理者（平方町長）はこれらの声を実現するために鴻巣実修女学校をモデルに、昭和二十年平方町、大石村、大谷村の一町二村組合立太平実修女学校の設置認可申請書を県に提出し、認可を受けた。

太平実修女学校は上尾市域で初めての女学校で、昭和二十一年四月国民学校高等科卒業生を対象に、太平青年学校内に開校した。

開校時の入学者数は、町村当局が考えていたより少なく本科一年生だけで二十四人の在籍だった。

当時は青年学校の校舎を使用して、昼間は実修女学校の生徒が通年で五―六時間の授業を受け、青年学校生徒は定時制で夜間に授業を受けていた。

新学制移行のため、二十二年度は新制中学校が発足したのに伴い、実修女学校の生徒募集は行わなかったので、昭和二十一年度入学者だけで二年間存続し昭和二十三年三月廃校となった。

この太平実修女学校の設置について、戦後の混乱期に子供の教育は未来の新しい価値の創造にあるとし、このような女子教育を重視した平方町、大石村、大谷村の各町村長の英断は、先見の明があり、二十一世紀への偉大な掛け橋になったと評価しても過言ではないと考える。

平方町立橘高等洋裁学校

昭和二十一年十一月大字平方の石黒家二女が王子文化洋裁学園を卒業したのを機に、洋裁学校開設の準備を進め、昭和二十二年十二月に居室を解放して文化洋裁学園古藤理事長の出資により、浦和文化洋裁学園平方分教場を開校した。

当時は、食糧増産が緊急課題であったため、農家の子女は農作業に専念しなければならなかったが、欧米の服装文化の刺激を受けて、洋裁技術の習得熱が高まり、開校された分教場には十二月からの農閑期を利用して大勢の希望者が集まった。

初年度は五十人を超える入学申込があり二十三年三月の第一回卒業生は四三人であった。

当時の平方石川仁郎町長は、平方町内の婦女子に新時代に即応した洋裁技術を身近な地域の洋裁学校で修得させ、町の文化水準を高めて町勢を発展させようとしていた。

そこで、「洋裁の専門教育を主とし、婦人として必要な普通の知識技術を授け、併せて婦徳を涵養し、合理的文化生活にふさわしい中堅女性の養成」を目的として、町立洋裁学校を平方小学校内の空き教室を利用して開校することにした。そして、同年十二月八日、平方町立橘高等洋裁学校を農閑期の間、暫定的に開校した。

昭和二十五年七月一日付で、埼玉県教育委員会から県内初の公立各種学校（洋裁学校）として設立認可を受け、名実ともに公立高等洋裁学校がスタートした。教育過程は、本科・速成科・講習会の三科であり、本科は一年制課程で一日七時間、二三五日の授業をした。

速成科は農閑期の十二月から翌年三月までの四か月間で修了した。講習会は随時実施した。

昭和二十八年の入学案内には、一年制の本科・研究科・自由科、六か月の速成科、四か月制の裁断科・実修科があり、学級は昼間部と夜間部とし、夜間部には課外活動も含まれていた。

課外活動では、割烹・音楽・体育・美容・エチケット講座等があり情操教育にも力をいれていた。

平方町立から上尾町立・上尾市立と創立十二年間続いた橘高等洋裁学校は七〇〇人近くの卒業生を世に送り、地域の服装文化の水準向上に多大な貢献したにもかかわらず、生徒数も次第に減少して存続の危機が訪れ、昭和三十六年に創設された県立上尾高等学校の定時制課程に家庭科コースが新設されたのを期に吸収されることになり、惜しまれながら昭和三十五年限りで廃止された。

東洋時計争議とその後の労働界

東洋時計上尾工場の争議経緯

よみがえる労働運動

第二次世界大戦によって、日本の産業は多大な打撃を受け、軍事産業から民需産業への転換も順調に進まず失業者が巷にあふれていた。さらに物の不足によるインフレは経済的混乱を招えていた。

連合国軍総司令部は、これまでの軍国主義を一掃するため、公職追放・農地改・婦人解放・教育の刷新・財閥の解体を行い、また、治安維持法など社会運動を抑圧してきた法律を廃止して、労働組合の育成等の民主化政策を推進するものだった。戦後、埼玉県内初の労働組合の組織化は、昭和二十年十月のことで、それは戦前の鋳物工場労働者による埼玉金属労働組合川口支部の結成であった。これに続き、基幹産業においても組織化の潮流が生まれていた。

昭和二十年末には、東洋時計上尾工場従業員組合(一一六四名)など主要な九組合が結成され、組合員数一万二〇〇〇名に達した。昭和二十一年三月の労働組合法施行、四月の戦後初の衆議院総選、五月の復活第一回メーデー等を経て、労働運動は、待遇改善のみならず、内閣打倒・食糧人民管理などの政治闘争へと発展する。

埼玉県では、昭和二十一年一月に、中小企業を中心として労使協調を理念とする日本労働組合埼玉県連合会(総同盟県連＝右派)が結成され、翌二十二年二月には、基幹産業を軸に埼玉県内における産業別で戦闘的な労働運動を標榜する、埼玉県労働組合協議会(埼玉労協＝左派)が結成される。

この結果、路線を異にする総同盟県連と埼玉労協が埼玉県内の労働戦線を二分することになった。

そうして産別系傘下の組合では、組合員自らが経営者を排除する生産活動である生産管理闘争を争議の手段として採用した。

こうした、争議は、埼玉県内で昭和二十一年中に東洋時計上尾工場などで九件も発生している。

昭和二十一年秋から翌年の二月一日の二・一ストに向けて、高揚した官公庁労働者の闘争は、マッカーサーのスト中止指令によって鎮静化し、左翼陣営の意図した労働攻勢は大きくダメージを受けた。

昭和二十二年十月埼玉労協を改組した左翼系労組は、埼玉地方産別労働組合会議て(埼玉産別)結成した。

一方県内中立・無所属労働組の中小組合は、二十一年十二月に埼玉県労働組合協議会を結成した。ここに、埼玉県労働界は、昭和二十一年一月結成の右派系の総同盟県連と共に、三派(埼玉産別・埼労協・総同盟県連)鼎立(対立)時代を迎えた。のである。

東洋時計上尾工場の争議とその背景

東洋時計上尾工場争議は、昭和二十一年十月に始まり、翌年四月の県地方労働委員会の斡旋調停により、①東洋時計株式会社、②日本労働組合総同盟東洋時計労働組合連合会、③全日本機器労働組合埼玉支部東洋時計上尾工場分会の三者の調停をもって、六か月にわたる争議は終息したとされる。

この争議に関してはこれまで様々な角度から検証されたが、それが激しく複雑な闘争だけに立場や視点の違いによって必ずしも一致していない。ここでは、「市史第五巻」などをもとに、その経緯を述べることにする。

争議が起こる昭和二十二年十月の時点は、埼玉労協(埼玉産別系)でも十月闘争が活発化し、翌年の二月一日のゼネストに向けて戦後の労働運動がピークにならんとする時期であった。巷では吉田第一次内閣のもとで失業者があふれ、インフレ下でのタケノコ生活、リンゴの歌の流行は続き、国定教科書のスミ塗りが進むなか、さっそうとジープに乗った米兵とチューインガム、カムカム英語など開放的なアメリカ文化が、堰を切ったように定着しようとしていたころであった。

東洋時計上尾工場は、戦時体制下には、産業報国に協力するなど労使一体の増産に励む県下有数の模範的な兵器工場であった。この時点では、旧来の熟練工に加え、徴用工として若い労働者のほか、地元募集の女子従業員が三分の一を占める職場構成(従業員三〇〇〇人)になっていた。 敗戦によって、賠償工場となり、兵器の製造から平和産業である置き時計工場に転換。従業員の整理など行ったが、女子従業員は依然として三分の一を占めていた。このように東洋時計上尾工場は、年齢、職種において多層的な構成となっていたため、各階層間で立場や考え方の違いを多く秘めていたと言えるであろう。

東洋時計上尾工場争議の発端

昭和二十年十二月二十二日に戦後改革の一つである労働組合法が公布され、早くも十二月二十八日に東洋時計上尾工場従業員組合(以下、上尾従組という)が結成された。このとき、初代組合長には、上尾工場職長であった飯田松五郎が選出されていた。組合の発足は上尾市域において始めてであり、結成大会には日本労働組合総同盟本部の松岡駒吉会長が記念講演を行った。この段階では総同盟に未加入であったが、執行部役員は全て職長や課長などの役付で、経営者側と協調路線をとる労使一体的な存在だったと考えられる。

当初の活動をみると、従組は昭和二十一年一月と四月に賃上げ要求するものの、従組の主流である右派グループによって否決されている。ところが、昭和二十一年五月一日、戦後初めて行われたメーデーに際し、従組の左派グループとなる青年部・婦人部が結成され、機関紙「歯車」を発行していた。以後左派グループは、新しい組合改革の母体となり、組合内の対立が表面化することになる。

上尾従組では、六月十九日、夫々の立場で指導(オルグ活動)を重ねてきた上部団体加盟をめぐって、職場ごとに穏健な総同盟関東労組(右派)と関東機器労組(左派―後に全日本機器労組)二者択一の賛否を諮った結果、右派の執行部を残したまま圧倒的多数の賛成により六月二十日、全日本機器労働組合埼玉支部東洋時計上尾工場分会(上尾分会)を結成するに至るのだった。

一方で、七月二日には東洋時計工場の各従組を結集して、総同盟傘下の東洋時計労働組合連合会が結成され、十月五日に、会社側と正式に労働協約を締結する。連合会結成当時の、上尾工場は七事業所の中の最大の主力工場であった。

この連合会発足で主流派産別系の少数派となっていた上尾分会は、基本給増と単一労働協約締結を同時に要求していた。また、従業員の生活養護と経営の向上改善を目的に増産運動に取組み、十月二十一日から十一月二十日を第一期増産運動期間として運動を開始した。一方、会社と労働協約を締結した連合会でも、増産運動に取組むことを決めていた。

上尾分会(産別系)の決起から、「上寺事件」まで

増産運動四日目の二十一年十月二十四日、増産運動ポスターの上に。「腹が減っては増産できぬ」「平均五八〇円ではもうやっていけぬ」のビラが貼りだされたころ、上尾分会左派グループの突き上げにより、上尾従組臨時大会が開催される。

そこでは、分会の増産方針が否決されて即時賃上げのみが可決された。

翌二十五日に役付き中心であった上尾従組幹部が総辞職し、また分会の青年部・婦人部に対抗していた右派の牙城・壮年部も解散。

組合長に根岸茂吉、副組合長に小川幸吉が選出され、常任委員十三人も同時に選ばれて、旧従組幹部は一掃された。内藤則邦（東大社会学研究所）「東洋時計争議」「戦後初期労働争議調査」によれば、選出された一五名の新幹部中一三名が共産党員であったという

上尾従組分裂のなかで上尾分会は、新執行部のもと、活発に賃上げ要求運動を繰り広げたが、十一月二日このままでは民主的な労働運動が望めないとする上尾分会の役付工一〇六名が分会を脱退し、総同盟県連の指導のもとで会社側及び連合会と諮って、翌三日に再建同志会を結成した。

この再建同志会は、労働組合の主導権奪回を目指して、会社東方にある、上寺と呼ばれている遍照院に本部を置いて「賃上げは会社をだめにする」として活動を開始するのであった。やがて、この再建同志会の加盟者は、分裂後の十一月四日には二五〇余名になったという。

十一月二日上尾分会は脱会した同志会組合員に対して除名処分を決め、会社側に対して労働協約の規定に基づく解雇を求めた。

一方、連合会は、翌日再建同志会を承認し、上尾分会を連合会規約に違反するとして除名した。また、この日再建同志会は総同盟への加盟を決議した。この結果同一事業所における従業員組合の対立に加え、上部団体である総同盟と産別会議を巻き込んだ争議となった。いわゆる「上寺事件」は、上尾分会と再建同志会の対立が深まった十一月五日の午後に起こったとされている。

上尾分会は、機器埼玉支部組合員を加えた一五〇〇人が、上寺に向かってデモ行進を行い乱入。この際、上寺で方針協議中であった再建同志会幹部二三名をトラックで女子寮へ連れ出して厳しく糾弾し、分裂行為を謝罪させ、分会側に協力するよう誓約書に署名を迫ったという。

この記事を七日付朝日新聞埼玉版は「再建派の幹部二十人軟禁か」の見出しで説明し、さらに、再建同志会側は、警察が現場に居合せながら上尾分会側のリンチ取締を怠ったと抗議し、目下調査中とする警察部長談を掲載している。

この「上寺事件」について、十一月十二日付埼玉新聞によると、十一月九日、浦和地方裁判所検事局は、共産党埼玉県委員で産別派の日向和夫ら二名を強制収容した。また、緒方県警察部長談として「警察は不法行為を伴わざる限り労働争議にかんしてはもとより何等干渉を行うでなく、検挙も不法行為そのものを取り締まるのであって、争議そのものに干渉するものではない」としている。

また、十一日には、川口・浦和等八地区の分会側行動隊五〇〇名が浦和地方裁判所検事局へ釈放要求行動をしたと伝えている。この間の八日、同志会の岡本正治・山本博ら幹部十名が連署をもって引責退社の声明を出している。その後十四日には藤田俊次（機器埼玉支部常任書記）、二十二日には鈴木政太（機器埼玉支部長）が逮捕されている。その後、最高裁で藤田は罰金二〇〇〇円、鈴木は懲役八か月、日向は懲役十か月の判決たなった。

十一月七日、再建同志会は総同盟の井堀繁雄・斎藤一布らの指導のもと活動を再開する。

また、上寺事件の事態に硬化していた連合会も八日、会社側に「事件の責任はいっさい会社側にある」とし上尾分会の根岸組合長、新井健治書記長ら幹部三十名の除名を決議し、会社に申し入れを行っいた。これを受けて、会社も「紛争解決のため」として、九日から一週間休業を発表。さらに十五日には、分会幹部らの解雇を痛苦する一方で、二十二日までの休業延長を通達した。

上尾分会による生産管理闘争

上尾分会と再建派(再建同志会・連合会)との対立は、上寺事件を経て先鋭化してきた。そこで上尾分会は、本格的な工場閉鎖を予測して生産管理闘争に関する研究を進めていた。これは、置時計の在庫品と、生産管理によって組み立てた時計を組合のルートで販売、その売上分のうちから職工に賃金相当分を生活資金として貸与し、終了後は会社との間で清算する戦術である。

上尾分会側は、この生産管理は、あくまでも有効な争議手段の一つとして捉えており、生産管理を産別会議法律部の見解に沿って実施するため、また、会社に対して、先の解雇処分と給与の支払いを労働組合法違反であるとして、東京都労働委員会に提訴するに至った。

この上尾分会の生産管理は、実質的には十二月十二までの十八日間継続し、七〇〇余名が参加したという。この間、置き時計の生産は日増しに能率が上がり、最終期には四倍の生産率となったとされる。生産管理中の実績は置き時計の生産が七二二〇個で、生産管理前の在庫品五六一五個と合わせて、一万二八三五個うち、一万四六〇個を販売し、一二五万円の売り上げがあった。この売却代金は、賃金相当分の生活資金貸付の名目で争議団員の十一月分の賃金支払いなどに充てられたという。

再建同志会の工場奪還と流血の惨事

上尾分会は、資材の面から三か月の生産管理が可能であると見込んでいた。これに危機感をもった会社は、再建同志会と一体化した連合会にたいして、就業命令を出す形で、昭和二十一年十二月十二日からの操業を図るのだった。

これを受けた再建同志会・連合側の約一〇〇〇人は、十二日朝、生産管理中の工場に押し寄せ、事務所を占拠した。分会側は、事務所以外の建物に移り、両者は、対峙した状態が続く。翌十二月十三日午前八時過ぎ、再び再建同志会派が工場侵入を開始し、乱闘のすえ工場を奪還した。

午後になり態勢を整えた分会側は、機器埼玉支部の応援得て再建派に対抗。再建派と分会派合せて約二〇〇〇人が投石したり、こん棒を振るうなど激しい乱闘が続いた。

この間、連合国軍総司令部埼玉軍政部のジープが、分会側デモの隊列に突入し、デモ隊の足並みが乱れ、結果的(意図的)に再建派を助ける形となった。この騒動によって、分会側の富士産業大宮工場産別組合員の斎藤三郎が死亡し、負傷者は五十余名にのぼったとされる。

十三日の惨事後、再建派は工場内に、産別派は、工場女子寮内に本部を設けて成り行きを見守っているが、両所に挟まれた付近の住民の間では、種々のデマが流れ、恐怖心で夜もおちおち眠れず、火災も心配で家財道具を避難させる家もあったという。

争議の収拾と町民の反応

死者・負傷者を出すに至るまで激化した東洋時計上尾工場争議を解決する為、昭和二十一年十二月十六日、埼玉県労働委員会は、労働関係調整法による斡旋を決定し、東洋時計上尾工場争議特別委員会を設置した。翌十七日には、上尾町役場で初の地労委が開催されるが、産別側(分会)がこれは単に県の問題ではなく中央労働委員会で扱うべきであるとして、地労委の調停は一蹴されてしまう。

争議の収拾は、遅々として方向づけないまま八〇日余りの日時が費やされていた。

地労委では、委員長を柳田謙十郎とする東洋時計争議調停委員会を編成し、昭和二十二年二月十八日には勧告書と調停案が会社側と分会側の双方に提示された。その結果、四月二十二日に、会社、上尾分会、連合会の三者と覚書を交わし、六か月にわたる争議の幕を閉じた。

この覚書の内容は①上尾分会側幹部は依願退職し総同盟東洋時計労働組合連合会に復帰すること。②会社は上尾分会に「総括金八〇万円」を支払うこと。③上尾分会は争議状態を解除し、女子寮を四月二十四日までに計器部品とともに会社側に引き渡すことなどであった。

昭和二十二年四月二十四日付埼玉新聞は、「論壇　東洋時計争議の教訓」という記事でこの争議を次のように期している。

争議は半年の長期にわたり、しかも単なる労使間の争議でなく、産別と総同盟の深刻な思想的・政治的対立を反映し、多数の犠牲を出し剰え生産管理の法令上の是非問題まで派生するという実に複雑な大争議となったが、遂に二十二日を以て最終解決日となった。

顧みて争議を指導した産別系及び対立抗争した総同盟並びに会社側いずれにも、いろいろの意味で貴重な体験を積んだ。

特に産別系は、十月攻勢の波にのって東洋時計を闘争にかりこんだが、爾来二・一ストの結末が示すように結果においては全国民から批判されて、争議そのものも不利の形勢から免れることが出来なくなった。少数者による独善的な指導が到底民主主義と相容されるものではない事は、マ元帥の明示した通りである。同時に総同盟系もスト派の果敢すぎる行動に、最初甚だしく引きずられ、最後には反発し得たとしても、今後の労働運動指導上に大きな反省資料となった。・・・かれこれ総合して今後の争議は、全産別系・全総同盟系の各労働団体に多くの示唆と教訓を与え、また資本家に対しても貴重な試金石となった。・・・

県労働委員会にも、その周到で粘り強い調停の労に敬意を表する・・・その過程では反省する点ある。

最後に軍政部の助言に感謝したい。たえず地労委を激励し、調停を促進された好意は各当事者は無論のこと、県内勤労大衆にとっても永く忘れ得ないところである。」と論じている。

これは、一つの争議に対する穏当な世相を反映する見方と考えられる。また、「新編埼玉県史　通史編7」は、この争議について総同盟側(連合会)は「赤色労働組合主義と健全なる労働組合主義の衝突」ととらえ、従組分会側の埼玉産別は「その急進的な方針を採用したことに深刻な自己批判を行った」と総括している。

東洋時計整理対策協議

昭和二十三年十一月以来経営不振で工員八〇〇名の給料遅配は千二百万円に上がっているので、同従業員組合と会社側が経営協議会を開いた結果、日野(六〇〇名)片足(四十名)工機(四十名)の三工場を閉鎖することに決まる。片足、工機の人員を上尾工場に吸収する方針。現在までの上尾本工場の経営状態は黒字で賃金遅配は他工場との均衡から遅れているもので同工場は争議以来共産分子を排し労使一本となり生産向上につとめてきたもの。

昭和二十五年四月東洋時計診療所を町に売却

給料の遅配が県下各地で続出している折から東洋時計上尾工場労組ではこのほど診療所を三〇〇万円で町に売却、これを給料の未払い分にあてた。同労組では未払い給料三ケ月分の解消と独立採算制を目標にさる二月五日から償還に入っているが、その際会社側から未払い給料の引き当てにと提供されたのが診療所で、組合では欲しいのは現金であって建物をもらっても仕方ないという空気が強かったがせっぱつまって町に身売り話をもちかけた。

町でも二階建てコンクリート一九〇坪の堂々した病院であり、しかも組合員七〇〇名の内半数以上尾町の居住者であることから買収に応じ、現金を組合側に渡した。組合側ではただちに取高に応じて（組合員一人当たり平均三〇〇〇円）配分苦境を脱した。

戦後体制の変容と労働界

米・ソの冷戦下にあって右傾化する占領政策によって、労働界は厳しい現実を迎えることになる。

昭和二十二年の二・一ストを契機に、占領軍の対日政策は民主化路線から反共路線と転換したのである。

昭和二十三年七月には、公務員の団体交渉権が規制され、二十四年五月に行政機関職員定員法が公布されて、二八万五〇〇〇人余の行政整理が行われた。こうした中で、昭和二十三年四月、埼玉県内の官公庁労組によって埼玉県官公庁労働組合協議会（三万一〇〇〇人）が結成された。昭和二十五年に入ると六月に朝鮮戦争がはじまり、左翼ことに共産党への弾圧（レッドパージ）がはじまり、戦闘的な活動家（産業系労組）を一掃しようとしていた。

上尾市域においても、厳しい労働界にあって付図、表２－50が示すように昭和二十三年には公務員の組織化が相次いだ。この中には、十二月に結成された教職員団体である埼玉県教職員組合上尾桶川支部の他大石村役場、大谷村役場、原市町役場などの職員組合もふくまれている。一方、日本共産党員や戦闘的な組合活動家を排除する目的でレッドパージが行われる中、対日講和条約締結後、初めて行われた昭和二十七年五月の埼玉県中央メーデーは、「破防法絶対反対」「吉田反動内閣打倒」「県労働会館予算復活要求」「警察の組合への不当干渉排撃」などのスローガンのもとで開催された上尾地区大会は、新東洋時計上尾工場で七団体約一〇〇〇名が参加して行われ、上尾町長ほか十一ヶ町村長に減税の決議文を提出した。

また、この勢いをかって 昭和二十七年八月には「横浜ゴム」を事務局にして四団体（横浜ゴム労組、東洋時計工業労組、昭和産業労組、東洋時計伸銅労組）が上尾地区労組協議会（地区労協、五十九名）を結成し、先にみた県労評創立にそなえるのだった。次いでこの地区労協は二十八年六月、下里町政にたいして住民税の減税、予算編成、町道拡張工事などを例に挙げて抗議し、町政の刷新を訴えてゆくのであった

安保闘争へ向かう労働界

昭和三十年代となると「もはや戦後ではない」ともいわれ、三町三か村が合併し新上尾町が誕生。中央では自民党と社会党の内部合同がなり、「五十五年体制」のバラ色ムードがただよっていた。そして、昭和三十三年（一九五八）七月には、上尾市が誕生する。

昭和三十一年から県労評は総評の路線に沿って政治闘争を重視した運動方針から春季闘争（春闘）方式の経済闘争中心とした運動方針に転換、その成果は折からの神武景気（昭和三十二年）に支えられて徐々に出はじめていた。新たな動向のなかで総同盟県連は、埼玉県労働組合協議会（埼労協）などと共に、昭和二十九年四月結成された全日本労働組合会議（全労）と共調路線をとる新組織の結成に乗り出していた。そして昭和三十二年八月二十日、浦和市労働会館において、埼玉県民間産業労働組合会議（民労会議）の結成大会が開かれた。民労会議は約三万人の組織で、官公労が中心である県労評の闘争重点主義に対抗し、埼玉県内の右派系労組の中心となるのだった（『県史通史編7』六二四上（二六P）。

上尾市では、昭和三十四年十二月に、地区労協が中心となり民主社会主義新党結成準備会を上尾市文化会館で開催し（『市史第五巻』二〇八）、昭和三十五年二月には民社党県連が結成された（『県史資料編20』三八三）。昭和三十五年の上尾地区労協の趨勢は

（正式加盟は七団体、二〇八三名）、民労会議系一〇、県労評系四、中立系一で、民労会議派が主流となっていた（表２－51）。そして、この民労会議派は、社会党から右派が分裂して結成した民社党の支援団体となり、昭和三十八年一月に執行された上尾市長選挙では、民社党系の斎藤一布の当選に大きな役割を果たすことになった。

そして、この体制で三十三年秋からの日本教職員組合による勤務評定阻止統一闘争・警職法反対闘争を経て、昭三十五年六月の史上空前の大衆行動となる安保闘争へ向けられていった。上尾市においても安保闘争はさることながら、昭和三十四年九月に勤務評定阻止統一行動として、市内の小・中学校で一斉早退（授業打切り）が行われたり（「市史第五巻」五四六）、昭和三十六年十月に行われた学力テストの際に混乱が見られた（『市史第五巻』五四九・五五〇）。

地方労働委員会の活動

これまで、東洋時計上尾争議後の上尾における労働運動を、県下の情勢を踏まえて記述してきた。ここでは、戦後しばしば繰り返されてきた市域の労働争議（『市史第五巻』六八五・六八六ほか）のうち、県労働委員会（二十一年三月創設）にもちこまれた市域の事例を一括して表２－52に一覧化、社会的な背景や景気の好・不景を反映して労使紛争が市域では、どのようなものであったかを、総括して垣間見ることにしたのである。地方労働委員会の業務は、労働組合の資格審査や不当労働行為の審査などの判定的機能と、労働争議に対する斡旋・調停・仲裁などの調整的機能に大別される。

埼玉県地方労働委員会の昭和二十一年（一九四六）から昭和四十年までに行った調整件数は五二五件で、一年平均二六件である。こうした中で、昭和三十四年が六〇件、昭和三十五年が四二件、昭和三十六年が戦後最高の六五件であった。調整区分は、斡旋が五〇四件、調停が二一件で、仲裁は無かった。戦後混乱期には、東洋時計争議にみられるように調整が難航し、斡旋から調停へ進む事例が見られるが、戦後復興期に向かう昭和二十年代後半からは、斡旋で調整されることが多くなっていた。調整の多かった昭和三十六年には、上尾市域でも四件の斡旋があった（『埼玉県地方労働委員会二十年誌』）。あっ旋の背景をみると、昭和三十年ころから徐々に始まる高度経済成長の成果が、三十五年から定着することになり、民衆が長い耐乏生活から生活の豊かさを求めてきたこと、また、安保闘争に向う革新勢力の上潮ムードに支えられて労働運動は盛り上がったが、三十五年六月二十三日の新安保条約の発効を経てから政治闘争はひとまずおいて、所得倍増計画の路線を目指すようになったことが挙げられよう。そして、経済繁栄のなかで、昭和三十九年十月の東京オリンピックを迎えるのだった。

1－164　昭和12年の市域主要工場（昭和12年12月末現在）

工場名	所在地	工場主氏名等	事業開始年	主要事業	主たる生産品
吉田農具製作所	向山一一	吉田為次郎	嘉永年中	農業用機械器具製造	農具
八木泉酒造場	原市一、一二三	八木賢一	安政六・四	和酒醸造	清酒
鈴木酒造場	上尾宿一、〇八〇－一	鈴木銀三	明治一〇・二	同	同
八木酒造場	原市一、〇九二－一	八木清作	明治一三・一〇	同	同
㈱石倉醤油醸造工場	平方二、六七八	石倉又左衛門	明治一七・一	醤油醸造	醤油
笹川酒造場	上尾宿一九三	笹川栄吉	明治二〇・一一	和酒醸造	清酒
北西酒造合名会社	上尾宿三九九	北西隆蔵	明治二七・一一	同	同
永島味噌製造場	平方九〇五	永島荘次	大正元・一	味噌醸造	味噌
遠山煎餅工場	上尾村四三	遠山倉之輔	大正一二・六	菓子製造	煎餅（生地）
桜井醤油醸造所	堤崎四四	桜井幸一	大正一三・二	醤油醸造	醤油
小林酒造工場	上尾宿二七五－二	小林伊次郎	大正一三・九	和酒醸造	清酒
斎藤工場	上尾宿二八六	斎藤定吉	大正一三・一一	玩具（金属）製造	玩具汽車同電車
細井三保漬製造工場	上尾宿五九－二	細井宮司	大正一五・二	其ノ他ノ食料品	三保の漬
野口製材工場	井戸木四六八	野口米助	大正一五・三	製材工業	板・角・貫
岡田石材合資会社	上尾宿四五	岡田茂三郎	昭和三・四	石工品製造	石碑
東洋時計㈱第二工場	柏座六八五	東洋時計㈱	昭和七・八	其ノ他ノ時計製造	時計器械・時計枠
武藤製糸場	上尾宿三一七	武藤三郎	昭和一一・二	生糸製糸	生糸

埼玉県総務部統計課『埼玉県工場通覧』により作成

井戸木（大石地区）を探る

高松　克和

農業

井戸木地区は大宮台地にあり、全般的に平坦な地域であるため、水利が悪く、稲作には不適であった。

昭和時代には「中仙道の麦」といわれるように、麦、サツマイモが主要作物であった。特にサツマイモは質も味もよく、広範囲に出荷されていた。ただし、麦、サツマイモ以外にもあらゆる作物栽培に挑戦していたと思われる。

ちなみに明治十年の「第一回内国勧業博覧会」が上野公園で開催され、井戸木の市川兵衛さんが「紅花」を出品した記録が残っている。この博覧会は全国規模のものであった。

明治二十二年には、野口茂三郎さんが埼玉県製茶審査会普通製茶の部で十八位になっている。

井戸木の茶畑は昭和二十年代頃まではいたるところでみられた。勿論子供たちも「茶摘み」に駆り出された。自家製の茶は香りもよく、味も良かったことを今でも記憶している。お茶の花は小さく、白く、淡い香りのする清楚な花であった。その花の蜜はとてもあまかった。

明治二十三年「第三回内国勧業博覧会」に野口粋吉さんが「陸稲（おかぼ）」を出品している。粋吉さんは、大正三年大石村井戸木養蚕組合を創立させている。これは大石村全体の組合に先駆けて井戸木単独の組合であった。その時の井戸木の組合員は二十軒であった。養蚕は桑摘みが大変であった。そして、蚕が成長するにつれて人間の「住み家」まで奪い取られるように思われた。どのヘヤも雨が「サラサラ」降る音がした。これは蚕が一斉に桑を食うためめ音であった。蚕は寒くなれば練炭に火をつけ、ヘヤは暖められ、「オカイコサマ」「オコサマ」として大事に育てられた。それほどに「マユ」は大事な商品となっていたのである。「コ」は子供の「子」に通じ、子供と同じくらい大切にされたことを表わしている。

昭和二十年頃にはタバコ栽培の農家や、一～三頭ぐらいの乳牛を飼育する家が出てきた。

昭和四十年代には陸稲に代わって、陸田が盛んになった。陸田は地下水を自家用ポンプで汲み上げて水田と同じようにした。干害を避けることは出来たが、それ程おいしい米ではなかった。

子供の頃（昭和十年～二十年代）

落葉掻き

畑に頼る井戸木地区では大量の堆肥をつくった。材料は麦藁であり、落葉であった。そのため、いたる所に雑木林があった。この雑木林のことを「ヤマ」とよんでいた。目の粗い大きなカゴに落葉を掻き集める手伝いをさせられた。「チャウケ」と呼ばれるおやつの時、落葉の上に寝転んで風の音を聞いたことや梢と梢との間に見えた澄み切った青空のこと、落葉の中に潜り込むと、とっても暖かかつこと、カサカサと鳴る落葉など、忘られない思い出でもあった。

「武蔵野の面影」それは、麦やサツマイモの栽培には欠かせない肥料のモトであり、カマドで煮炊きしたり、風呂を沸かす「薪」を採るための貴重な林であった。そのため、「ヤマ」は個人所有よりも共有地（入会地）としていた。

明治以降、共有地の仕組みが崩れ有力な農民の手に入った。

北風と屋敷林

冬の乾いた北西の風（冬の季節風）は畑の土を舞いあげ日中でさえ薄暗くなることがあった。この土埃は外の洗濯物を茶色にしたり、紙と藁と木で出来ているといわれた藁葺き屋根の家の中にも入り込み畳がざらざらする程であった秋に播いた小麦や麦の芽は強い風に飛ばされないように麦踏みをした。麦踏みは若い麦の芽の成長を遅らせるためとか、より多くぶんけつさせるためとも言われていた。

また、冬の季節風はそれぞれの農家の北側に屋敷森（防風林）を作らせた。井戸木地区にはまだ屋敷森の名残りを見るとができる。屋敷森の樹木で多かったのはカシの木、スギ、ケヤキ、竹などであった。特にケヤキはおいしい井戸水をつくるというので、どこの農家にもあったように思う。この屋敷森の陽の当たる南側には、樹木と樹木との間に竹竿を渡して、稲藁を積み重ねて藁垣をつくった。藁垣の前にムシロを敷くとヒナタぼッコには格好の場所となった。

オバアチャンは編み物や着物の繕いをした。オカアチャンは、切り干しダイコンをつくったりした。そして、いつも、隣り近所のオバさんたちと白菜やタクアンなどの漬物でお茶を飲んだり、世間話を楽しんでいた。同じムシロの上では子供たちがママゴト遊びやアヤトリをしていた。

一番のスミッコではオトウチャンが俵編みやサンダワシ(俵の両端のフタ)を作っていた。ワラ垣、日だまり、ムシロ、そして手ぬぐいをかぶったオバアチャンの姿、それは、あの頃の「温かぁ～い冬」の風景であった。※埼玉県の木はケヤキであり、上尾市の木はカシの木である。

鴨川について

鴨川の歴史

鴨川の生い立ちについては旧入間川の変遷とともに見ることが出来ます。入間川の最も古い河道の上尾市平方より下流は蕨、鳩ヶ谷を経て、三郷で古利根川に合流しており、現在の荒川の河道よりも東方に位置していたといわれます。

慶長元年（1596）に関東地方に発生した大洪水を契機に入間川の乱流を整理するために、伊奈備前守忠次によって大宮市土屋に堤防を築き、入間川に河道を現在の荒川本流にまとめました。

この堤防によって鴨川は古い入間川（現在の荒川）から独立、その水源を上尾市中妻と上尾市地頭方に発し、大宮台地の西部を流下し、大宮市日進・三橋地内を経て浦和市下大久保地内で荒川に流入する現在の流れに近いものになったと思われます。

ちなみに鴨川の名前の由来には諸説がありますが、最も定からしい説は現在の大宮市別所町・奈良町あたりは旧地名を「加茂宮」といい、ここを流れる川なので「加茂川」と呼ばれるようになったとのことです。しかし、なぜ「加茂」の字が「鴨」のなったのかは不明です。

（大宮土木事務所治水第一課発行「鴨川の治水と環境」より）

鴨川の源流

鴨川の源流は定かではないが、現在の桶川駅西口住宅都市整備公団の団地一帯は昔大小の沼があり、「沼田谷・ぬたのや」と呼ばれた。鴨川の水源としては一番近いと思われる。「武蔵国郡村誌」では、鴨川水源として、「深さ八寸より二尺、幅四尺より六尺、北方の桶川宿の字若宮南より来たりて東端を曲流し、町谷村・中妻村を出入りして東南中妻村に入る長さ十三町二十六間。小石三、土橋二を架かる。」というような記録が残っている。この鴨川は井戸木1丁目と桶川との境を流れながら、中妻の栗原山（クリバラヤマ）沿いを南に流れていた。

そして、大石北小学校付近で3丁目方面から流れてくる鴨川と合流していた。また、井戸木3丁目方面の鴨川についての「武蔵国群村誌」では悪水溝として小泉村との境となり、東南に流れて行き、長さは1・3町48間であったと記されている。悪水とは汚い水というより利用の出来ない水、または必要ない水、雨水など流れるための「堀」で上流では水はほとんどなかった。3丁目方面この鴨川については昭和初期あたりまでは、砂利道の県道であった川越街道の下に子供が立って歩けるのコンクリート管が通してあり、桶川方面の溜り水が流れていた。

記憶の中では、当時の川越街道は畑や民家よりも高い位置にあった。川越県道を越えると溝があり、溝の北側には土手があった。また、川越県道南の斜面も冬は暖かくよい遊び場であった。県道や土手の斜面を転がって遊ぶこともできた。（下日出谷寄り）昭和20年頃の子供時代、井戸木と小泉（現・泉台）の境に土橋米屋があった。そのすぐ東に小さなコングリートの橋があったり、砂利道の川越県道の下の土管の中を歩きながらザリガニなどをとった記憶がある。石橋をくぐり抜けると下日出谷であると信じ、井戸木村とは思わなかった。その辺りが鴨川の源流に近いという話が多い。1丁目、3丁目の鴨川は現大石北小学校辺りで合流して、現在の流れとほぼ同じである。

雨が降った後は、井戸木3丁目辺りまでの小川になっている細い鴨川でも、子供の腿くらいの深さになり、コブナが上ってきた。現在の大石中、大石北小辺りになると川幅が3～4m位はあった。広い所は、大宮ゴルフコースのクラブハウスの所のT字路を大石北小に向かって下りてくると田圃が続き鴨川の川幅が急に広くなった。10M位はあったように思う。そこには土橋が　架かっていた。（支流があったように思う）現在の場所でいえば、鴨川中央公園辺りではないかと思う。この場所は魚釣りの場所でもあった。

鴨川やその流域の田圃で遊んだこと　（昭和二十年頃）

北小、大石中辺りは水が枯れる事無く流れていた。岸辺には葦が生えていた。大石中より下流に現在でも見られるような生え方をしていた。勿論、魚釣りをしたり水遊びや泳いだりもした。

鴨川の流域は田圃があった。田圃のまわりには小さな溜め池があった。溜め池にはコブナやドジョウ、タナゴがいた。夏、川や田圃にはタニシやエビガニ（ザリガニのことをエビガニと呼んでいた）がたくさんいた。バケツを持ってタニシやエビガニとりをした。バケツ一杯ぐらいは簡単にとれた。とったタニシは茹でてからタニシ味噌にして食べた。タニシ味噌は生臭く（泥臭く）感じたので、子供はあまり食べなかったのではないかと思いう　エビガニも茹でて、尻尾の肉を食べた。これは大変うまかった。

秋の終わりごろや春先には水のなくなった田圃でドジョウ掘をした。そのドジョウも煮て食べた。これもうまかった。

秋の終わりから冬にかけて、溜め池の水はよく澄んでいたので、池の底まで見えた。小魚が泳いでいる姿をじっとしゃがんで、飽きもせず眺めていたことが思い出される。

中学生くらいになると、鴨川よりも藤波の「荒沢」の方で遊んだ。「荒沢」には「江川」が流れていた。鴨川よりも川幅があった。シジミなどもよくとれた。夏になると、大人たちも、水の増えた江川や大きな溜め池でポッカン釣りをした。物干し竿みたいな竹竿で、生きたカエルやドバミミズ（ウタウタミミズといった）を釣り針にさして。水面をポッカン、ポッツカンと踊らせていると、ライギョ（雷魚カレムルチサ）が水中より飛び上がづて､餌に食い付いてきた。雷魚もてんぷらにしたら、うまかったような気がした。

井戸木の生活など

家屋

草屋根が中心だったが現在は井戸木地区には見当らない。

草葺屋根の材料は萱（平地林にあるススキのこと）を中心にしたが、貧しい農家では小麦藁を大量に使った。（小麦藁は腐りが早いので屋根が長持ちしない。）草葺屋根は天井が高く。夏はとっても涼しいが冬は寒かったように覚えている。

夏寝ていると、青大将（蛇）が天井から落ちてきたとかいう話も時々耳にしたこともあった。これは青大将が鼠を食べるために天井にいたのだという。

農家の家は母屋以外に物置が2つ位あった。物置のことをキゴヤと呼んでいた。また、小麦や豆類などを筵に干さなければならな

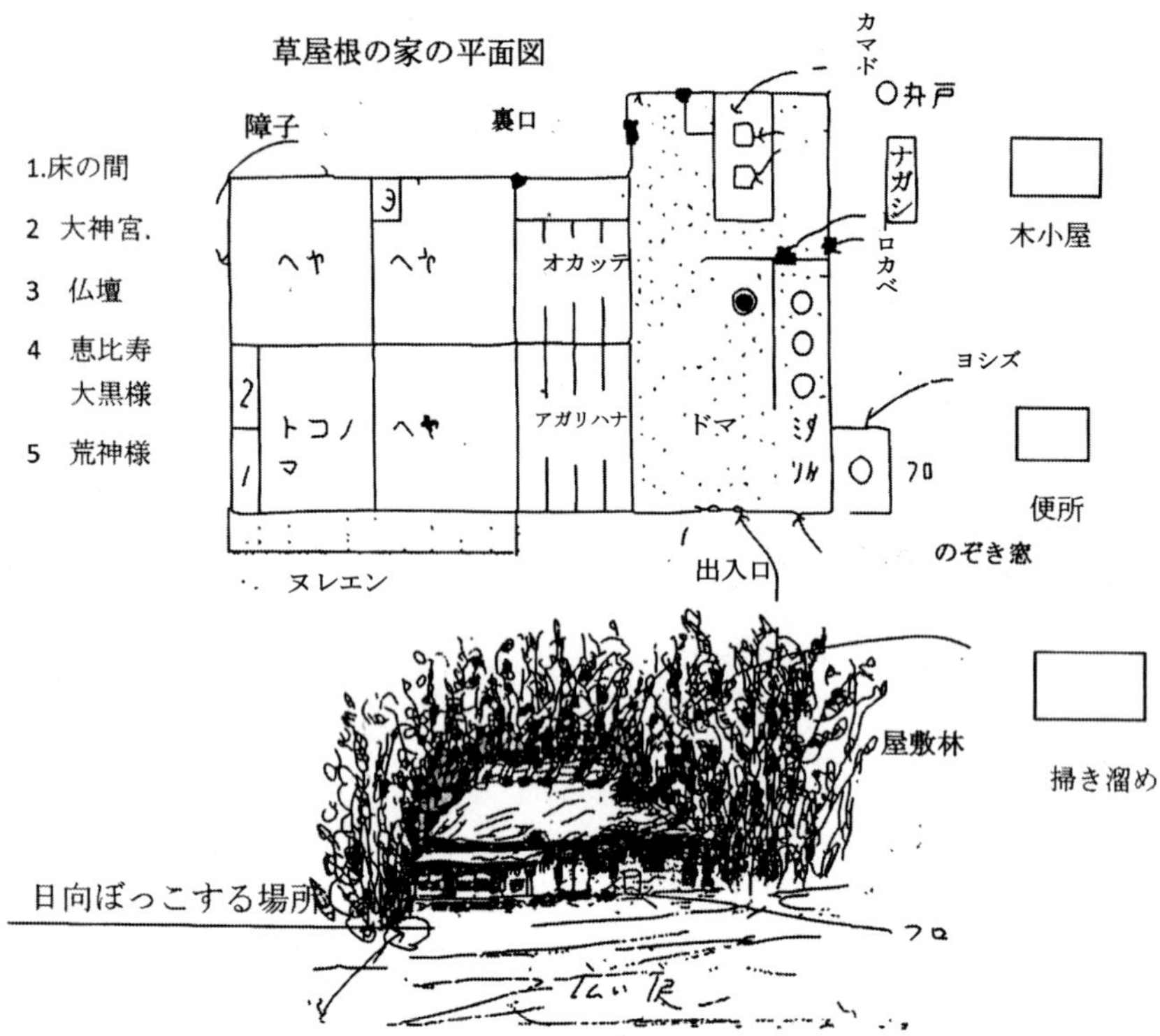

4

かったためで、庭は広かった。子供が遊ぶには都合がよかった。

便所や風呂は外にあったので、やだった。便所が外にあったのは、用をたしに必ず外へ出て、明日の天気を読み取るためであった。風の吹いてる方向・気温・朝焼け・夕焼け・秩父の山がはっきり見える・汽車の音が良く聞こえるなど、便所に行きながら確め、明日の農作業を考えたといわれていた。

村の年中行事

オショウジンコウ（お精進講）

春の忙しくなる前。麦の片付いた後、麦まきの後など1年の内、数回行われていた。オショウジンの当番は2軒1組で、その組が終わると次の組と交替する。2軒の内どちらかがヤド、片方は手伝いとなり、前日に当番は米を集めてまわり、昼夜2食を共にする。参加するのは男達で、その家の世帯主であった。オショウジンコウは酒を呑み、日頃は食べられない「米のメシ」がたべられ、男達の骨休めであり、親睦の場であったように思われる。

オショウジンは本来「精進」することである。ただひたすら仏道修業に励むことであり、心身を清め、肉食を断つことであった。

精進は梵字ビールヤの訳であり、毘梨耶（毘離耶）と音写し、精勤などとも訳されいる。一定期間、精進（世俗から離れる）して、それが明けると「精進落し」をする。庶民の生活にその部分のみが入ってきたと思われる。ちなみに、他地区ではトコノマに掛け軸をかけて、オショウジンをしてたという。井戸木地区は4地区（前・後・谷・東）に別れておこなわれていたという。

オトキ（お斎）

年寄の男女が参加するものであった。オトキは念仏を習うものであったが、年寄が集まって飲み食いする楽しみも有った。

天神講

学校へ通っている通学班の子供たちが、班長を中心にして、各家庭から米などを貰いにいき、集めた米でヤド家の人にカテメシ(混ぜご飯)を作ってもらった。カテメシの中のアブラアゲがうまかったことを今でも覚えている。楽しい一日だった。この頃は、アブラアゲとトウフは最高の食物であったように思われる。

正月　期間　2月1日～2月16日

カマジメ　正月を前にして飾り直す.

お札・大神宮。ヘイソク・大神宮1。井戸神1。恵比寿・大黒各1。荒神3。　元日から七草までがお正月らしくしていた．ただし、雑煮は餅が無くなるまで作っていた（2月20日頃まで）

小豆粥

小豆粥2月15日（2月15日は小正月といった）は小豆粥をたべる．小豆と米を一緒に煮て、出来上がる直前にヒモカワウドンをいれ塩で味付けをする。2月14日にマユダマダンゴ（繭玉団子）を作る．そのダンゴも小豆粥の中に入れたりもした．（普通はかたくなったダンゴを醤油で煮て食べた）

節分

豆撒きをする。大豆を炒ったあと、鰯の頭に串をさして焼く。焼きながら、「麦にたかる虫の口を焼く」そして、唾を2回かけて焼く。「大根にたかる虫の口を焼く」「菜っ葉にたかる虫の口を焼く」とまじないをかけた。豆は大神宮様からおろして、雨戸一枚だけあけて「福は内、鬼は外」といいながら撒いた。特別な家は福は内。鬼は内」という家もあった。

初午

三月に入って最初の午の日を初午と言う。この日は稲荷様の祭りで、シミヅカリ(大根・大豆・鮭の頭などを一緒に煮た。冷たくなったものは美味い)と赤飯(オコワという)を氏神さまに供えた。

彼岸　現在と同じ

雛の節句　4月3・4日は女の節句で桃の節句ともいった。桶川の雛市は盛んであった。中山道に市がたった。「寅さん」みたいな香具師がたくさんいて、その口上が楽しかった。

浅間様（センゲンサマ）

7月1日。この朝小麦饅頭を作った。（これが朝食）。井戸木では三日尻家にあるセンゲンサマのところに屋台店が並んで楽しかった。※井戸木の祭りみたいに感じたのはこれだけ。

七夕

8月7日が七夕。前日に竹飾りをした。短冊は子供が作る。短冊の文字は今と同じ。ただ、書く短冊の墨は里芋の葉っぱにたまっている朝露をあつめた。

真菰の馬を2匹作って竹飾りの・そばに物干し竿を置き、その上に向い合わせて飾っだ。仏様がお盆様にあの世から来る時に乗る馬であった。七夕様の日は朝小麦饅頭をつくった（朝食）

お盆様　8月13日～15日）

12日に盆棚をつくる。　盆棚はザシキの角に、東向きに作った。棚は雨戸一枚を使い、ゴザを敷く。棚の台は一斗樽を使った。四隅に新竹を立てる。竹を立てた上方に縄を張りめぐらし、色紙やホオヅキを吊るす。

盆棚が出来上がると。　阿弥陀様の掛軸をかけたり、位牌を並べる。線香を立て置く。提灯は張り巡らされた縄に掛けておくお供え物は、かぼちゃ・すいか・さつま・きゅうりなど盆頃に取れたの。

13日　迎え盆　線香・提灯・水・米(洗米ーオサゴという)を持っていく。提灯に明かりを入れて消さないようして帰る。

トウカンヤ

十一月十日夕方になると、子供たちが藁鉄砲を持ち寄って、庭や畑のまわりを叩いた。叩く時には「十日夜、十日夜、十日のボタモチ生でもいい」という掛け声をだした。特に大根畑で叩けといわれた。そうすると、「モグラが驚いて逃げ出す」とか「大根浮き出る」大根は成長すると畑から浮き出る」藁鉄砲がよい音がでるように芯（中）にはイモガラを入れてから藁を強く巻いた

この日の夜はボタモチを作った。十一月十日頃は麦播きも終わり

ご苦労さんという意味もあるが、麦畑を鼠に荒らされない（潜られない）ために、「デッカイ（大きい）ボタモチを作れ」といわれた。このことをアナップサゲ（穴をうめる）といった。本来は十日夜とアナップサゲ（ゲ＝ギ）は別の日である。

恵比寿講

11月20日　働いていた恵比寿様が帰って来る日だという。この日は恵比寿大黒様を棚から出して、ザシキのチャプダイ（和式食卓）上に並べ二膳お供えをする。供えるものは、けんちん汁・おかしら付の魚（さんま）・漬物・ご飯（恵比寿盛りといって山盛り）恵比寿講ということばは聞くがあんまり記憶にない。

デイシゲエ（大師粥＝ダイシガユ）

11月24日夜、いろいろな神様に小豆粥を供えた。家の人が食べる時に、吹いて食べると、稲の穂が落ちるといい、熱くても我慢して食べなければならなかった。

冬至

暦通り12月に行った。柚子湯に入る。冬至唐茄子（かぼちゃ）を食べる。柚子湯は体を温め、冷めにくいとされ、カボチャを食べると、カゼをひかないといわれた。

畑作と村の行事のないこと

井戸木地区には豪農と思われる有力な農民は存在しなかった。それは江戸に近かったこと、天領であったことなど考えられるが最も大きな原因としては広大な水田地帯ではなく、畑作地帯であったことがあげられるような気がする。江戸時代の貨幣経済は急速に発展しつつあったが「米」は経済の中心であり、米の値段の操作に苦心していた。「新田」の開発、「米将軍」などの用語がある。豊作、凶作は農民達ちの力量が試される機会でもあった。力を蓄えつつある農民は、年貢等に難渋している農民の土地を質地として預かったり買い取ったりしながら力をつけていくことができたが、井戸木地区には大ぎな格差を生じさせる条件が存在しなかったことである。これも、畑作中心であったが故である。

反面、生活は質素なものであり、田植えの終わった夏祭り、稲の収穫後の秋の祭り・豊作を願ったり、お礼の祭りなど村の大きな年中行事を差配する有力者もなかつた。ため、伝承されるものが残っていないのではないかと思われる。

小・中・学.校時代の思い出　（昭二十年代年代前後）

井戸木地区の子供たちは大石小学校へ通った．通学路は「中分ヤマ」の中央を通る井戸木中野林浦和道であつ.だ．現在は大宮ゴルフ場に挟まれた狭い道路があるがほぼ同じ道である。

小学一年生になって、初めて学校へ行く時は「仲間入り」といって、一緒に行く近所の上級生全員(七、八人)に母親が鉛筆か帳面を一人一人に渡しお願いした。それをもらう二年生以上の子はとっても嬉しかったし、責任も感じた。あの頃の上級生は気が利いていて面倒見が良かったような気がした。

井戸木の子供達にとって学校はとっても遠いことところであったように思われた。井戸木で桶川寄りの子供は.3km以上はあった。低学年時では自分の家にたどり着くと同時に「ゴロン」と横になりたくなる程疲れた。

終戦直前まで、小学校の校舎の一部にたくさんの兵隊さんが寝泊りしていた。その頃からどこの家にもシラミが発生した。授業中背中のほうでむずむず動きだされると、体を振ったりしても何の効き目もなく、地獄の責め苦を受けているように感じた。兵隊さんがシラミを持ってきたのだといわれた。

いつごろか記憶は定かでないが、シラミ退治のため、女の子は髪の毛にD・D・Tをふりかけられた。子供も先生も（多分）下着やパンツ（さるまた）の中まで吹き込まれた。しかし、その後、数年経ってもシラミは消えなかった。DDTで利かなかったので、BHCという強力な殺虫剤も出た。現在はそれらは人体に影響があるというので製造禁止になっている。

・終戦直後、脱脂粉乳が給食に出た。その脱脂粉乳を煮る時、ニンジンなどの野菜をいれた。とても飲めるものではなかった。それを窓からヒョイと捨てたら先生に見つかって殴られたこともあった。

・この頃は、まだ新制中学校が無かったので、校舎の裏側には大きな校庭があった。その校庭もサツマイモ畑になり、イモのつる（葉柄）は佃煮にして食べた。まずかったという記憶はない。都会からの「買い出し」はこの頃盛んであった。いわゆる食料難の時代であった。

・弁当には、家で蒸したサツマイモを持っていた。それも持って来られない子は昼になると、こっそり教室を抜け出して、校庭で腹をすかしながら遊んでいた。生のサツマを筵に広げ乾燥させ、粉にして、ダンゴにしてふかしたもの・乾燥イモ・スイトン・押し麦の下にサツマをいれた飯等を食べて、飢えをしのいでいた。

学校の帰りに腹が減ると、夏はドドメ（桑の実）・小さいサツマ芋・トマト・キュウリなどを食べた。秋には柿をとって食べた。みんな、他人の家（よそんち）のである。とられた家の人も子供のやることにあんまり怒りもしなかった。

・家計が苦しかったこの頃。子供はウサギやニワトリを飼っていた。自分で餌にする草を朝晩採ってきて育てていたのに、ある日突然いなくなってしまう。父親が金欲しさに売ってしまうのであった。止む得ないこととは覚悟していたが、とっても悔しく、淋しい瞬間であった。ニワトリの卵はタマゴヤさんが日にちを決めて買いにきてくれた。タマゴでさえも食べさせてもらえない時代であった。

・あの頃の学校には保健室がなかった。養護の先生もいなかったと思う。腹痛、頭痛や指を切った、ぶつかって鼻血をだした、膝を擦り剥いた程度だったので、学校で手当てをしてもらった記憶はない。

・夏（春～秋）は男の子も女の子も裸足であった。学校の昇降口に近いところにはコンクリートで出来た「足洗い場」があった。くるぶしぐらい水が貯めてあって、みんなそこで、足を洗って、教室へ入った。廊下などは濡れた足跡がベタベタついていた。勿論、上履きみたいなものはだれも持って来なかった。

・通学路は土の道と砂利の道であったが足の裏はそれほど痛くはなかった。時々、土の中の大きな石につまづくと、生爪をはがすことがあった。これは泣くほど痛かった。その爪は紫色になり、死んでしまう。

・冬は母親に作ってもらった長ズボンに、やっぱり手製の足袋をはき、下駄で通った。雪が降ると下駄の歯の間に雪が固まり歩きにくかった。軍靴などはいてきた友達もいた。どんなことをしても、学校へ行けば楽しいことがあるように思えた。

・現在の大宮ゴルフコースのあるところは、松林があったり、雑木林が広がったりして今で言う「武蔵野の面影」がはっきり残っていたところであった。

戦後一時、旧日本軍の衣服、毛布、軍靴、防毒マスクなどが保管されていたらしい。被服所とか言われていた。それをアメリカの進駐軍が管理していた。気の利いた人は被服所へこっそり忍び込み、大量に盗み出し換金したという。

井戸木地区の子供は、現在の大宮ゴルフコースの中にある道が通学した道であった。その頃、ゴルフ場がなかったので、平地林のなかを歩いた。正式な道路以外に近道するための「道でない道」が自然に踏み固められた。この道端には秋になるといろいろな花が咲いた。おみなえし・萩・ススキ・カンカンボウ（われもこう）などの秋の七草がとてもきれいだった

・学校の帰りにはその道を通りながら、蜂の巣をとったり、クリを拾ったり、山ブドウをとったりしながら帰った。季節によっては花の蜜を吸ったりもした。お茶の花や椿の花の蜜は特にうまかったように記憶している。

・一人で帰る時は恐かった。乞食に追い掛けられるという話があったり、お化けが本当に出るような気がしたので、急いで山道を抜けようとした。そうすると、なおさら恐さが強くなり、誰かが追いかけてくるような足音が聞こえたりして、急ぎ足がいつのまにか小走りに変わり、恐怖感が最高点に達した時には自分の能力以上の力を出し切って「近道」を通り抜けていた。こんな姿は友達には決して見せられなかった。

・夏休は午前中だけ、班長を中心として一ヶ所に集まって勉強をした。時々先生が見回りにきた。こういう時の先生は怒らなかったので、安心していられた。

遊び

男の子

・ビー玉・星出し、目玉落とし、尺取り・メンコ（ベッタといった）-おこし・釘遊び・将棋・ベーゴマ・陣地遊び（宝とり）・馬乗り・メンコ飛ばし・竹馬・スズメトリ・独楽遊び・パチンコ・石蹴り・鉛筆野球・竹とんぼ・鉛筆戦争・紙飛行機・オハジキ遊び。

女の子

・ゴム跳び・縄跳び・鬼ごっこ・石遊び・鞠つき・カゴメカゴメ・トウリャンセ・羽根つき・数合わせ・ママゴト・オハジキ・草花遊び・アヤトリ・シャボンだま　・指遊び・お手玉・手あわせ

指遊びの歌　例

・ずいずい　ずころばし　ごまみそずい
茶つぽに　追われて　ドッピンション
抜けたら　ドンドコショ
俵の鼠が米食ってチュウ　チュウ　チュウ　チュウ
おっとさんがよんでも　おっかさんがよんでも
行っきこなあーし　井戸のまわりで
お茶わんかいたの　だあーれ

手合せの歌

（小学校の音楽の時間「茶摘み歌」などその代表か？）

、一かけ二かけて　三をかけ　四かけて五かけて　橋をかけ
橋の欄干　手を腰に　はあるか向こうを　眺むれば
十七、八の姉さんが　お花と線香　手に持って
姉さん姉さん　どこ行くの　わあたしや九州　鹿児島へ
切腹なされた　兄さんの　お墓参りにまいります。

お手玉（ナッコといった）の歌

・おしと　おしと　おしとーおとし＝一つ
おふた　おふた　おふたーおふた＝二つ
おみん　おみん　おみんーおみん＝三つ
ひとよせ　なってきな　チョツキン
おひと　さくら　さくら
なってきな　チョツキン

まりつき歌

・あんたがた　どこさ　肥後さ　肥後どこさ（省略）
1げつ（月）談判　破裂して　日露戦争はじまった。

さっさと逃げるは　ロシヤの兵　死んでも尽くす　日本の兵
5万の兵を　ひきつれて　6人残して　皆殺し
7月8日の　戦いで　ハルビンまでも　攻め入って
クロパトキンの　首をとり　東郷元帥　バンバンザイ

数合わせの掛け声

「オトカの鉄砲（の）ダンナサマ　セキ　あててごらん」といって、握った手の中の数をあて合う。夏、大きな樫の木の下の涼しい木陰に縁台を持ち出して、茹でてもらったトウモロコシの粒をもいで、数あわせをした。数が合った人が全部もらえた。また、同じ掛け声であったが、1粒・2粒・3粒の内のどれかを出して戦争をしたこともあった。1は2に負け、2は3に負け、3は1に負けるという約束のもとに数遊びをした。　1つ出して、3つ取れることがあったので、いつも「1」しか出さないケチがいた。（オトカとはキツネのこと）

昔の子供たちは遊びが好きであった。だから遊びにかけては、天才だった。イシコロ1つ、釘1本でも男の子も女の子も仲良く遊んだ。男の遊び・女の遊びと分けられない物も多くあった。男の子でも、オハジキが得意・お手玉が得意という子が沢山いた。

男の子が必ず持っていたものは、コガタナ（小刀＝ナイフ）である。コガタナは遊び道具を作り出すとともに、コガタナが遊び道具であったのかも知れない。　時折、指を切って怪我もするが痛い思いをしながら、コガタナの使い方を覚えて行ったのだと思う。それぞれ、沢山の経験（体験）をしながら、体の痛み、心の痛みをしっかり育てていた。

物の豊かさ、便利さに恵まれた今、心の豊かさを失いつつあると言われているが昔は貧しさがため、たとえ、1匹のサンマでも3人の兄弟で分け合わなければならなかった。切ったサンマの小さい・大きいが気になり、悔しくもあり、嬉しくもあった気持ちが、少しずつ心の豊かさを成長させたように思える

言い伝え・迷信

・ウタウタミミズ（ドバミミズ）に小便をかけると、オチンチンが腫れる。

・蛇を指差すと、その指が腐る。だから、指差したら他の人に切ってもらう。切り方は、両手の親指と親指、人差し指と人差し指を合わせて、輪を作りる。それを相手の手刀で切ってもらう。

・肺病（肺結核）は人に移るから、その家の前は息をしないで、走り抜けた。

・カラスの巣を取ると、バチ（祟り）があたる。カラスは高いところに巣を作る。しかし、攻撃してくるので、木の上から落ちることもある。落ちると、大怪我をしたり、死ぬこともある。
カラスの鳴き方が悪いと、不幸（人が死ぬ）が起こる。

・体（着物）に着いたシャクトリ虫に百回シャクられると、死んじゃう。

・知っている人が死ぬ時、その人の魂が、夜中に雨戸を叩く。

・妊婦が火事を見ると、赤いアザのついた子が生まれる。

・ウサギ食べると三つ口の子が生まれる。

・渋柿を食うと、ウンチがでなくなる

・蛇の脱け殻を財布の中に入れて置くと、お金がたまる。

・歯が抜けた時、上の歯は縁の下に、下の歯は屋根に投げながら「鬼の歯と取り替えて呉れ」と言う、何処にでも、似通った言い伝えはあった。

井戸木地区で使われていた方言　（上尾地域は大体同じ）

赤っこー赤子。アナッコー穴。イタベッコー板。ハジッコー端。ホリッコー堀。チョチョベッコーちょうちょう。ウチャルー捨てる。チッカルー乗る。シャッポー帽子。オキー火。ダマクラスーだます。ツンダスー突き出す。ヒボー紐。

※名詞では最後にコとかコロをつけた。

タマッコロ。イシッコロ。イヌッコロ。スミッコ　など。

※「ダイ」という発音を「デイ」又は「デー」と発音した。

ダイトコロ（台所）ーデードコロ。ダイコンーデーコン。ダイク（大工）デーク。ダイシガユ（大師ー弘法大師）デーシゲエ。ハンダイー（飯台）ハンデー。

※これらはみんな、江戸っ子の言葉のようにも思われ、落語の熊さん、八つあんが登場すると、こんな言葉が飛びかう。

昭和二十年代は貧しかったが、子供も大人もお互いに肩を寄せあい、いたわりあって一生懸命生きていたように思う。

井戸木（大石地区）

埼玉県上尾市井戸木

第二章　資料編

2　統計・国鉄時刻表・地図・年表

出典

・埼玉県統計書
・上尾市史第7巻通史編下
・上尾市史編さん調査報告書第8集
・統計あげお
・日本国有鉄道時刻表
・地理調査所・国土地理院
・上尾百年史

1. 人口の推移

出典：　昭和年代は埼玉県統計書。平成26年は統計上尾。

年度	平方町	大谷村	大石村	上尾町	上平村	原市町	上尾市域	埼玉県
昭和10	3273	2735	4464	5092	2912	3138	21614	1528854
15	3322	2825	4686	6528	3019	3171	23551	1608039
19	3304	2815	4567	7473	2944	3092	24195	1643932
20	4342	3662	5809	9769	3985	3996	31563	2047090
21	4217	3557	5705	9841	3892	3781	30993	2028553
22	4177	3621	5697	10485	3823	3892	31695	2100453
23	4185	3661	5729	10943	3829	3940	32287	2132221
24	4046	3614	5697	10485	3823	3892	31557	2146342
25	4046	3614	5663	11655	3829	3856	32663	2146342
30	−	−	−	−	−	−	35707	−
平成26	9015	28895	45065	64597	30182	32814	228040	−
	上尾市域人口には団地地区人口17472を含みます。							
	町村名は合併前・合併後は地区を示す							

2. 世帯数の推移

出典：　昭和年代は埼玉県統計書。平成26年は統計

年度	平方町	大谷村	大石村	上尾町	上平村	原市町	上尾市域	
昭和10	581	445	716	988	457	534	3721	
15	567	441	723	1204	450	534	3919	
19								
20								
21								
22	733	595	938	2131	631	683	5711	
23	725	603	936	2234	623	679	5800	
24	682	588	905	2405	623	657	5860	
25	682	588	905	2405	623	657	5860	
30	−	−	−	−	−	−	6428	
平成26	3753	11717	18087	27711	12010	13421	96095	
	上尾市域世態数には団地地区世態数9396を含みます。							

3. 人口密度の推移

出典　昭和年代は埼玉県統計書、平成26年は統計上

地域	平方町	大谷村	大石村	上尾町	上平村	原市町	上尾市域	
面積㎢	5.69	7.16	12.23	7.51	7.67	5.65	45.91	
昭和10	575	382	365	678	380	555	471	
15	584	395	383	869	394	561	513	
19	581	393	373	995	384	547	527	
20	763	511	475	1301	520	707	687	
21	741	497	466	1310	507	669	675	
22	734	506	466	1396	498	689	690	
23	735	511	468	1457	499	697	703	
24	711	505	466	1396	498	689	687	
25	711	505	463	1552	499	682	711	
30	−	−	−	−	−	−	777	

4　住民登録人口　(昭和27年7月1日現在)

—	面積	世帯	人口			一方粁当り人口	一世帯当り人口	25年国調に比し増減
			総数	男	女			
総数	**3 809.6**	**401 506**	**2 179 934**	**1 067 178**	**1 112 756**	**572**	**5.4**	**33 489**
川越市	17.6	10 983	53 731	26 011	27 720	3 053	4.9	911
熊谷市	43.5	13 050	67 097	32 135	34 962	1 542	5.1	1 610
川口市	43.1	23 712	117 644	58 954	58 690	2 730	5.0	6 051
浦和市	36.8	25 939	120 474	59 594	60 880	3 274	4.6	5 455
大宮市	38.8	22 183	106 801	52 720	54 081	2 754	4.8	6 708
行田市	18.9	6 528	32 893	15 645	17 248	1 740	5.0	1 090
秩父市	11.4	6 372	32 248	15 163	17 085	2 829	5.1	738
所沢市	53.2	8 439	43 855	21 736	22 119	824	5.2	1 296
北足立郡	**362.2**	**62 048**	**329 301**	**162 536**	**166 765**	**909**	**5.3**	**8 845**
土合村	10.2	978	5 455	2 644	2 811	535	5.6	13
美笹村	12.3	958	5 412	2 662	2 750	440	5.6	△ 84
戸田町	8.2	2 687	13 646	6 701	6 945	1 664	5.1	919
蕨町	5.0	6 530	31 120	15 269	15 851	6 224	4.8	1 274
谷塚町	5.9	1 415	7 468	3 719	3 749	1 266	5.3	331
草加町	6.3	3 167	15 490	7 708	7 782	2 459	4.9	735
新田村	6.4	510	3 335	1 638	1 697	521	6.5	47
安行村	8.0	720	4 545	2 245	2 300	568	6.3	82
戸塚村	5.5	470	2 784	1 363	1 421	506	5.9	58
大門村	7.3	573	3 532	1 722	1 810	484	6.2	△ 87
野田村	6.6	483	3 025	1 479	1 546	458	6.3	14
片柳村	10.7	787	4 896	2 423	2 473	458	6.2	49
与野町	8.2	6 558	31 129	15 394	15 735	3 796	4.7	2 057
大久保村	10.4	626	3 978	1 985	1 993	383	6.4	20
馬宮村	8.5	667	4 176	2 077	2 099	491	6.3	△ 23
植水村	5.2	598	3 513	1 731	1 782	676	5.9	3
指扇村	10.1	905	5 480	2 753	2 727	543	6.1	39
平方町	5.6	686	4 040	1 987	2 053	721	5.9	△ 6
大谷村	7.1	585	3 607	1 769	1 838	508	6.2	△ 7
大石村	12.0	894	5 676	2 830	2 846	473	6.3	13
上尾町	7.4	2 522	12 477	6 277	6 200	1 686	4.9	812
上平村	7.6	613	3 808	1 877	1 931	501	6.2	△ 21
伊奈村	14.7	1 194	7 269	3 613	3 656	494	6.1	△ 58
加納村	8.2	652	4 063	2 023	2 040	495	6.2	△ 34
桶川町	6.2	2 055	10 461	5 144	5 317	1 687	5.1	158
川田谷村	10.3	841	5 090	2 449	2 641	494	6.1	△ 5
北本宿村	19.5	2 473	13 849	6 906	6 943	710	5.6	392
馬室村	6.7	712	4 294	2 118	2 176	641	6.0	10
常光村	5.3	371	2 437	1 245	1 192	460	6.7	△ 36
鴻巣町	4.3	2 693	13 747	6 629	7 118	3 197	5.1	326
田間宮村	5.6	522	3 147	1 537	1 610	562	6.0	△ 73
箕田村	6.7	628	3 791	1 878	1 913	567	6.0	△ 43
小谷村	4.9	350	2 117	1 085	1 032	432	6.0	△ 49
吹上町	5.4	1 226	6 204	3 035	3 169	1 149	5.1	91
七里村	7.0	628	3 737	1 831	1 906	534	6.0	49
春岡村	6.6	512	3 231	1 593	1 638	490	6.3	7
原市町	5.6	650	3 867	1 935	1 932	691	5.9	11
志木町	3.0	1 461	7 142	3 522	3 620	2 381	4.9	183
大和田町	13.7	1 285	7 006	3 447	3 559	511	5.5	159
朝霞町	10.6	2 458	12 052	6 013	6 039	1 137	4.9	188
大和町	10.8	2 471	11 067	5 317	5 750	1 025	4.5	827
片山村	8.9	803	4 325	2 198	2 127	486	5.4	113
内間木村	7.2	493	2 877	1 370	1 507	400	5.8	56
宗岡村	5.6	483	2 747	1 345	1 402	491	5.7	△ 15
水谷村	4.7	445	2 651	1 304	1 347	564	6.0	2
鳩ヶ谷町	6.2	2 710	13 538	6 746	6 792	2 021	5.0	348

5

昭和25年職業(大分類)男女別14歳以上就業者数

出典：国勢調査

		総数	専門的技術的職業	管理的職業	事務従事者	販売゜業者	農夫採木夫猟師漁夫	採鉱砕石的職業	運輸的職業	特殊技能工生産工程従事者単純労働者	サービス職業	分類不能不詳
平方町	男	1186	31	11	75	37	528	2	190	296	16	0
	女	780	22	1	25	19	654	0	0	42	17	0
大谷村	男	961	21	10	60	23	545	0	10	279	11	2
	女	726	11	0	24	17	630	0	0	38	5	1
大石村	男	1463	29	8	72	51	1032	0	9	241	16	5
	女	1302	16	1	22	20	1202	0	0	32	9	0
上尾町	男	2921	155	95	415	288	459	0	60	1339	84	26
	女	1128	67	0	170	124	466	0	1	202	97	1
上平村	男	1012	25	7	65	21	645	0	11	229	9	0
	女	815	13	1	29	8	726	0	0	31	6	1
原市町	男	1042	33	12	71	69	591	0	13	233	16	4
	女	811	15	0	31	27	677	0	0	48	13	1

.産業別人口

出典：　上尾市統計

区分	昭和30年				平成22年			
	総数	男	女	構成比(%)	総数	男	女	構成比(%)
総数	**16158**	**9440**	**6718**	**100**	**109170**	**64604**	**44566**	**100**
第1次産業	**7496**	**3417**	**4079**	**46.39**	**938**	**559**	**379**	**0.86**
農業	7492	3413	4079	46.37	929	552	377	0.85
林業・狩猟業	2	2	0	0.01	8	6	2	0.01
漁漁水産業	2	2	0	0.01	1	1	0	0
第2次産業	**4232**	**3017**	**1215**	**26.19**	**24346**	**18457**	**5889**	**22.30**
鉱業	12	12	0	0.07	7	6	1	0.01
建設業	502	490	12	3.11	7861	6746	1115	7.20
製造業	3718	2515	1203	23.01	16478	11705	4773	15.09
第3次産業	**4430**	**3006**	**1424**	**27.42**	**83886**	**45588**	**38298**	**76.84**
卸売り・小売り	1505	907	698	9.94	20552	10568	9984	18.83
金融・保険業	181	116	65	1.12	3225	1556	1669	2.95
不動産業					2410	1570	840	2.21
運輸・通信業	1002	939	63	6.20	11225	8632	2593	10.28
電気ガス水道					486	425	61	0.45
サービス業	**1241**	**708**	**533**	**7.68**	**35077**	**16096**	**18981**	**32.13**
公務	399	334	65	2.47	3593	2491	1102	3.29
分類不能	2	2	0	0.01	7318	4250	3068	6.70

6. 農家戸数

年	地区	総数	再掲載				専業兼業別				摘要
			自作	自作兼小作	小作兼自作	小作	総数	専業	農業を主とする兼業	農業を従とする兼業	
昭和16年 埼玉県統計書	全域	2538	531	442	568	997					
	平方町	376	67	59	75	175					
	大谷村	400	103	83	92	122					
	大石村	635	127	142	151	215					
	上尾町	303	47	57	58	141					
	上平村	398	103	38	116	141					
	原市町	426	84	63	76	203					
昭和17年 埼玉県統計書	全域	2502	479	440	568	1015					
	平方町	403	64	67	86	186					
	大谷村	363	89	65	103	106					
	大石村	603	126	125	149	203					
	上尾町	308	49	52	59	148					
	上平村	385	76	66	101	142					
	原市町	440	75	65	70	230					
昭和19年 埼玉県統計書	全域	2510	487	444	574	1005					
	平方町	413	65	70	90	188					
	大谷村	366	95	60	98	113					
	大石村	609	132	130	153	194					
	上尾町	304	50	53	57	144					
	上平村	378	72	65	105	136					
	原市町	440	73	66	71	230					
昭和22年 埼玉県統計書	全域	2980	750	546	600	1084					
	平方町	469	106	74	84	205					
	大谷村	393	161	71	79	82					
	大石村	653	129	150	177	197					
	上尾町	380	99	77	48	156					
	上平村	425	127	83	109	106					
	原市町	660	128	91	103	338					
昭和25年 埼玉県統計書	全域	2751	1400	1042	200	109	2751	1600	608	543	
	平方町	397	175	179	29	14	397	287	49	61	
	大谷村	383	211	140	26	6	383	243	97	43	
	大石村	666	397	228	30	11	666	414	180	72	
	上尾町	396	204	127	39	26	396	152	41	203	
	上平村	438	210	193	21	14	438	259	130	49	
	原市町	471	203	175	55	38	471	245	111	115	
昭和35年 統計上尾	全域	2531					2531	796	981	754	
	上尾地区	290					290	77	126	87	
	平方地区	369					369	120	134	115	
	原市地区	453					453	102	147	204	
	大石地区	637					637	203	298	136	
	上平地区	409					409	144	181	84	
	大谷地区	373					373	150	95	128	
平成22 統計上尾	全域	966					428	96	65	267	専業兼業別の欄の数値は販売農家のみの数
	上尾地区	67					40	4	7	29	
	平方地区	145					58	13	10	35	
	原市地区	91					31	9	5	17	
	大石地区	300					126	25	23	78	
	上平地区	201					102	29	11	62	
	大谷地区	162					71	16	9	46	

(注)　農家総数＝販売農家数＋自給的農家数＝428＋538＝966

7.　耕地面積　（単位　町）

出典：　埼玉県統計書

年	地区	全面積	総数			自作地		小作地	
			総数	田	畑	田	畑	田	畑
昭和14	平方町	565.67	342.1	70.9	271.2				
	大谷村	711.88	403.2	80.7	322.5				
	大石村	1214.02	743.2	120.2	623.0				
	上尾町	746.16	411.8	77.4	334.4				
	上平村	762.29	448.7	75.0	373.7				
	原市町	571.72	378.8	113.2	265.6				
昭和17	平方町	565.67	327.7	66.2	261.5	29.0	128.4	37.2	133.1
	大谷村	711.88	405.4	78.7	326.7	45.7	206.4	33.0	120.3
	大石村	1214.02	745.4	125.8	619.6	70.5	376.8	55.3	242.8
	上尾町	746.16	347.3	65.4	281.9	33.0	140.8	32.4	141.1
	上平村	762.29	486.8	89.9	396.9	39.6	198.4	50.3	198.5
	原市町	571.72	344.6	116.6	228.0	48.4	114.5	68.2	113.5
昭和19	平方町	565.67	304.3	57.4	246.9	26.6	119.7	30.8	127.2
	大谷村	711.88	389.1	74.8	314.3	43.4	196.8	31.4	117.5
	大石村	1214.02	690.4	112.1	578.3	67.5	357.3	44.6	221.0
	上尾町	746.16	319.8	59.7	260.1	31.1	131.5	28.6	128.6
	上平村	762.29	454.3	79.4	374.9	37.2	188.3	42.2	186.6
	原市町	571.72	388.0	114.1	223.9	47.9	112.2	66.2	111.7
昭和20	平方町	565.67	298.7	57.7	241.0	26.6	119.7	30.8	127.2
	大谷村	711.88	362.3	71.8	290.5	43.4	196.8	31.4	117.5
	大石村	1214.02	694.9	108.0	586.9	67.5	357.3	44.6	221.6
	上尾町	746.16	239.2	51.9	187.3	31.1	131.5	28.6	128.6
	上平村	762.29	424.4	73.5	350.9	37.2	188.3	42.2	186.6
	原市町	571.72	327.8	112.6	215.2	47.9	112.2	66.2	111.7
昭和22	平方町	565.67	288.4	58.9	229.5	30.6	126.2	28.3	103.3
	大谷村	711.88	357.6	73.5	284.1	46.9	190.5	26.6	93.6
	大石村	1214.02	625.9	107.3	518.6	66.2	317.1	41.1	201.5
	上尾町	746.16	237.4	49.1	188.3	34.9	107.7	14.2	80.6
	上平村	762.29	420.7	79.1	341.6	48.6	203.0	30.5	138.6
	原市町	571.72	326.7	119.2	207.5	55.4	110.4	63.8	97.1
昭和25	平方町	565.67	300.1	59.3	230.5				
	大谷村	711.88	359.0	74.1	273.1				
	大石村	1214.02	675.4	114.4	470.7				
	上尾町	746.16	285.9	60.9	222.8				
	上平村	762.29	431.6	83.4	343.9				
	原市町	571.72	316.9	117.6	192.6				

耕地面積　（単位アール）

出典：統計上尾

平成22	平方地区	6070		2931	2279				
	大谷地区	6019		938	3666				
	大石地区	14043		2679	9593				
	上尾地区	3947		339	2603				
	上平地区	7806		1468	4840				
	原市地区	2198		831	1071				

（注）　1アールは、約0.01町

8.主要農産物作付面積（町）

出典: 埼玉県統計書

年	地区	米	大麦	小麦	馬鈴薯	甘藷	大豆	小豆	里芋	漬菜	大根	ゴボウ	梅(樹数)	摘要
昭和14	平方町				3.5	65.0	6.6							
	大谷村				44.3	91.0	—							
	大石村				2.5	251.5	6							
	上尾町				3.0	141.0	—							
	上平村				4.5	174.0	—							
	原市町				3.0	140.0	—							
昭和16	平方町	108.5			4.9	74.3	8.5	5.9	13.4	9.5	3.2	1.4	120	
	大谷村	153.2			5.0	117.6	1.4	4.5	15.9	6.5	3.1	1.4	200	
	大石村	210.4			16.0	265.0	3.7	7.5	16.0	2.7	12.8	18.3	1515	
	上尾町	146.2			7.5	141.6	9.2	3.1	12.3	4.2	3.2	1.7	105	
	上平村	167.2			10.5	178.0	1.9	4.9	17.7	3.1	4.4	1.5	650	
	原市町	114.9			3.5	141.8	1.3	6.1	5.4	1.6	3.0	0.8	255	
昭和18	平方町	126.9	109.0	69.7	7.7	74.3	17.4	8.0	15.5	3.8	2.5	2.0	570	
	大谷村	151.4	164.7	81.9	12.1	101.3	6.3	7.8	12.1	2.6	3.1	1.5	345	
	大石村	222.2	301.7	165.4	28.7	210.1	14.6	13.7	20.2	5.1	9.6	3.0	1850	
	上尾町	110.6	159.7	73.4	12.1	121.1	5.9	6.6	15.6	4.9	3.9	2.1	232	
	上平村	165.8	212.0	74.5	29.7	174.3	6.7	7.7	18.0	3.5	5.8	3.6	650	
	原市町	146.6	107.8	101.0	10.0	117.0	6.8	7.8	7.6	4.7	8.5	1.5	120	
昭和21	平方町	72.9	112.9	67.7	12.0	99.9	14.5	6.8	19.5	2.0	1.0	2.8	510	
	大谷村	99.5	161.9	69.9	18.0	159.6	3.8	4.0	7.2	1.0	3.7	2.2	280	
	大石村	122.2	257.9	139.2	34.8	319.0	8.8	0.5	8.1	3.1	8.3	3.0	400	
	上尾町	71.5	106.1	53.6	12.5	116.6	4.2	2.3	7.5	1.5	4.0	2.8		
	上平村	90.2	225.4	63.1	26.2	232.4	5.0	2.0	10.1	5.2	13.5	6.9	550	
	原市町	114.2	80.2	88.1	9.3	124.5	5.6	7.1	3.8	1.5	2.0	1.9		
昭和23	平方町	59.3	125.4	60.7	11.0	95.0	14.2	5.0	20.8	0.8	1.9	4.8	510	
	大谷村	73.5	135.6	69.2	18.2	157.0	8.1	1.5	4.0	1.0	10.0	3.0	280	
	大石村	100.8	258.5	143.6	25.0	292.5	9.8	4.2	7.6	3.0	8.3	3.6	400	
	上尾町	64.2	101.6	56.4	9.1	107.7	10.2	5.0	7.0	3.0	10.0	4.0		
	上平村	78.6	223.2	76.8	14.1	208.9	5.0	5.0	3.4	1.0	20.0	4.0	401	
	原市町	121.4	88.3	90.0	13.3	130.8	7.6	2.5	4.7	1.0	3.0		100	

農産物の概況　平成22年　単位　農家数:戸　面積:ha

出典　統計あげお

農産物	総数		上尾地区		平方地区		原市地区		大石地区		上平地区		大谷地区	
	作付		作付		作付		作付		作付		作付		作付	
	農家数	面積	農家数	面積	農家数	面積	農家数	面積	農家数	面積	農家数	面積	農家数	面積
水稲	119	67	3	3	22	24	15	7	35	16	21	9	23	8
陸稲	33	10	2		1				13	4	11	3	6	2
小麦	7	5			2				3	2	2			
大麦・はだか麦														
馬鈴薯	75	3	10		11		7		20	1	18	1	9	1
甘藷	54	3	4		3		5		18	1	19	1	5	
大根	98		16		6		9		31		18		18	
里芋	89		12		6		9		21		19		22	
白菜	95		15		7		10		28		17		18	
きゆうり	90		14		8		8		29		14		17	
ほうれん草	94		15		8		9		24		18		20	
なす	88		15		6		7		28		15		17	
ネギ	89		12		9		7		28		17		16	

9.養　蚕

出典　埼玉県統計書

年	地区	桑畑(町)	春蚕			夏秋蚕			摘要
			養蚕戸数	収繭高(貫)		養蚕戸数	収繭高(貫)		
				総数	上繭		総数	上繭	
昭和18	平方町	49.7	125	4039	3519	120	4583	3898	桑畑は17年調査
	大谷村	49.4	113	3770	3355	104	3671	3252	
	大石村	115.8	266	9677	8645	253	10925	9408	
	上尾町	13.2	22	484	455	21	643	561	
	上平村	10.1	18	628	558	17	557	495	
	原市町	5.4	12	318	293	9	262	223	
昭和19	平方町	40.6	94	3252	2903	80	2108	1843	桑畑は18年調査
	大谷村	41.1	90	2850	2513	57	1572	1418	
	大石村	107.8	222	7768	6949	269	4833	4366	
	上尾町	7.9	16	414	343	29	265	246	
	上平村	6.3	11	325	299	17	557	495	
	原市町	4.2	8	173	148	9	130	110	
昭和20	平方町	31.1	63	1148	1019	72	797	680	桑畑は19年調査
	大谷村	33.2	55	1237	1057	25	762	666	
	大石村	99.2	111	3546	3205	132	2940	2607	
	上尾町	5.4	8	193	168	8	80	70	
	上平村	2							
	原市町	3.7	4	26	20	2	16	14	
昭和21	埼玉県	15744.3	45976	647682	558321	54977	726882	639375	桑畑は20年調査
	平方町	11.6	14	98	90	48	438	365	
	大谷村	12.5	1	8	7	23	481	365	
	大石村	60.1	52	888	813	180	3762	3505	
	上尾町	1.6	1	10	10	1	14	12	
	上平村	0.1							
	原市町	0.2							
昭和22	埼玉県	15857.5	53203	914719	914719	822142	57451	922431	
	平方町	7.7	30	360	316	35	509	432	
	大谷村	8.5	14	220	204	26	527	451	
	大石村	54.8	125	2666	2491	203	4143	3786	
	上尾町	0.3				1	10	9	
	上平村								
昭和23	平方町	7.7	30	360	316	35	509	432	桑畑は23年8月1日調査
	大谷村	8.5	14	220	204	26	527	451	
	大石村	54.8	125	2666	2491	203	4143	3786	
	上尾町	0.3				1	10	9	
	上平村								
	原市町	0.2							
昭和24	平方町	6.3	28	424	378	24	347	307	
	大谷村	7.1	11	236	203	24	431	371	
	大石村	60.9	123	2141	2031	181	3477	3103	
	上尾町	0.3	—	—	—	2	7	7	
	上平村	0.8	—	—	—	3	108	98	
	原市町	0.4	—	—	—	3	—	13	

10　工場数の推移

年	総数	上尾	平方	原市	大石	上平	大谷
昭和30	107						
35	167						
41	400	212	41	25	48	28	46
53	883	349	85	92	149	105	103
平成25	237	32	30	18	77	31	49

出典: 上尾市教育委員会発行　統計・上尾市総務課発行統計あげお

11. 商店数の推移

年	総数	上尾	平方	原市	大石	上平	大谷
昭和41	765	472	55	67	65	74	32
51	1875	984	71	229	242	246	103
平成19	1402 飲食店含まず						

12　公園緑地状況

（単位　ha ）

年	総数		児童公園		近隣公園		地区公園		総合公園		運動公園		都市緑地		市民1人当たり
	数	面積	数	面積	数	面積	数	面積	数	面積	数	面積	数	面積	公園面積
昭和43	3	16.58	1	0.28	1	3.1					1	13.2			2.16
平成26	124	88.00	115	13.47	4	5.91	1	3.64	2	26.988	1	37.1	1	0.9	3.86

13　市道舗装状況

,年	市道総延長(m)	舗装延長(m)			未舗装(m)
		総数	アスファル	舗装率(%)	
昭和40	717882	3839	3839	0.5	714043
平成26	753590	649329		86.2	104270

14　下水道施設状況

年	計画区域			布設完了地域(累計)			布設完了
				面積	人口	埋管延長	面積率
昭和	面積(ha)	人口	埋管延長(m)			(m)	(%)
47	1352	80000	301500	32	1900	9782	2.4
53	1661	109300	401550	285	19750	74959	17.1

年度	行政区域	行政	事業計画区域		布設完了区域			普及率
平成	面積	人口	面積	人口	面積	人口	埋管延長	
	(ha)	(人)	(ha)	(人)	(ha)	(人)	(km)	(%)
25	4555	228176	2375	189896	2067	178081	684	78.0

15 上水道の給配水量

年	配水量			給水人口	
	総数	1日平均	最大	実績	給水人口比
	（千トン）	(t)	(t)		(%)
昭和40	340	932	1920	7266	13.0
昭和51	12233	33516	42275	124738	81.7

年度	行政区域	給水	普及率	配水量（m²）	
	人口(人)	人口(人)	(%)	総　量	1日平均
平成21	226851	225989	99.5	23967130	65663
平成25	228176	227562	99.7	24576530	67333

16　電話加入状況

年	加入電話（台）		公衆電話数	電話加入施設数
	実数	1世帯当たり		
昭和40	3392	0.29	49	
平成2	71020	1.17	910	44990
平成25	27655		212	31118

17 上尾駅の1日平均乗客　（資料JR東日本）北上尾駅の1日平均乗客数

年	総数	定期券	定期券以外	年	総数	定期券	定期券以外
昭和35	6998	6060	938				
平成25	41849	30310	11539	平成25	15150	11726	3424

18　第2次世界大戦　戦没者数

（出典）　昭和32年8月上尾町発行「戦没者芳魂録」

太平洋戦争で688名、それ以外の日清・日露などの戦没者52名。

19. 昭和25年　年齢及び男女別　6才～24才の在学者数

昭和25年国勢調査

年齢	学校区分	平方町		大谷村		大石村		上尾町		上平村		原市町	
		男	女	男	女	男	女	男	女	男	女	男	女
総数		511	441	383	406	672	600	1393	1207	428	443	445	402
6	小学	32	27	12	20	32	28	82	89	21	37	23	20
7～9	々	158	158	116	130	209	181	454	411	131	131	128	133
10～12	々	139	115	117	114	197	187	367	315	118	132	114	105
13～15	中学	127	119	100	116	176	168	288	293	118	121	119	119
16～18	高校	36	18	30	25	37	33	123	84	25	29	33	23
19～21	大学	15	4	4	0	12	3	56	14	13	4	22	0
22～24	々	4	0	4	0	9	0	23	1	2	0	6	2

20. 幼稚園・小学校・中学校・高等学校　数

出典: 統計　上尾市教育委員会

年	区分	園・学校数	学級数	教員数	園・児童・生徒数		
					総数	男	女
昭和30	幼稚園						
	小学	7	106	134	5097		
	中学	5	49	77	2299		
	高校	0					
昭和36	幼稚園						
	小学	7	110	135	4844	2474	2370
	中学	5	62	93	2907	1493	1414
	高校	0					
昭和41	幼稚園	4	20	30	641	320	321
	小学	8	135	165	5122	2617	2505
	中学	5	67	102	2713	1413	1300
	高校	1	34	68	1777	995	782

21. 上尾市域の総面積・耕地面積・地目別土地面積　単位（K㎡）

出典：埼玉県統計書・上尾市統計

年	総面積	耕地面積			宅地		池・沼	山林	原野	雑種地	その他
		田	畑	面積総数比(%)	面積	面積総数比(%)					
昭和17	45.91	5.38	20.97	57.39							
19	々	4.72	19.82	53.91							
20	々	4.72	18.56	50.70							
21	々	4.71	18.56	50.60							
22	々	4.84	17.55	48.74							
23	々	5.07	17.84	49.90							
25	45.24	5.05	17.19	49.19							
30	39.82	5.20	21.62	67.40	3.51	8.88	0.03	9.27	0.16	0.01	0.00
40	45.63	5.16	19.72	43.20	6.66	14.59	0.07	7.55	0.17	0.81	5.49
50	45.63	3.47	1.29	38.92	11.36	24.65	0.08	5.47	0.17	2.64	8.61
60	45.6	1.14	11.87	29.20	13.27	29.10	0.05	3.56	0.33	5.96	9.13
平成26	45.51	0.61	7.93	1.70	18.67	41.02	0.01	1.48	0.09	–	16.72

22-1　復興期の主要工場(昭和32年4月現在従業員30人以上)　出展:上尾市史第7巻通史編

業　種	工　場　名	主　製　品	従業員	所在地
機械工業	新東洋時計㈱上尾工場	計器・置時計	616	柏　座
	㈱東洋伸銅所上尾工場	銅棒	209	柏　座
	日本精密電気時計㈱	電気時計・スピードメーター	67	柏　座
	㈱椎名製作所	金属製時計バンド	65	上尾宿
	三陽精機㈱	オート三輪・自動車部品	50	井戸木
	㈱埼玉金属製作所	計器部品・精密機械器具	47	上尾村
	東洋鋳工㈱	銅棒	45	柏　座
	古橋電気㈱	自動車部品	41	向　山
	㈲岡田製作所	蛍光灯・照明器具	41	上尾宿
	秀工舎	計器部品	40	上尾宿
	㈱上尾製作所	蛍光灯・照明器具	35	緑ヶ丘
	㈱東京蛍光社上尾工場	蛍光灯・照明器具	30	緑ヶ丘
食料品工業	昭和産業㈱上尾工場	葡萄糖	287	谷　津
	三保の漬㈱	漬物・佃煮	65	上尾村
	北西酒造㈱	清酒	35	上尾宿
	㈾中村味噌店	味噌・醤油	34	谷　津
	渡辺菓子種子㈲	菓子種子	32	上尾宿
	臼田製麺工業㈱上尾工場	パン粉	30	柏　座
紡績工業	東邦レース㈱上尾工場	レース	630	上尾宿
諸工業	横浜ゴム製造㈱上尾工場	タイヤ・ビニールパイプ	338	上尾宿

図22-2　地区別商店数と主要業種(昭和29年7月)　出展:上尾市史第7巻通史

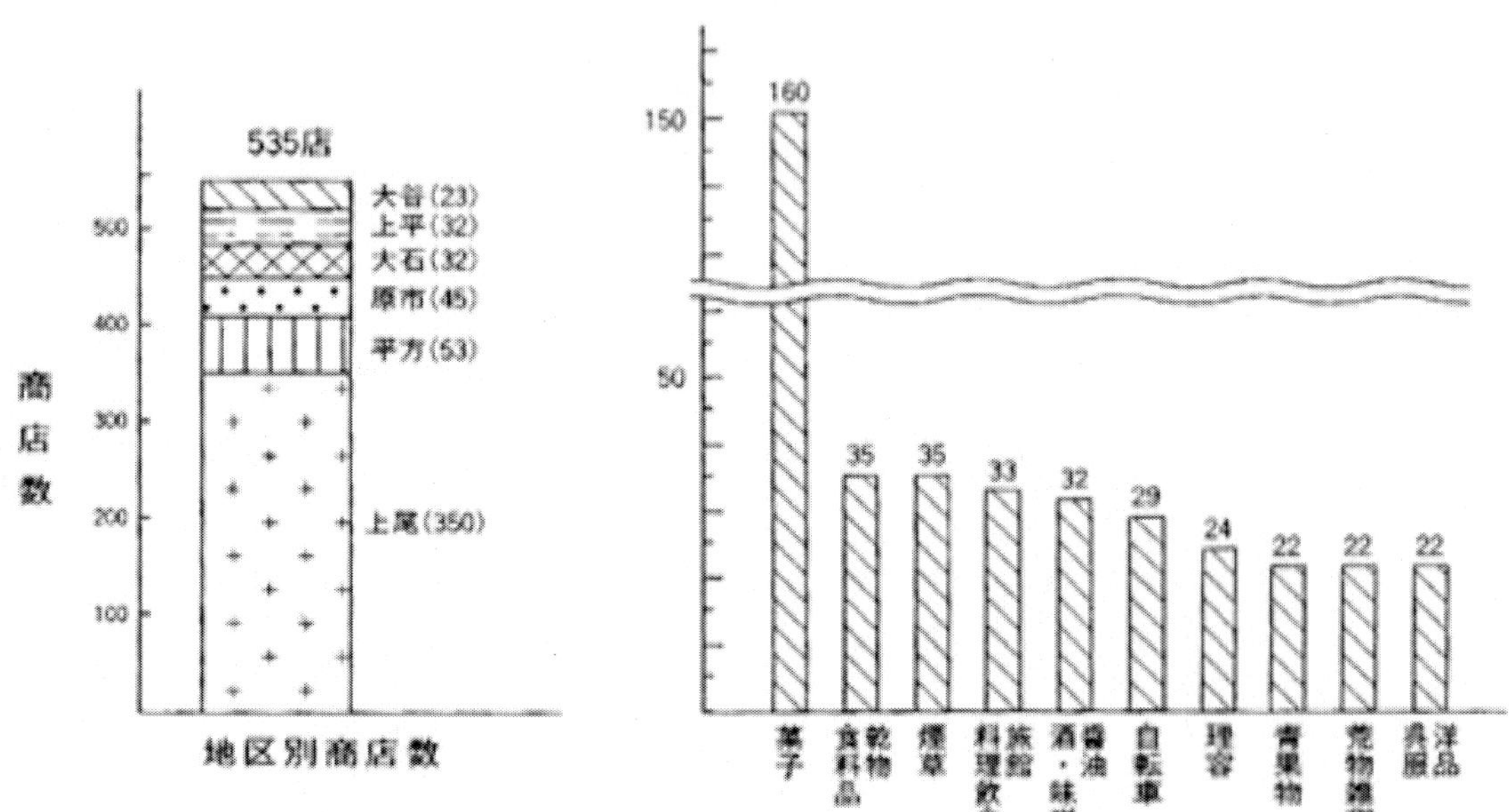

23　（教育参考）　中　等　学　校　1（中学校・高等女学校））　（3月1日　18年以降4月末日）

区別		学校数及び修業年限	学級	生徒 総数	第1学年	第2学年	第3学年	第4学年	第5学年	生徒定員	募集人員	入学志願者	入学者
	昭和15年	8	110	5128	1134	1080	1025	1008	881	5750	1180	2447	1209
	昭和16年	8	112	5921	1613	1194	1109	1081	924	6700	1570	2361	1617
	昭和17年	9	139	6877	1848	1648	1219	1182	980	8050	1550	2633	1792
	昭和18年	9	162	8127	1997	1817	1748	1496	1079	8400	1922	3445	1967
	昭和19年	9	172	8120	1968	1932	1795	1520	912	8600	1940	2974	1924
	昭和21年	9	184	9374	2124	2306	2062	1818	844	9700	3100	3436	2540
1	浦和中学校	5	31	1900	607	369	358	289	277	1700	350	541	376
2	熊谷中学校	5	27	1737	341	462	393	364	177	1250	250	481	331
3	川越中学校	5	21	1207	247	274	293	285	108	1000	200	313	244
4	粕壁中学校	5	21							1250	250	451	443
5	不動岡中学校	5	18	1145	239	268	271	236	131	900	200	354	235
6	本庄中学校	5	17	1015	239	251	219	174	132	850	200	357	235
7	松山中学校	4	20	776	216	231	163	166		1000	200	356	216
8	川口中学校	4	15	587	162	158	138	129		750	150	208	160
9	埼玉中学校	5	14	1007	312	293	227	175	69	1000	300	375	300
1	浦和第一高等女学校	5	20	801	233	227	224	117		200	200	236	208
2	浦和第二高等女学校	5	25		56					250	50	88	56
3	熊谷高等女学校	5	18	1062	252	239	254	240	77	900	200	328	252
4	川越高等女学校	5	19	1108	315	278	241	229	45	1000	250	404	315
5	久喜高等女学校	5	15	1062	250	278	259	211	64	750	200	374	248
6	忍高等女学校	5	17	991	256	253	225	199	58	1000	250	311	252
7	粕壁高等女学校	5	12	815	189	211	220	156	39	750	150	310	185
8	秩父高等女学校	4	16	668	247	159	156	106		800	200	376	232
9	小川高等女学校	5	12	600	181					600	150	321	180
10	児玉高等女学校	5	12	692	192	194	146	123	37	600	150	286	192
11	飯能高等女学校	5	11	550	185					550	150	292	185
12	越谷高等女学校	4	8	400	121					400	100	225	121
13	本庄高等女学校	4	9	635	186	153	153	143		600	150	287	186
14	大宮高等女学校	5	14	779	186	199	201	173	40	750	150	300	163
15	川口高等女学校	4	16	834	336	196	149	153		800	300	403	334
16	浦和市立高等女学校	5	13	760	180	205	203	172		650	150	326	204
17	深谷高等女学校	4	12	819	199	213	212	195		600	150	348	189
18	鴻巣高等女学校	4	9	194	194					480	180	257	192
19	松山実科高等女学校	4	8	456	123	140	124	70		400	100	163	120
20	所沢実家高等女学校	3	4	175	107	62	6			200	100	152	152
21	加須実科高等女学校	4	11	626	134	176	169	149		400	100		134
22	川越市立高等女学校	5	9	485	126	141	114	99	5	500	100	175	125
23	桜雲高等女学校	5	15	853	254	196	201	174	28	750	150	334	254

24　（教育参考）　中　等　学　校　2（実業学校）　（3月1日　18年以降4月末日）

	区別	学校数及び修業年限	学級	生徒 総数	第1学年	第2学年	第3学年	第4学年	第5学年	その他	生徒定員	入学志願者 本科	入学志願者 その他
	昭和15年	23	149	6883	2003	1618	1205	1056	850	151	7790	3976	123
	昭和16年	25	172	7812	2180	2000	1384	1185	923	140	7800	3247	167
	昭和17年	29	201	9675	2745	2387	1947	1470	1020	106	11225	4120	101
	昭和18年	34	267	13810	3911	3712	2687	1797	1480	223	13940	6431	225
	昭和19年	37	281	14644	4057	3856	3226	2080	1390	35	14700	6134	35
	昭和21年	36	313	16414	4838	4402	3674	2899	521	80	17030	7717	30
1	川越工業学校　紡績科	5	5	237	51	50	46	64	26		200	50	
	々　工業化学科	5	3	157	51	51	55				200	65	
	々　機械科	5	5	253	55	109	89				200	72	
	々　建築科	5	3	162	53	54	55				200	101	
2	川口工業学校	5	15	552	173	148	132	99			600	259	
3	大宮工業学校　昼間												
	々　夜間												
4	熊谷農学校	5	11	622	181	167	163	111			550	273	
5	杉戸農業学校	5	8	367	102	89	91	85			320	203	
6	秩父農林学校　第一種	5	10	515	161	153	146	55			1000	223	
	々　第二種	5											
7	川越農蚕学校	5	8	361	109	104	94	49	5		500	170	
8	豊岡実業学校	4	8	400	102	105	103	90			400	150	
9	岩槻実業学校　農業科	5	4	291	64	59	53	43			250	118	
	々　電気商	5	4	233	62	65	61	45			300	106	
10	児玉農学校	5	10	462	112	107	146	97			500	248	
11	深谷商業学校	5	14	843	193	203	193	178	76		750	349	
12	川越商業学校	5	4	197	162				35		300	201	
13	浦和商業学校　第一部	5	23	1253	347	318	229	281	78		1400	674	
	浦和商業学校　第二部	5											
14	熊谷商業学校	5	16	1089	284	298	220	186	101		900	415	
15	所沢商業学校	5	1	52				52			50	60	
16	埼玉高等技芸女学校												
17	本庄高等家政女学校	3	9	538	200	160	128			50	450	312	
18	宮崎高等家政女学校　第一部	4	5	426	158	98	77	63		30	250	207	30
	々	2	2	186	91	65					100	155	

25　幼稚園　　3月2日調査

	園數及位置	組數	保姆	幼兒 男	幼兒 女	入園者(年度) 男	入園者(年度) 女	保育滿期者(年度) 男	保育滿期者(年度) 女
昭和十一年	31	65	77	734	691	630	584	475	422
同　十二年	31	67	78	789	709	671	646	451	443
同　十三年	30	66	74	852	799	678	654	536	506
同　十四年	30	64	73	808	803	679	701	506	544
同　十五年	30	64	74	829	868	741	751	549	556
同　十六年	**34**	**79**	**89**	**1 065**	**1 135**	**974**	**1 032**	**686**	**689**
加須幼稚園(公立)	北埼玉郡加須町	3	3	71	63	71	63	69	62
深谷幼稚園(公立)	大里郡深谷町	3	3	85	73	85	73	74	50
初雁幼稚園(私立)	川越市	2	3	22	28	20	27	13	10
川越家庭幼稚園(私立)	同	2	3	32	38	49	59	11	24
川越幼稚園(私立)	同	3	4	47	55	26	30	18	21
麗和幼稚園(私立)	浦和市	2	3	14	17	21	27	12	17
浦和幼稚園(私立)	同	2	2	18	21	21	22	17	20
常盤幼稚園(私立)	同	2	2	25	20	26	23	21	20
双葉幼稚園(私立)	同	3	3	55	48	40	35	30	28
私立第一愛仕幼稚園(私立)	大宮市	3	3	26	41	28	40	14	27
私立第二愛仕幼稚園(私立)	同	2	2	20	24	26	31	8	17
私立大宮幼稚園(私立)	同	3	3	25	30	22	25	21	24
川口幼稚園(私立)	川口市	3	4	61	54	59	45	38	31
蕨幼稚園(私立)	北足立郡蕨町	2	2	36	26	36	26	25	20
鴻巣幼稚園(公立)	同　鴻巣町	2	2	37	47	37	47	26	27
上尾幼稚園(私立)		2	2	18	24	18	24	9	11
平和幼稚園(私立)	同　桶川町	2	2	13	9	15	13	6	4
草加幼稚園(私立)	同　草加町	2	2	20	31	18	30	10	20
飯能幼稚園(私立)	入間郡飯能町	4	4	70	65	65	60	31	30
私立富士見幼稚園(私立)	同　所澤町	2	3	32	26	32	26	20	18
秩父幼稚園(私立)	秩父郡秩父町	2	2	31	29	10	15	19	17
本庄幼稚園(私立)	兒玉郡本庄町	2	3	34	48	52	43	14	12
私立熊谷幼稚園(私立)	熊谷市	3	3	25	31	11	20	12	21
私立弱生幼稚園(私立)	同	2	2	19	25	15	20	23	16
忍幼稚園(私立)	北埼玉郡忍町	1	2	20	13	25	16	20	13
羽生幼稚園(私立)	同　羽生町	2	2	23	42	19	27	19	30
騎西幼稚園(私立)	同　騎西町	2	2	11	23	6	19	4	7
越ヶ谷幼稚園(私立)	南埼玉郡越ヶ谷町	2	2	20	34	13	31	10	14
岩槻幼稚園(私立)	同　岩槻町	2	2	10	12	6	8	5	8
幸手幼稚園(私立)	北葛飾郡幸手町	2	4	28	28	21	24	23	17
鳩ヶ谷幼稚園(私立)	川口市	2	2	25	25	17	19	17	18
女子附屬幼稚園(縣立)	北足立郡六辻町	2	2	43	39	17	20	23	17
久喜幼稚園(私立)	南埼玉郡久喜町	3	4	25	30	27	31	11	12
吹上幼稚園(私立)	北足立郡吹上町	2	2	24	16	23	13	13	6

26　自作農・小作農・自作小作農の割合

表21　自作農・小作農・自小作農の割合（括弧内は戸数）

地区	年度	自作農	小作農	自小作農	総戸数
上尾	一三年	二一・九％（六六）	三五・四％（一〇七）	四二・七％（一二九）	三〇二
	二五年	五一・五％（二〇四）	六・六％（二六）	四一・九％（一六六）	三九六
	三五年	六二・六％（一八一）	三・一％（九）	三四・三％（九九）	二八九
平方	一三年	一七・五％（六三）	三三・二％（一二〇）	四九・三％（一七八）	三六一
	二五年	四四・一％（一七五）	三・五％（一四）	五二・四％（二〇八）	三九七
	三五年	六一・五％（二二七）	〇・八％（三）	三七・七％（一三九）	三六九
原市	一三年	二五・六％（一〇九）	四一・二％（一七五）	三三・二％（一四一）	四二五
	二五年	四三・一％（二〇三）	八・一％（三八）	四八・八％（二三〇）	四七一
	三五年	五四・〇％（二四四）	六・〇％（二七）	四〇・〇％（一八一）	四五二
大石	一三年	二四・五％（一五六）	二九・四％（一八七）	四六・一％（二九四）	六三七
	二五年	五九・六％（三九七）	一・七％（一一）	三八・七％（二五八）	六六六
	三五年	七一・一％（四五二）	一・一％（七）	二七・八％（一七七）	六三六
上平	一三年	二二・五％（九五）	二七・三％（一一五）	五〇・二％（二一二）	四二二
	二五年	四七・九％（二一〇）	三・二％（一四）	四八・九％（二一四）	四三八
	三五年	五六・二％（二三〇）	一・七％（七）	四二・一％（一七二）	四〇九
大谷	一三年	二九・三％（一〇〇）	一七・八％（六一）	五二・九％（一八一）	三四二
	二五年	五五・一％（二一一）	一・六％（六）	四三・三％（一六六）	三八三
	三五年	五六・〇％（二〇九）	一・六％（六）	四二・四％（一五八）	三七三
合計	一三年	二三・七％（五八九）	三〇・七％（七六五）	四五・六％（一一三五）	二四八九
	二五年	五〇・九％（一四〇〇）	四・〇％（一〇九）	四五・一％（一二四二）	二七五一
	三五年	六一・〇％（一五四三）	二・三％（五九）	三六・六％（九二六）	二五二八

（一九六〇年世界農業センサス、埼玉県総務部統計課「昭和十三年農家調査概要　埼玉県」から作成）

二五年・三五年の例外規定農家は除外した。二五年・三五年には小自作・自小作の別があるが合算した。

27

⇦ 農家の耕地面積別個数の割合（昭和十三年・括弧内は戸数）

地区	五反未満	五反以上一町未満	一町以上二町未満	二町以上三町未満	三町以上五町未満	五町以上
上尾	二五・八%（七八）	二〇・九%（六三）	四一・七%（一二六）	九・九%（三〇）	一・七%（五）	〇・〇%（〇）
原市	四四・二%（一八八）	一九・四%（一二五）	二二・四%（九五）	四・〇%（一七）	〇・〇%（〇）	〇・〇%（〇）
平方	二七・七%（一〇〇）	三三・八%（一二二）	三四・一%（一二三）	四・二%（一五）	〇・三%（一）	〇・〇%（〇）
大石	二一・八%（一三九）	二六・一%（一六六）	四一・六%（二六五）	九・九%（六三）	〇・六%（四）	〇・〇%（〇）
上平	一八・二%（七七）	三〇・〇%（一一八）	四六・七%（一九七）	一四・六%（二九）	〇・二%（一）	〇・〇%（〇）
大谷	一七・六%（六〇）	二九・五%（一〇一）	四五・三%（一五五）	七・〇%（二四）	〇・六%（二）	〇・〇%（〇）
合計	二五・八%（六四二）	二七・九%（六九五）	三八・六%（九六一）	七・二%（一七八）	〇・五%（一三）	〇・〇%（〇）

（埼玉県総務部統計課「昭和十三年農家調査概要　埼玉県」から作成）

⇦ 大石・上平・大谷地区の自作農の耕地面積別個数の割合（昭和十三年・括弧内は戸数）

地区	五反未満	五反以上一町未満	一町以上二町未満	二町以上三町未満	三町以上五町未満	五町以上
大石	一五・四%（二四）	七・七%（一二）	四六・二%（七二）	二九・五%（四六）	一・三%（二）	〇・〇%（〇）
上平	二三・二%（二二）	一六・八%（一六）	四六・三%（四四）	一三・七%（一三）	〇・〇%（〇）	〇・〇%（〇）
大谷	一八・〇%（一八）	一四・〇%（一四）	四七・〇%（四七）	一九・〇%（一九）	二・〇%（二）	〇・〇%（〇）
合計	一八・二%（六四）	一二・〇%（四二）	四六・四%（一六三）	二二・二%（七八）	一・二%（四）	〇・〇%（〇）

（埼玉県総務部統計課「昭和十三年農家調査概要　埼玉県」から作成）

28　昭和25年と昭和35年の農家概況・耕地面積

出展　上尾市史第7巻通史編

	上尾		平方		原市		大石		上平		大谷	
	25年	35年	25年	35年	25年	35年	25年	35年	25年	35年	25年	35年
農家総戸数	396戸 (100)	290 73.2	397 (100)	369 92.9	471 (100)	453 96.2	666 (100)	637 95.6	438 (100)	409 93.4	383 (100)	373 97.4
農家人口	2,667人 (100)	1,942 72.8	2,699 (100)	2,293 85.0	3,073 (100)	2,842 92.5	4,715 (100)	4,238 89.9	3,076 (100)	2,722 88.5	2,675 (100)	2,408 90.0
農家1戸当たりの農家人口	6.73人 (100)	6.70 99.6	6.80 (100)	6.21 91.3	6.52 (100)	6.27 96.2	7.08 (100)	6.65 93.9	7.02 (100)	6.66 94.9	6.98 (100)	6.46 92.6
専業農家戸数	152戸 (100) 38.4%	77 50.7 26.6	287 (100) 72.3	120 41.8 32.5	245 (100) 52.0	102 41.6 22.5	414 (100) 62.2	203 49.0 31.9	259 (100) 59.1	144 55.6 35.2	243 (100) 63.5	150 61.7 40.2
第1種兼業農家戸数	41戸 (100) 10.3%	126 307.3 43.4	49 (100) 12.3	134 273.5 36.3	111 (100) 23.6	147 132.4 32.5	180 (100) 27.0	298 165.6 46.8	130 (100) 29.7	181 139.2 44.3	97 (100) 25.3	95 97.9 25.5
第2種兼業農家戸数	203戸 (100) 51.3%	87 42.9 30.0	61 (100) 15.4	115 188.5 31.2	115 (100) 24.4	204 177.4 45.0	72 (100) 10.8	136 188.9 21.3	49 (100) 11.2	84 171.4 20.5	43 (100) 11.2	128 297.7 34.3
常雇いのいる農家戸数	20戸 (100)	14 70.0	26 (100)	6 23.1	19 (100)	6 31.6	47 (100)	37 78.7	19 (100)	8 42.1	9 (100)	9 100.0
常雇い人数	23人 (100)	17 73.9	29 (100)	13 44.8	20 (100)	7 35.0	70 (100)	44 62.9	19 (100)	18 94.7	12 (100)	10 83.3
経営耕地面積	2,858反 (100)	2,534 88.7	3,000 (100)	3,062 102.1	3,168 (100)	3,346 105.6	6,754 (100)	5,949 88.1	4,315 (100)	4,173 96.7	3,590 (100)	3,586 99.9
1戸当たりの経営耕地面積	7.2反 (100)	8.7 120.8	7.6 (100)	8.3 109.2	6.7 (100)	7.4 110.4	10.1 (100)	9.3 92.1	9.9 (100)	10.2 103.0	9.4 (100)	9.6 102.1
田地面積	608反 (100)	591 97.2	593 (100)	780 131.5	1,175 (100)	1,205 102.6	1,143 (100)	1,109 97.0	833 (100)	822 98.7	741 (100)	760 102.6
樹園地面積	21反 (100)	44 209.5	102 (100)	88 86.3	64 (100)	138 215.6	904 (100)	624 69.0	43 (100)	126 293.0	117 (100)	125 106.8
畑地面積	2,228反 (100)	1,898 85.2	2,304 (100)	2,192 95.1	1,928 (100)	2,002 103.8	4,706 (100)	4,214 89.5	3,438 (100)	3,223 93.7	2,731 (100)	2,700 98.9
山林面積	781反 (100)	824 105.5	448 (100)	407 90.8	742 (100)	825 111.2	1,930 (100)	1,399 72.5	1,434 (100)	1,310 91.4	962 (100)	1,077 112.0

1960年『世界農林業センサス』から作成

＊調査日は各年次とも２月１日現在である。
＊昭和25年は合併前の上尾町、平方町、原市町、大石村、上平村、大谷村の各町村を、昭和35年は現上尾市域の各地区名を表す。
＊昭和35年に記した数値は昭和25年を100とした指数で、昭和35年時点での増減の程度を表す。
＊第１種は農業を主とする兼業農家、第２種は農業を従とする兼業農家を指す。
＊専業・兼業農家戸数の下段の百分率は、それぞれの農家総戸数に占める割合を示す。

29　昭和25年と昭和35年の主な農産物の収穫面積・戸数

出展　上尾市史通史編第7巻

		上尾 25年	上尾 35年	平方 25年	平方 35年	原市 25年	原市 35年	大石 25年	大石 35年	上平 25年	上平 35年	大谷 25年	大谷 35年
水稲	収穫面積	602反 (100)	590 98.0	579 (100)	765 132.1	1,152 (100)	1,205 104.6	1,124 (100)	1,107 98.5	816 (100)	822 100.7	738 (100)	760 103.0
	収穫戸数	251戸 (100)	224 89.2	323 (100)	331 102.5	424 (100)	403 95.0	342 (100)	539 157.6	369 (100)	353 95.7	342 (100)	338 98.8
陸稲	収穫面積	424反 (100)	663 156.4	360 (100)	929 258.1	132 (100)	439 332.6	408 (100)	1,664 407.8	458 (100)	1,089 237.8	338 (100)	890 263.3
	収穫戸数	388戸 (100)	281 72.4	388 (100)	360 92.8	272 (100)	386 141.9	634 (100)	620 97.8	428 (100)	400 93.5	377 (100)	371 98.4
小麦	収穫面積	541反 (100)	181 33.5	572 (100)	500 87.4	785 (100)	360 45.9	1,451 (100)	852 58.7	847 (100)	393 46.4	724 (100)	358 49.4
	収穫戸数	377戸 (100)	175 46.4	387 (100)	355 91.7	436 (100)	349 80.0	654 (100)	548 83.8	426 (100)	350 82.2	375 (100)	305 81.3
大麦	収穫面積	1,311反 (100)	1,242 94.7	1,429 (100)	1,302 91.1	835 (100)	1,178 141.1	2,572 (100)	2,830 110.0	2,093 (100)	2,267 108.3	1,496 (100)	1,834 122.6
	収穫戸数	384戸 (100)	264 68.8	394 (100)	353 89.6	441 (100)	428 97.1	650 (100)	605 93.1	430 (100)	400 93.0	377 (100)	371 98.4
甘藷	収穫面積	1,188反 (100)	742 62.5	1,191 (100)	673 56.5	1,346 (100)	1,037 77.0	2,715 (100)	1,553 57.2	1,882 (100)	1,328 70.6	1,426 (100)	887 62.2
	収穫戸数	390戸 (100)	268 68.7	395 (100)	346 87.6	458 (100)	423 92.4	665 (100)	612 92.0	433 (100)	402 92.8	382 (100)	355 92.9
茶	収穫面積	19反 (100)	3 15.8	40 (100)	36 90.0	55 (100)	85 154.5	100 (100)	65 65.0	17 (100)	9 52.9	36 (100)	32 88.9
	収穫戸数	94戸 (100)	17 18.1	106 (100)	63 59.4	119 (100)	140 117.6	367 (100)	146 39.8	72 (100)	29 40.3	109 (100)	77 70.6
梨	栽培面積 成園	一反 (100)	4 …	— (100)	9 …	— (100)	0 …	— (100)	1 …	— (100)	12 …	5 (100)	26 520.0
	未成園	一反	16	—	19	—	45	—	92	—	31	—	22
	栽培戸数	一戸 (100)	17 …	4 (100)	19 475.0	— (100)	35 …	3 (100)	63 2100.0	— (100)	28 …	3 (100)	29 966.7
なす	収穫面積	28反 (100)	38 135.7	25 (100)	35 140.0	— (100)	33 …	63 (100)	37 58.7	55 (100)	50 90.9	36 (100)	12 33.3
トマト	収穫面積	13反 (100)	21 161.5	17 (100)	33 194.1	— (100)	4 …	33 (100)	9 27.2	29 (100)	44 151.7	34 (100)	46 135.3
きゅうり	収穫面積	23反 (100)	54 234.8	25 (100)	67 268.0	— (100)	35 …	91 (100)	139 152.7	55 (100)	93 169.1	177 (100)	164 92.7

1960年『世界農林業センサス』から作成

＊調査日は各年次とも２月１日現在である。
＊昭和25年は合併前の上尾町、平方町、原市町、大石村、上平村、大谷村の各町村を、昭和35年は現上尾市域の各地区名を表す。
＊昭和35年の欄に記した数値は昭和25年を100とした指数で、昭和35年時点での増減の程度を表す。
＊なす、トマト、きゅうりには収穫戸数の記載はない。
＊なし栽培面積の成園とは、経済結果年齢に達している園を指す。
＊「—」は該当のないもの、「…」は未詳、「０」は単位に満たないものをそれぞれ示す。

30　昭和25年と35年の養蚕と家畜の飼養数・戸数

2－24　昭和25年と昭和35年の養蚕収繭量・戸数

出展　上尾市史第7巻通史編下

		上尾		平方		原市		大石		上平		大谷	
		25年	35年	25年	35年	25年	35年	25年	35年	25年	35年	25年	35年
春蚕	収繭量	−kg (100)	− −	964 (100)	194 20.1	− (100)	− −	4,980 (100)	6,863 137.8	− (100)	265 …	480 (100)	196 40.8
	戸数	−戸 (100)	− −	27 (100)	3 11.1	− (100)	− −	112 (100)	75 67.0	− (100)	3 …	13 (100)	2 15.4
夏秋蚕	収繭量	26kg (100)	− …	510 (100)	347 68.0	53 (100)	− …	7,264 (100)	13,060 179.8	116 (100)	386 332.8	675 (100)	307 45.5
	戸数	1戸 (100)	− …	24 (100)	6 25.0	1 (100)	− …	172 (100)	103 59.9	2 (100)	3 150.0	28 (100)	5 17.9

1960年『世界農林業センサス』から作成

＊調査日は各年次とも２月１日現在である。
＊昭和25年は合併前の上尾町、平方町、原市町、大石村、上平村、大谷村の各町村を、昭和35年は現上尾市域の各地区名を表す。
＊昭和35年の欄に記した数値は昭和25年を100とした指数で、昭和35年時点での増減の程度を表す。
＊「−」は該当のないもの、「…」は未詳のものをそれぞれ示す。

2－25　昭和25年と昭和35年の主な家畜の飼養数・戸数

		上尾		平方		原市		大石		上平		大谷	
		25年	35年	25年	35年	25年	35年	25年	35年	25年	35年	25年	35年
乳用牛	飼養頭数	6頭	33	4	53	2	5	46	233	28	67	3	27
	指数	(100)	550.0	(100)	1325.0	(100)	250.0	(100)	506.5	(100)	239.3	(100)	900.0
	1戸平均	3.0頭	2.8	1.0	2.4	2.0	1.3	1.0	2.9	1.2	2.0	1.0	1.9
	飼養戸数	2戸	12	4	22	1	4	45	80	24	34	3	14
役肉用牛	飼養頭数	42頭	6	49	51	38	25	111	34	46	14	27	15
	指数	(100)	14.3	(100)	104.1	(100)	65.8	(100)	30.6	(100)	30.4	(100)	55.6
	1戸平均	1.1頭	1.2	1.0	1.0	1.0	1.0	1.1	1.1	1.0	1.0	1.0	1.0
	飼養戸数	40戸	5	49	50	38	25	102	32	46	14	27	15
豚	飼養頭数	67頭	192	101	115	24	122	120	390	69	150	13	80
	指数	(100)	286.6	(100)	113.9	(100)	508.3	(100)	325.0	(100)	217.4	(100)	615.4
	1戸平均	1.5頭	2.1	1.1	1.6	1.0	2.0	1.1	2.0	1.1	1.4	1.0	1.3
	飼養戸数	46戸	92	93	74	24	60	107	196	63	109	13	64
にわとり	飼養羽数	2,493羽	5,033	2,353	1,352	1,126	1,263	4,331	9,199	1,811	2,195	919	2,267
	指数	(100)	201.9	(100)	57.5	(100)	112.2	(100)	212.4	(100)	121.2	(100)	246.7
	1戸平均	8.9羽	20.5	6.1	7.6	7.7	6.8	7.3	34.3	4.8	7.6	4.7	6.5
	飼養戸数	280戸	245	387	179	147	186	592	268	379	289	194	348

1960年『世界農林業センサス』から作成

＊調査日は各年次とも２月１日現在である。
＊昭和25年は合併前の上尾町、平方町、原市町、大石村、上平村、大谷村の各町村を、昭和35年は現上尾市域の各地区名を表す。
＊昭和35年の欄に記した数値は昭和25年を100とした指数で、昭和35年時点での増減の程度を表す。

31 家畜種類別、総飼養者数及び総飼養頭羽数 1/2 (昭和24年2月1日)

	牛——乳用種		牛——役肉用種		馬		豚		山羊	
	飼養者数	飼養頭数	飼養者数	飼養頭数	飼養者数	飼養頭数	飼養者数	飼養頭数	飼養者数	飼養頭数
総数	**5,521**	**6,793**	**35,875**	**36,593**	**17,349**	**17,562**	**20,224**	**26,560**	**16,409**	**18,042**
川越市	8	23	303	308	47	47	60	92	43	53
熊谷市	154	204	740	762	345	351	307	375	172	196
川口市	25	45	114	114	175	226	76	108	72	106
浦和市	19	26	85	89	68	82	147	206	103	116
大宮市	33	56	58	63	33	37	228	297	126	158
北足立郡	**372**	**547**	**2,967**	**3,011**	**1,032**	**1,055**	**2,130**	**2,860**	**897**	**1,003**
土合村	—	—	53	53	24	24	17	22	22	28
美笹村	1	3	102	102	24	24	12	16	30	30
戸田町	2	20	23	23	11	13	17	38	23	35
蕨町	1	5	15	15	8	9	11	18	8	10
谷塚町	—	—	58	58	15	15	—	—	6	6
草加町	—	—	16	16	32	32	5	14	12	17
新田村	—	—	51	51	83	83	8	17	7	7
安行村	—	—	35	35	38	38	14	19	13	14
戸塚村	1	1	10	10	20	20	31	45	9	9
大門村	1	1	28	28	12	14	10	11	14	14
野田村	4	4	9	9	17	19	36	38	16	16
片柳村	28	29	21	22	15	15	50	58	17	18
与野町	15	38	19	20	16	20	40	130	30	58
大久保村	4	24	164	164	15	16	33	36	9	9
馬宮村	8	12	196	208	21	21	16	16	25	25
植水村	3	3	115	117	29	29	4	9	8	10
指扇村	10	14	90	90	14	15	51	62	26	26
平方町	9	9	43	43	7	7	47	53	24	24
大谷村	1	1	25	26	9	9	47	48	32	33
大石村	40	48	84	85	27	27	99	109	46	47
上尾町	1	5	39	40	15	15	47	74	22	25
上平村	20	22	43	44	7	7	66	71	28	29
伊奈村	3	4	101	102	33	33	74	78	27	27
加納村	7	7	106	108	36	37	35	40	21	22
桶川町	18	30	29	30	23	24	37	49	20	20
川田谷村	74	78	113	114	19	19	82	99	51	56
北本宿村	43	53	120	120	28	28	176	201	83	86
馬室村	34	42	154	155	16	16	11	12	11	11
常光村	2	2	104	111	71	71	20	22	20	20
鴻巣町	4	7	45	47	17	21	15	29	15	15
田間宮村	5	8	148	148	31	32	23	31	19	19
箕田村	4	4	151	152	74	74	9	11	24	24
小谷村	5	5	90	95	58	59	6	6	17	17
吹上町	5	5	106	108	39	39	14	15	13	13
七里村	6	6	47	47	11	11	61	63	14	14
春岡村	1	1	65	65	6	6	36	36	21	21
原市町	1	2	36	36	5	5	6	9	12	13
志木町	1	4	4	4	7	7	37	76	16	16
大和田町	1	7	27	27	5	5	337	536	15	18
朝霞町	2	13	61	61	18	20	186	247	10	14
大和町	3	15	65	65	31	31	54	76	7	10
片山村	—	—	9	9	16	16	152	192	16	28
内間木村	3	14	45	45	17	17	24	42	17	26
宗岡村	—	—	79	79	5	5	19	24	8	8
水谷村	1	1	23	23	7	7	55	62	13	15
入間郡	**798**	**999**	**5,118**	**5,175**	**1,057**	**1,072**	**6,089**	**8,549**	**3,609**	**4,023**
芳野村	13	20	374	376	59	59	6	6	20	21
古谷村	21	25	349	351	33	34	20	20	17	17
南古谷村	2	2	275	278	42	42	14	28	24	29

32 家畜種類別、総飼養者数及び総飼養頭羽数 2/2 (昭和24年2月1日

緬羊		家兎		養殖毛皮獣		鶏		あひる		蜜蜂	
飼養者数	飼養頭数	飼養者数	飼養羽数	飼養者数	飼養頭数	飼養者数	飼養羽数	飼養者数	飼養羽数	飼養者数	飼養箱数
3,639	**5,020**	**35,157**	**65,546**	**9**	**38**	**115,991**	**479,152**	**2,416**	**7,279**	**323**	**1,005**
16	19	287	631	—	—	956	4,116	4	8	4	32
10	17	772	1,608	2	18	1,710	7,432	46	150	3	32
2	3	432	776	—	—	2,684	10,033	68	163	2	8
3	4	553	989	1	3	3,345	14,318	69	452	3	8
3	5	562	1,193	2	8	2,171	11,563	38	157	1	5
35	**46**	**2,740**	**4,647**	—	—	**15,605**	**66,785**	**297**	**700**	**18**	**148**
—	—	36	95	—	—	365	1,440	14	26	1	5
—	—	17	26	—	—	434	1,649	24	47	—	—
—	—	28	67	—	—	360	1,374	19	49	1	3
—	—	34	75	—	—	274	1,255	6	8	—	—
—	—	10	26	—	—	186	906	8	27	—	—
1	2	11	27	—	—	221	1,364	9	35	1	2
—	—	5	9	—	—	249	1,057	7	13	1	5
—	—	18	27	—	—	397	1,124	5	9	—	—
—	—	25	37	—	—	317	955	8	18	—	—
—	—	32	59	—	—	357	1,219	1	2	3	3
—	—	24	33	—	—	261	915	11	28	1	2
2	5	53	84	—	—	472	2,084	9	17	—	—
—	—	73	132	—	—	439	2,107	8	17	1	2
—	—	27	43	—	—	331	1,070	9	23	—	—
—	—	107	168	—	—	408	1,500	7	20	—	—
1	1	59	105	—	—	272	1,039	1	1	—	—
—	—	137	219	—	—	508	2,121	7	13	—	—
3	3	106	200	—	—	358	1,535	—	—	—	—
—	—	35	55	—	—	263	1,238	2	5	—	—
—	—	36	67	—	—	381	2,030	1	2	2	15
—	—	40	84	—	—	293	2,521	5	11	1	1
1	2	37	55	—	—	354	1,767	1	3	1	1
—	—	133	205	—	—	716	3,189	9	21	1	1
1	1	95	141	—	—	413	2,276	—	—	—	—
—	—	118	240	—	—	477	2,108	14	27	—	—
—	—	233	390	—	—	554	2,429	20	36	—	—
1	1	253	404	—	—	1,019	4,753	3	5	2	101
—	—	24	37	—	—	399	1,327	1	1	—	—
—	—	68	127	—	—	298	1,353	1	2	1	5
1	1	49	89	—	—	136	657	2	3	—	—
4	4	48	86	—	—	306	1,075	3	7	—	—
14	16	72	100	—	—	308	956	5	9	1	2
—	—	83	141	—	—	216	650	1	2	—	—
—	—	160	224	—	—	312	894	2	6	—	—
—	—	25	40	—	—	380	1,157	3	3	—	—
—	—	62	105	—	—	330	1,536	13	28	—	—
—	—	41	56	—	—	300	1,141	4	9	—	—
1	1	59	96	—	—	156	596	2	3	—	—
—	—	60	131	—	—	403	1,783	36	109	—	—
2	2	39	63	—	—	306	1,328	1	3	—	—
—	—	5	7	—	—	199	686	—	—	—	—
—	—	33	55	—	—	264	1,011	6	18	—	—
1	1	39	65	—	—	180	1,194	1	2	—	—
1	3	36	59	—	—	227	1,231	6	26	—	—
1	3	55	93	—	—	206	1,185	2	6	—	—
821	**1,144**	**7,576**	**14,634**	—	—	**15,795**	**77,799**	**212**	**759**	**22**	**97**
1	1	72	123	—	—	421	1,533	1	2	1	1
—	—	94	137	—	—	437	1,567	2	3	—	—
6	6	118	171	—	—	469	2,014	4	12	—	—

(参考)

33　浦和市主要食品の小売り価格　1/2　　単位(円)

年月＼品目・単位	1(実) 請米 1升	2(実) 小麦粉 1貫	3(実) 食パン 1斤	4 いわし 100匁	5 さば 100匁	6 いか 100匁	7 煮干 100匁	8 牛肉 100匁	9 豚肉 100匁	10 牛乳 1本(1合)	11 鶏卵 100匁	12 甘藷 1貫	13 馬鈴薯 1貫	14 ねぎ 100匁
昭和25年 11月	131.00	245.00	40.00	35.00	35.90	11.40	69.20	112.00	130.00	11.20	95.00	47.50	66.40	8.75
12月	129.00	245.00	31.70	31.70	32.70	9.61	65.80	107.00	120.00	11.00	94.20	46.70	68.10	6.14
同 26年 1月	123.00	240.00	31.70	27.60	37.60	14.30	67.50	113.00	130.00	11.00	97.70	50.30	70.80	8.72
2月	123.00	247.00	31.00	31.00	50.40	16.80	66.70	132.00	153.00	10.80	80.00	55.60	86.70	10.30
3月	147.00	247.00	31.70	28.80	43.90	27.30	88.30	138.00	153.00	11.00	73.30	61.70	95.70	6.29
4月	149.00	240.00	35.30	26.60	40.30	36.90	118.00	135.00	168.00	11.20	70.00	58.90	106.00	5.44
5月	149.00	232.00	22.60	17.80	21.10	30.00	123.00	142.00	153.00	11.50	65.80	57.20	135.00	2.92
6月	144.00	230.00	22.60	25.60	26.70	34.70	107.00	138.00	153.00	11.30	70.20	59.70	83.30	12.80
7月	147.00	237.00	22.30	36.40	30.30	33.90	85.80	139.00	168.00	11.50	81.20	55.80	65.00	7.89
8月	148.00	207.00	22.70	40.80	35.80	34.70	78.30	140.00	165.00	11.50	92.50	—	66.70	7.17
9月	148.00	185.00	22.50	33.00	43.10	34.90	75.00	143.00	165.00	11.50	111.00	64.70	70.00	8.28
10月	148.00	187.00	24.30	27.50	43.30	22.50	75.00	143.00	165.00	11.50	103.00	66.40	86.10	8.56
11月	147.00	185.00	25.20	25.20	43.10	15.80	77.50	148.00	165.00	11.70	92.70	65.80	91.10	10.40
12月	148.00	188.00	20.70	31.50	38.50	14.70	83.30	147.00	157.00	11.70	89.20	64.50	93.60	8.44
同 27年 1月	143.00	196.00	21.30	25.20	35.20	16.30	83.30	142.00	157.00	11.70	75.80	64.70	92.80	8.06
2月	138.00	183.00	19.60	25.50	42.00	16.00	84.20	142.00	153.00	11.70	73.70	67.50	95.60	5.75
3月	138.00	183.00	19.90	25.60	42.80	16.70	80.00	140.00	152.00	11.70	70.00	65.60	91.70	7.44

年月＼品目・単位	29 りんご 100匁	30 清酒 1升	31 番茶 100匁	32 背広長ずぼん(夏) 1本	33 背広長ずぼん(冬) 1本	34 男子ワイシャツ 1枚	35 絹地 1ヤール	36 木綿地 1ヤール	37 毛織物 1ヤール	38 ぬい糸 1把(5匁)	39 毛糸 (1ポンド)	40 男子くつ下 1足	41 婦人たび(夏) 1足	42 婦人たび(冬) 1足
昭和25年 11月	18.20	950.00	122.00	—	2 917.00	797.00	220.00	203.00	1 608.00	22.50	2 400.00	106.00	101.00	134.00
12月	19.70	755.00	122.00	—	3 167.00	750.00	250.00	188.00	1 658.00	24.20	2 475.00	103.00	110.00	145.00
同 26年 1月	19.70	751.00	118.00	—	3 050.00	750.00	248.00	220.00	1 892.00	25.00	25 00.00	100.00	117.00	151.00
2月	22.30	750.00	120.00	—	3 333.00	808.00	273.00	235.00	2 100.00	28.80	2 650.00	101.00	140.00	157.00
3月	25.30	750.00	120.00	—	3 417.00	825.00	280.00	247.00	2 250.00	28.50	2 750.00	114.00	137.00	157.00
4月	23.40	803.00	118.00	2 250.00	3 017.00	805.00	280.00	208.00	1 858.00	31.50	2 740.00	110.00	138.00	157.00
5月	34.80	780.00	122.00	2 183.00	2 800.00	767.00	230.00	206.00	1 680.00	28.70	2 660.00	103.00	150.00	160.00
6月	30.50	780.00	122.00	1 933.00	2 533.00	748.00	263.00	165.00	1 650.00	27.80	2 517.00	96.70	152.00	160.00
7月	31.80	782.00	120.00	2 258.00	—	708.00	267.00	139.00	1 560.00	27.50	2 333.00	91.70	162.00	167.00
8月	25.00	780.00	117.00	2 017.00	—	688.00	256.00	123.00	1 510.00	26.70	2 100.00	76.70	163.00	174.00
9月	17.00	780.00	117.00	2 100.00	—	680.00	263.00	132.00	1 583.00	25.00	2 283.00	75.00	165.00	168.00
10月	—	780.00	117.00	—	2 583.00	683.00	263.00	125.00	1 642.00	25.00	2 217.00	76.70	168.00	165.00
11月	23.30	780.00	115.00	—	2 800.00	683.00	267.00	118.00	1 658.00	25.00	2 200.00	78.30	—	174.00
12月	23.00	783.00	115.00	—	2 850.00	675.00	260.00	113.00	1 650.00	24.20	2 183.00	79.20	—	182.00
同 27年 1月	31.20	784.00	115.00	—	2 617.00	675.00	255.00	115.00	1 600.00	25.00	2 117.00	81.00	—	185.00
2月	34.00	793.00	115.00	—	2 467.00	643.00	253.00	109.00	1 450.00	23.80	1 950.00	73.30	—	185.00
3月	36.30	855.00	115.00	—	2 333.00	643.00	253.00	100.00	1 283.00	22.70	1 883.00	65.80	—	185.00

註　下記番号の品目については、つぎの銘柄のものを調査した。
(3) 配給小麦粉製、(21) 6月まではびん代を除く、(25) アルハ印、(26) 明治印、(30) 文楽印、(49) ニギリ矢印。

（参考）

34　浦和市食品価格　2/2

単位（円）

15 大根	16 玉れぎ	17 ほしのり	18 豆腐	19 油揚	20 沢あんづけ	21 しよう油	22 みそ	23(実) 砂糖	24 食用油	25 マーガリン	26 ビスケット	27 あめ	28 みかん
100匁	100匁	10枚	100匁	100匁	100匁	1びん (2立)	100匁	1斤	1合	1個 (225g)	100匁	100匁	100匁
3.64	7.83	65.00	14.90	88.60	14.80	108.00	13.80	157.00	39.20	53.80	129.00	85.00	16.50
3.92	10.10	46.70	14.90	95.20	14.30	118.00	14.30	162.00	40.00	53.30	132.00	85.00	15.80
4.70	9.61	44.20	15.20	97.50	14.20	118.00	14.70	152.00	38.30	53.60	130.00	86.70	13.80
5.00	10.20	41.70	15.00	101.00	15.80	120.00	17.70	143.00	64.20	60.00	128.00	88.30	17.50
4.33	14.70	45.50	15.00	107.00	19.00	139.00	19.70	135.00	60.80	66.70	130.00	86.70	20.80
10.90	21.50	48.30	15.00	94.50	17.50	140.00	21.30	152.00	54.20	66.70	130.00	93.30	31.70
11.70	9.28	47.50	15.00	99.50	17.80	138.00	19.70	90.60	51.70	69.20	130.00	90.00	—
5.22	5.39	47.50	15.00	101.00	17.70	138.00	19.00	81.30	45.00	70.80	128.00	89.20	—
4.20	6.28	49.20	15.00	114.00	17.20	166.00	20.70	90.60	40.00	75.40	120.00	88.00	—
4.21	7.17	50.00	15.00	114.00	18.50	164.00	20.70	104.00	39.20	68.80	115.00	88.00	—
5.46	7.33	50.00	15.00	113.00	18.50	165.00	21.00	97.90	40.00	70.80	105.00	93.30	—
3.90	7.78	51.70	15.00	113.00	15.20	164.00	21.00	105.00	40.00	73.30	120.00	88.30	24.20
3.22	10.90	47.50	15.00	113.00	13.00	164.00	21.00	90.00	40.00	76.00	107.00	85.80	22.80
3.47	11.90	45.80	15.00	107.00	12.20	164.00	21.80	80.00	40.00	78.00	100.00	85.00	25.80
3.67	11.50	45.00	15.00	104.00	11.50	164.00	21.80	71.30	40.00	78.80	98.30	85.80	25.80
2.47	12.00	45.80	15.40	102.00	11.30	164.00	21.80	75.50	40.00	77.50	89.30	82.50	31.40
3.81	13.00	47.50	15.40	102.00	10.30	164.00	21.80	68.80	39.70	84.20	89.30	81.70	33.80

43 男子革短ぐつ	44 婦人こまげた	45 木炭	46 まき	47 板ガラス	48 さら	49 なべ	50 電球	51 ちり紙	52 せつけん	53 ポマード	54 ノートブック	55 鉛筆
1足	1足	1俵 (15kg)	1束	1枚	1枚	1個	1個	100枚	1個	1個	1冊	1本
2 692.00	185.00	320.00	42.70	33.90	21.80	186.00	51.70	8.75	30.00	100.00	28.30	10.00
2 625.00	187.00	328.00	42.80	37.10	22.20	187.00	51.70	8.75	30.00	100.00	26.70	10.00
2 692.00	194.00	323.00	44.20	37.30	21.70	188.00	54.20	9.42	30.00	100.00	26.70	10.00
2 717.00	197.00	310.00	43.80	37.20	20.80	214.00	57.50	11.40	30.00	100.00	33.30	10.00
2 767.00	210.00	302.00	43.80	37.40	23.30	218.00	59.20	16.50	33.30	100.00	37.50	10.00
2 733.00	210.00	302.00	45.70	45.20	25.00	214.00	86.30	17.30	35.00	100.00	38.80	10.00
2 733.00	212.00	318.00	41.50	57.50	25.00	218.00	80.00	14.00	37.50	100.00	36.70	10.00
2 717.00	212.00	328.00	47.50	56.70	24.70	223.00	85.00	15.20	38.30	100.00	37.50	10.00
2 616.00	218.00	330.00	48.30	57.50	23.30	225.00	79.20	13.70	38.30	100.00	39.20	10.00
2 450.00	223.10	340.00	48.70	61.70	23.30	222.00	82.50	13.70	40.00	100.00	40.00	10.00
2 450.00	228.00	345.00	48.80	60.00	23.30	223.00	81.70	14.20	40.00	100.00	39.20	10.00
2 550.00	237.00	353.00	48.80	60.00	23.30	223.00	81.70	14.70	40.00	100.00	39.20	10.00
2 575.00	243.00	360.00	51.50	65.00	21.30	223.00	81.70	14.20	40.00	100.00	39.50	10.00
2 492.00	246.00	360.00	53.30	65.00	22.20	216.00	82.50	14.20	40.00	100.00	39.50	10.00
2 492.00	253.00	363.00	54.70	65.80	23.00	215.00	82.50	14.20	40.00	100.00	39.20	10.00
2 483.00	253.00	362.00	54.70	65.00	23.00	213.00	82.50	15.00	39.20	100.00	40.00	10.00
2 417.00	248.00	330.00	54.70	65.80	23.00	213.00	82.50	14.80	40.00	100.00	40.00	10.00

	大豆 作付反別	大豆 收穫高	大豆 價額	サツマイモ（甘藷） 作付反別	サツマイモ（甘藷） 收穫高	サツマイモ（甘藷） 價額	ジャガイモ（馬鈴薯） 作付反別	ジャガイモ（馬鈴薯） 收穫高	ジャガイモ（馬鈴薯） 價額
	町	石	円	町	貫	円	町	貫	円
北足立郡	492.0	3 192	105 306	2 947.2	8 493 458	2 488 470	415.6	1 381 950	461 311
六辻町	6.8	31	1 046	15.5	31 000	10 850	10.1	25 250	6 313
土合村	32.0	320	11 200	23.5	70 500	24 675	7.5	30 000	5 400
美谷本村	11.5	28	540	6.3	9 450	3 375	8.2	6 248	3 124
笹目村	9.5	48	1 584	6.0	19 200	3 840	6.5	26 000	6 500
戸田村	15.6	87	3 045	7.8	17 160	5 491	5.7	17 017	5 105
蕨町	1.5	9	270	3.0	8 100	3 105	2.9	8 700	3 480
谷塚村	15.3	107	2 059	3.4	7 480	2 990	13.7	82 200	37 400
草加町	27.6	165	4 125	2.2	5 500	1 375	9.7	27 160	5 432
新田村	13.0	104	3 432	1.5	3 000	600	3.8	11 400	5 700
安行村	14.8	162	6 480	11.2	40 320	16 128	8.0	29 600	13 320
戸塚村	1.1	8	240	7.6	19 000	4 750	4.0	12 000	2 400
大門村	—	—	—	48.0	86 400	34 560	9.0	18 000	6 300
野田村	7.1	48	1 776	37.8	105 840	27 538	9.1	18 565	5 478
片柳村	1.0	11	440	204.9	512 250	179 287	10.0	30 000	15 000
與野町	2.5	8	256	95.1	209 220	31 383	8.9	20 470	3 685
大久保村	62.2	248	8 680	11.3	22 600	6 780	9.0	27 000	8 100
馬宮村	54.0	173	6 920	7.0	14 000	4 200	8.5	15 300	6 120
植木村	38.3	173	3 140	78.0	200 550	61 840	5.1	11 051	4 289
指扇村	40.0	360	12 600	130.0	338 000	67 600	12.0	36 000	7 200
平方町	7.6	68	2 176	51.6	154 800	49 536	3.8	7 600	3 420
大谷村	.4	3	90	88.2	291 060	87 318	5.4	16 600	6 480
大石村	.6	6	198	241.3	675 640	168 910	2.6	7 800	1 950
上尾町	—	—	—	85.6	256 800	77 040	3.2	9 600	2 880
上平村	—	—	—	166.5	416 250	124 875	4.3	12 290	3 870
小室村	.4	2	67	179.5	583 375	233 350	3.0	8 750	1 750
小針村	1.8	14	490	73.8	198 565	58 523	3.4	9 375	2 584
加納村	6.0	42	1 386	100.0	260 000	65 000	3.6	10 800	3 564
桶川町	.4	2	140	140.8	380 160	133 056	3.5	9 800	4 900
川田谷村	7.8	78	2 228	107.0	272 850	81 850	5.5	19 600	5 880
石戸村	.3	3	120	121.1	369 355	103 419	3.6	10 380	3 090
馬室村	10.0	40	1 200	41.5	145 250	40 670	6.5	18 500	7 500
中丸村	.1	1	50	120.4	374 444	104 844	5.5	15 400	4 620
常光村	12.9	106	3 180	10.5	31 500	7 875	3.1	9 300	2 790
鴻巣町	5.2	40	1 280	15.7	50 240	10 048	2.8	7 560	1 512
田間宮村	20.5	133	3 325	12.5	18 750	3 750	7.0	12 600	1 890
箕田村	32.2	322	12 880	12.0	36 000	10 800	10.0	30 000	9 000
小谷村	8.6	47	1 316	1.9	3 650	1 095	3.9	7 800	2 340
吹上町	12.0	96	3 840	.4	1 120	168	6.0	15 000	3 000
七里村	1.8	14	434	188.2	424 274	127 282	2.5	7 950	3 180
春岡村	3.8	38	1 710	119.9	359 700	143 880	6.5	19 500	5 850
原市町	.8	6	198	130.0	429 000	150 120	3.0	12 000	4 200
志木町	.2	1	33	31.8	79 500	22 260	2.9	8 584	2 575
大和田町	.2	1	32	114.0	324 900	113 715	66.3	298 350	149 175

36　昭和20年7月発行国鉄時刻表　（高崎線 上り）

信越上越線

上り列車

（八一四・八一六列車 川口・浦和驛停車）

3等運賃	始發及列車番號 / 驛名	金澤 602	新潟 708	熊谷 812	本庄 814	高崎 816	前橋 818	横川 310	水上 714	上田 314	長野 316	長岡 718	直江津 318	柏崎 320	長岡 720	新潟 702	新潟 304	水上 722	長野 328	直江津 332	新潟 704
圓錢	新潟發	金澤發 15 06	21 20	—	—	—	—	—	—	—	—	—	—	柏崎發 5 42	—	8 50	6 40	—	—	—	12 30
.60	新津〃		22 04	—	—	—	—	—	—	—	—	—	—		—	9 30	7 15	—	—	—	13 12
2.40	長岡〃		22 35	—	—	—	—	—	—	—	—	5 57	—		9 00	11 05	8 42	—	—	—	14 45
4.90	直江津〃	20 00	|	—	—	—	—	—	—	—	—	|	5 14	6 51	|	|	10 54	—	—	16 45	|
7.00	長野〃	22 30		—	—	—	—	—	—	—	6 08		7 44	9 18			13 13	—	16 25	18 57	
8.00	上田〃	23 35		—	—	—	—	横川發 5 45	—	5 35	7 01		8 44	10 25			14 08	—	17 30	19 51	
8.50	小諸〃	0 30		—	—	—	—		—	6 10	7 36		9 26	11 10			14 46	—	18 09	20 31	
9.00	輕井澤〃	1 42	|	—	—	—	—		—	7 02	8 22	|	10 22	12 22	|	|	15 42	—	19 03	21 42	|
4.60	石打發	|	1 33	—	—	—		|	—	|	|	8 12	|	|	11 20	13 31	|	—	|	|	17 13
4.80	越後湯澤〃		↓	—	—	—			—			8 26			11 33	13 44		—			17 31
6.00	水上〃		2 40	—	—	—			5 52			9 49			12 44	15 07		17 25			18 50
6.50	沼田〃		↓	—	—	—			6 24			10 15			13 17	15 35		17 55			19 14
7.00	澁川〃		↓	—	—	—	前橋發 5 30		6 56			10 43			14 07	16 03		18 29			19 42
7.50	新前橋〃	|	↓	—	—	—		|	7 17	|	|	11 02	|	|	14 21	16 24	|	18 52	|	|	20 02
10.00	高崎著	3 13	3 56	—	—	—	5 44	6 37	7 26	8 55	10 03	11 16	12 05	13 57	14 31	16 33	17 21	19 01	20 41	23 17	20 11
	高崎發	3 20	4 06	—	—	5 20	5 52	6 47	7 35	9 10	10 10	11 26	12 20	14 04	14 50	16 42	17 36	19 12	20 48	—	20 20
10.00（信越線經由）	倉賀野〃	↓	4 13	—	—	5 27	5 59	6 54	7 42	9 18	10 17	11 33	12 28	14 11	14 57	16 49	17 43	19 19	20 55	—	20 27
10.00	新町〃	↓	4 22	—	—	5 36	6 08	7 03	7 50	9 27	10 25	11 41	12 37	14 19	15 06	16 58	17 52	19 28	21 03	—	20 35
10.50	神保原〃	↓	4 30	—	—	5 43	6 15	7 10	7 58	9 35	10 32	11 48	12 44	14 26	15 13	17 05	18 00	19 35	21 10	—	20 42
10.50	本庄〃	↓	4 37	—	5 20	5 50	6 22	7 17	8 05	9 42	10 39	11 55	12 5[illegible]	14 33	15 20	17 12	18 07	19 42	11 16	—	20 49
10.50	岡部〃	↓	4 45	—	5 28	5 59	6 31	7 26	8 13	9 51	10 47	12 03	13 00	14 41	15 29	17 21	18 15	19 50	21 24	—	20 57
10.50	深谷〃	↓	4 52	—	5 35	6 06	6 38	7 33	8 20	9 58	10 54	12 10	13 07	14 48	15 36	17 28	18 22	19 57	21 31	—	21 04
11.00	籠原〃	↓	5 00	—	5 43	6 13	6 45	7 40	8 28	10 06	11 01	12 17	13 14	14 55	15 43	17 35	18 30	20 04	21 38	—	21 11
11.00	熊谷〃	4 19	5 10	5 35	5 59	6 24	6 56	7 50	8 38	10 16	11 11	12 27	13 25	15 05	15 53	17 45	18 40	20 14	21 48	—	21 21
11.00	吹上〃	4 28	5 19	5 44	6 02	6 31	7 05	7 59	8 47	10 26	11 20	12 36	13 34	15 14	16 03	17 55	18 49	20 23	21 57	—	21 30
11.50	鴻巣〃	4 37	5 29	5 54	6 13	6 41	7 15	8 09	8 57	10 36	11 30	12 46	13 44	15 24	16 13	18 06	18 59	20 33	22 06	—	21 40
11.50	北本宿〃	4 44	5 36	6 01	6 21	6 48	7 22	8 16	9 04	10 43	11 37	12 53	13 51	15 31	16 20	18 13	19 06	20 40	22 13	—	21 47
11.50	桶川〃	4 50	5 44	6 08	6 28	6 55	7 30	8 23	9 11	10 50	11 44	13 00	13 58	15 38	16 27	18 21	19 13	20 47	22 19	—	21 54
11.50	上尾〃	4 56	5 51	6 15	6 36	7 04	7 37	8 30	9 18	10 57	11 51	13 07	14 05	15 45	16 33	18 28	19 20	20 54	22 25	—	22 01
12.00	大宮著	5 06	6 01	6 25	6 46	7 14	7 49	8 40	9 28	11 08	12 01	13 17	14 15	15 55	16 43	18 38	19 30	21 05	22 35	—	22 11
12.50	赤羽〃	5 30	6 27		7 21	7 45	8 19	9 05	9 50	11 32	12 23	13 39	14 38	16 18	17 09	19 01	19 53	21 29	22 58	—	22 35
12.50	尾久〃	5 38	6 36	—	7 29	7 53	8 27	9 14	9 58	11 40	12 31	13 47	14 46	16 27	17 17	19 09	20 01	21 37	23 06	—	22 46
12.50	上野著〃	5 47	6 44	—	7 38	8 02	8 36	9 23	10 07	11 49	12 40	13 56	14 55	16 36	17 26	19 18	20 10	21 46	23 15	—	22 56

37　昭和20年7月発行国鉄時刻表　（高崎線　下り）

信越上越線（高崎新潟間主要駅）

下り列車（七二五・三二九列車 川口・浦和駅停車）

3等運賃	行先及列車番號／驛名	高崎 317	長岡 715	長岡 319	新潟 301	新潟 701	新潟 703	熊谷 811	柏原 323	長岡 721	上田 325	水上 723	輕井澤 327	水上 725	横川 329	前橋 815	熊谷 817	金澤 601	新潟秋田 705	直江津 331
圓銭	上野發	5 00	5 35	6 25	8 00	8 30	10 40	—	12 50	13 50	14 55	15 55	16 40	17 10	17 50	19 00	20 10	21 00	21 30	22 30
.20	尾久〃	5 09	5 44	6 34	8 10	8 41	10 50	—	12 59	13 59	15 04	16 04	16 50	17 20	18 00	19 09	20 19	21 09	21 40	↓
.30	赤羽〃	5 18	5 53	6 43	8 19	8 50	11 00	◎	13 08	14 08	15 13	16 13	17 01	17 33	18 11	19 18	20 28	21 18	21 49	22 48
1.00	大宮〃	5 40	6 15	7 05	8 42	9 13	11 25	13 00	13 34	14 32	15 42	16 36	17 27	18 06	18 43	19 40	20 50	21 43	22 13	23 11
1.20	上尾〃	5 51	6 26	7 16	8 54	9 24	11 36	13 11	13 47	14 43	15 53	16 48	17 40	18 17	18 54	19 51	21 01	21 54	22 25	↓
1.40	桶川〃	5 58	6 33	7 23	9 01	9 31	11 43	13 18	13 55	14 50	16 00	16 55	17 48	18 24	19 01	19 58	21 08	22 01	22 32	↓
1.50	北本宿〃	6 05	6 40	7 30	9 09	9 38	11 50	13 25	14 03	14 57	16 07	17 02	17 56	18 31	19 08	20 05	21 15	22 08	22 40	↓
1.70	鴻巣〃	6 12	6 47	7 37	9 16	9 45	11 57	13 32	14 10	15 04	16 14	17 09	18 04	18 38	19 15	20 12	21 22	22 15	22 47	↓
1.90	吹上〃	6 22	6 57	7 47	9 27	9 55	12 07	13 42	14 21	15 14	16 24	17 19	18 16	18 48	19 25	20 22	21 32	22 25	22 57	↓
2.10	熊谷〃	6 34	7 08	7 57	9 38	10 06	12 18	13 51	14 33	15 25	16 35	17 30	18 26	18 59	19 36	20 32	21 41	22 37	23 10	0 06
2.40	籠原〃	6 43	7 17	8 06	9 47	10 14	12 27	—	14 42	15 31	16 44	17 38	18 35	19 08	19 44	20 41	◎	22 46	↓	↓
2.60	深谷〃	6 50	7 24	8 13	9 54	10 22	12 34	—	14 50	15 41	16 51	17 46	18 42	19 15	19 52	20 48	—	22 53	↓	↓
2.70	岡部〃	6 58	7 32	8 21	10 02	10 29	12 42	—	14 58	15 48	16 59	17 53	18 50	19 23	19 59	20 56	—	23 01	↓	↓
2.90	本庄〃	7 07	7 40	8 29	10 11	10 38	12 51	—	15 07	15 57	17 08	18 02	18 59	19 32	20 07	21 05	—	23 10	↓	↓
3.00	神保原〃	7 14	7 47	8 36	10 18	10 44	12 58	—	15 14	16 04	17 15	18 08	19 06	19 39	20 13	21 12	—	23 17	↓	↓
3.20	新町〃	7 21	7 54	8 43	10 25	10 51	13 05	—	15 22	16 11	17 22	18 15	19 13	19 46	20 20	21 19	—	23 24	↓	↓
3.40	倉賀野〃	7 31	8 03	8 52	10 35	11 00	13 15	—	15 32	16 21	17 32	18 24	19 23	19 56	20 29	21 30	—	23 34	↓	↓
3.50	高崎着	7 38	8 09	8 53	10 42	11 07	13 21	—	15 39	16 27	17 38	18 31	19 29	20 02	20 36	21 36	—	23 40	0 14	1 03
	高崎發	—	8 19	9 06	10 52	11 16	13 36	—	15 46	16 35	17 46	18 38	19 38	20 13	20 45	21 46	—	23 48	0 22	1 10
3.80	新前橋着	—	8 30	‖	‖	11 29	13 47	—	‖	16 46	‖	18 49	‖	20 24	‖	前橋着 22 01	—	‖	0 34	‖
4.30	澁川〃	—	8 57	‖	‖	11 53	14 11	—	‖	17 10	‖	19 18	‖	20 48	‖		—	‖	↓	‖
5.00	沼田〃	—	9 33	‖	‖	12 30	14 50	—	‖	17 52	‖	19 59	‖	21 31	‖		—	‖	1 40	‖
5.50	水上〃	—	10 08	‖	‖	13 05	15 27	—	‖	18 32	‖	20 41	‖	22 05	‖	—	—	‖	2 27	‖
6.50	越後湯澤〃	—	11 19	‖	‖	14 07	16 26	—	‖	19 33	‖		‖		‖	—	—	‖	3 35	‖
7.00	石打〃	—	11 18	‖	‖	14 15	16 35	—	‖	19 46	‖	—	‖	—	‖	—	—	‖	3 45	‖
5.00	輕井澤〃	—	‖	11 03	13 03	‖	‖	—	17 44	‖	19 44	—	21 43	—	横川着 21 42	—	—	1 43	‖	3 03
6.00	小諸〃	—	‖	11 46	13 45	‖	‖	—	18 23	‖	20 24	—	—	—		—	—	2 24	‖	3 43
6.50	上田〃	—	‖	12 18	14 26	‖	‖	—	18 52	‖	20 54	—	—	—		—	—	2 49	‖	4 19
7.00	長野〃	—	‖	13 17	15 20	‖	‖	—	19 44	‖	—	—	—	—	—	—	—	3 53	‖	5 15
9.00	直江津〃	—	‖	15 53	17 57	‖	‖	—	柏原着 21 00	‖	—	—	—	—	—	—	—	6 11	‖	7 29
水上經由 8.50	長岡〃	—	12 57	18 00	20 07	16 03	18 17	—		21 28	—	—	—	—	—	—	—	金澤着 11 05	5 35	秋田着 13 59
9.50	新津〃	—			21 28	17 26	19 47	—			—	—	—	—	—	—	—		7 04	
10.00	新潟〃	—	—	—	22 04	18 13	20 25	—		—	—	—	—	—	—	—	—		7 45	

38　地図1　昭和33年地理調査所

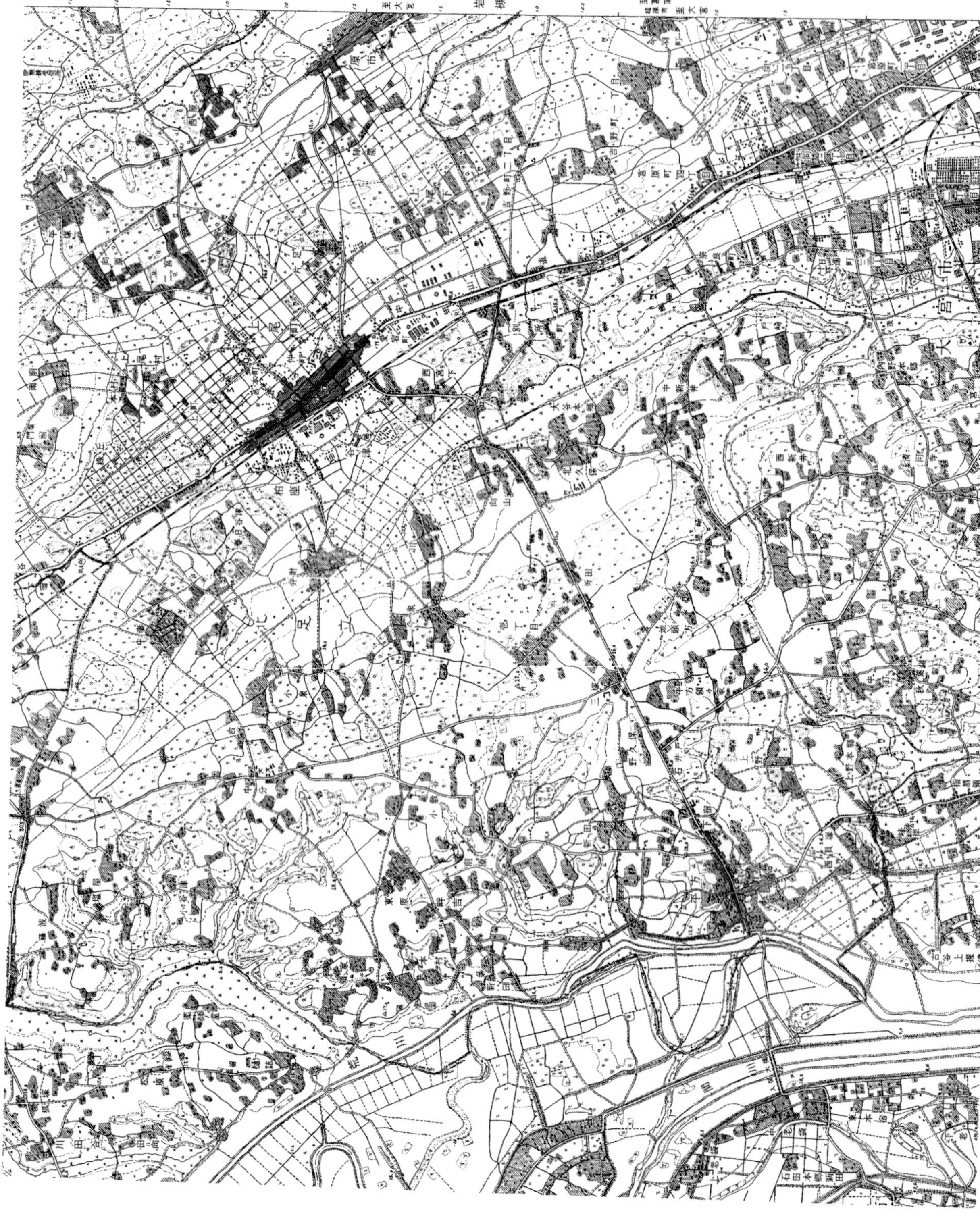

39　　地図2　昭和44年　国土地理院

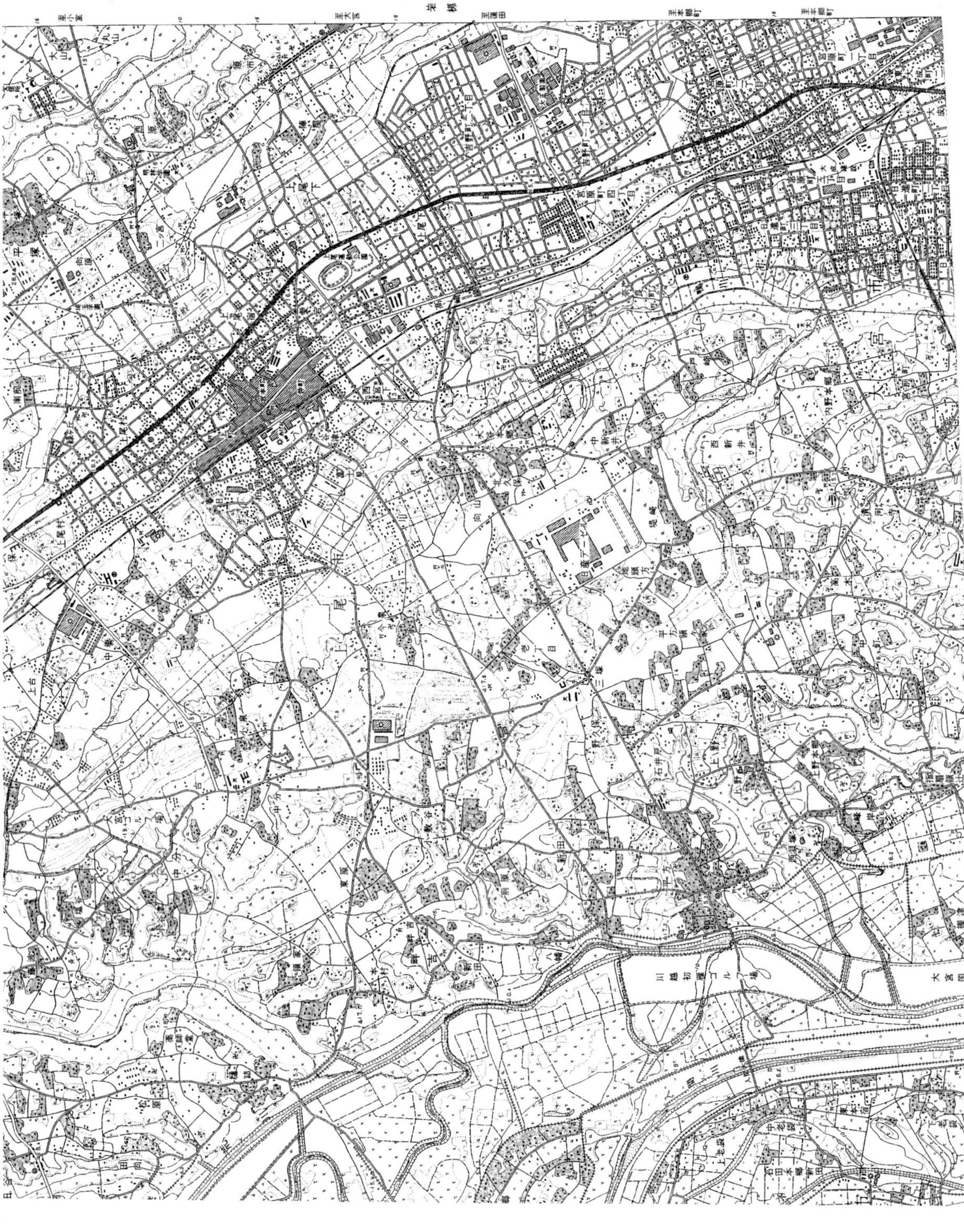

40　　地図3　平成15年国土地理

41　地図記号

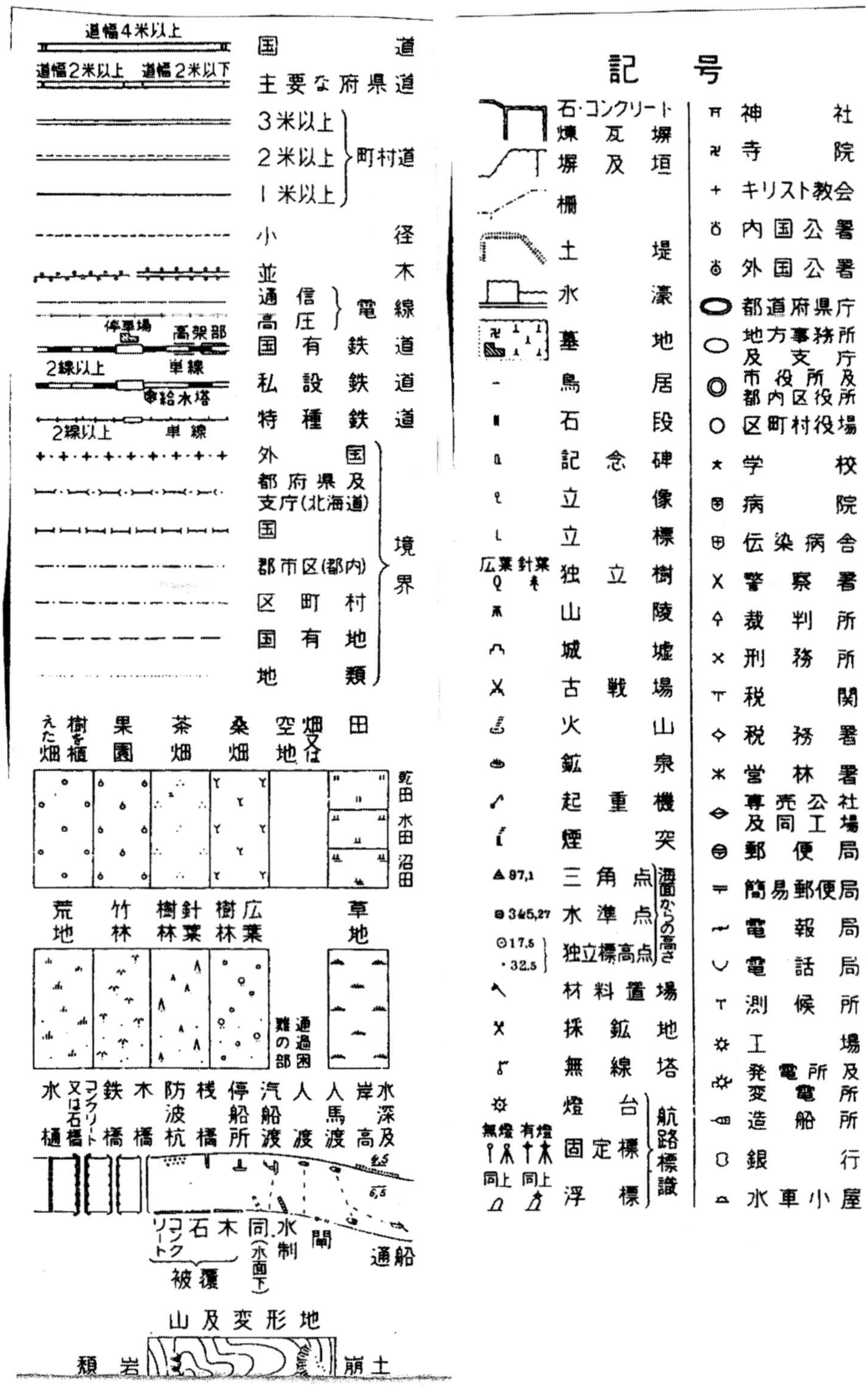

道幅4米以上
国道
道幅2米以上
道幅2米以下
主要な府県道
3米以上
2米以上
1米以上
町村道
小径
並木
通信
高圧
電線
停車場
高架部
国有鉄道
2線以上
単線
私設鉄道
給水塔
特種鉄道
2線以上
単線
外国
都府県及支庁(北海道)
国
郡市区(都内)
区町村
国有地
地類
境界
田
畑又は空地
桑畑
茶畑
果園
樹を植えた畑
乾田
水田
沼田
草地
広葉樹林
針葉樹林
竹林
荒地
通過困難の部
水深及岸高
人馬渡
人渡
汽船渡
停船所
桟橋
防波杭
木橋
鉄橋
コンクリート又は石橋
水樋
同(水面下)
木
石
コンクリート
被覆
水制
閘
通船
山及変形地
崩土
岩
頽
記号
石・コンクリート
煉瓦塀
塀及垣
柵
土堤
水濠
墓地
鳥居
石段
記念碑
立像
立標
広葉
針葉
独立樹
山陵
城墟
古戦場
火山
鉱泉
起重機
煙突
▲97,1
三角点
◘345,27
水準点
⊙17,5
・32,5
独立標高点
海面からの高さ
材料置場
採鉱地
無線塔
燈台
無燈
有燈
固定標
同上
同上
浮標
航路標識
神社
寺院
キリスト教会
内国公署
外国公署
都道府県庁
地方事務所及支庁
市役所及都内区役所
区町村役場
学校
病院
伝染病舎
警察署
裁判所
刑務所
税関
税務署
営林署
専売公社及同工場
郵便局
簡易郵便局
電報局
電話局
測候所
工場
発電所及変電所
造船所
銀行
水車小屋

42　年　表（○印は上尾関係事項、●印は国県関係　出典　上尾百年史）

一九三〇	国産品輸入品対比展覧会を川越で開催
昭和 6 一九三一	●1・26日本農民組合結成　●8・　トーキー映画始まる　●9・18満州事変おこる
昭和 7 一九三二	●1・28第一次上海事変おこる　●3・1満州国建国宣言　●3・31埼玉会館内に県外販路拡張を目的とする県物産紹介所設置　○4・25県立埼玉学園を上尾町に移転する　●5・15犬養首相射殺される、五・一五事件　○8・　東洋時計株式会社上尾工場創業　●9・30学生生徒児童の神社参拝を強制化　○この年原市に電話設置交換はじまる
昭和 8 一九三三	●3・27国際連盟脱退　○4・11県農事試験場を上尾町に移転　○7・20満州移民計画　●この年国道十七号志村～大宮間開通
昭和 9 一九三四	○4・　上尾町松崎源吾タクシー営業　○小室無線受信開始　●11・9思想統制の元締埼玉県国民精神文化講習所設置
昭和 10 一九三五	●1・18地方官制改正、県経済部を増設　●4・1青年学校令公布　○4・　原市町、大谷村青年学校発足　○7・1上平村青年学校発足
昭和 11 一九三六	●2・26皇道派青年将校クーデター、二・二六事件　○6・　昭和産業上尾工場創業
昭和 12 一九三七	●7・7日中戦争起こる　●11・6日独伊防共協定調印　○この年大塚伸銅所上尾町に移転（東洋伸銅所の前身）
昭和 13 一九三八	●4・1国家総動員法公布　○8・　荒川洪水平方町浸水
昭和 14 一九三九	●1・25警防団令公布　●4・1県告示により消防団、防護団を統合し警防団発足　●4・26青年学校義務制となる　●9・1ドイツ軍ポーランド進撃第二次世界大戦はじまる
昭和 15 一九四〇	●4・15県産業報国連盟結成　●7・22国鉄川越線、大宮～川越開通、日進、指扇、南古谷各駅開設
昭和 16 一九四一	●3・1国民学校令公布　●4・1国民学校令施行　●12・8対米英宣戦布告、太平洋戦争開始　●この年宗教団体法施行で教派神道十三教派、仏教二十八宗教、キリスト教二教団に統合　○この年夏荒川洪水、川越線下土流される、平方町浸水
昭和 17 一九四二	○3・31平方町観音堂馬蹄寺持となる　●4・30第二十一回衆議院選挙は翼賛会推薦制度により本県十一名全員当選
昭和 18 一九四三	●7・1県内の四銀行を合併して埼玉銀行創立　○10・1青年学校の合併が実施され、上尾、太平、桶川の組合立青年学校発足

昭和19 一九四四	●1・26防空法による疎開命令発布　◦8・28東京都日本橋阪本小学校の生徒、平方町馬蹄寺に集団疎開する（八十五名）　●11・24B29東京空襲　◦この年、上尾小、原市小、大谷小学校の高等科を生徒勤労動員　◦この年大日本機械工業上尾工場（現横浜ゴム）創業
昭和20 一九四五	●4・14大宮市戦災をうける　◦同大石村畔吉に爆弾投下される　●7・17ポツダム宣言発表　●8・6原爆広島に投下　●8・8ソ連対日宣戦布告　●8・9原爆長崎に投下　●8・14熊谷市大空襲　●8・15天皇、終戦詔勅放送、無条件降伏　●9・20政府新日本の教育方針発表　●10・4治安維持法廃止、政治犯釈放、特高警察罷免指令
昭和21 一九四六	●1・1天皇人間宣言　●1・4軍国主義者公職追放　●2・1第一次農地改革　●2・2神社社格廃止、宗教法人として発足　◦4・太平実修女学校設立　●5・1戦後県初のメーデー　●11・3日本国憲法公布　◦12・13東洋時計上尾工場で従業員組合と再建派衝突流血事件となり死傷者出る
昭和22 一九四七	●4・1教育基本法、学校教育法施行で六、三制男女共学の新制中学発足　◦4・1市内の旧町村立各学校発足　●4・17地方自治法公布　●5・3日本国憲法施行　●6・8日本教職員組合結成　◦9・15カスリン台風関東を襲う、利根川堤防決壊、荒川も洪水平方浸水　●11・19農業協同組合法公布
昭和23 一九四八	◦3・7自治体警察として上尾町警察署発足　●4・1高崎線大宮〜高崎間電化着工　◦4・6上尾中学校、校舎を建築し現在地に移る　◦4・25大石中学校、旧校地に校舎を新築し移転する　◦5・1上尾農業協同組合設立　◦5・10平方農業協同組合設立、大石農業協同組合設立　◦5・22大谷農業協同組合設立　◦6・1教職員組合上尾桶川支部宿日直拒否闘争を開始　◦6・21上平農業協同組合設立　◦7・29原市農業協同組合設立　●10・25県庁舎全焼　●11・1県教委発足　◦11・5上平中現在地に校舎を新築移転
昭和24 一九四九	●4・23一ドル三六〇円為替レート設定　◦この年平方町立橘洋裁学校開校　◦この年東洋伸銅所独立発足　◦上尾町に俳句の畑会設立
昭和25 一九五〇	●6・25期鮮戦争勃発　●7・8警察予備隊創設指令　◦9・　上尾町に郵便局庁舎新築。10・新東洋時計と改称　◦12・1大日本機械工業、横

浜ゴム上尾工場となる　○この年レッドパージはじまる

昭和26　一九五一　●3・2県下中学三年生に一斉学力検査を実施　●5・　東京電力設立、関東配電は東京電力埼玉支店と改称　●9・8講和条約、日米安保条約調印

昭和27　一九五二　●1・1埼玉県工場誘致条例公布　○5・20原市中現在地に校舎を新築移転　○6・7上尾町工場誘致条例告示さる　○7・　東邦レースKK上尾町に移転操業開始　●11・1全国市町村に教育委員会発足

昭和28　一九五三　●2・1NHKテレビ放送開始　●8・28民間放送開始　●11・6町村合併北足立協議会結成

昭和29　一九五四　○2・　大谷農協でメリーテーラ（自動耕耘機）購入　○3・　上尾桶川地区町村合併研究会結成　○4・　浦和高校上尾分校設立　●6・3教育二法公布　●7・1防衛庁自衛隊発足　○12・7旧上尾町、平方町、原市町、大石村、上平村、大谷村大同合併して新上尾町を設置するため各町村議会にて議決　○この年上尾俳句研究会設立

昭和30　一九五五　○1・1六町村合併して新上尾町発足　○1・1上尾町連合消防団発足　○1・7中央小、上尾小分校として発足

昭和31　一九五六　○4・1上尾町立上尾第二小学校として独立（中央小）　4・26首都圏整備法公布　●6・30新教育委員会法公布、任命制となる　●10・19高崎線全線電化

昭和32　一九五七　○6・1上尾第二小学校、中央小学校と改称　○8・1明林学園上尾町に開園

昭和33　一九五八　●3・18文部省道徳教育実施要綱を通達　○4・10上尾高等学校開校さる　●4・24県教育委員会勤務評定実施（全国で四番）○7・15上尾町市制施行上尾市誕生、県内十九番目、全国五一三番目　●9・15勤務評定撤回教職員全国統一行動

昭和34　一九五九　●1・1メートル法施行　○10・15伊奈村の上尾市への編入合併について臨時議会開会　○12・10民主社会主義新党結成、県準備会発会式上尾市にて開催　○この年、首都圏整備法により浦和、大宮、上尾、与野に市街地開発指定

昭和35　一九六〇　○4・1上尾高等学校県立に移管する　○5・27上尾警部補派出所上町へ移る　○12・20県工業開発推進本部は上尾民生ディーゼルなど、三八工場誘致を決定　○12・28上尾町工場誘致条例廃止　○この年日産ディーゼルKKなど誘致

あとがき

平成二十七年八月、上尾市の市民活動グループ、地域活動推進の会で、あげお市民塾(上尾市民活動支援センターと共催)の平成二十九年度の開催講座テーマとして、上尾をもっと知ろう！「上尾の戦中・戦後」が決まりました。

この市民塾は、講師団として当該市民グループに依頼することが原則ですが既存のグループがなく、会の有志などにより「上尾の戦中・戦後を知り記録する会」を発足することになりました。

そこで会の事業として、市民塾の講師に対応するとともに、「上尾の戦中・戦後のすがた」をコンパクトに表した資料として冊子「上尾の戦中・戦後のすがた」を編纂することにしました。

冊子は、当時の市民からの回想記などの寄稿、各種資料の抜粋要約・転載などで昭和激動の時代の上尾市域のすがたを知る資料として少しでも役立っていただければと思います。

本冊子の作成に当たり、回想記など寄稿いただいた方など多くの方の協力に感謝いたします。

平成二十九年八月一日

上尾の戦中・戦後を知り記録する会
代表　河原塚　勇

わがまち 上尾を知ろう

上尾の戦中・戦後のすがた　増補改訂版

令和元年10月30日　初版発行

編　集　上尾の戦中・戦後を知り記録する会

編集委員　平井信夫・高野春枝・萩原籐七
谷澤利一郎・小島秀子・山成力

定価（本体価格2,100円＋税）

発行者　上尾の戦中・戦後を知り記録する会
代表　河原塚 勇
〒362-0071　埼玉県上尾市井戸木4-10-15

発行所　株式会社　三恵社
〒462-0056　愛知県名古屋市北区中丸町2-24-1
TEL 052(915)5211
FAX 052(915)5019
URL http://www.sankeisha.com

乱丁・落丁の場合はお取替えいたします。

ISBN978-4-86693-133-3 C0021 ¥2100E